集 刊 名：形象史学
主办单位：中国社会科学院古代史研究所文化史研究室
　　　　　中国史学会传统文化专业委员会
主　　编：刘中玉

2023 年冬之卷

编委会（以姓氏笔画为序）

主　任　孙　晓（中国社会科学院古代史研究所）

委　员

卜宪群（中国社会科学院古代史研究所）	李　零（北京大学）
万　明（中国社会科学院古代史研究所）	沙武田（陕西师范大学）
王子今（西北大学、中国人民大学）	沈卫荣（清华大学）
王月清（江苏省社会科学院）	张昭军（北京师范大学）
王亚蓉（中国社会科学院考古研究所）	陈支平（厦门大学）
王彦辉（东北师范大学）	陈星灿（中国社会科学院考古研究所）
王震中（中国社会科学院古代史研究所）	尚永琪（宁波大学）
尹吉男（中央美术学院、广州美术学院）	罗世平（中央美术学院）
成一农（云南大学历史与档案学院）	金秉骏（韩国首尔大学）
扬之水（中国社会科学院文学研究所）	郑　岩（北京大学）
朱凤瀚（北京大学）	耿慧玲（台湾朝阳科技大学）
仲伟民（清华大学）	黄厚明（南京大学）
邬文玲（中国社会科学院古代史研究所）	渡边义浩（日本早稻田大学）
池田知久（日本东方学会）	葛承雍（中国文化遗产研究院）
杨宝玉（中国社会科学院古代史研究所）	谢继胜（浙江大学）
杨爱国（山东省博物馆）	臧知非（苏州大学）
杨富学（敦煌研究院）	熊文彬（四川大学）
李　旻（美国洛杉矶加州大学）	

编辑部主任　宋学立

编辑部成员

王　艺　王　申　马托弟　刘中玉　刘明杉　安子毓　纪雪娟　李凯凯　宋学立　张沛林
黄若然　曾　磊

副主编

宋学立　安子毓

总第二十八辑

古文字与中华文明传承 | CSSCI 收录集刊
发展工程专项资助集刊 | AMI（集刊）核心集刊

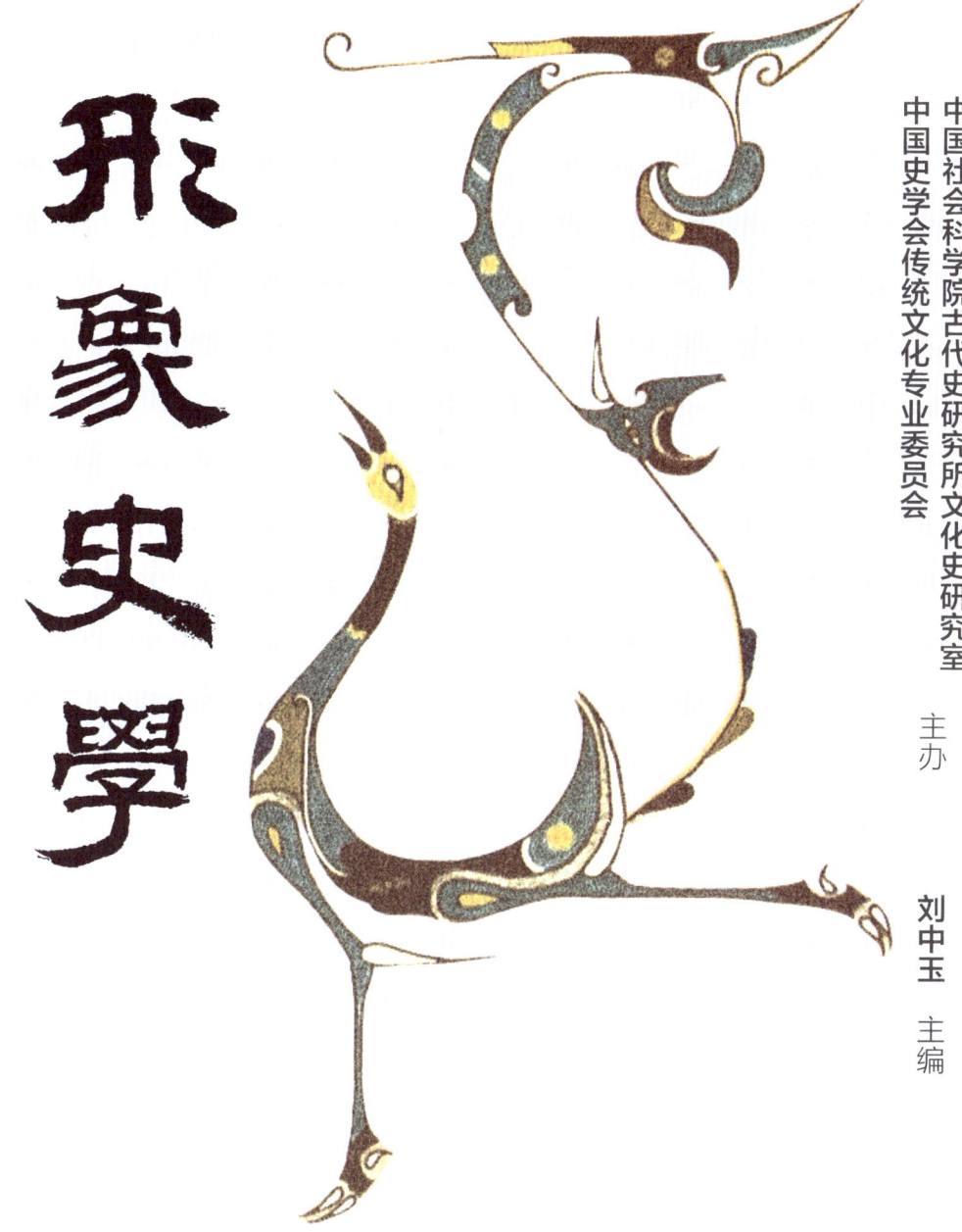

形象史學

中国社会科学院古代史研究所文化史研究室
中国史学会传统文化专业委员会 主办

刘中玉 主编

2023 年
冬之卷
（总第二十八辑）

中国社会科学出版社

图书在版编目（CIP）数据

形象史学．2023年．冬之卷：总第二十八辑／刘中玉主编．
—北京：中国社会科学出版社，2023.11
　ISBN 978-7-5227-2841-4

Ⅰ.①形… Ⅱ.①刘… Ⅲ.①文化史—中国—文集
Ⅳ.①K203-53

中国国家版本馆CIP数据核字（2023）第231631号

出 版 人	赵剑英
责任编辑	李凯凯
责任校对	闫　萃
责任印制	王　超

出　　版	中国社会科学出版社
社　　址	北京鼓楼西大街甲158号
邮　　编	100720
网　　址	http://www.csspw.cn
发 行 部	010-84083685
门 市 部	010-84029450
经　　销	新华书店及其他书店
印刷装订	北京君升印刷有限公司
版　　次	2023年11月第1版
印　　次	2023年11月第1次印刷
开　　本	787×1092　1/16
印　　张	23.25
字　　数	458千字
定　　价	158.00元

凡购买中国社会科学出版社图书，如有质量问题请与本社营销中心联系调换
电话：010-84083683
版权所有　侵权必究

目 录

一　前沿动态
栏目主持　安子毓

数字化展开图应用于考古绘图　　　　　　　　　刘　方　王泽湘　　003

《空间的敦煌：走近莫高窟》读后
——兼论"空间"美术史方法论　　　　　　　　　　　李方芳　　024

二　服饰研究
栏目主持　刘中玉

中国古代编环绣工艺探析　　　　　　　　　　　高　洁　王亚蓉　　039

17—18世纪中国衣物织造技艺中的
"内廷恭造之式"　　　　　　　　　　常　卓　张蓓蓓　束霞平　　064

三　文化传承研究
栏目主持　韩　鼎

西周墓随葬铜钺研究　　　　　　　　　　　　　周要港　刘逸鑫　　083

云龙幻化：马王堆一号汉墓黑地彩绘漆棺图像新探　林志鹏　王思学　　098

也谈汉晋墓葬中的四隅券进式穹窿顶　　　　　　　　　　朱　祎　　131

形制、图像与铭文：北凉石塔设计的文化重构　　　　　　杨子墨　　161

四　图像研究

栏目主持　黄厚明

汉晋伯牙弹琴图像及相关问题　　　　庞　政　　183

十一面千手观音新元素的再解读兼论洞窟功能
——莫高窟第3窟系列研究之二　　　　李志军　　201

榆林窟第3窟南北壁净土变内容新论
——一场西夏皇家集体礼忏仪式活动的复现　　　　朱全稳　沙武田　　227

一幅珍稀的明代武将宦迹图
——《祁将军功荣图记》相关问题初探　　　　徐　成　　247

五　跨文化研究

栏目主持　王　申

太蓬山《安禄山造像记》所见唐代入蜀粟特人新探　　　　陈　玮　　287

青海都兰出土狩战图像织锦源流考
——兼谈虞弘墓"人狮搏斗图"的文化归属　　　　付承章　　299

六　文本研究

栏目主持　宋学立

程颐、朱熹与王夫之解易的异同性辨析
——以"用拯马壮"为例　　　　刘永霞　　317

元《故总管张公墓志铭》长卷考释　　　　张　斌　　332

明代龙亭考　　　　陈时龙　　344

"八十四大成就者"壁画遗存研究　　　　赵淑君　李怡然　　355

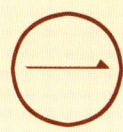

前沿动态

数字化展开图应用于考古绘图

■ 刘 方（深圳技术大学）　王泽湘（中国社会科学院考古研究所）

前 言

展开图是考古绘图工作中经常出现的一种插图形式，伴随着考古学对纹饰的研究需要而产生，在考古绘图领域已有80年的历史，具有研究性和图案观赏性两个方面的特点。它实际应用的对象是出土遗物表面的纹饰图像，因为相当数量的文物表面具有精美纹饰图案，文字、照片图像、正投影线图都无法反映文物纹饰的完整面貌，展开图这种绘图形式发挥了不可替代的作用，提升了器物纹饰的研究价值和整体表现力。

考古研究报告、发掘简报中陆续发表过很多器物展开图，展开图的理论和方法也得到了多种应用。国内最早在文章中提出展开图概念的是考古绘图前辈徐智铭先生[1]，他对展开图的理论在文章中进行了简要论述，在花纹展开一节中提到："在古器物中，遇到四周花纹仅为一组，若用以上剖面法，全部花纹必受影响，为增进研究价值，必须予以展开绘制，被割开所成的割线，均应改用展开线。"（图1）器物周身花纹仅为一组，采用半剖不能完整反映纹饰全貌，降低了研究价值，必须采用展开图画法来补充。这件器物本身为一个近似圆柱体，由于圆柱器型中间略细，上下稍宽，因此展开的平面图上下两角尺寸要略宽于中间腰部尺寸。

1965年，四川省成都市百花潭遗址战国墓中出土了一件"战国镶嵌宴乐水陆攻战铜壶"。该壶通体刻嵌有纹饰，纹饰分为四层，第一层为"习射、采桑"；第二层为"宴乐、弋射"；第三层为"水陆攻战打斗场景"；第四层为"狩猎场景及狩猎的动物形象"[2]，且每一层纹饰都与射箭习武有关，上层另有采桑的故事情节。四段纹饰均采用了正圆锥台展开方法分段展开。由于采用了分段展开的方法，

1　徐智铭：《考古应用绘图》，《文物参考资料》1953年第9期。

2　张广立：《中国古代青铜金银器纹饰》，人民美术出版社，1986，第25页。

使这些铸造、镶嵌精美的纹饰内容得以展现，实际效果远超照片的表现力。采用分段扇面展开图形式表现纹饰使我们看到了完整的情节信息，是表现整体纹饰图案的最佳研究手段。(图2)

展开图还可以对破损和不清晰的器物纹饰进行复原展开，拓展了文物纹饰图案的文化内涵和研究价值。如赵宝沟文化之一的"灵物纹尊形陶器"纹饰展开图（黑龙江省鹤岗市东山区小山遗址出土）[1]，是距今七千年前的古人利用透视技法刻画的灵物图像，图案既具体又抽象灵动连续，线条舒展技法娴熟，被誉为"中华第一艺术神器"（图3），此段纹样具有连续图案装饰，变形的动物造型没有重复，如果不绘制展开图，很难直观地看清纹饰的走向和变化。

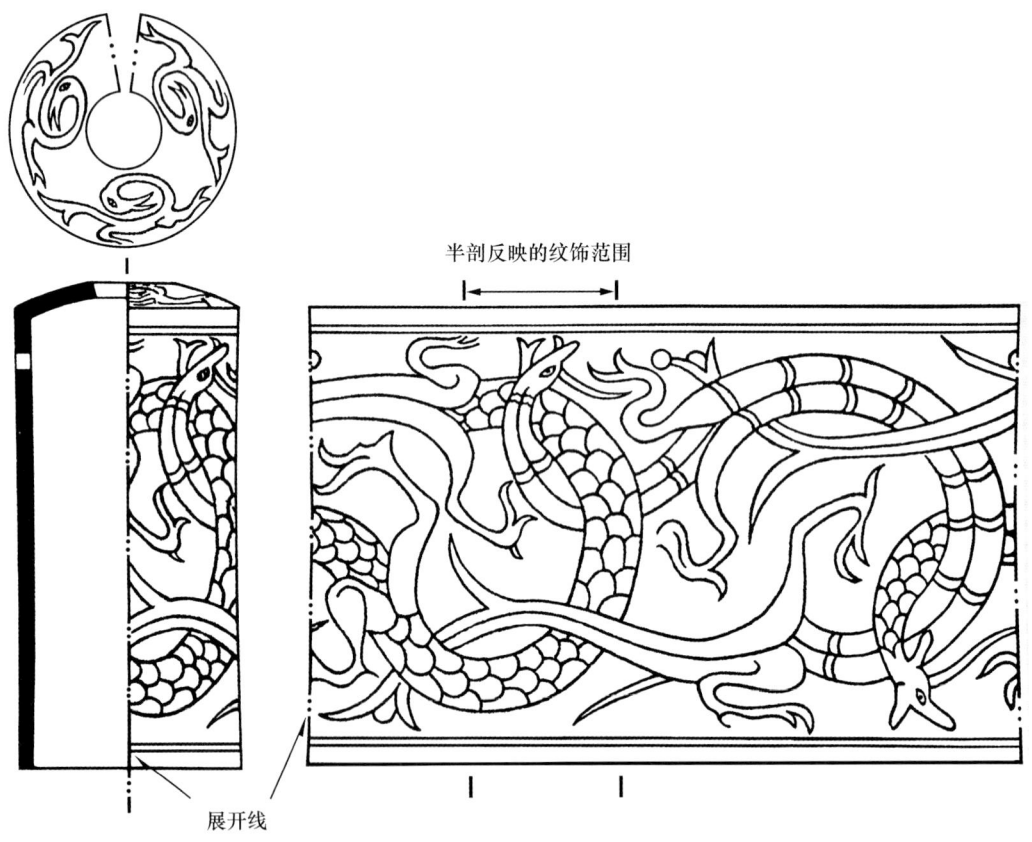

图1　铜镦的纹饰展开图

1　内蒙古敖汉旗博物馆编著：《敖汉文物精华》，内蒙古文化出版社，2004，第24页。

1. 战国镶嵌宴乐水陆攻战铜壶　　2. 宴乐水陆攻战铜壶纹饰展开图

图 2　四川百花潭遗址出土战国镶嵌宴乐水陆攻战铜壶及纹饰展开图

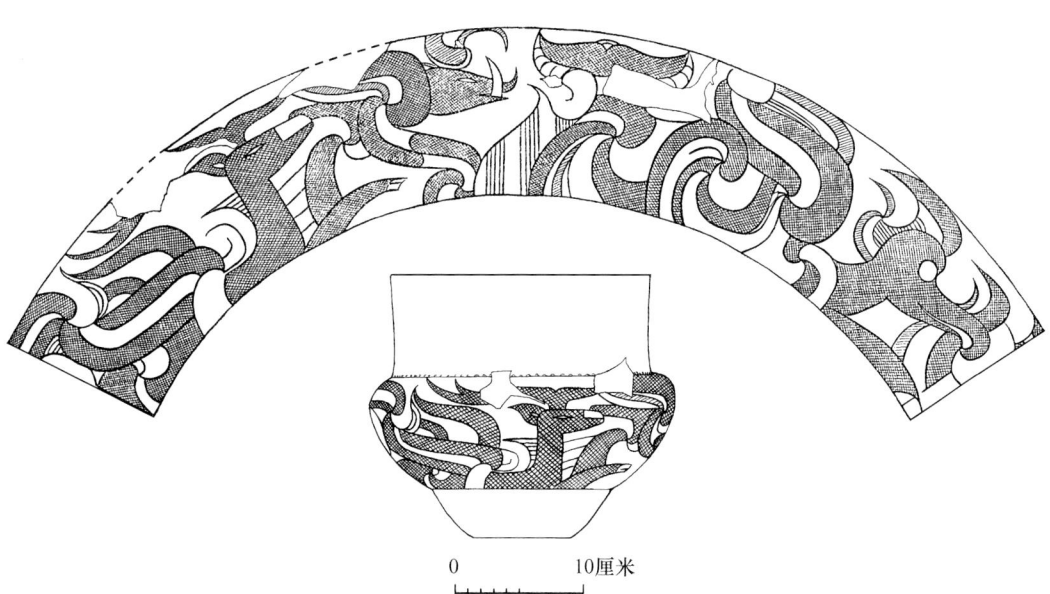

图 3　小山遗址出土灵物纹尊形陶器复原展开图

图4 敛口彩陶钵及纹饰展开示意图

此外，在特殊情况下，展开图也可以采取展开示意图的方式来表现，这种图，仅一部分反映了原物的真实尺寸，其余部分均有较大变形。展开示意图只能示意纹饰的结构，而不能作为准确的纹饰展开图。史前时期彩陶器上绘有各种形式的图案纹饰，很多都需要通过展开图来展示其纹饰的全貌，使其纹饰表现更为完整。河南三门峡庙底沟遗址经过历年的多次发掘，出土了大量彩陶，彩陶图案中常见的花瓣纹、回旋钩连纹、西阴纹、庙底沟文化鱼纹等各类纹样，图4就是具有代表性的花瓣纹，[1] 展开图的运用对于深入研究不同类型的花瓣纹纹饰传承演变起到了极好效果。

从以上例图中可以看到展开图在考古绘图领域运用广泛，展开样式多样，图案绘制相对规范，但也有一些展开图存在画法不够规范，展开图样变形较大，纹饰尺寸不够准确等问题，在这里不做举例说明。

传统手工绘制展开图一般采用两种画法，一种是通过公式计算将展开扇形面画出，再通过测量工具缩放尺寸将纹饰绘入扇面中；另一种展开图的绘制方法，利用硫酸纸或透明薄膜铺粘在器物纹饰表面上，原大描摹，再通过灯箱过到图纸上细加工。在器物表面的硫酸纸或透明薄膜一般不能做到平整铺粘，需要间隔较短的距离剪切掉多余的部分。这种绘制方法比较烦琐，容易污染伤及文物。

本文介绍了一种通过软件计算生成3D模型，再通过3ds Max计算生成展开面的纹饰展开方法，展开扇面计算精确，图像纹饰清晰，为进一步完善计算机绘制展开图创造了条件，同时也丰富了展开的画法种类，为今后探索展开图表现手段开辟了新的领域。

---

[1] 河南省文物考古研究院：《华夏之花庙底沟彩陶选粹》，上海古籍出版社，2013，第151页。

一 展开图的基本原理及常用展开方式

（一）展开图的基本原理

考古绘图展开图多基于对器物表面纹饰整体图案的平面展示，以便研究者可以整体对展开的纹饰内容进行研究。考古器物的纹饰展开图，实际上是器物壁面的纹饰展开图。它指的是将器物上的纹饰内容从一个空间物体的表面上，按照其实际情况展开到一个平面上，并进行考古绘图，这就是展开图。

从人类发现脚下的大地是个球形体之后，无数的科学家、画家、航海家等，就开始想要把这个球体更科学更准确更少失真地表现在当时传递信息的重要媒介——纸张之上。经过前人反复论证与尝试，现今地图学学科中，对平面媒介表现曲面上的特征，有了更为科学系统的操作流程。

平面媒介表现曲面上的特征，所使用的投影方法姿态万千，借助地图学中的投影分析，可将器物曲面特征，按照变形性质、正轴投影时经纬网的形状等标准进行分类。

（1）按变形性质：等角投影、等积投影和任意投影。

（2）按正轴投影时经纬网的形状：几何投影，包含圆柱投影、圆锥投影和方位投影；条件投影，包含伪方位投影、伪圆柱投影、伪圆锥投影、多圆锥投影。

（3）按投影轴与对象轴关系：正轴投影（重合）、斜轴投影（斜交）、横轴投影（垂直）。

（4）按投影面与器物表面关系：切投影、割投影。[1]

上述投影方式都可以运用于器物展开图的区域划分。

器物表面，从几何学上分析，包含：柱面、锥面、旋转曲面这种常规曲面，以及椭球面、双曲面、抛物面这种二次曲面。

当器物表面为常规曲面时，考古绘图常用的展开图为可展开曲面，当器物表面为二次曲面时，展开图为不可展开曲面两种。下面就最常用的两种展开图类型加以简要介绍。

（二）常用可展开曲面

1. 正圆柱体立体表面展开（包括正方体、正棱柱体）

曲面体中只有柱面、锥面和切线面为可展曲面，因为这些曲面上相邻素线平行或相交，可以构成小块平面。

立体表面可看作由若干小块平面组成，把表面沿适当位置裁开，按每小块平面的实际形状和大小，无褶皱地摊开在同一平面上，称为立体表面展开，展开后所得的图形称为展开图，多面体的表面都为

---

[1] 以上参见祝国瑞《地图学》，武汉大学出版社，2004，第44—46页。

可展图。[1]

　　圆柱体的展开图。圆柱体（包括棱柱）的展开图为一矩形，这个矩形的边长一为柱体的高，另一为柱体的周长，以圆柱体为例，见图5。

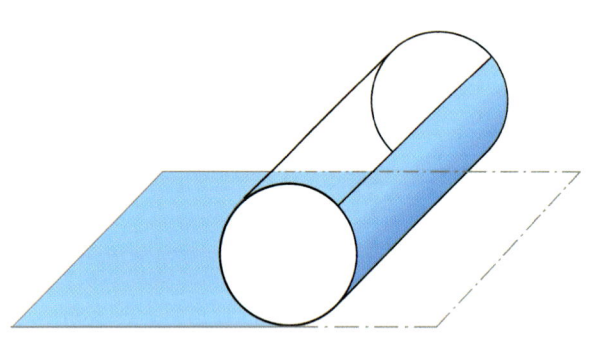
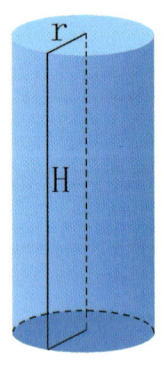

1.正圆柱体透视表面展开示意图　　　　　2.正圆柱体展开计算方法，周长=2r×3.14

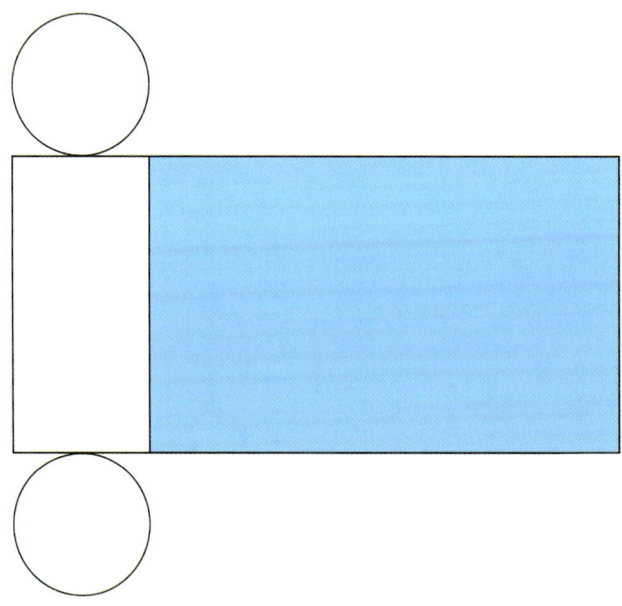

3.正圆柱体的正投影视图平面展开

图5　正圆柱体的平面展开方法

---

[1]　参见李虹、暴建岗《画法几何及机械制图》，国防工业出版社，2014，第309页。

图 6　西汉错金银伞铤及展开图
（河北博物院藏）

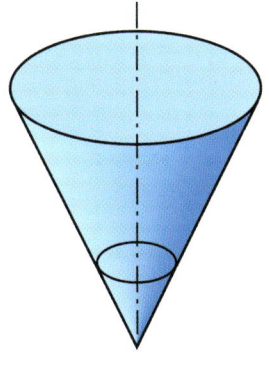

1. 正圆锥体图

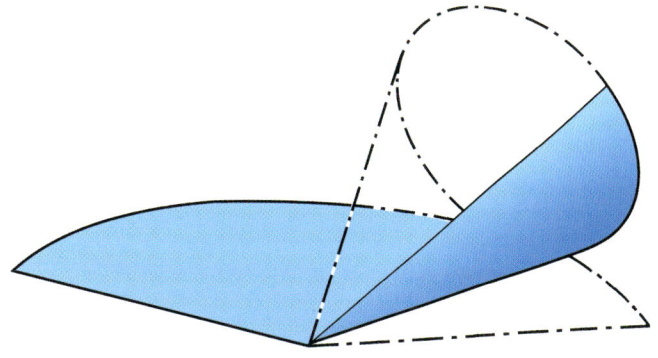

2. 正圆锥体透视展开示意图

图 7　正圆锥体及透视展开示意图

1965 年河北定县（今定州市）三盘山第 122 号西汉墓中出土了一件精美车饰（图 6），这件西汉早期的错金银铜车伞铤长 26.5 厘米，直径 3.6 厘米。柱状，中空，从中间分上下两截，以子母口套接。表面错金银纹饰，铜管底胎色用黑漆填补空隙；还镶嵌菱形绿松石和圆形红玛瑙装饰。错金银铜车伞铤纹饰的内容以竹节形式分为四段，每段题材均不相同。第一段主题是生翼黄龙，以人骑象为主，山石间有奔驰的马、鹿、兔、熊，以及飞翔的仙鹤、雁、鹰等。第二段为一骑士反身引弓射虎为主，山峦间有熊、鹿、羚羊、野牛、猿猴，还有飞鸟等。第三段以一人骑骆驼为主，辅以虎噬豕，以及熊、兔、立鹤、飞鸟等。第四段以一正在开屏的孔雀引颈长鸣为主，辅以虎捕牛，以及熊、鹿、猴、鹤、飞鸟等。四段纹饰主题不尽相同，但都反映了汉代人的狩猎活动和人们融入大自然的丰富想象力。

从图片上观察错金银纹饰和镶嵌物相对突出，其他纹饰很难辨别，四段纹饰均采用展开图的画法表现，使我们清晰地看到连续的完整画面，对于研究起到了举足轻重的作用。

2. 正圆锥体立体表面展开

圆锥顶点的射影在底面圆的圆心。正圆锥体的正视图和侧视图都是等腰三角形，俯视图是一个圆和圆心，见图 7。

正圆锥体展开图在绘制考古器物纹饰时最为常见。正圆锥体的展开图为一扇形。这种展开图主要有三种画法，下面分别加以简单介绍。

（1）分割法

先做圆锥底平面图，将周长分割成若干等份，假设为 P1—P12，另以圆锥斜长为半径另作一弧，以圆规将 P1—P12 各点间距移至该弧上，得到 Q0—Q12 各点（图 8-1）。然后将 Q0 和 Q12 两点与圆心连接，所得扇形即为展开图。但此法是以弦长无限接近弧长的方法作出的，故不够精确。

（2）顶角展开法

以计算正圆锥体展开图扇形顶角的方法，绘制展开图（图 8-2）。假设扇形顶角为 θ，圆锥体斜长为 L，圆锥体底半径为 r。其计算的公式为：

$$\theta = \frac{r}{L} \times 360°$$

（3）制图法

用制图的方法求扇形顶角。先作出圆锥体正视图，其图形为一等腰三角形。从其一个底角 B 以任意单位长沿斜边向上量 180°，得到点 D，以 D 为圆心 BD 为半径作弧交 BC 于 E，以相同的单位长量取 BE 值，其长度即为扇形角度。（图 8-3）

圆锥台展开与圆锥体展开是相同的，只是在作图时需要将其主视图的梯形两腰延长，相交后即形成两个等腰三角形（图 8-1），分别求出 L、l 的长，并以同一圆心绘制两个正圆锥体的展开图，最后即可得到圆锥台的展开图。如图 8 所示，已知圆锥台底面半径为 R，台面半径为 r，圆锥台斜长为 D，求大圆锥斜长 L 和小圆锥斜长 l。因为：

$$\frac{L}{R} = \frac{D}{R-r}$$

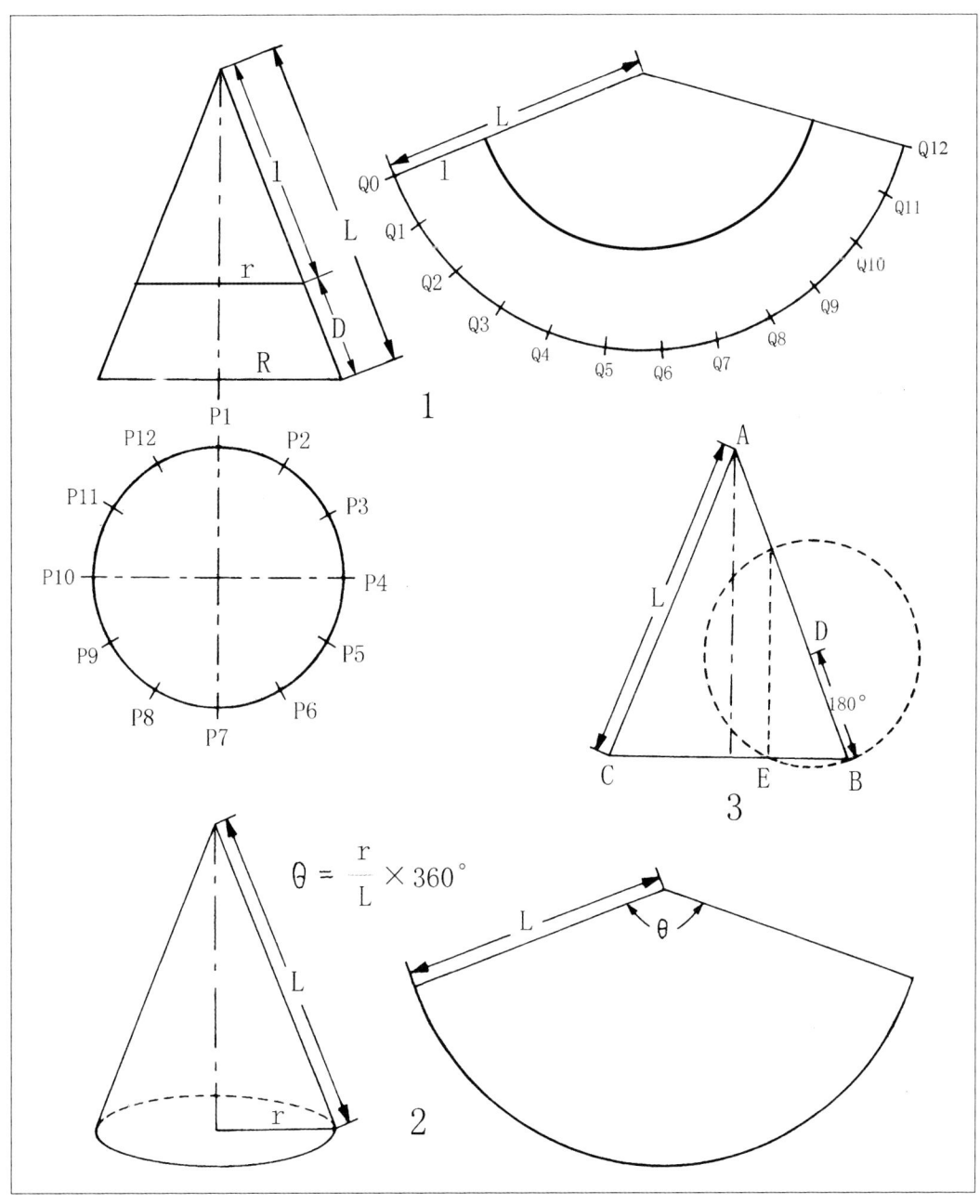

图 8　正圆锥体的展开方法示意图

所以：

$$L = \frac{RD}{R-r}$$

$$l = \frac{RD}{R-r} - D = \frac{rD}{R-r}$$

展开图的纹饰画法，在计算绘制出展

开基本轮廓后，可充分利用工作中的条件，如借助拓片，获得一个粗稿，然后进行修稿。也可以按其展开后的形状剪一块透明纸或胶片，蒙在器物上直接勾稿。还可以在器物上和展开的图形上做出相应的格网，依网临摹。如果纹饰比较简单，则可用两角规分段找出几个控制点，然后写生临摹整个纹饰。不过，无论使用哪种方法，展开图应与原物一致，因此要有一个反复检查和修稿过程。[1] 圆锥体的画法展开图见图9。

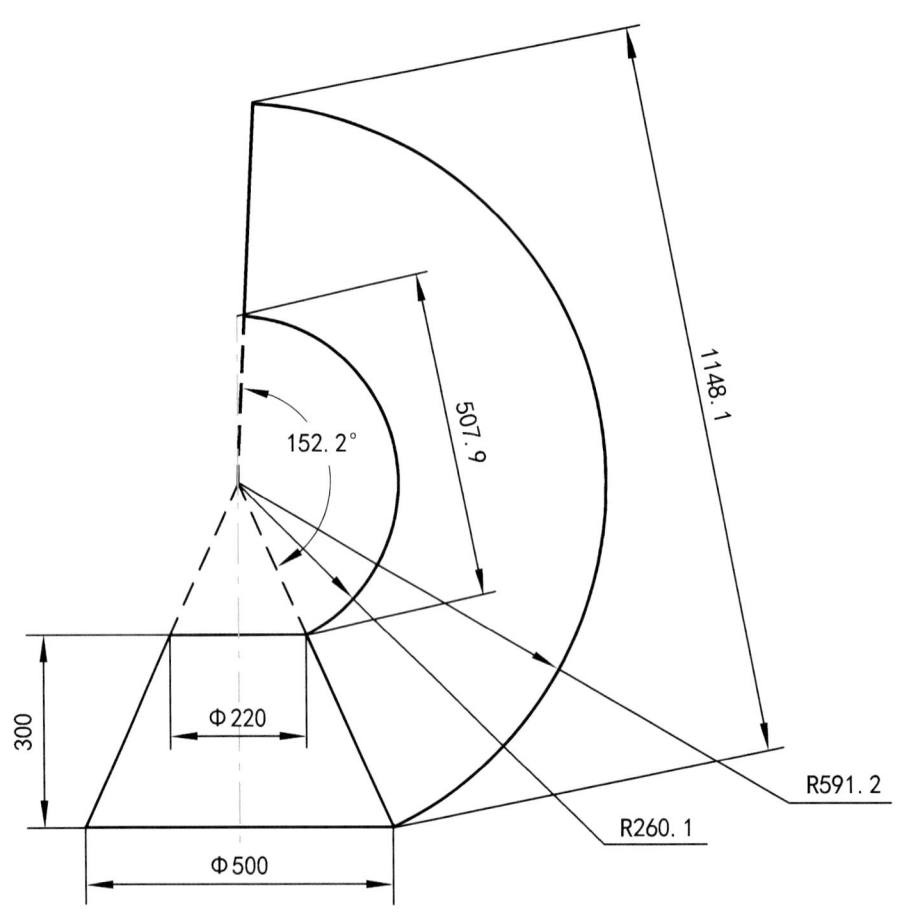

圆锥体宽1335×高1296　　显示比例：71%

图9　圆锥体的画法展开的方法

---

[1] 张孝光等：《考古绘图》，载中国社会科学院考古研究所编《考古工作手册》，文物出版社，1982，第294页。

1. 铜敦正投影图　　　　　　　2. 铜敦上下分段扇形展开图

图 10　战国铜敦展开图

（三）不可展开曲面

考古绘图中把不可展开曲面视作为近似展开图或展开示意图。它的画法也有多种，可以根据器物纹饰的具体情况来选择。

球形环绕的带状纹饰可以分段逐一展开。如：战国铜敦，自上至下分成八段，除上下两个球形的极顶为上视和底视的投影外，其他几段都可当作正圆锥台而展开，如图10。还有一类文物器形接近球形，在彩陶中比较常见，如河南三门峡庙底沟遗址出土了很多此类的彩陶器，器形大多有球形鼓肚，一般均有带状纹饰环绕，在展开时上下纹饰会出现变形，为保证纹饰图案的完整性，没有必要再将纹饰分解展开，见图4。

此外，在特殊情况下，还可使用展开示意图，这种图，仅一部分反映了原器物的真实尺寸，其余部分均有较大变形。这种图只能示意纹样的结构，而不能作为准确的纹样展开图。

二　数字化展开图技术的操作步骤

文物的数字化成果数据应用于绘制立面图与剖面图的同时，还可以再次深度加工，应用于展开图的绘制。其原理与传统展开图绘制相通，都可以理解为立体表面特征点映射至该表面的坐标网格，再将坐标网格展平，保留了纹饰的特征点在该网格系统内的坐标值，因而得到纹饰部分的展开图。

3D建模技术做到了360度全方位角度展示器物纹饰，对于多角度展示和观赏文物起到了跨越式的推进作用。由于很多出土文物都有磨损、褪色、纹饰不清等问题，通过图片和 3D 影像都无法看清纹饰细节及展开面纹饰尺寸，妨碍对文物纹饰的深入研究，有必要通过完整的平面展开图才能全面连续地将图案纹饰展示出来。

下面以褐釉单耳瓷瓶为例，将其软件展开过程介绍如下。数字化展开图技术分为 6 个步骤：

1. 在已有的文物数字化成果上生成数字化展开图

获得展开图所应用的最方便快捷的软件为 3ds max。

（1）所拍文物在 Metashape 中生成并加以修饰，建立文物 3D 模型。（图 11）

（2）将 Metashape 中生成的数据进行 3D 格式的模型及所对应纹理贴图的导出。

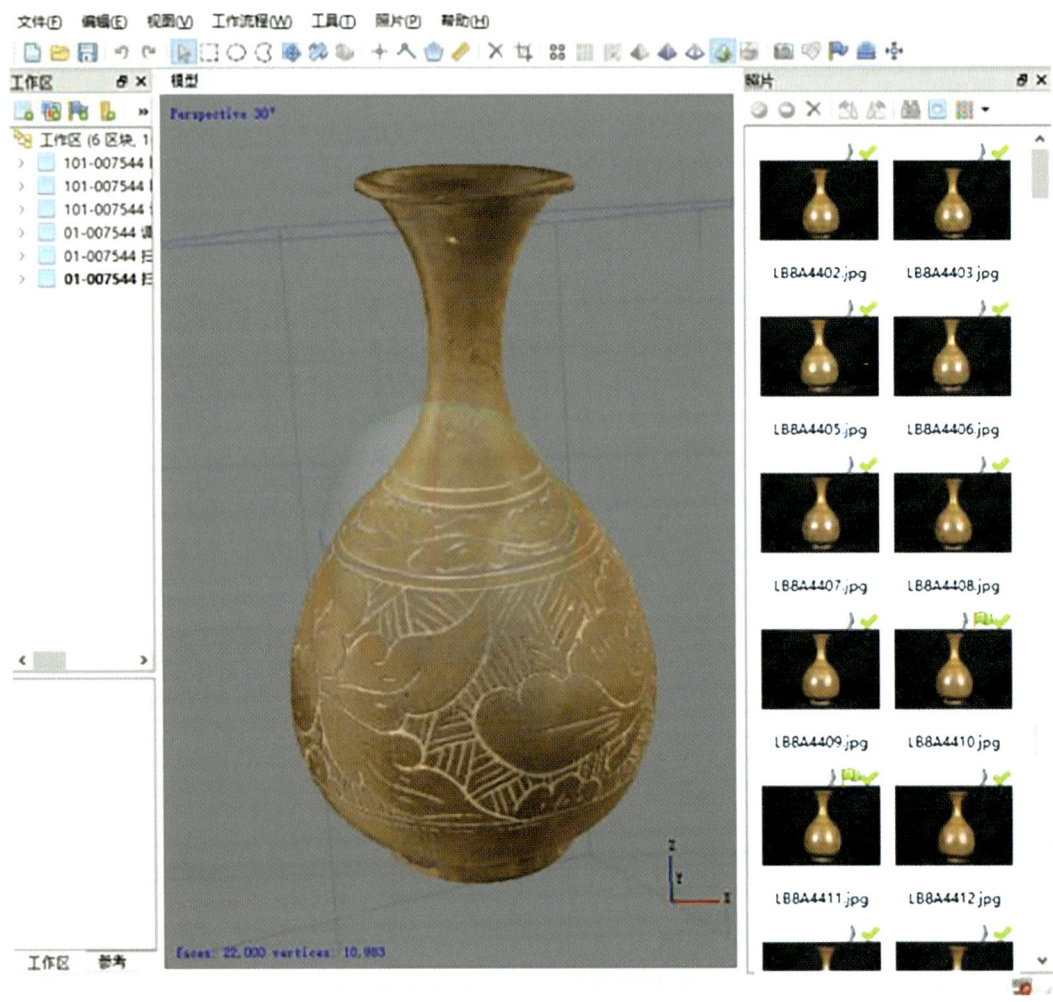

图 11　通过多视角影像建立 3D 模型

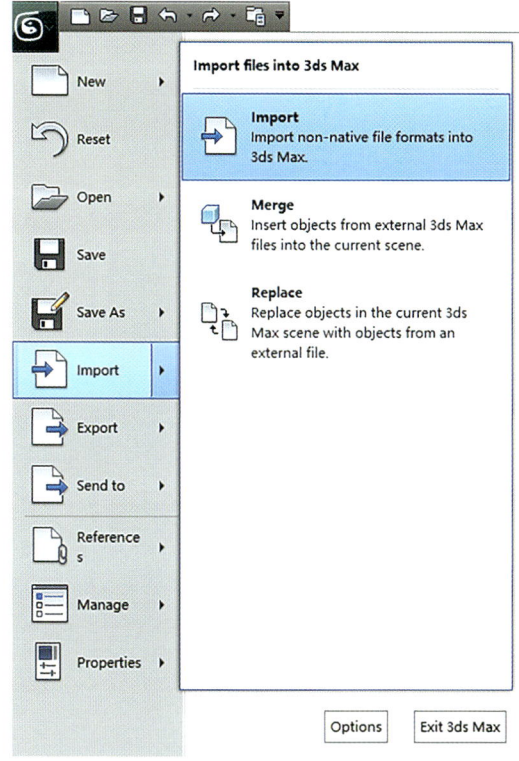

图 12　3ds max 软件的导入功能（Import）

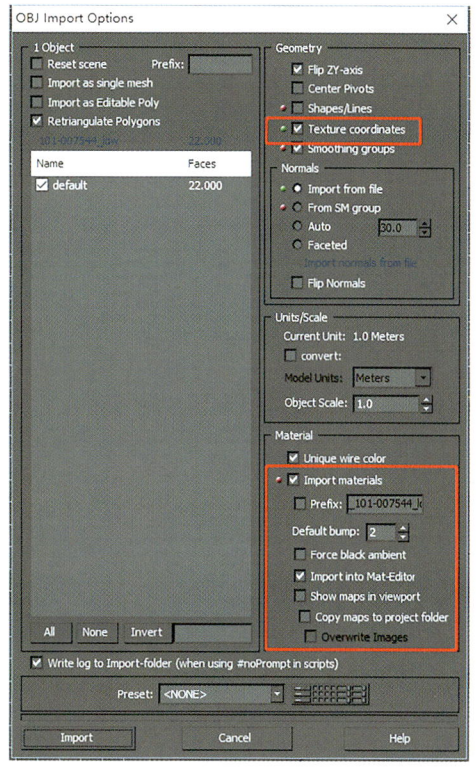

图 13　3ds max 中的导入设置

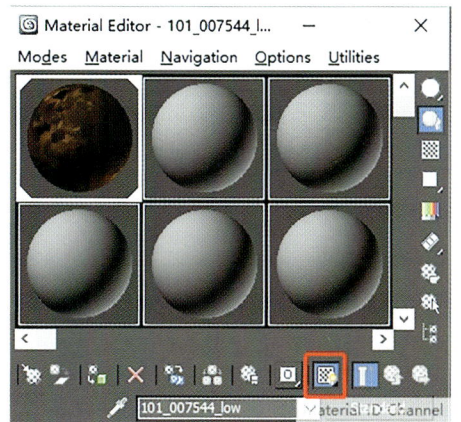

图 14　材质编辑器的"在场景中显示材质"按钮

再将所导出的模型和贴图导入 3ds max。[1] 注意在 3ds max 中长度单位要与 Metashape 一致。具体操作步骤如图（图 12—图 14）：

注意勾选相应的"贴图坐标"（Texture coordinates）和"材质纹理"（Import materials）。（图 13）

在材质编辑器中按下"场景中显示材质"的按钮（图 14），在操作视图中，器物模型表面将显示纹理。

使用"移动、旋转、缩放"工具将其归位到坐标原点并摆正。（图 15）

1　参见火星时代《3ds Max 2011 白金手册》，人民邮电出版社，2011，第 140 页。

图 15 将模型归位到坐标原点并摆正

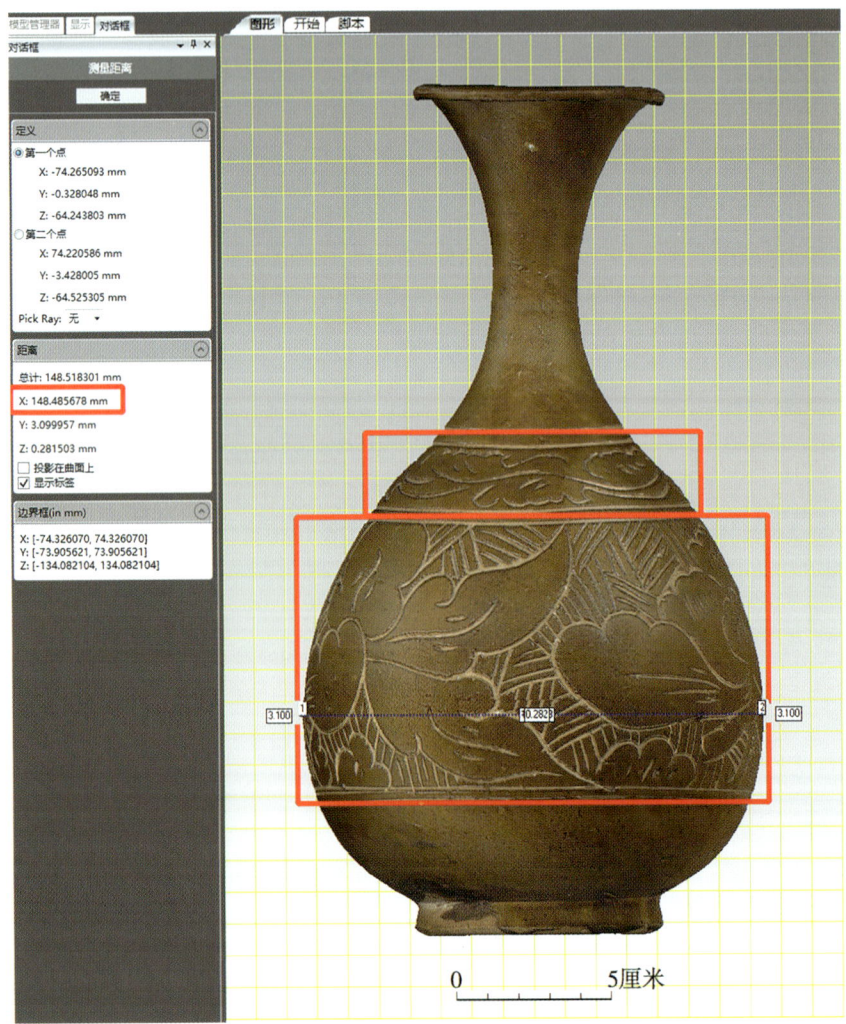

图 16 通过三维软件的测量功能确定文物尺寸

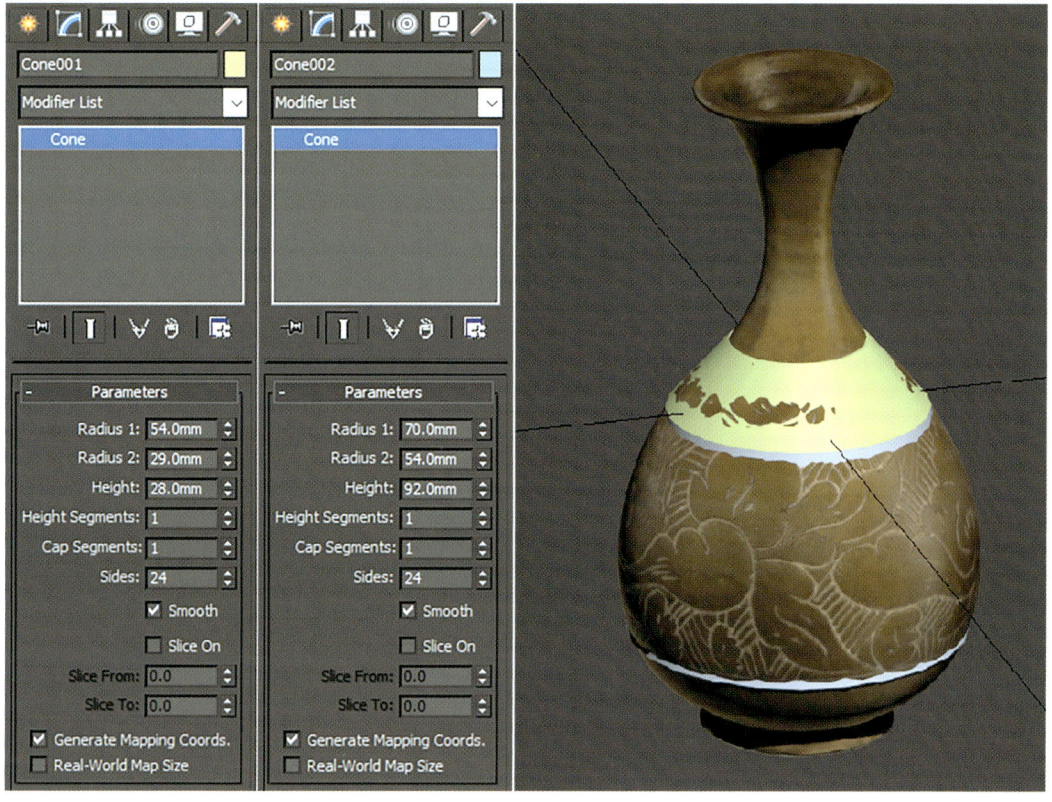

图 17　使用创建物体面板中的"Cone"命令分别创建两个圆台

2. 创建要作为被映射的展开面的物体

通过软件生成的文物对象三维模型，经软件的测量功能，得到文物正投影图实测尺寸，高 26.6 厘米，腹部最大直径 14.9 厘米，口沿 8.1 厘米（图 16）。如图 16 红框内的纹饰部分，由于此文物较为规整，可通过 3ds max 自带的标准几何体制作被映射展面，将其设计为两个圆台对象，用以制作两个不同弧度的扇面。这两个圆台对象将作为接受文物纹饰部分的像素（也就是特征点）映射的媒介。

使用创建物体面板中的"Cone"命令分别创建两个圆台，作为两个圆锥台纹饰展开区域，经调试参数如下图即可贴合文物表面的纹饰部分。这两个圆台的几何参数不能够和文物本体产生太大错位差值，控制圆台的几个几何参数，使之能够附加贴合在文物表面最为理想。（图 17）

3. 计算并创建展开平面图的参考对象

根据 Cone01 的创建参数获取上圆台尺寸信息（图 18-1）：

R = 54

r = 29

水平直角边：54-29=25，平方后=625

垂直直角边：28，平方后 = 784

计算圆台斜边：D = 37.54

RD = 2027.16

R-r = 25

计算圆锥斜边：L = 81.09

计算虚圆锥斜边：l = 43.55

计算展开扇面角度：θ = 239.73°

根据 Cone02 的创建参数获取下圆台尺寸信息（图 18-2）：

R = 70

r = 54

水平直角边：70 - 54 = 16，平方后 = 256

垂直直角边：92，平方后 = 8464

计算圆台斜边：D = 93.38

RD = 6536.6

R-r = 16

计算圆锥斜边：L = 408.54

计算虚圆锥斜边：l = 315.16

计算展开扇面角度：θ = 61.683°

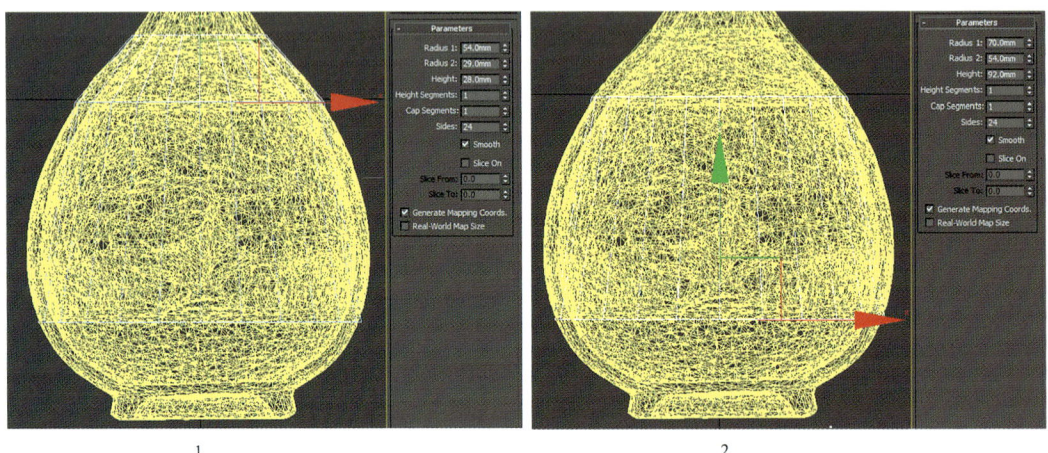

图 18　根据 Cone01、Cone02 的创建参数获取上下圆台尺寸信息

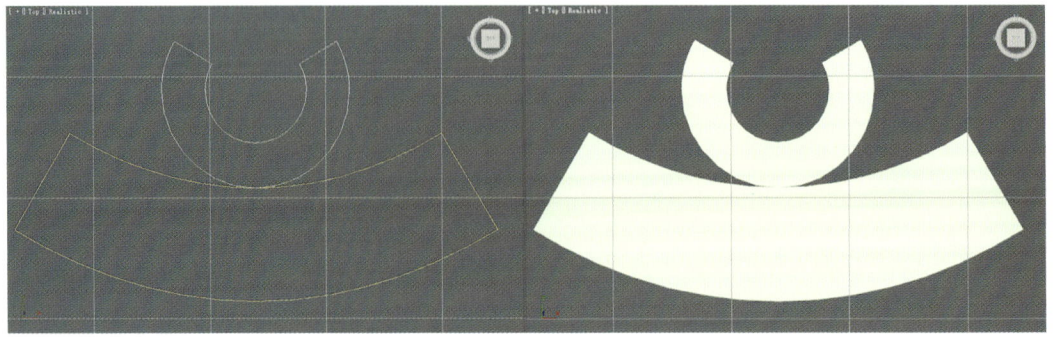

图 19　对圆台扇面的展平轮廓形态进行人工控制约束

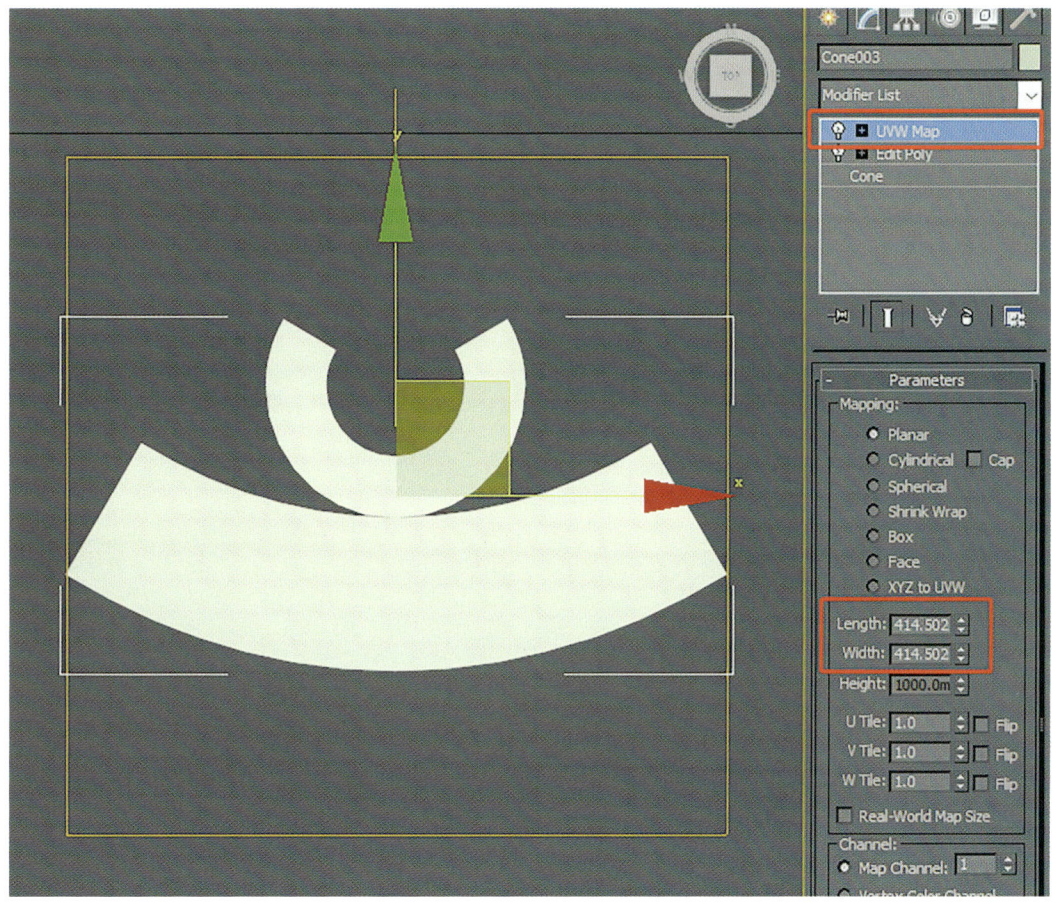

图 20　参考坐标编辑正方形象限

　　按照纹理特征点映射到一个坐标体系中的原理，我们需要在文物纹饰部分投影映射到圆台扇面之后，对圆台扇面的展平轮廓形态进行人工控制约束，使之准确符合几何学上的展平形状。因此要在 3ds max 的映射坐标中，以上述计算结果为依据，使用创建物体面板中的"Donut"创建圆环，并通过 Editspline 命令修整成为符合上述计算结果的圆台展开对应扇形，通过 Edit Poly 将其转换为展开"扇形参考网格面"[1]，用于制作下一步的贴图坐标参考依据。（图 19）

　　4. 编辑被展开平面图的贴图坐标

　　首先对"扇形参考网格面"赋予一个正方形平面贴图坐标。

　　使用 UVW Map 工具，并在长宽两个方向都使用长边的边框数值，由此获得正

1　参见唯美世界《3ds Max 2018 从入门到精通》，中国水利水电出版社，2019，第 168 页。

方形贴图坐标（纹理映射结果会处在一个正方形的坐标象限内，因此这个做参考的坐标也应该先编辑到一个正方形的象限内），如图20。

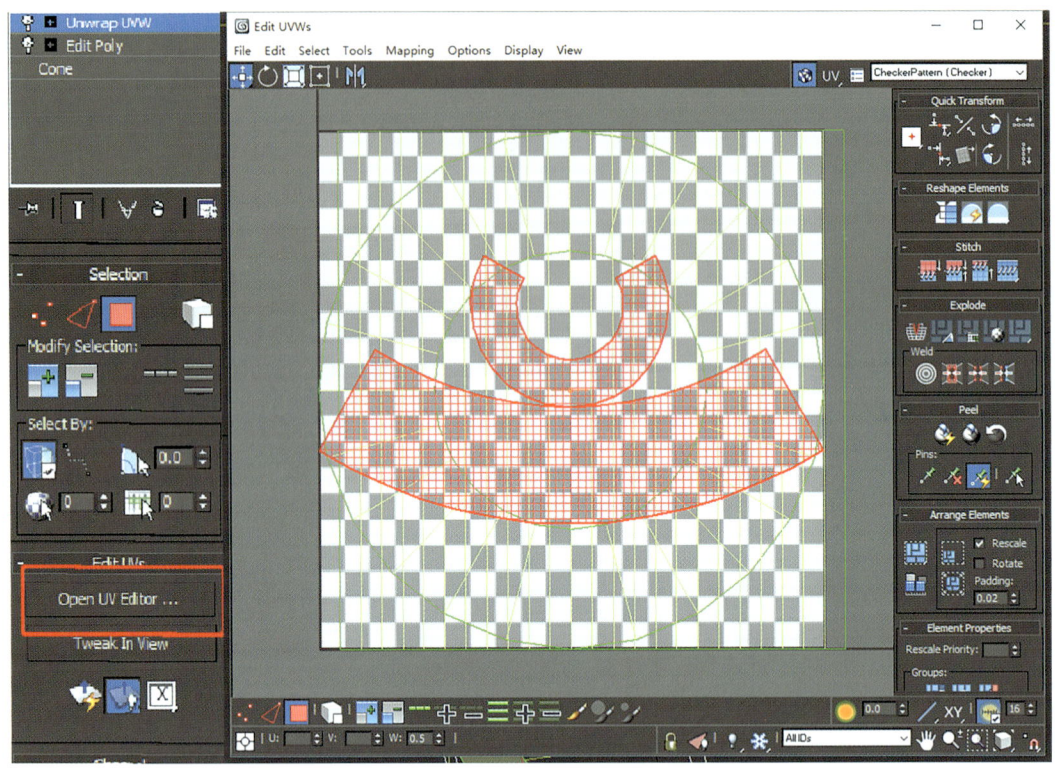

图 21-1　被映射展开面的圆台的贴图坐标与"扇形参考网格面"的形状完全吻合

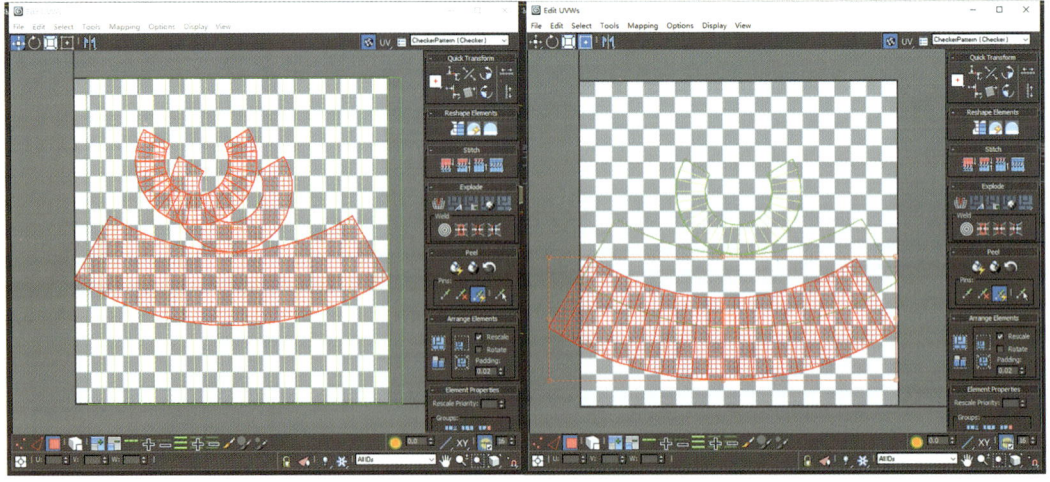

图 21-2　确定器物纹理映射的几何图形范围

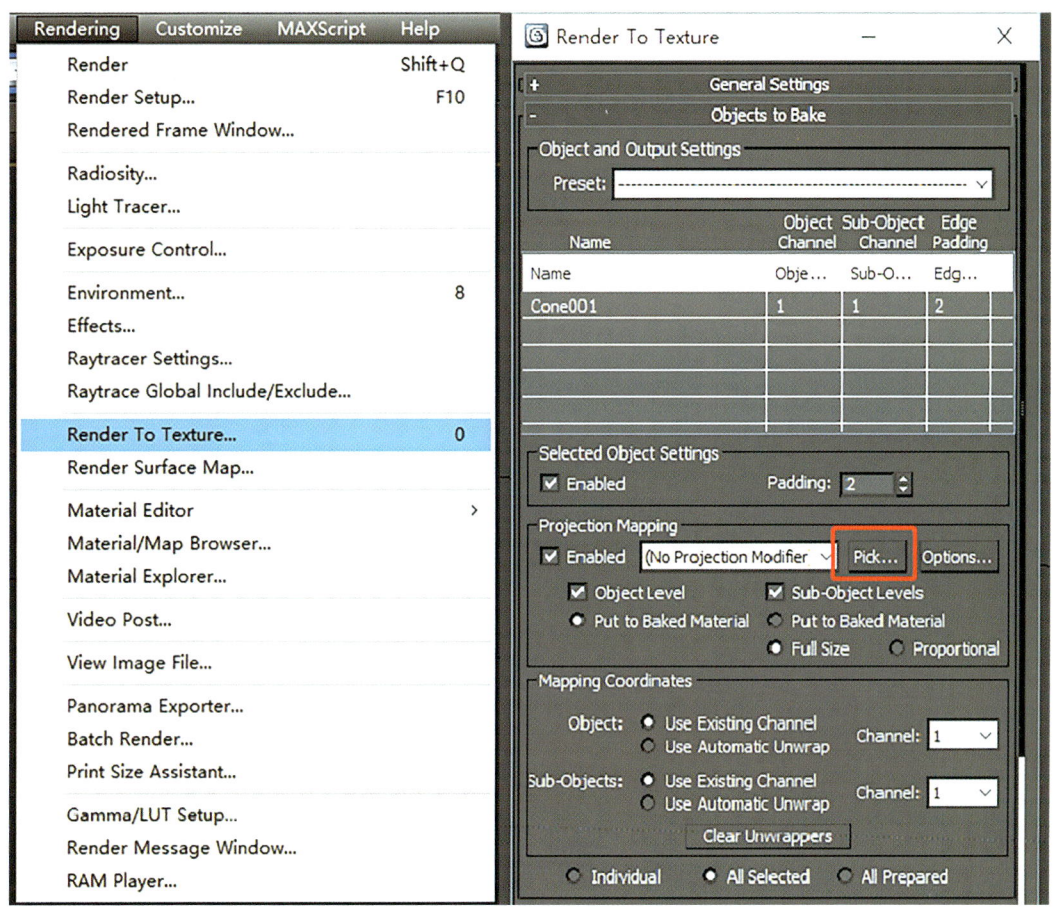

图 22　确定纹理映射对象

对要做被映射展开面的两个圆台进行 Edit Poly 编辑，去除顶底面，将两个圆台和"扇形参考网格面"结合为一个物体，并通过 Unwrap UVW 进行编辑。

通过"Open UV Editor"打开贴图坐标编辑器，可以分别编辑作为被映射展开面的两个圆台的贴图坐标，使之重合到"扇形参考网格面"的贴图坐标，做到了这一步，将要接受文物纹饰部分映射的圆台，在接受映射之后，才能输出准确的符合实物几何比例尺度要求的扇形（下图

中红色被选中部分为根据几何体尺寸数据计算得到的作为参考的"扇形参考网格面"的贴图坐标，绿色网格为将要作为展开映射面的圆台的贴图坐标）。

作为被映射展开面的圆台的贴图坐标（与"扇形参考网格面"的形状完全吻合）编辑完成后，将"扇形参考网格面"的贴图坐标移出当前贴图坐标象限范围，使其不参与展开图烘焙计算（图 21-1、2）。

5. 将文物表面纹饰映射至扇形展开面

选择编辑好贴图坐标的圆台物体，使

用"渲染 Rendering"下拉菜单中的"渲染到纹理 Render To Texture"进行映射烘焙。在映射贴图复选框中通过"选取 Pick…",拾取作为纹理来源的文物模型。(图22)

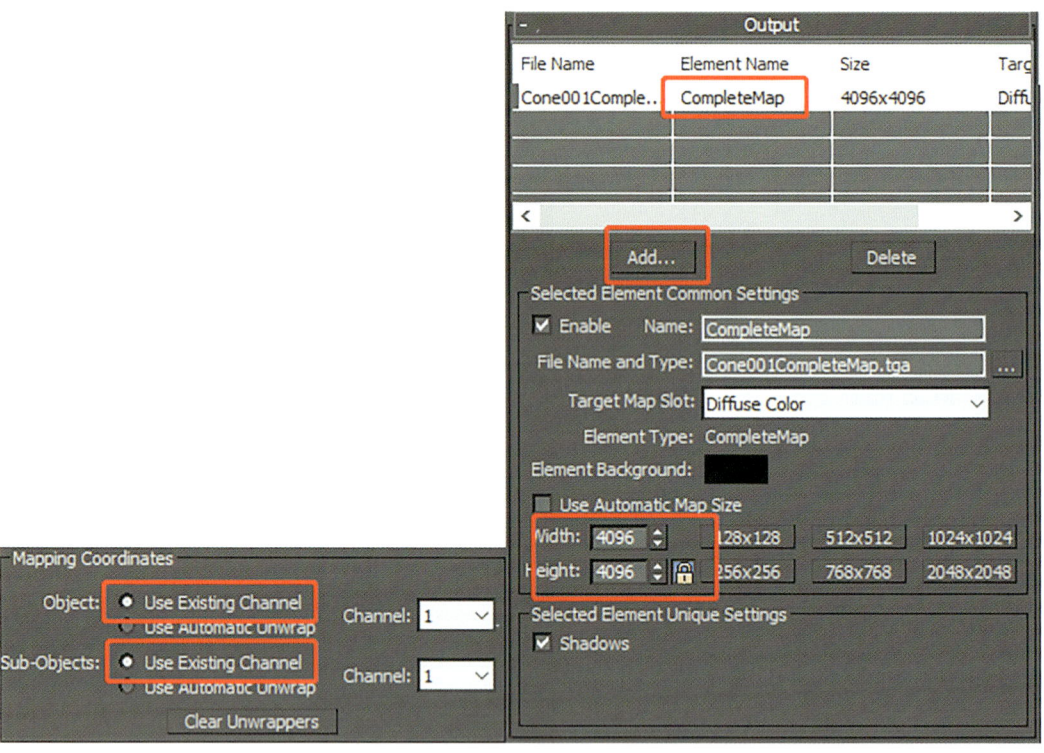

图23 在材质编辑器中将文物贴图的自发光设为100,通过渲染进行纹理映射

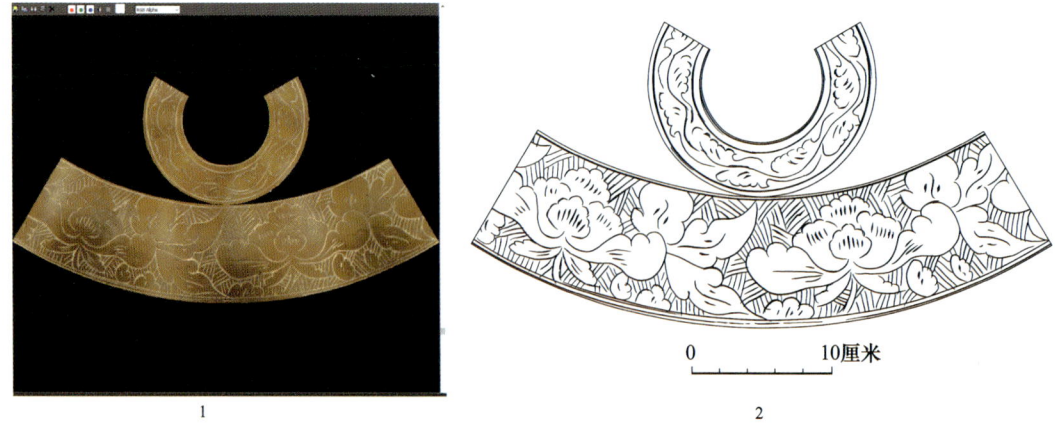

图24 以输出得到的展开纹饰图像为底本绘制展开线图

使用已编辑好的贴图通道，勾选"使用现有通道 Use Existing Channel"。在输出卷展栏中通过"添加 Add…"选择输出为 CompleteMap，并尽可能设置较大分辨率，如 4096×4096，在材质编辑器中将文物贴图的自发光设为 100，进行渲染。（图 23）[1]

6. 输出生成结果

输出生成结果如图 24-1，获得两段不同尺寸的扇形展开图面，展开图片下端弧长是 43.5 厘米，可根据展开图片直接描绘线图纹饰。（图 24-2）

小　结

展开图作为考古绘图的重要组成部分，在考古绘图领域发挥着越来越重要的作用。它通过自身的绘制特点和完整图案表现力，帮助研究者更为全面地观察到古代遗物表面全角度纹饰信息，为全面认识不同时期古代文化、制作工艺、纹饰设计特点等均带来了研究便利。当今平面媒介依然主流，近年来通过摄影测量手段进行文物的多视角影像三维重建逐渐大规模应用，器物三维数据可以更快捷低成本地获取。本文试图对于从文物三维数据归纳提取出二维图像贡献微薄力量。计算机数字化新技术结合传统绘图方法越来越展现出独特、精准、便捷的优越性，为考古绘图展开图画法提供更多的选择和创新表现力。

---

[1] 参见火星时代《3ds Max 2011 白金手册 3》，第 393 页。

《空间的敦煌：走近莫高窟》读后*
——兼论"空间"美术史方法论

■ 李方芳（兰州大学敦煌学研究所）

敦煌石窟是研究佛教石窟美术绕不开的重要地方。这不仅是因为敦煌保存了世界上历时最久、数量最多的佛教石窟艺术，也是由于敦煌地处丝绸之路的咽喉要道，是古代中西方文明交流的前沿阵地。佛教正是通过这一窗口向中国内地传播，而它也承担着中原佛教艺术向西域的回流。可以说，敦煌一地在中古时期始终浸染在佛教及其艺术之中，而如今的我们又该如何看待和再现当时的盛况呢？巫鸿先生的《空间的敦煌：走近莫高窟》（生活·读书·新知三联书店，2022，以下简称《空间的敦煌》）即能很好地引导现代读者体验古代敦煌佛教艺术盛景，从"空间"美术史方法论入手，抽丝剥茧一般层层深入。既可为一般读者所欣赏，更能在佛教石窟研究的方法论层面为专业人士进行指导，是一本兼具通俗性和专业性的敦煌佛教美术指导书。

一 研究内容简介

巫鸿先生早在 2002 年讨论如何理解"敦煌艺术"的总论性研究时就已经使用了"空间"概念。[1] 他将敦煌视作"整体"的视觉文化，提倡从古人之所见重构敦煌艺术的历史视角，也就是要将之放入一个当时更大的文化环境中去研究和理解。后在 2016 年《"空间"的美术史》第三章中进一步提到要把敦煌作为"总体空间"的案例。[2] 所谓"总体空间"一共包含三个层次：一是由器物、图像、建筑等形式共同构造的"视觉和物质空间"；二是组成空间的因素所引起知觉感受的"知觉空间"；三是建构主体经验

---

* 本文系国家社科基金重大项目"丝路审美文化中外互通问题研究"（项目编号：17ZDA272）研究成果。

1 [美] 巫鸿：《何为敦煌艺术》，载郑岩编《无形之神——巫鸿美术史文集卷四》，上海人民出版社，2019，第 229—240 页。

2 参看 [美] 巫鸿《"空间"的美术史》第三章，钱文逸译，上海人民出版社，2018。

（包括想象中的经验）之所在的"经验空间"。尤为重要的是，巫鸿先生在这里探讨了"总体空间"在更高层次美术史研究中的可能，将"空间"的衡量基准扩展到整个城市、地区或文化网络。到2020年，"从空间角度重新进入"的提法再次强化了对这一方法论的思考与运用，并以敦煌石窟美术为例给出了由五个层次构成的"石窟空间分析"研究方案。[1]第一，将莫高窟艺术看作敦煌艺术的组成部分；第二，在时间和空间的变化中寻找建造中心和视觉焦点；第三，确定"原创窟"；第四，考察洞窟内部组合；第五，研究具体的"图像"内容。从中我们可以看出，巫鸿先生是以单个洞窟作为石窟研究的"基本单位"，以"原创窟"为核心展开研究，从而带动同一时段同类洞窟的研究，推动整个敦煌石窟艺术研究的发展。沙武田先生即认为"在美术史研究中，先生对'空间'的重视和阐释，开时代先河，引领一个方向"。且"'历史原境'是先生所强调的真正意义上的'敦煌艺术'的本源，这一点正是先生重视'空间'的体现。"[2] 时隔两年，巫鸿先生的新书《空间的敦煌》隆重面世，进一步就如何使用"空间"的美术史方法对莫高窟石窟艺术的观看与研究进行了实践。全书除前言与结语外共分为五章，本文将一一略作介绍。

前言分为两个部分，前一部分从陈寅恪《陈垣敦煌劫余录序》中的一段话引出对今日敦煌学研究中的"材料"与"问题"关系的辨析，指出应更多地以"研究中产生的新问题带动对材料的再发掘"（第4页），由此提出以"空间"这一角度或问题建构和讲述石窟的历史。这一方法论将不再以时间作为陈述莫高窟历史的框架，而主要关注实际存在的洞窟和访问者的实际经验，在章节上呈现主体观者相对于客体莫高窟在身体上不断"走近"。后一部分则是对有关莫高窟艺术的基本情况和词汇所作的简要说明，以期有助于非佛教美术专业读者的理解。

第一章《敦煌的莫高窟》通过对莫高窟起始的探究，说明莫高窟与敦煌之间的密切联系，并倡言将莫高窟放置敦煌这个"多元视觉文化空间"（第15页）之中。首先是莫高窟与自然，这里的自然不仅包括历史文献中记载的莫高窟原貌，同时也是中古时期人们的精神追求之媒介。其次是莫高窟与墓葬，与莫高窟毗邻的佛爷庙湾墓群富于道教色彩，延续的是中国传统礼仪文化。巫鸿先生将它们共同放置于敦煌礼仪空间中，认为家窟和墓葬分别反映的是传统祖先崇拜中的家族祠庙和单独家族成员的墓葬（第30页）。再次是莫高窟与其他敦煌宗教和礼仪场所，除佛窟与墓葬外，还有佛寺、道观和非佛、道的礼仪性建筑，由此构成完整的古代敦煌

---

1 ［美］巫鸿：《"石窟研究"方法论提案——以敦煌莫高窟为例》，《文艺研究》2020年第12期。
2 沙武田：《"游戏神通"式的思考与写作：巫鸿先生佛教美术史研究识要》，《世界宗教研究》2021年第2期。

文化地理空间。最后是莫高窟和礼仪时间，即各类礼仪活动和节日。本章尝试从视觉文化还原出历史时代莫高窟所在地敦煌的整体面貌，作为对莫高窟文化环境和特定功能的理解。

第二章《莫高窟的整体空间》主要探讨了两个问题，一是如何挖掘莫高窟作为"活体"的历史存在，即将其还原为一个不断进化和演变的生态过程。马德先生《敦煌莫高窟史研究》运用"崖面使用"概念将静态石窟群体解构为历史时期不断的积累，是一个成功的案例。二是以何种时间尺度衡量莫高窟的历史发展，巫鸿先生由此提出莫高窟的"外部时间"和"内部时间"。所谓"外部时间"即中国古代朝代时间，但对特定而具体的艺术客体考证时还需用到"内部空间"作为新型历史叙事，这就是"石窟本身的物质和视觉内涵以及变化的空间形式"（第76—77页）。本章在此两点思考之下，尝试梳理了作为整体的莫高窟的历史演变：5—8世纪主要通过水平延伸形成，南北大像和9世纪中出现的"垂直窟"蕴含有"纪念碑性"（第90页），[1] 9世纪下半叶到11世纪之间则以地面大窟为主。

第三章《莫高窟的内部空间》立足于单个洞窟，但却不是每一个，而是选择一批"原创窟"作为首要研究对象。所谓"原创窟"指的是"石窟的设计和装饰引进了以往不见的新样式"（第104页），对这批原创窟的认知则主要来自观者的经验——即以他自己的身体和运动作为理解石窟空间及其意图的手段。而本章的关注重心在于空间建构上，因此本章对原窟群（早期三窟）、中心柱窟、大像窟和涅槃窟、背屏窟分别做了详尽的分析与讨论。

第四章《莫高窟空间中的图像》则更进一步以石窟内的"图像"——包括壁画和塑像——作为研究的重点，通过图像在石窟中所处空间位置的不同，分析其与参拜者及其他图像之间的关系问题。本章对瑞像图像"番合圣容像"（即"凉州瑞像"，或称"刘萨诃瑞像"）进行了个案研究，分析了该图像的出现与演变以及其所反映的历史与观念问题。其中图像空间位置的变化是作者主要思考的问题。

第五章《莫高窟绘画中的空间》将观者的视线停留在壁画上，并由"图像空间"本身的特殊视觉逻辑带动视线的运动。从这一点出发，巫鸿先生将莫高窟壁画中的"图像空间"分为三种基本类型：焦点式的偶像类（以尊像画和经变画为主）、线性的叙事类（本生、佛传、因缘三大类）和二元性的"对立构图"。本章以"降魔"图像为主进行了探讨，对其所使用图像空间模式的变化进行了分析。

---

1 "纪念碑"实为西方古代艺术的核心概念，巫鸿先生将之运用于中国古代美术叙述中，用以探讨具有公共意义的礼仪美术传统。参看［美］巫鸿《中国古代艺术与建筑中的"纪念碑性"》，李清泉、郑岩等译，上海人民出版社，2017。

最后的结语部分将"空间"作为"一个美术史方法论提案"（第279页），即以"空间"为切入点展开对莫高窟石窟艺术的研究。书中的五个章节即为其可行性验证的具体方法与步骤，这与巫鸿先生2020年的文章中的提法相一致，实更为充分详尽。这套"石窟空间分析"的关键环节在于单独洞窟（原创窟），通过向外的延伸和向内的集中不断进行更为深入的研究。

二 研究方法述评

在美术史研究中，"空间"可以说是一个常用的概念和词汇，但将"空间"作为研究的理论或方法却是比较晚的事情。在20世纪六七十年代，以米歇尔·福柯（Michel Foucault）和亨利·列斐伏尔（Henri Lefebvre）为代表的哲学家和社会学家的思想引领下，"空间"开始成为研究的方法与媒介。[1] 由此带动的学界"空间转向"思潮同时也影响到了美术史研究中的"空间转向"。此种影响最早发生在西方，巫鸿先生将之运用于中国美术史的研究中，已在很多相关研究中使用了和"空间"有关的概念。比如礼仪美术中的"阈界"（liminal space），图像中的"女性空间"（feminine space），视觉文化和公共仪式中的"政治空间"（political space），汉代画像的"位置意义"（positional significance），墓葬布置中的"层累"（layering）技术，绘画和石刻中的"正反构图"（front-and-back composition），等等。[2] 所以巫鸿先生对石窟美术"空间"的研究是在以往研究的基础上，把空间在研究方法上的功能和潜力从佛教石窟个案中凸显出来，进行不同分析层次上的整合与提升。而这同时也是当前敦煌学发展面临转型与突破的一个面向，诚如巫鸿先生所言："如果百年之前的情况是敦煌文献与敦煌艺术的新材料引出新的研究问题，今天的情况则更多地是以研究中产生的新问题带动对材料的再挖掘。"[3] 从"空间"角度重新进入，实际上也是对佛教石窟美术研究的一次新的整合。巫鸿先生以敦煌莫高窟为例，给出了"空间"美术史研究方法论在佛教石窟研究中的一个绝佳案例。

石窟美术进入美术史研究的领域一般认为始自1935年史岩先生编写的《东洋美术史》（上册）中的有关章节。[4] 而到20世纪下半叶我国才开始了对石窟美术系统的整理与研究。仍旧以敦煌石窟为例，敦煌艺术虽与敦煌文献共同构成敦煌

---

1 吴红涛：《作为方法的空间》，《自然辩证法研究》2014年第11期。
2 参看［美］巫鸿《"空间"的美术史》，钱文逸译，上海人民出版社，2018。
3 ［美］巫鸿：《"石窟研究"美术史方法论提案——以敦煌莫高窟为例》，《文艺研究》2020年第11期。
4 史岩：《东洋美术史》（上册），上海书店，1990。

学的两大主体，但它的起步要晚至敦煌学发展的第四个阶段（1941—1949 年）才肇始。[1] 具体事件为张大千先生到敦煌临摹壁画，从而影响了敦煌艺术研究所的建立和敦煌艺术研究的肇兴。坦言之，中国佛教石窟美术的研究起步较晚，最开始做的主要还是美术临摹的工作，在其中夹杂部分的研究。1982 年段文杰院长在《敦煌研究》试刊的发刊词中提到："在某种意义上说，临摹是研究的基础，同时又必须在研究的基础上进行临摹。"[2] 而经过几代学者不断累积的研究成果，到 21 世纪初我们已经能够对石窟研究进行方法论层面的反思。中国台湾学者颜娟英女史认为当前佛教石窟研究的几种方法分别是考古学、图像学、功能学。[3] 关于这三种方法论，一般认为体现了石窟研究的不断深入，巫鸿先生分别称为石窟研究的"低层、中层、高层"三个层次理论。[4] 刘伟冬先生进一步认为还需要在前三种方法之上再加上"视觉文化研究"，并且指出"整体性"似乎已经是石窟研究的一个原则。[5] 米歇尔认为"视觉文化"是关于"视觉经验的社会建构"[6]，即探究某一艺术风格及样式之所以为社会所接受的原因。功能学和视觉文化研究的提出，实质上即意味着敦煌学从"是什么"向"为什么"的研究转向。2006 年一次以"转型"为中心的学术讨论会使得敦煌学的"转型"成为一时之热潮。所谓"转型"，与巫鸿先生所提敦煌学"中层理论"的研究，都意指敦煌学对新的研究方法的探索与追求。当然也有一些学者认为目前敦煌学距离所谓"转型"还有很长一段距离，[7] 但事实却是没有任何一件事情是严格按部就班等一件事情做好再开始第二件事的，往往下一个事情的开端与苗头会在第一件事的中后期便已经出现了。在2000 年敦煌学国际学术讨论会上，马德先生便发表了《以史论窟，以窟证史——谈敦煌石窟与敦煌文献的结合研究》一文，无疑指明了敦煌学在新的世

1　胡同庆、周维平两位先生将敦煌学的研究分为六个阶段：第一阶段（1900—1909）、第二阶段（1909—1931）、第三阶段（1931—1941）、第四阶段（1941—1949）、第五阶段（1949—1966）、第六阶段（1977—1992）。参看胡同庆、周维平《敦煌学发展阶段述论》，《社科纵横》1994 年第 3 期。

2　段文杰：《敦煌研究的回顾与展望——代发刊词》，《敦煌研究》1982 年第 1 期。

3　颜娟英：《佛教艺术方法学的再检讨》，载中华民国史专题第四届讨论会秘书处编《中华民国史专题论文集第四届讨论会》（抽印本），"国史馆"，1998，第 647—666 页。

4　[美] 巫鸿：《敦煌 323 窟与道宣》，载氏著《礼仪中的美术——巫鸿中国古代美术史文编》（下），郑岩等译，生活·读书·新知三联书店，2005，第 419 页。

5　刘伟冬：《图像学与中国宗教美术研究》，《新美术》2015 年第 3 期。

6　W. J. T. Mitchell, *Interdisciplinarity and Visual Cluture*, Art Bulletin, Dec. 1995, p.540.

7　方广锠：《漫谈敦煌遗书》，《学习与探索》2008 年第 3 期。

纪的一种研究方向。[1] 此后樊锦诗先生继续指出："如何探索隐藏于纷繁复杂的艺术表象下的思想和历史背景，将是未来敦煌石窟研究面临的重点和难点……要在研究方法和研究思路上有所创新。"[2]

但不管是功能学还是视觉研究，都必须依赖考古学或美术史这两种基本方法。美术史研究关注美术遗迹，考古学主要研究古代的物质遗存，两门学问从其肇始即有共同的研究领域。针对佛教石窟的研究，在国外，它属于艺术史研究的范畴；在国内，它主要属于考古学的研究范畴。由于这是两种不同的石窟研究方法论，从而在石窟分期的讨论中，出现了20世纪80年代宿白与长广敏雄两位先生关于"模式"和"样式"的长期论争。[3] 本质上，这是艺术风格学和考古类型学在方法论层面的差异：长广敏雄先生强调"样式"的重要性，认为艺术作品的个人或流派、时代与地区的创作特色是研究石窟艺术的基础；而宿白先生则强调"类型"的意义，指出石窟类型一般包括，（一）石窟形制；（二）主要形象和形象组合（布局与题材）；（三）纹饰与器物；（四）艺术造型与技法。但考古学和美术史这两种方法也不是泾渭分明的，而是你中有我我中有你，出发点和落脚点不同而已：考古学以物品形态为核心，美术史以作品为核心。

而以"作品"为核心的美术史研究方法主要分图像（image）和形式（form）两种。沿着"图像"这条轴线发展出图像志（iconography）、图像学（iconology）、象征性解释（symbolic interpretation）、精神分析解释（psychoanalytic interpretation）、艺术符号学（semiotics）等对内容和意义的研究手段；沿着"形式"这条轴线则发展出如形式进化论、风格分类、视觉心理学、图式修正（schema and correction）等理论和方法。而我们目前最熟悉也最常用的：一是图像学，是对美术品本身的研究；二是风格分析，即对艺术形式的研究。前者主要回答"是什么"的问题，体现为文献史的梳理；后者重点研究构图、艺术表现等问题。20世纪80年代西方新史学的兴起，左图右史、图史互证的"图像学"研究进入一个高潮，使得美术史和历史学在研究范畴上则有了更多的交融。美术史以历史讲解作品，历史学则用作品说明历史。而用何种方式书写美术或者艺术的历史，则是美术史在单个"作品"研究积累的基础上，进一步探讨其发展背景及脉络的尝试。

巫鸿先生所提"空间"美术史方法论可视作为一套可供操作的方法指南，但

---

1 马德：《以史论窟，以窟证史——谈敦煌石窟与敦煌文献的结合研究》，载敦煌研究院编《2000年敦煌学国际学术讨论会文集——纪念敦煌藏经洞发现暨敦煌学百年》历史文化卷（上），甘肃民族出版社，2003，第492—512页。

2 樊锦诗：《关于敦煌石窟研究的一些思考》，《中国史研究》2009年第3期。

3 参看宿白《〈大金西京武州山重修大石窟寺碑〉的发现与研究——与日本长广敏雄教授讨论有关云冈石窟的某些问题》，《北京大学学报》（哲学社会科学版）1982年第2期。

还需注意到这其中的某些限制。这首先是因为"空间"本身就是不确定的，且在不同的情境中有着不同的范围与表现力，它可以很大，也可以很小。另外，巫鸿先生将对"空间"在石窟美术的研究与运用之关键定为单独洞窟，主要关注"原创窟"，以"原创窟"作为美术史研究的"作品"，故方法上延续了"图像"与"形式"的关注对象。巫鸿先生的尝试是将这两者结合起来：沿着图像志的脉络把"空间"理解为构成图像的文学或宗教意义的一个因素，即"图像空间"；跟随形式分析和视觉心理学的系统把"空间"看作视觉感知及再现的内涵和手段，即"视觉空间"。然后这两者共同构成了敦煌石窟美术研究的基本空间——单个洞窟的"总体空间"。这一研究架构自然已经超出常规意义上的"图像"和"形式"，围绕着这一核心不断往外部扩展，由此就会形成地域和文化范围不断变大的"空间"圈层，正如巫鸿先生以敦煌石窟美术为例给出的五个层次。这也使得这一研究方法既可以在具体的壁画和塑像等层面做出详细的研究，同时也不排除从地域、文化等宏观角度研究石窟。

一言以蔽之，伴随着佛教石窟美术的研究越来越深入，学者们对自己进行研究时所使用的方法论也具有越来越清晰的认知；质言之，即是对研究思想及其方法的反思与自觉。正是在这样的背景下，巫鸿先生尝试突破朝代时间对石窟美术史的线性叙述，提出从"空间"角度重新进入和书写的见解。这是从美术史角度反思新的研究方法的尝试，甚至于有将"空间"提升到与"图像""形式"并列地位之目的。[1]

三　两种石窟历史书写方法

对佛教石窟美术的研究已顺势进入历史书写的阶段。郑炳林、沙武田两位先生出版了《敦煌石窟艺术概论》，[2] 提倡研读敦煌艺术背后的人与社会的情况，真实反映当时社会历史之全貌；通过将敦煌置于中国当时整个社会背景下的研究中，推动中国古代历史、社会史以及宗教史的研究。赵声良先生开始了按年代顺序进行敦煌石窟美术史的研究工作，并于2014年出版了第一阶段的美术史研究成果《敦煌石窟美术史（十六国北朝卷）》。[3] 这项成果的特色在于不仅对敦煌早期石窟发展史进行了全面阐述，而且注重对印度、中亚佛教艺术的比较分析，揭示出敦煌早期石窟艺术风格的源流和发展。宁强先生则在2020年出版了《敦煌石窟艺术：社

1　巨建伟：《作为"方法"的空间——巫鸿〈"空间"美术史〉的阅读与思考》，《中国书画》2019年第3期。
2　郑炳林、沙武田：《敦煌石窟艺术概论》，甘肃文化出版社，2005。
3　赵声良：《敦煌石窟美术史（十六国北朝卷）》，高等教育出版社，2014。

会史与风格学的研究》，[1] 大有融合中西方之所长而成一家之言之风，获得把艺术和历史背景结合起来的途径突破。目前针对石窟美术或艺术的历史书写主要是以时间为主线，而"时间"在历史书写中是非常自然且重要的线索。但在面对不同的石窟群时，"时间"的表现力有时会显得捉襟见肘。很多学者于是选用不同的区域空间作为线索：如温玉成先生的《中国石窟与文化艺术》，[2] 张总先生的《永恒的寺庙——石窟艺术》，[3] 李裕群先生的《古代石窟》[4]，等等。尽管如此，其本质仍旧是以"时间"为线索的线性描述，更无法看到不同石窟群在空间上的交叉与流布情况。因此，如何使用"空间"对中国石窟美术的整体历史进行书写需要进一步的思考。

值得关注的是，巫鸿先生为什么强调要以单个洞窟作为石窟美术历史书写的基础呢？因为零碎的壁画和雕塑不足以构成全部的石窟美术进行历史书写的要求。在这里，以何种"空间"作为石窟美术历史书写的基础是关键，以单个洞窟为核心似乎只能书写出这一单个洞窟所在石窟群的线性历史。若是将中国古代所有的石窟都罗列出来，同一时期不同地域就会有不同的单个洞窟出现，这时的空间又该如何定义呢？如果是同一时间内不同空间的表现，则似乎又回到最开始用时间因素对石窟美术的线性书写，只不过这条线在某些历史时期多了不同的几个空间。究竟如何以"空间"入手书写石窟美术的历史，巫鸿先生已经为我们提供了一种可供思考与研究的范式与实践，但若以更大的"空间"来看，似乎还不尽善尽美。石窟的历史书写以把握整体视野为目的，任何碎片化的理解都有可能干扰整体的建构。佛教石窟美术的研究要确立历史与艺术史写作的完整性，则不能仅就一时一地展开讨论。中国佛教石窟的"历史"是通过连续的时间和流动的地域空间来体现的。从时间的角度看，佛教石窟美术的出现与发展不仅有历史时期的外部爆发，还有包含着艺术史自身发展过程中传统审美精神的内在延伸。无论是历史文献记载还是视觉形象描述，都无法真实客观地还原艺术现象中的所有细节。即使社会政治因素为艺术史的获取提供了重要信息，但缺乏对审美主体内在感知维度的研究，也会掩盖对"历史"的真实认知。现代人文主义研究是建立在严格的知识分工基础上的，特别是佛教石窟美术的研究处于一个不能孤立的复杂时空情境中，当下主要困难在于研究对象相对分散，研究重点不断变化。不仅要诉诸历史发展的整体语境，更

1　宁强：《敦煌石窟艺术：社会史与风格学的研究》，文物出版社，2020。
2　温玉成：《中国石窟与文化艺术》，上海人民美术出版社，1993。
3　张总：《永恒的寺庙——石窟艺术》，吉林美术出版社，1999。
4　李裕群：《古代石窟》，文物出版社，2003。

要在艺术史的建构过程中形成多元视野；既要重视各地区主要石窟由古至今纵向的系统性，又要注意不同地区间石窟美术的发展和相互联系，从而呈现特定历史条件下不同区域艺术的交流与互动。在这种情况下"以佛教中国化为线索，把握中国石窟美术发展演变的传承脉络，辨清不同石窟群之间的相互关系，建立综合性的、动态的、多维的美术史观念"应是不错的选择。[1]

从20世纪初，欧美考古学者以佛教遗迹和文物为基础开展了佛教石窟和寺庙的考古调查，而中国在约30年后也陆续展开了对石窟的考古和研究工作。在这里我们引入另一种佛教石窟美术史写作的重要范式，即宿白先生所提佛教石窟"模式"，在这一层面上，"空间"与"模式"既有方法论上的不同，又有着实际研究问题上的相似。作为考古类型学研究方法的"模式"天然地更关注同一空间内不同时间的变化序列。自宿白先生提出"凉州模式"（1986年）[2]和"云冈模式"（1987年）[3]以来，"模式"一词便被引入佛教石窟艺术考古研究之中。在宿白先生之后便出现了各种名称的佛教艺术"模式"，如刘锡涛先生之"龟兹模式"（1998年），[4]温玉成先生之"仙佛模式"（1999年），[5]费泳先生之"青州模式"（2000年）[6]，等等。"模式"对于考察佛教地域文化景观的形成和内涵，乃至佛教石窟艺术发展脉络的梳理都具有重要意义。但当前的石窟"模式"研究还处于地域割裂状态之下，各种石窟"模式"的研究虽在不断深入，怎么书写中国整体的佛教石窟艺术史仍是摆在学界面前的一大问题。罗世平先生将佛教和佛教艺术的发展分为大的三个"文化圈"：（一）以印度为中心的佛教文化圈；（二）中亚（或称为西域）佛教文化圈；（三）以中国为中心的汉传佛教文化圈。[7]其中，古代中国的佛教石窟发展主要呈现"线性片状"发展。当下学术界基本是将这两者分而述之的，要么关注到全部的时间脉络，要么只关注到某一地域空间。但各个地域空间所产生的主流佛教艺术造像并不是孤立的，反而会在时间上继续发展，在空间上不断扩张。这看上去似乎是一个非

---

[1] 刘韬、郭早早、朱文晶：《关于中国美术史中佛教石窟美术专题教学的探讨》，《新疆艺术学院学报》2011年第4期。

[2] 宿白：《凉州石窟遗迹和"凉州模式"》，《考古学报》1986年第4期。

[3] 宿白：《平城实力的集聚和"云冈模式"的形成与发展》，载氏著《中国石窟寺研究》，文物出版社，1996，第114—144页。

[4] 刘锡涛：《浅谈龟兹石窟艺术模式》，《新疆社科论坛》1998年第1期。

[5] 温玉成：《公元1—3世纪中国的仙佛模式》，《敦煌研究》1999年第1期。

[6] 费泳：《"青州模式"造像的源流》，《东南文化》2000年第3期。

[7] 罗世平：《四川唐代佛教造像与长安样式》，《文物》2000年第4期。

常复杂的时空系统，但能够在某一时期某一地域产生佛教主流造像的石窟美术"空间"并不多。在这种情况下，将巫鸿先生的"空间"美术史方法论扩展到更大的地域空间，即将宿白先生所提"模式"作为石窟美术历史书写的基本元素，则事情似乎会变得相对简单一点，且也更接近历史的真实。

一般我们认为，可以从佛教文化传播的路线来认识中国境内石窟之间的关系，即在陆路上经中亚进入西域，再由西域进入河西，最后在河西分为三支：一支去平城，一支去长安，一支沿河南道下益州。这的确是一种思路，但是早期石窟之间的早晚关系却又不完全按照路线排列。这说明，佛教石窟发展的脉络在空间上不是简单的单线条式的发展。以早期莫高窟为例，最早的三个窟，即位于莫高窟南区中段二层的第275窟、第272窟和第268窟三个洞窟，通常被认为是北凉三窟。"北凉说"是敦煌研究院的官方观点，也是学界内的主流观点。索珀（Alexander C. Soper）在《北凉和北魏时期的甘肃》（1958年）中最早提出第272窟、第275窟可能开凿于北凉的看法，他认为这两窟的艺术风格与北凉石塔雕刻相似。[1] 阎文儒先生也认为"今炳灵寺169窟下层壁画，以风格论，与莫高窟第275窟中之壁画相近似"[2]。20世纪80年代以后，更多学者持"北凉说"。史苇湘先生在《敦煌莫高窟内容总录》中将这组洞窟定为"十六国晚期"，相当于西凉到北凉统治时期。[3] 樊锦诗、马世长和关友惠撰写的《敦煌莫高窟北朝洞窟的分期》，通过对比云冈第一期、北凉石塔、炳灵寺169窟等，结合历史背景，认为其时代"相当于北凉统治敦煌时期，即公元421年至439年左右"[4]。但除了"北凉说"外，还有"西凉说"和"北魏说"两种观点存在。"西凉说"的主要依据来自碳十四测量，由于存在时间误差而无法完全确认，故不论。"北魏说"曾在20世纪70年代以前占据主导地位，如张大千、谢稚柳、何正璜、史岩等人，后则以宿白先生为主。同样也是从考古类型的角度出发，认为其主要受当时的北魏平城模式即"云冈模式"早期造像风格的影响。[5] 日本学者石松日奈子对此持赞成观点。[6] 不同的观点背后反映出的是不同的认识方法，宿白先生认为："莫高窟现存早期洞窟与自成体系的新疆石窟的关系，虽在绘

---

1 索伯、殷光明：《北凉和北魏时期的甘肃》，《敦煌研究》1999年第4期。
2 阎文儒：《莫高窟的创建与藏经洞的开凿及其封闭》，《文物》1980年第6期。
3 敦煌文物研究所：《敦煌莫高窟内容总录》，文物出版社，1982，第178页。
4 樊锦诗、马世长、关友惠：《敦煌莫高窟》，文物出版社，1982，第177页。
5 宿白：《莫高窟现存早期洞窟的年代问题》，载氏著《中国石窟寺研究》，第270—278页。
6 ［日］石松日奈子：《北魏佛教造像史研究》，筱原典生译，文物出版社，2012，第52、53页。

画技法方面有某些相似处，但从石窟全部内涵上考察，远不如与中原北方石窟关系密切……莫高窟这组现存最早洞窟的许多特征和云冈第二期相似……我们认为只能是云冈影响了莫高，即都城影响了地方，而不可能是相反。"[1] 从中可见宿白先生针对石窟艺术研究的一种全局观。但赵声良先生不认同这一方法论在此时适用的背景，认为"当国家处于统一状态的情况下，文化以首都为中心影响周边，是一个大趋势。而在并不统一的时代，这种'文化中心论'就不一定起作用了……只能说明某些样式可能是敦煌与凉州石窟共有的特征，随着凉州佛教进入平城，而在云冈石窟中体现出来而已。"[2]

由此可见，之所以会出现莫高窟早期三窟在断代上的不同，主要还在于对佛教石窟造像形态来源的不同认识上。莫高窟早期石窟造像特征主要有三种不同的见解：东来说、西来说和本地说。"东来说"观点以宿白先生为代表，他注意到《李君莫高窟佛龛碑》及《莫高窟记》记载乐僔、法良来自东方，因而断言"从前秦到北魏晚期以前，莫高开凿的石窟，受到东方的影响不仅是可能的，而且是必然的。"[3] 当然更主流的观点还是认为莫高窟早期洞窟的渊源或来自西域，并在本地完成了在地化的改变。但这些认识上的分歧同时也说明，除了需要在佛教造像形式上进行比对，还需要进一步厘清其背后的历史环境，才能更加明确佛教石窟"模式"的影响与发展脉络。在这方面，常青先生已经做过一定的尝试。他的《长安与洛阳——五至九世纪两京佛教艺术研究》为我们诠释了后秦长安模式、北魏洛阳模式、北周长安模式、唐代长安模式和唐代洛阳模式，对这先后出现的五种模式，包括它们的产生和影响所及、所不及，都进行了详尽的论述。[4] 从而勾画出了十六国北朝至隋唐中国石窟寺和佛教美术相当完整的发展过程，既注重了造像艺术风格某个地区某个时期的特点，也强调了彼此之间的影响。而从方法论层面上讲，既重视美术史研究中的"空间"问题（巫鸿），又关注考古类型学研究中的"模式"问题（宿白），这似乎才是中国佛教石窟美术历史书写的出路。

结　语

中国的佛教艺术研究主要针对的是佛教石窟，因此提到石窟美术就容易让人想到佛教艺术。但其实这是两个有重合部分的概念，佛教艺术泛指的是与佛教相关的

1　宿白：《莫高窟现存早期洞窟的年代问题》，载氏著《中国石窟寺研究》，第 270—275 页。
2　赵声良：《敦煌石窟美术史（十六国北朝卷）》上卷，第 131、132 页。
3　宿白：《敦煌莫高窟早期洞窟杂考》，载氏著《中国石窟寺研究》，第 218 页。
4　常青：《长安与洛阳——五至九世纪两京佛教艺术研究》，文物出版社，2020。

建筑、雕塑、绘画、舞蹈、音乐等多种艺术形式，石窟美术则是以石窟为空间的建筑、雕塑、壁画等艺术形式的组合，且除了佛教还有反映其他宗教思想的。由于现存的中国佛教遗迹以佛教石窟为主，因此往往以佛教石窟美术的研究代替佛教艺术研究。但在佛教繁盛的时期，寺院或许比石窟要更能够反映佛教艺术和思想，如北魏时期的洛阳。[1] 这是研究佛教石窟美术时必须要考虑到的问题之一。其次，中国现存的佛教石窟遗迹内容最丰富也最受关注的是敦煌莫高窟。但将敦煌置于中国古代历史大背景下则不会如此突出，其佛教造像艺术虽有自身本土系统的影响，但主要还是受不同历史时期中原王朝都城的影响。这是研究佛教石窟美术时必须要考虑到的问题之二。除此之外，虽然我们的主要目光放在了中国古代佛教石窟上，但也一定要关注到佛教和佛教石窟本身在当时文化中的位置和重量，从大的文化背景和小的文化情境出发，共同构建佛教石窟美术的文化环境。这是研究佛教石窟美术时必须要考虑到的问题之三。而本文着重要讲述的内容，正是在这几点思考所构建的

石窟历史时空背景的基础之上，对佛教石窟美术研究方法论和历史书写的反思。巫鸿先生用"空间叙事"的方式代替传统史学中的"时间"主线，改变了以时间为主、空间为辅的历史书写方式，对中国佛教石窟美术的研究与历史书写起到很大的启发作用。通过对莫高窟早期洞窟不同的研究方法与观点的分析，本文以为考古学石窟"模式"中的"地域空间"可在以单个洞窟作为空间叙事的基本空间之上，体现不同地域空间模式之间的交融与流布，完整再现中国佛教石窟的发展脉络。亦即巫鸿先生的"空间"美术史方法论与宿白先生所提石窟"模式"在佛教石窟历史书写的层面上不谋而合，而两者虽在具体的研究方法和关注点上有所不同，但都推动了中国佛教石窟研究在方法论上的进步。

附记

承蒙王鸿先生宽爱，审校全文，在此谨向巫鸿先生致敬。同时向兰州大学张进教授、敦煌研究院马德研究员、清华大学周真如老师，致以诚挚的感谢！

---

[1] 据杨炫之《洛阳伽蓝记》记载，当时的北魏都城洛阳在城内外建寺一千余所，足以说明寺院比石窟更容易也更直观地反映出当时佛教的繁盛；只是随着时间的推移，石窟比寺院保留下来的要多。

二

服饰研究

中国古代编环绣工艺探析[*]

■ 高 洁（北京服装学院 天津理工大学） 王亚蓉（中国社会科学院考古研究所）

一 中国古代编环绣文物梳理

（一）编环绣文物的界定

从已出土的纺织文物和发表的文献资料来看，有一类装饰组织兼具刺绣与针织的双重特征，因尚未从中外古文献中找到确切的名称记载，学界将之定名为编环绣[1]、环编绣[2]、勾编网纹叠花贴绣[3]等。

将之定名为"编环绣"或者"环编绣"的主要依据是应用此类技法的文物组织特征：面料上绣缀线圈呈规律性串套形成装饰面。定名为"勾编网纹叠花贴绣"的依据是其组织形态表现出的网状肌理，推测采用勾编工艺制成，再将之钉缝在面料上。由此可以看出，对于其技术属性是刺绣还是编织，学界是有不同看法的。

"编"字目前已知最早的文字是甲骨文（如 ），《说文解字》释义为"编，次简也"[4]。段玉裁《说文解字注》："以丝次弟竹简而排列之曰编。"[5] 从字形上可以看出古人造"编"字时重视"秩序排列"，考虑了材料形态与组织结构。"绣"字目前发现最早的文字均为战国时期竹简上的文字（如仰天湖简 、包山楚简 、云梦睡虎地秦简 、包山楚

---

[*] 本文为教育部服务国家特殊需求博士人才培养项目"中国传统服饰文化抢救传承与设计创新人才培养"、天津理工大学教学基金项目"基于馆藏文物的传统民族艺术设计课程教学改革研究"（项目编号：YB23-26）阶段性成果。

[1] 王亚蓉在《锦绣绚丽巧天工——耕织堂藏中国丝织艺术品（中国嘉德2005春季拍卖会）》中鉴定应用此类技法的绣片时，定名为"编绣花朵纹饰片"。采访对此类技法名称的命名依据时，王亚蓉先生表示"编绣为一大类，此技法为线圈串套故命名为编环绣。"

[2] 中国丝绸博物馆将此类藏品命名为环编绣。

[3] 高汉玉、屠恒贤对王洛墓出土的应用此类技法文物残片定名为"素缎勾编网纹叠花贴绣素缎"。

[4] （汉）许慎撰，汤可敬译注：《说文解字》，中华书局，2018，第2807页。

[5] （清）段玉裁：《说文解字注》卷一三上，中华书局，2013，第664页。

简𦃃），《说文解字》释义为"五采备也。"[1] 徐灏《说文解字注笺》："凡设色备五采皆谓之，无论画绘与刺绣也。后人乃专以针缕所紩者为绣。"[2] 可见古人最初是从颜色丰富这一角度来定义"绣"的，后期逐渐演变为专指用针线缝缀出的美丽图案。故而装饰性是定义刺绣时重点考量的要素。此类组织是运用针引丝线绕成又字形线圈呈方向性串套，而后形成浮于底衬上的装饰面。故本文引用学界的"编环绣"来指代此类技法制作出的装饰面。

在当代语境下，"绣"具有两种含义，一种为宏观角度的某一类刺绣实物，另一种为微观角度的某一种刺绣针法。本文为了便于说明，将宏观角度的刺绣装饰面称呼为"编环绣"，将微观角度的刺绣针法称呼为"编环针"。

编环绣与环编织物在组织的单元结构上有相同之处，但是其制作过程中的步骤、材料、成品特征以及应用动机存在差别。编环绣和环编织物的本质区别是在制作时是否必须依附底衬材料并与之发生穿缀联结的关系。经过针法复制实验后可知，编环绣在制作时必须依附底衬材料，绣线与底衬材料发生穿缀联结的关系，制作完成后可以根据最初的设定保留或者去除底衬材料；而环编织物在制作时不需依附底衬材料，也不与底衬材料发生穿缀联结的关系，线圈串套后成为独立的面料。此为本文对编环绣文物进行界定的标准。

（二）编环绣文物的时空分布

本文在对编环绣文物进行梳理时的一个必要工作是对中国古代的时间与地域予以界定，以谭其骧先生在编辑《中国历史地图集》时所确定的标准即以"1840年以前的清朝版图为历史上中国范围"[3]。

目前应用编环绣工艺最早的实证是中国丝绸博物馆藏的 2 件北朝绣靴（图 1、图 2⑤），这些绣靴虽然没有明确的墓葬出土信息，但从绣靴的形制和装饰纹样来看，应是西域地区的贵族所穿，其形制与西安西市遗址出土的刺绣软靴（图 2）、青海都兰县热水墓出土的红地宝相花刺绣靴袜（图 3）颇为相似，红地宝相花刺绣靴袜脚踝处两块面料拼缝处钉缝针织绦。此墓葬是公元 8 世纪中期吐谷浑王莫贺吐浑可汗之墓。[4] 根据敦煌文书古藏文《赞普传记》记载，赤德祖赞时期，"民庶、黔首普遍均能穿着唐人上好绢帛矣"[5]。都兰是丝绸之路上重要的中转站，此墓葬出土的丝织品具有多源性，出土的 350 多

---

1 （汉）许慎撰，汤可敬译注：《说文解字》，第 2775 页。
2 （清）徐灏：《说文解字注笺》卷二五，续修四库全书影印本。
3 谭其骧在 1981 年 5 月下旬召开的"中国民族关系史研究学术座谈会"上的讲话《何为中国》。
4 韩建华：《青海都兰热水墓群 2018 血渭一号墓墓主考》，《考古研究》2022 年第 1 期。
5 王尧、陈践译注：《敦煌本吐蕃历史文书》，民族出版社，1992，第 166 页。

件纺织品中，86%为中原汉地织造，[1] 丝绸制品有长期积累且被重复利用的现象，[2] 表明唐制丝绸在青藏高原所受珍视的程度，也侧面反映出当地丝绸生产不及中原发达。据观察，此类靴履裁片缝合处都绣缝有条状饰物，有的采用编环针编绣，有的采用钉线针将不同捻向的丝线并排钉缝，还有的是钉缝编织好的绦带。据学者研究，此类缘饰与古人鞋履的礼制象征意义有关，[3] 编环绣在绣靴上出现起到装饰作用。

图 1　北朝锦勒刺绣靴

（作者拍摄于中国丝绸博物馆）

图 2　唐代刺绣软靴

（西安大唐西市博物馆藏，引自《中国刺绣》，万卷出版社，2018，第 55 页）

图 3　唐代青海都兰热水墓出土红色绫地宝花织锦绣袜

（引自《中国古代物质文化史》，开明出版社，2017，第 304 页）

图 4　南宋赵伯澐墓出土"编织鞋"

（引自《丝府宋韵——黄岩南宋赵伯澐墓出土服饰展》，2017，第 45 页）

1　许新国：《中国青海省都兰吐蕃墓群的发现、发掘和研究》，载氏著《西陲之地与东西方文明》，北京燕山出版社，2006，第 132—141 页。

2　仝涛：《青海都兰热水一号大墓的形制、年代及墓主人身份探讨》，《中国土族》2013 年冬季号。

3　贾玺增：《移步锦靴空绰约，迎风绣帽动飘飘——中国古代的足服》，《紫禁城》2013 年第 8 期。

浙江省台州市南宋赵伯澐墓出土了一双"编织鞋"（图4），学界对其所用工艺是针织还是编环绣也存有不同看法。[1] 但是此实证表明了至少在宋朝，通过挑孔来显花的技术已经非常成熟，这为元明时期编环绣发展成为以镂空显花为特色的主题图案装饰刺绣提供了技术基础。

出土于吐鲁番哈拉和卓古墓的织绣囊（图5）被认定为回鹘高昌时期，囊袋上分布有4条刺绣，采用编环针做出三角形二方连续和菱形（正方形）二方连续图案。

编环绣工艺在元朝开始走向兴盛，编环绣文物较之前无论从数量还是艺术性上都有所提高，并且呈现出北方和南方的形态差异：有确切出土信息的文物多集中出土于北方地区，例如河北隆化鸽子洞、河北沽源梳妆楼、内蒙古黑城子等地，纺织品文物上的编环绣多为二方连续式的边缘装饰（图6—图14），目前已获知的出土文物和传世文物共17件。多件被认定为元代的编环绣因其为传世文物且几经流转，目前尚无法断定其产地，但是这些编环绣多为装饰意味浓厚的主题性图案，与明代可考据的编环绣文物的制作工艺显然是一脉相承。

明朝时期编环绣文物的出土与存世数量大幅增加，有确切出土信息的文物多集中出土于南方地区贵族墓葬，包括浙江承宣布政使司下辖嘉兴府王店李家坟明墓（图15、图16）、湖州府邵南夫妇墓（图17）、南直隶下辖常州府武进王洛家族墓（图18）、扬州府泰州森森庄明墓（图19）、江西承宣布政使司下辖抚州府南城益宣王墓（图21、图22）、上饶白岭村明墓（图23）等。此时的编环绣文物以繁复精美的主题图案呈现，装饰效果强烈，目前已发表的出土文物与传世文物共53件。

编环绣在明末清初走向衰落，清朝的编环绣文物图案已经大为简化，已获知文物十三件，全为传世品，尚未见清代墓葬出土编环绣品，经过调研，故宫博物院藏的纺织文物中也未见此类装饰技艺。

从传世刺绣品以及非遗技艺的传承现状来看，民国时期编环绣已经完全消亡，只有杭州萧山花边的针法与编环针有相同之处，但是所用材料、图案风格完全不同于中国古代编环绣文物，据称萧山花边的技法是清末民初时期由西方传教士传入，且成品基本都出口到西方，故萧山花边不在本文的讨论范围之内。

从目前已公布的实证资料来看，存世的编环绣文物不少于88件，表明编环绣制作工艺从北朝至清末，在中国至少应用了1500多年。

---

[1] 中国社会科学院刘大玮在《浙江黄岩南宋赵伯澐墓出土环编足衣的技术考释》一文中分析南宋赵伯澐墓出土"编织鞋"为针织技术，东华大学硕士研究生在《中国古代环编绣技艺研究》一文中记述了其采用编环绣技艺对此"编织鞋"的复制工作。

表1 的确切出土地点的编环绣文物

序号	样本名称	文物图片	发掘地点	收藏博物馆	推测年代	备注信息
1	绣囊	图5 （引自《吐鲁番文物精粹》，上海辞书出版社，2006，第190页）	回鹘高昌哈拉和卓古墓	吐鲁番博物馆	回鹘高昌（唐）	长6厘米，宽9厘米
2	蓝色绫绒绣法器衬垫	图6 （作者拍摄于内蒙古博物院）	黑城子	内蒙古博物院	元代	长24.5厘米，宽20厘米
3	百衲法器衬垫	图7 （作者拍摄于内蒙古博物院）	黑城子	内蒙古博物院	元代	长21.5厘米，宽17.3厘米
4	靴套残片	图8 （引自 Evolution of Textiles along the Silk Road 113页 "The Chronological Development of Needlelooping Embroidery" 论文插图，中国丝绸博物馆会议论文集）	王墓梁遗址	呼和浩特市博物馆	元代	长12.5厘米，宽10.5厘米

续表

序号	样本名称	文物图片	发掘地点	收藏博物馆	推测年代	备注信息
5	棺床小帐	图9 (作者拍摄于内蒙古博物院)	集宁路	内蒙古博物院	元代	多件残片,详细信息尚未发表,专家推测残片有可能是棺床小帐上的织物
6	绿绫地彩绣花卉纹护膝	图10 (引自《洞藏锦绣六百年——河北隆化鸽子洞洞藏元代文物》,文物出版社,2015,第108页)	河北隆化鸽子洞	隆化民族博物馆	元代	长23厘米,宽17.5厘米
7	白暗花绫彩绣花鸟婴戏护膝	图11 (引自《洞藏锦绣六百年——河北隆化鸽子洞洞藏元代文物》,110页)	河北隆化鸽子洞	隆化民族博物馆	元代	长19厘米,宽15.5厘米

续表

序号	样本名称	文物图片	发掘地点	收藏博物馆	推测年代	备注信息
8	明黄绸彩绣折枝梅葫芦形针插	图12（引自《洞藏锦绣六百年——河北隆化鸽子洞洞藏元代文物》，128页）	河北隆化鸽子洞	隆化民族博物馆	元代	长27厘米，宽4.1厘米
9	补绣朵花圆形饰件	图13（引自《洞藏锦绣六百年——河北隆化鸽子洞洞藏元代文物》，129页）	河北隆化鸽子洞	隆化民族博物馆	元代	长10.2厘米，宽6厘米
10	庭院人物图刺绣残片	图14（引自王亚蓉、贺阳主编《中国服饰之美》，中国纺织出版社，2019，第157—166页）	河北梳妆楼	中国社会科学院	元代	详细信息尚未发表
11	獬豸绣补云鹤团寿纹绸大袖衫	图15（作者拍摄于中国丝绸博物馆）	浙江嘉兴王店李家坟明墓	中国丝绸博物馆	明代	

续表

序号	样本名称	文物图片	发掘地点	收藏博物馆	推测年代	备注信息
12	云纹缎环编绣鞋	图16 （作者拍摄于嘉兴博物馆）	浙江嘉兴王店李家坟明墓	嘉兴博物馆	明代	详细信息尚未发表
13	云纹绸妆花鹭鸶胸背缀獬豸绣补子圆领袍	图17 （引自卢丹《浙江明代丝绸文化及出土袍服的研究》，硕士学位论文，浙江理工大学，2019）	湖州邵南夫妇墓		明代	胸背为两层，底层为妆花织成鹭鸶方补，上层为环编绣纳纱獬豸方补
14	勾边网纹叠花贴绣素缎	图18 （常州市武进区博物馆提供）	江苏省常州市武进区横山桥镇明代王洛家族墓	常州市武进区博物馆	明代	详细信息尚未发表
15	花卉纹翘头鞋	图19 （作者拍摄于泰州博物馆）	泰州森森庄明墓	泰州博物馆	明代	详细信息尚未发表

续表

序号	样本名称	文物图片	发掘地点	收藏博物馆	推测年代	备注信息
16	素缎绣花鞋	图20（作者拍摄于泰州博物馆）	泰州胡玉墓出土	泰州博物馆	明代	详细信息尚未发表
17	高底凤头女鞋	图21	江西益宣王墓	江西省博物院	明代	江西益宣王夫妇墓孙妃棺出土，详细信息尚未发表
18	凤头女鞋	图22	江西益宣王墓	江西省博物院	明代	江西益宣王夫妇墓孙妃棺出土，详细信息尚未发表
19	翘头女鞋	图23	江西上饶白岭村明墓	江西省博物院	明代	详细信息尚未发表
20	莲花纹刺绣女鞋	图24	江阴明墓	江阴博物馆	明代	详细信息尚未发表

图 25　北朝黄地彩绣方格纹靴
(作者拍摄于中国丝绸博物馆)

图 26　黄地彩绣方格纹靴编环绣
(作者拍摄于中国丝绸博物馆)

二　编环绣的类型与制作工艺

（一）编环绣的类型

在对编环绣文物梳理后，运用类型学研究方法，将上百件文物进行归纳，总结出编环绣的形态表现为两大类：一类是几何形为基本元素构成的二方连续图案，用色相对单一；另一类为主题性的单独纹样，用色丰富。在不同的历史时期和地域，以上两类编环绣又表现出时代特征：北朝时期的编环绣就是单线圈串套的条状缘饰，颜色与绣品其他部位的刺绣用线颜色一致，存在呼应关系，例如黄地彩绣方格纹靴（图25、图26）；唐代至元代北方出土的二方连续式编环绣均以单色线绣制，以三角形、菱形、长方形这类几何形为基本元素构成二方连续图案，不同文物上表现出几何形细节上的差异，差异背后的原因目前尚不可知。这类编环绣下方不加金衬[1]，多以边条的形式呈现。明代绣品上的编环绣若为二方连续图案，也多以边框或者图案分割线的形式呈现，但在针法细节上会有两类表现形式，一类是单位线圈为双环，加大单位线圈的沉降弧长度，串套后形成较大的孔眼露出下方金衬，绣线颜色为单色，例如中国丝绸博物馆藏圆形衬垫（图27、图28）；另一类是单位线圈为单环，线圈紧密串套不露底衬，多种颜色的绣线营造出渐变晕染的效果，例如北京艺术博物馆藏明万历红纱地洒线绣云水金龙纹方补的下底边缘即编环针制作三蓝绣（图29、图30）。明代大量的文物表明流行于中国南方地区的编环绣更喜欢用多样的针法、丰富的颜色来绣制主题性的单独纹样，并通过减针形成镂空花纹，下方衬金闪烁出点点金光。图案题材是典型的中国传统吉祥纹样（图51、图53）或者宗教纹样（图54、图57、图58）。这一时期编环绣的精美程度与创意巧思令世人惊叹！清代的编环绣又回归到

1　金衬，即在面料上用传统饰金工艺制作的成品，包括印金面料、羊皮背金、纸背金和金皮子。

几何形二方连续形式，以三角形为主，其他几何形很少见。清代的编环绣似乎是元明两朝编环绣融合后的变体：绣线颜色相对单一，有单色和渐变三色两种情况；编环绣下方衬金；以边框形式出现，通常应用在荷包等小件饰品上（图38、图39）。

图 27　明代圆形垫饰
（作者拍摄于中国丝绸博物馆）

图 28　圆形垫饰编环绣
（作者拍摄于中国丝绸博物馆）

图 29　明万历红纱地洒线绣云水金龙纹方补
（引自北京艺术博物馆公众号"每周一品"205期）

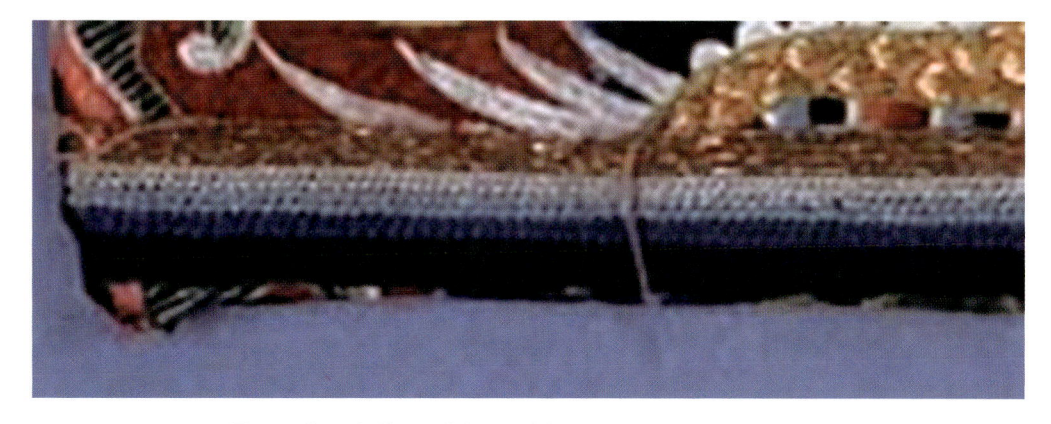

图 30　明万历红纱地洒线绣云水金龙纹方补底边三蓝色编环绣局部
（引自北京艺术博物馆公众号"每周一品"205期）

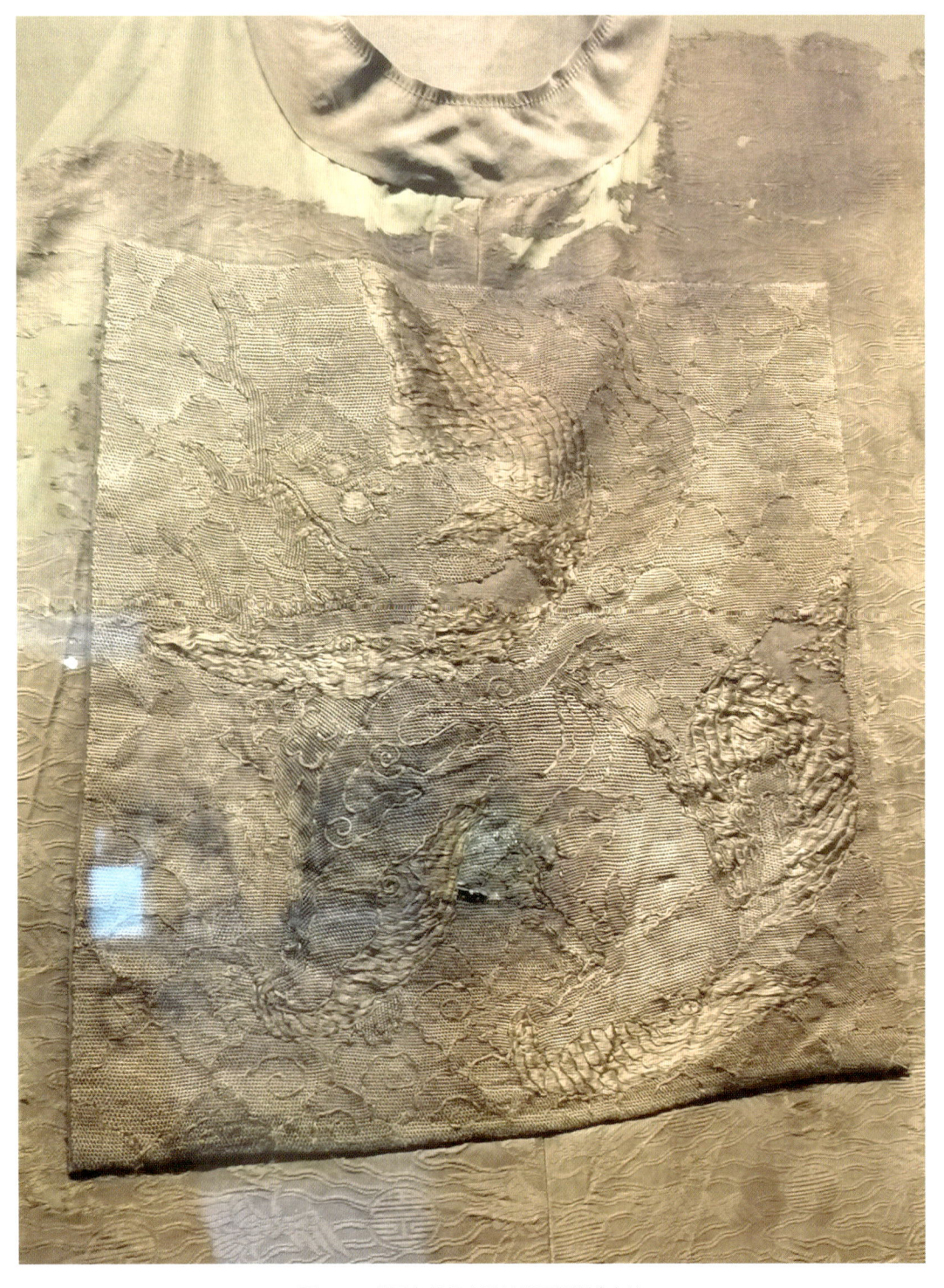

图31 云鹤团寿纹绸大袖衫编环绣獬豸方补
（作者拍摄于中国丝绸博物馆）

(二) 编环绣的制作工艺

不同时代的编环绣，其外形特征不同，工艺步骤的繁简略有差异。本文选取了元、明、清三个不同时代具有代表性的编环绣文物，对其进行显微观测，获得的数据如表2。

表2					元、明、清典型编环绣信息表	
时代	出土墓葬	文物名称	文物图片	编环绣细节图	编环绣应用位置与表现形式	数据
元	河北隆化鸽子洞	白暗花绫彩绣花鸟婴戏护膝	图32 白暗花绫彩绣花鸟婴戏护膝（作者拍摄于隆化民族博物馆）	图33 编环绣之双环针（作者用电子显微镜采集于隆化民族博物馆）	几何形二方连续，单色，不衬金，边框 图34 护膝边框上绣二方连续式编环绣（作者绘图）	双股高捻度丝线，丝线投影宽0.6毫米
明	王洛家族墓	勾编网纹叠花贴绣素缎	图35 勾编网纹叠花贴绣素缎（局部）（作者拍摄于常州市武进区博物馆）	图36 编环绣之单环针（作者用电子显微镜采集于常州市武进区博物馆）	主题性单独纹样，多色，衬金，衣饰的视觉中心位置 图37 主题图案编环绣（作者绘图）	双股高捻度丝线，丝线投影宽0.27毫米
清	传世	道八宝三蓝绣荷包	图38 道八宝三蓝绣荷包（作者拍摄私人收藏品）	图39 编环绣之双环针（作者用电子显微镜采集于私人收藏品）	几何形二方连续，白色+三阶渐变蓝色，衬金，边框 图40 二方连续编环绣（作者绘图）	单股无捻丝线，丝线投影宽0.6毫米

依据获得的文物数据进行针法复制实验，推测古人的制作编环绣的工艺流程包括绘制刺绣图样、准备材料与工具、绣制并后期整理三大步骤。

1. 绘制刺绣图样

二方连续式编环绣需要根据边框长度和单位几何形的大小来推算出数量，其底图不用太详细甚至可以没有，制作者依据经验基本可以把握。若是复杂的主题图案，则需要详细的意匠图，图上最好表明刺绣顺序、针法类型、镂空孔眼的位置等，利于获得精美的效果。江西省博物馆藏益宣王墓出土的高底绣鞋的鞋面上残存有墨迹，推测其为毛笔勾绘的刺绣底图，[1] 依据此底图运用编环针在鞋面面料上进行刺绣。还有一种可能是在有意匠图的纸衬面料上进行编绣，待完成后将成品剪下，再移置钉缝到服饰品表面，王洛家族墓出土的"勾编网纹叠花贴绣素缎"应是采用此方法。

2. 准备材料与工具

根据设计方案准备相应的工具和材料，包括绣花针、绣绷、绣线、面料、衬料、饰金辅料、黏合剂等。

（1）绣线

已做显微观察的编环绣文物显示，编环绣所用绣线全部为蚕丝线。不同时代的绣线有较大差异：元代编环绣的绣线颜色单一，最常见的是白色，绣线较粗且捻度不均匀；明代主题图案编环绣的绣线颜色丰富，为合股加强捻蚕丝线，绣线爽滑有韧性，便于绣制且成品细腻不起毛，镂空孔眼清晰，利于下方金衬的显现。清代编环绣的绣线多为不加捻的单股丝线，颜色多为白色与三阶渐变色的组合，以三蓝色最为常见。

（2）绣花针

绣花针的孔眼大小、针体粗细要与丝线相匹配，目前在出土编环绣文物的墓葬中并无金属针出土，但《天工开物》"锤锻"卷"针"篇记载："凡引线成衣与刺绣者，其质皆刚，惟马尾刺工为冠者则用柳条软针"[2]，表明当时已经根据工艺用线的不同而生产不同性能的金属针，古人因用制宜地生产相应质地、规格的金属针在当时的技术条件下完全没有问题。推测制作编环绣的绣花针为针体较短且细的金属针，这种针更适应刺绣者手部编绣动作。明代主题图案编环绣用线比元代、清代的二方连续式编环绣用线要细，与之对应明代编环绣用针最细。

（3）绣绷

绣绷可将面料绷展，便于刺绣。北朝、唐代、元代的二方连续式编环绣是在成品面料上进行编绣，故不用绣绷；而元明时期流行的主题图案编环绣用线细且图案复杂，使用绣绷更利于制作。编环绣文物的尺寸普遍不大，且编环绣可以在完成

---

[1] 薛冬梅《中国古代环编绣技艺研究》认为"由鞋面上残存的墨迹推测，刺绣底稿最初应该是由毛笔单独勾绘的"，硕士学位论文，东华大学，2022，第76页。

[2] （明）宋应星著，杨维增译注：《天工开物》，中华书局，2021，第296—297页。

后移置钉缝在另一面料上并重新组合，结合复制实验时绣工的身体姿态与手部动作，推测古人所用绣绷为尺寸较小的手绷。手绷便于编绣时根据图案所需将绣面调整到符合绣工手运行的合适角度。清代荷包上的圈形编环绣为了平展，应该也会使用手绷。

后粘贴。秦中造皮金者，硝扩羊皮使最薄，贴金其上，以便剪裁服饰用，皆煌煌至色存焉。"[1] 金箔依附的底衬材料包括各种纺织面料、丝绵纸、麻松纸、羊皮、动物肠衣等。

图41 五佛冠（局部）
（引自 Orientations, Hong Kong, 1989，第20卷，第8册，"A Stitch in Time: Speculations on the Origin of Needlelooping" 论文插图44页）

图42 王洛家族墓出土编环绣文物显微图
（作者用电子显微镜采集于常州市武进区博物馆）

（4）饰金辅料

我国古代应用在纺织品上的饰金工艺包括贴金、织金和绣金。编环绣文物所用到的饰金辅料包括各类印金面料、羊皮背金、纸背金和金皮子，均为应用贴金工艺获得，只不过是底衬材料不同。明宋应星在《天工开物》一书中有关于贴金技艺的记述："以之华物，先以熟漆布地，然

主题图案编环绣文物多在编环绣镂空装饰面下方衬大面积的金箔，做法是按照图案形状将金箔面料剪好后贴在相应位置，再运用编环针编绣成装饰面将其覆盖，金属箔被夹在底衬面料和编环绣面中间。江西省南城县明代益宣王夫妇合葬墓中王妃孙氏棺椁出土的高底凤头女鞋鞋面装饰有编环绣，"透过环编平面上的孔眼，可以看见绣面下层衬有纸张，高倍相机拍摄的图片发现孔眼周围的丝线上散布许多金粉，所以，绣面下所衬纸张上原应粘有金箔，这也恰好符合大多数孔眼显花

---

[1] （明）宋应星著，杨维增译注：《天工开物》，第364页。

针配合金箔一起绣制的特征"[1]。王洛家族墓出土的"勾编网纹叠花贴绣素缎",经显微镜观察,编环针制作出的减针显花镂空装饰面下方衬有罗组织,极个别部分残留有金,推测是印金花罗。[2] 清代的白地道八宝三蓝绣荷包和红地双狮滚绣球三蓝绣荷包上的编环绣下方均衬羊皮背金。

编环绣文物上的扁金线通常作为轮廓线用开口锁针固定在面料上,开口锁针同时也是编环绣的骨架。(图41)。捻金线则是用钉针固定在面料上,作为编环绣骨架(图42)。

编环绣所用饰金辅料种类多样,但不是所有编环绣文物的饰金辅料都用高纯度黄金。经X射线荧光能谱仪检测后发现有些编环绣文物饰金部分铝的含量最高,推测使用的是铝箔。中国古代的金属箔包括金箔、银箔、铜箔、铝箔、锡箔以及合金箔。古人在编环绣面下方衬垫金属箔追求的是金属光泽透过镂空花纹隐约闪现的效果,衬垫金属材料的具体成分要依据经济实力来决定。

(5)纸衬

从萧山花边制作工艺获得启发,结合复制实验,推测元明时期的主题性单独纹样编环绣在制作过程中极有可能使用到纸衬,且纸衬要具有较好的柔韧性以便于绣工在绣制时为变换刺绣角度而反复卷折绣面;纸衬还要具有一定的坚挺度,无形中支撑出一个小范围的操作平面,利于绣工在拉扯绣线时均匀给力,编环绣均匀平整。但目前尚未获得确切实物及文字资料来确定古人使用何种类型的纸张,研究还需深化,故本文对纸衬暂不做论述。

(6)面料

编环绣文物的面料有绫、缎、绢等多种丝织面料,多为较细密的丝绸面料,这也许与编环绣需要有一定耐拉扯力度以固定骨架线有关,尚未见诸如罗等孔眼较大且轻薄的面料上直接应用编环针的文物。

3. 绣制

北朝、唐代、元代的二方连续式编环绣是在成品面料上进行编绣,元明时期的主题图案编环绣则需要将绘制好刺绣图样的面料、衬料固定好后再开始编绣。

编环针的第一针须将绣线线尾打结,针从绣面下方穿刺向上,此后所有的编环针基本都在面料上方运行,绣线成圈后逐个串套,一般不与面料发生穿刺关系(图43、图44)。刺绣者在绣制编环针时左手拇指扣拽绣线,右手持针,绣线长度一般不超过刺绣者前臂的长度(丝线太长容易打结),针尖与绣面约30度角入针

---

[1] 薛冬梅:《中国古代环编绣技艺研究》,第76页。

[2] 这种推测基于显微检测同一片编环绣中,作为骨架的捻金线仍保存较多金箔,而罗组织上的金几乎消失殆尽,只是极个别部位残留极少的金,并且不能确定是罗组织残留的金还是别处的金遗落至此。据当年参与发掘的专家回忆,此文物出土时漂浮在棺液上,有可能是长时间的浸泡导致印金的脱落。鉴定专家在第一时间鉴定文物时推测其制作工艺是在勾编完成后洒金粉,这种工艺既不牢固也费成本,不符合古人制作逻辑,但却表明极有可能是金浸泡脱落后大范围散落在绣品表面导致专家做出这样的推断。故推测其衬金面料为印花金罗而非捻金罗。

串套线圈（具体角度绣工会依据个人习惯而有所变化），入圈后右手指压针尾造成针尖上翘，拉扯直线致线圈逐渐缩小，线圈缩小的同时左手大拇指放开扣拽的直线，待此线圈完成后大拇指再次扣线，如此循环往复。待图案绣制完成后，最后一针在骨架线上系结。

图 43　钱币形圣物盖（局部正面）

（引自 *Orientations*，Hong Kong，1989，第 20 卷，第 8 册，"A Stitch in Time：Speculations on the Origin of Needlelooping" 论文插图 41 页）

图 44　钱币形圣物盖（局部反面）

（引自 *Orientations*，Hong Kong，1989，第 20 卷，第 8 册，"A Stitch in Time：Speculations on the Origin of Needlelooping" 论文插图 41 页）

图 45　王洛家族墓出土编环绣花朵刺绣顺序示意图

（作者绘图）

编环针具有方向性，其运行轨迹方向以绣工制作时手部动作顺畅为考量，同时还要结合图案造型，考虑刺绣顺序形成的"丝理"对装饰效果的影响。二方连续编环绣多考虑其运针方向如何顺畅衔接，形成一个合理的刺绣顺序；主题图案的编环针运行方向与"丝理"密切相关，要根据图案造型将各个部分分解，例如王洛墓出土的编环绣上的花卉，花朵的花瓣、花心存在叠压关系，刺绣时秉承"在下层的先绣，在上层的后绣"原则（图45）。

待所有刺绣完工后，会有后期整理的一个环节，让绣面光洁平整。至此编环绣制作过程完结，根据成品所需将绣片剪裁缝合即可。

三　编环绣的针法与组织

（一）编环针的组织元分类

赵丰在《织物的类型及其组织元》一文中对组织元的概念做了诠释："组织元是指构成纺织物的基本组织单元。由此出发并通过组织单元的扩展、移位、变序、重复、省略、插合及其它相应的变化。可以得出同类织物的其它组织结构。而各类组织元之间应是相互独立的，不能互为因果。"[1] 编环绣主体的组织结构是线圈串套，即线经过针的牵引形成线圈，线圈的两个圈足相交，形成如"又"字形的闭合线圈，丝线按纬向做单向成圈运动，每一根丝线形成的线圈都组成一个横向连接的行列，行列再排列形成面。编环绣的组织元即"又"字形线圈。作为组织元的线圈通过单位线圈数量变化、是否加引浮线等形成不同的编环针，由此形成的装饰面也不同。

以单位线圈数量为划分依据，编环针分为单环针与双环针。单环针（图46）即绣线一头扭绞形成一个又字形线圈。双环针（图47）则是绣线连续扭绞两次，即双线圈挂在上一皮单位线圈间相连的沉降弧上。

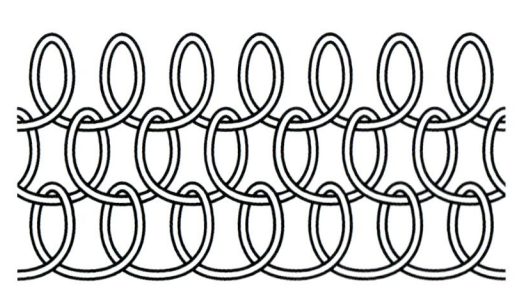

图46　单环针
（作者绘图）

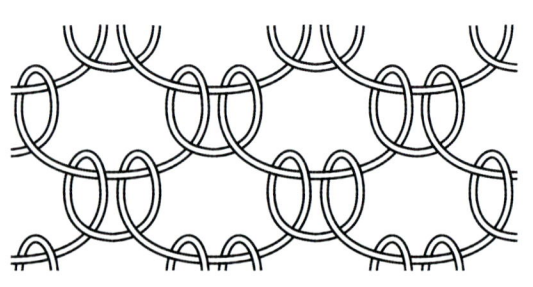

图47　双环针
（作者绘图）

1　赵丰：《织物的类型及其组织元》，《中国纺织大学学报》1996年第5期。

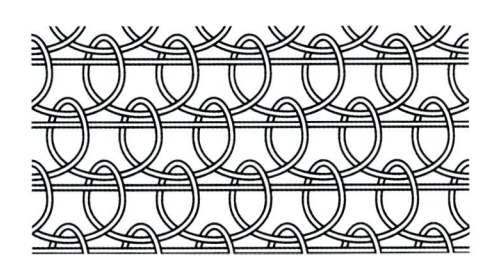

图48 浮线挂环针
（作者绘图）

出于提高工效和改良绣品性能的考量，有一类编环针增加辅助直线，即第一皮线圈完成后，绣线从第一皮的结尾点引拉一条浮线到第二皮的起始点，第二皮编环针编绕线圈使得圈弧同时挂在上一皮线圈的沉降弧和浮线上。可将这种编环针命名为浮线挂环针（图48）。

编环绣文物表明中国古人主要应用的编环针包括单环针、双环针和浮线挂环针这三种。

（二）编环针与组织肌理

编环针的所有线圈串套位置均为挂环类，即第二皮的线圈的圈弧挂在第一皮线圈的沉降弧上。这种下一皮线圈依附上一皮线圈的结构导致了编环针具有方向性，其中单环针和双环针的刺绣顺序呈纬向折返 Z 形：绣线扭绞形成沉降弧相交的"又"字形线圈，每隔一段距离重复一次该动作，重复多次，完成第一皮。绣线从第一皮的结尾垂直向下到第二皮起始点，继续扭绞并串套，此时编环针运行的方向与第一皮相反，线圈圈柱的叠压关系也与第一皮相反（图49）。

浮线挂环针的刺绣顺序呈纬向同向 E 形：绣线扭绞形成"又"字形线圈并重复多次后组成一个横向连接的行列，即第一皮编环针完成后，绣线从第一皮的结尾点引拉一根浮线到第一皮起始点的下方，此为第二皮的起始点，绣线同第一皮一样的方向开始运行编环针，第二皮线圈的圈弧同时挂在上一皮线圈沉降弧和浮线上。这种针法形成的每一皮线圈圈足叠压关系一致（图50）。

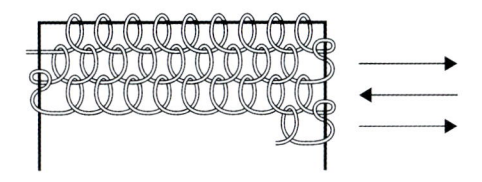

图49 折返向 Z 编环针单元线圈交环串套位置
（作者绘图）

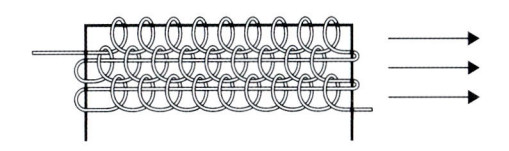

图50 同向 E 编环针单元线圈交环串套位置
（作者绘图）

编环针的运行方向导致了"又"字形线圈的圈柱叠压关系不同，结尾圈柱在上，下压起始圈柱。不同向的圈柱叠压关系会使得绣面肌理呈现细微的差别，会起到隐形的视觉方向引导作用。线圈越小，单位面积内线圈的数量越多，这种肌理的方向感就越明显。古人常用浮线挂环针均匀排列来表现这种肌理感（图51）。相反，若线圈越大，主要是线圈的沉降弧越大，肌理的方向感就会弱化，镂空花纹感更强，古人喜好通过加大双环针沉降弧的长度来表现规律性镂空花纹（图52）。单环针更多用于表现密实的线圈组成面，通过减针形成镂空图案（图53）。编环绣下方的金衬更凸显镂空图案，点点金光营造低调的奢华（图55）。这种组织肌理更具视觉冲击力，装饰效果更加强烈。

（三）编环针与装饰效果

在制作过程中，刺绣者会根据想要表现的装饰效果来运用不同针法，既有单一运用一种编环针的情况，也有运用多种编环针的情况，还有将编环针、钉针、锁针、打籽针、接针等综合运用的情况。例如北朝绣靴、元代出土的多件二方连续式编环绣服饰品、中国丝绸博物馆藏明代圆形垫饰等文物都是应用一种编环绣针法的实证，这种单一针法形成的肌理装饰效果更加低调。

图51 浮线挂环针呈现密实肌理
（作者拍摄于嘉兴博物馆）

图 52　双环针呈现规律大镂空肌理
(作者拍摄于内蒙古博物院)

图 53　单环针减针呈现小镂空图案
(作者拍摄于常州市武进区博物馆)

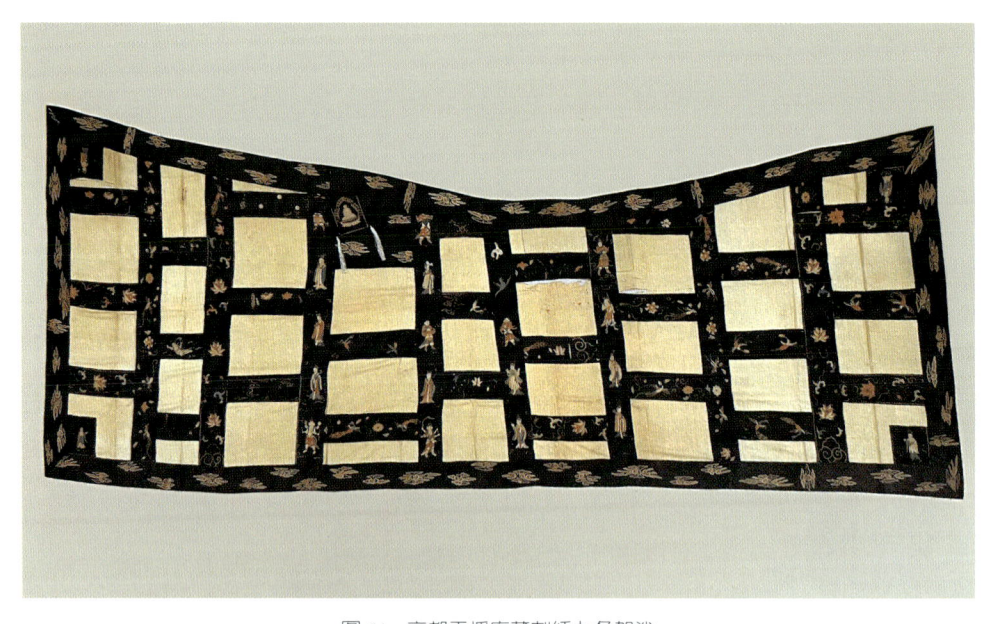

图 54　京都天授庵藏刺绣九条袈裟

(引自京都国立博物馆《高僧的袈裟》，文化人才保护法 60 年纪念事业特别展览会，2010，第 150 页)

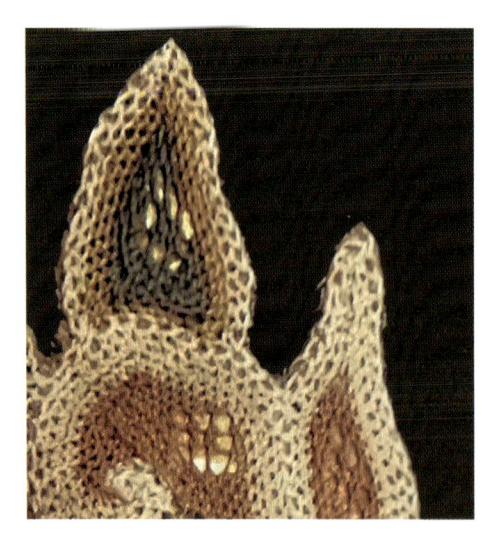

图 55　刺绣九条袈裟灵芝云纹编环绣（局部）单环针减针镂空

(引自京都国立博物馆《高僧的袈裟》，第 151 页)

图 56　刺绣九条袈裟莲花纹编环绣（局部）浮线挂环针

(引自京都国立博物馆《高僧的袈裟》，151 页)

主题性图案编环绣则常常将编环针与钉针、锁针组合，例如王洛家族墓出土的勾边网纹叠花贴绣素缎上的花朵图案，先用钉针将捻金线固定在面料上盘出轮廓（图 42），然后运用锁边针将捻金线更加牢固地扣缝在面料上，同时成为编环针依附的骨架。绣线通过单环针挂在骨架线圈上绣出第一皮；第一皮线圈又成为第二皮线圈依附的基础，第二皮线圈的圈弧挂在第一皮线圈的沉降弧上；第二皮编绣完成后绣线继续扭绞串套开始制作第三皮，以此类推直至填充装饰面完成。值得注意的是，钉线针、锁针为编环针依附的骨架，编绣完成后不可去除。又如京都天授庵藏刺绣九条袈裟（图54）的如意云头纹（图55），用锁针勾勒出如意云头纹的各部分轮廓，共绣两皮，在锁绣骨架的基础上运用编环针填充内部形成彩色装饰面。金衬使得单环针减针形成的镂空盘肠图案更加明显。这件袈裟上的莲花花瓣应是用钉线针或者接针做出轮廓骨架线，再运用浮线挂环针编绣而成（图56）。因为文献记载花瓣下填充了衬垫材料使得绣面呈现犹如浮雕般的效果，说明骨架线十分牢固。

编环针与多种针法综合运用制作出的绣品具有极强的装饰性，且绣制者会根据图案合理地安排针法，古人的巧思巧手在此类绣品上体现得淋漓尽致。例如编绣千佛袈裟（图57、图58）上的佛祖与莲花宝座是各种颜色的绣线应用编环针编绣出有镂空图案的绣面，在绣面上用平针勾勒出佛祖的五官以及莲花宝座的花瓣轮廓，用打籽针表现佛祖的眉间白毫相，佛祖的背光是运用开口锁绣针将扁金线固定在面料上。每尊佛像都有细小的区别，通过排列过去世、现在世和未来世的佛像营造出宏大的场面，可以想象穿着者身着此袈裟的绰约风度，远观华丽多彩，近观细致精妙。

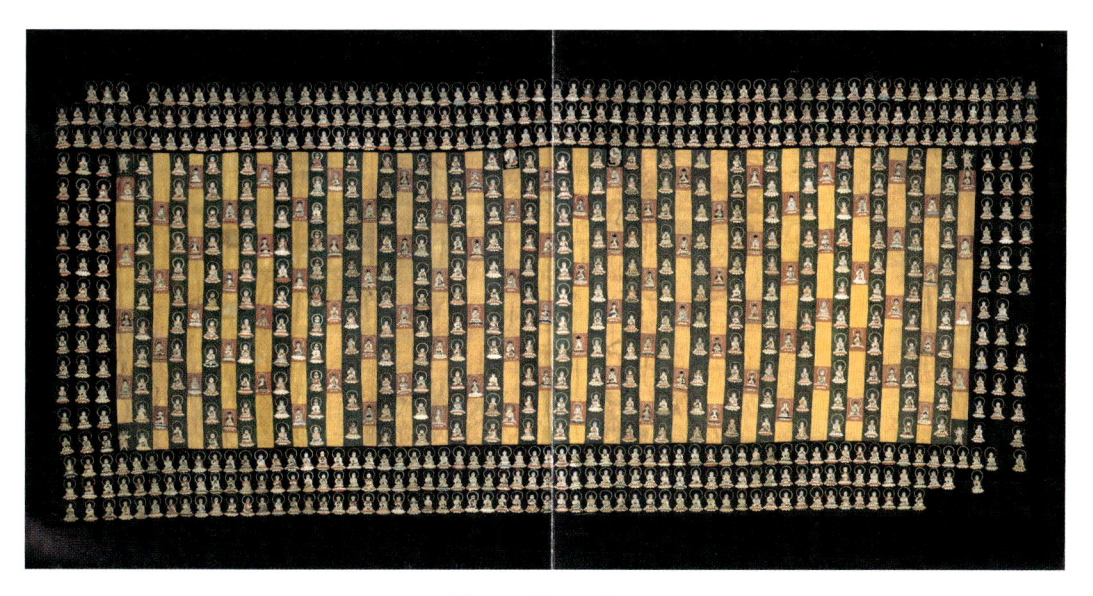

图57 编绣千佛袈裟
(引自香港艺术馆编《锦绣罗衣巧天工》，香港市政局，1995，第172—173页)

图58 编绣千佛袈裟（局部）

（引自香港艺术局编《锦绣罗衣巧天工》，第172—173页）

四　结论

编环绣是运用针引丝线在底衬上绣制边框骨架，依附骨架将丝线绕成"又"字形线圈呈方向性串套，而后形成浮于底衬上的装饰面。编环绣工艺是兼具编织和刺绣特征的复合型技法。中国古代编环绣技艺是在针织技术上发展演化而来。不同时期、不同地域的编环绣文物的针法与工艺细节是不一样的。元明时期本土匠人将这种工艺发挥到极致，与其他针法综合运用，创造出令人惊叹的装饰品，达到了技术和艺术的双重巅峰。编环绣的技术源流目前尚不明确，其起源不晚于北朝，却在漫长的历史时期默默无闻。相较于其他刺绣针法并没有被广泛使用，却在元代突然兴盛，在明代发展到巅峰，又在清代快速地走向衰落，直至民国时期在中国本土消失不见，这一现象背后的原因也值得研究探索。

17—18世纪中国衣物织造技艺中的"内廷恭造之式"*

■ 常 卓（河南工程学院服装学院）　张蓓蓓（苏州大学艺术学院）　束霞平（苏州大学艺术学院）

"乃织造一事，各有法式"[1]。在衣物织造技艺范畴内，"式"可以理解为织造规范与法则及其外在视觉表现。"知者创物，巧者述之"，"式"作为规范、法则的抽象概念，自然被"知者"发现并有意识地加以利用，使形而下的"物"和造物活动逐渐嬗变为"载道"的媒介。"式"还可进一步引申为典范，做榜样。作为典范的"式"，则具备较为稳定而成熟的文化内涵，它强调一个时代环境下造物活动各类因素形成的一种稳定的结构关系，以保证其发展过程中的明确性和有效性。技术层面与艺术层面互为支撑，共同赋予"式"作为范式意义的条件。揆诸历代《舆服志》，"雅制弘多，式遵遗范"。"式"的思想根源早已潜行于衣物织造中，表现了对艺术与技术形态的双重规范。衣物织造使用什么样的色彩和材质？选择什么样的装饰纹样？遵循什么样的技术标准？设计者与工匠的装饰意图或动机不是单纯源自人对美的追求，而在很大程度上依附一定的"式"。

在"朕即国家"的封建集权时代，任何造物之"式"，都要受到皇帝意志的支配与皇权的影响。尤其是宫廷衣物织造技艺直接受制于皇权，呈现着不同于民间的"宫廷之式"。17—18世纪，康熙、雍正、乾隆三朝是中国封建社会历史上皇帝意志实施与执行最为高效和彻底的时代。相应的，在物质文化领域，皇帝的个人意志渗透亦表现得十分突出，宫廷乃至帝国造物深深打上了"皇帝品位"的烙印。基于"外造之气"，雍正帝所提出的"内廷恭造之式"是对"宫廷之式"的理论阐释，其内涵和所指是理解宫廷衣物织造技艺的关键所在。从体制上来说，宫廷织造系统的整合创新，为"内廷恭造之式"的提出与推行埋下了伏笔。

---

* 本成果得到国家社科基金艺术学项目"多元融合的中国古代妇女服饰研究（秦汉至清）"（项目编号：20BG119）、国家社科基金艺术学项目"清代皇家仪仗用具研究"（项目编号：21BG106）资助。

1　（明）申时行等修：《大明会典》卷二〇一，明万历内府刻本，第1852页。

一 宫廷织造系统的整合创新与"内廷恭造之式"的提出

《康熙会典》卷一三六载:"本朝织造,在京有内织染局,在外江宁、苏州、杭州有织造局。"内织染局与江宁、苏州、杭州三处织造局(以下简称江南三织造)作为清代的皇家织造机构,都是在明代旧址基础上的恢复重建。清代统治者汲取明代的经验教训,对宫廷织造系统进行了一系列整合创新。地方织造机构方面,明代有 23 处,[1] 事实上自明中期以后,除江南以外的地方织染局已处于或废弃停产或质量下降的衰败境地。因此,清廷底定江南后只保留了地方丝织生产最突出的江南三织造。中央织造机构方面,清代保留了内织染局,而没有明代隶属于内府系统的内织染局和工部系统的织染所之分。清入关以后最先于北京恢复了内织染局。由于清初国家制度建设尚不完善,内织染局的归属几经变动。立国之初清廷取消了明内监衙门,根据需要将内监部门"分隶六部",内织染局隶于工部。顺治十一年又复置内监衙门,仿明"内官二十四衙门"旧制,设"十三衙门",内置八监、三司、二局。内织染局作为其中之一,复归内监掌管。顺治十八年(1661),清廷议裁十三衙门,代之以内务府,议准织造改隶内务府,各监督等任期为一年。对于远在东南的江南二织造,清廷鉴于前明宦官督织滥权贪腐之弊,于顺治三年四月明令"罢织造太监",将管理权划归工部,遣工部侍郎陈有明、满洲官员尚志督建苏、杭织造。[2] 只有江宁织造似一时无合适人选,仍沿用明太监车天祥。织造经费一项归户部、工部拨付。顺治十八年(1661)规定:"江宁、苏州、杭州织造官员缺,于内务府郎中员外郎内拣选,引见补授。"可见,不管是内织染局还是江南三织造,清代的整个皇家织造系统在经历了清初内监与工部间的游移之后,都于顺治十八年归内务府管辖。但从现实情况来看,这一规定并未被彻底执行。当时江南三织造官员的任免并未脱离工部的管控,仍是国家政务中的一环。直至康熙二年(1663)皇帝下旨"停差江宁、苏州、杭州织造工部,拣选内务府官各一员,久任监造"[3]。江南三织造才正式成为内务府专差,并且取消限年更代制。此后历任织造官员都由皇帝"钦派",基本都来自内务府包衣三旗,包衣

---

[1] 范金民:《衣被天下:明清江南丝绸史研究》,江苏人民出版社,2016,第 119 页。

[2] 张淑贤:《清宫御用三大丝织中心简述》,《故宫博物院院刊》1990 年第 2 期。

[3] 严勇:《清代的官营丝织业》,《故宫博物院院刊》2003 年第 6 期。

确切地讲是皇帝的家奴。[1] 清帝比以往任何一个朝代都更牢固地控制着家奴为其服务。江宁、苏州织造任上最久、最受康熙信任的曹氏父子、李煦[2]都出身正白旗包衣。康熙更是钦点曹寅与李煦轮管两淮盐政长达十年之久，以方便索取两淮盐政羡余银弥补庞大的织造钱粮亏空。雍正年间，江南三织造又陆续承担起兼管税关的另一重身份。雍正二年（1724），苏州织造兼管浒墅关；雍正六年（1728），江宁织造兼管龙江、西新二关；雍正七年（1729），准浙江南、北两关税务交杭州织造就近管理。[3] 由此，江南三织造与盐政、税关等国家重要财源部门建立起了密不可分的关系。宫廷织造所需钱粮由此保证了稳定而丰裕的出处，曾经挪自税银、盐课的种种非正式挹注成为制度化的专项经费，年有节余，如苏州织造每年支用钱粮移取两淮羡余银十万五千两，只有一年用完此数，而其余年份用银均在六万两左右，充足的钱粮保证了"匠不扰民，官不累匠"，更有利于织造质量水平的提升，这是清代皇家织造在管理体制上最成功的改革之一。通过将管理控制权收归内廷，江南三织造在经费来源和官员任免上都绕开了外朝繁复的政务运作程序，由专门负责"天子家事"的内务府完成，成为实至名归的"皇家织造"。

与明代相比，江南三织造的职能和权责都大为拓展，其事权的扩张恰是皇权伸张的一个侧面。此外值得注意的是，雍正九年（1731），江南三织造的"成作"记录出现在了造办处活计档的记事类档案中，可见江南三织造亦被归于清宫内务府造办处的直辖范围。造办处虽是内务府的辖属机构，但又有别于内务府其他机构的特殊性。内务府的最高长官为总管内务府大臣，初秩三品，雍正十三年（1735）升为正二品。[4] 而造办处设特派管理造办处大臣，通常由亲王或内廷行走的一品大臣担任，[5] 直接向皇帝个人汇报工作，因此完全置于皇帝的直接掌控之下。将江南三织造纳入造办处的垂直管理体系显然更利于皇帝直接授意与管控。

17—18 世纪宫廷织造系统的整合与成熟运作，极大地提高了其汲取财政资源和贯彻宫廷意志的能力。在完善宫廷织造系统的同时，雍正亦着手对宫廷造物设计的范式进行了大量规范。宫廷织造系统汇聚了地方良匠、各派技艺，它的成功运行离不开宫廷内外的技艺交流和融合。来自地方的能工巧匠必然会带来不同个体的技

1　祁美琴：《清代包衣旗人研究》，人民出版社，2018，第 1 页。

2　自康熙三十一年（1692）起至雍正五年（1727），曹寅和他的儿子曹颙、继子曹頫连任江宁织造 36 年。自康熙三十二年（1693）至六十一年（1722），李煦就任苏州织造接近三十年之久。

3　王嘉乐：《无法公开的秘密：清代"额外"税款与皇室财政》，《光明日报》2022 年 5 月 23 日。

4　李宏为：《乾隆与玉》，华文出版社，2013，第 31 页。

5　朱家溍：《〈养心殿造办处史料辑览〉前言》，《故宫博物院院刊》2000 年第 4 期。

艺风格和参差不齐的造作水平，造成宫廷造作风格的杂糅和混乱。如何将海内之器规整为帝王之器？如何将四方之匠培养为内廷之匠？雍正意识到：除却机构的设置、人员的配备、纲纪的维护之外，使匠人养成造物的规范意识以及体察和贯彻"皇帝品位"的能力则显得尤为重要。由此，雍正五年（1727）闰三月，皇帝在指导造办处造物活动时颁诏："朕从前做过的活计等项，尔等都该存留式样，若不存留式样，恐其日后再做便不得其原样。朕看从前造办处所造的活计好的虽少，还是内廷恭造式样。近来虽甚巧妙，大有外造之气。尔等再做时不要失其内廷恭造之式。"[1]"内廷恭造之式"是雍正为宫廷造物提出的理想范式和圭臬法则，在款式、用材、工艺、风格等方面，为后世的宫廷造物奠定了基础。笔者认为，"内廷恭造之式"作为宫廷造物标准，构成了宫廷衣物织造技艺的底色和线索，其内涵和所指是理解宫廷衣物织造技艺的关键所在。

二 内廷恭造之式：衣物织造技艺"宫廷之式"的阐释

宫廷衣物除了特定的实用功能之外，更重要的是"物以载道"：体现穿着者尊贵身份和地位的象征性，即皇帝要将皇权理想直观地融入其中。从这层意义上说，宫廷衣物织造不仅仅局限于艺术活动，而是一种政治活动，呈现的是高高在上的阶级属性。因此，"内廷恭造之式"不仅仅标识了皇帝个人品位的外在形式，它实则全面映射了皇权的运作——其中蕴含着一整套稳定恭敬、严谨有序的造作程序和规范，处处体现着不可逾越的规矩准绳。

（一）以皇帝品位为中心的艺术认同

雍正口中的"内廷恭造之式"并不完全针对器物的式样，他承认了一些活计"甚巧妙"，但是再巧妙的设计若没有遵从他个人的意愿，都是不被认可的。雍正在位十三年，始终亲自参与和严密监控宫廷造物活动，留下诸多御制器物，也留下大量言录与之对应——《内务府造办处各作成做活计清档》（以下简称《活计清档》）。《活计清档》对研究清廷造作状况和帝王对造物制器的态度和旨趣都有重要的参考价值，从中不难窥见作为一国之君日理万机的雍正，对各式工艺品显露出极大的兴致，对材质、样式、纹饰、色彩、做工等细节有着近乎苛刻的要求。可以说，管理者和设计师是雍正在参与宫廷造物过程中最贴切的身份。他以管理者的身份规范造物活动，以设计师的身份把控设计样式与品位，靠对每一件产品质量的严格要求，打造出留下皇帝品位烙印的

---

[1] 中国第一历史档案馆、香港中文大学文物馆编：《清宫内务府造办处档案总汇》第2册，人民出版社，2005，第456页。

"内廷恭造之式"。

雍正对宫廷造物自有一套评判标准。检视雍正帝本人对各活计的要求和嘱咐，常见有"往细致里做""注意细处"等语都反映了他的严格要求。他褒雅贬俗，一些评语如令他感到满意时的"秀气""精细""素静"和"文雅"等，或相反时的"蠢""甚糙""粗俗"等：

> 其满达顶上花纹甚糙，尔等往细致里做。[1]
> 紫绉绸透绣手巾将绣成现有的用完时，嗣后用素的，不必再绣。[2]
> 做法文雅，甚好！照此样再做一方，略放大些。[3]
> 将紫檀木座肚子去了，往秀气里收拾。[4]

获得夸赞的样式，得以持进御用；反之，则要求改做；对不可改做者则束之高阁，要求今后不必再做。当然，"秀气""素静""文雅"这些抽象的、模糊的评语虽然代表了雍正的审美风格，但它们均来自雍正皇帝的主观经验和判断，并不能对提高器物的艺术水平产生实质性影响。如何使匠人更好地"揣摩上意"？显然，风格必须透过物质具体化。那些被皇帝夸过、上谕留下的样式正是"内廷恭造之式"的具体表现，自然便成了最佳的艺术参照。自雍正五年（1727）始，皇帝都在反复强调留存好样，以便"日后得其原样"。这其实正是保留"内廷恭造之式"的一种方式，而一件好"样"的形成则往往需要经历一个反复修正打磨的过程，试举一例：

> 雍正七年五月初八日郎中海望持宫衣一件、裙子一件呈进。雍正御览后指出："此宫衣护领换做绣的，如意云肩款式不好，孔雀翎亦不好，其四角当放长。袖子宽了，当去窄。中间莲花头亦大了，当收小。摆缝两边抽高，中间放下。云肩折窝去凹。浑身花样有可更改处更改。后身恭腰中间要做一段活的，裙子边要做直的。或用秋香色、紫色、葵黄色、松绿色、鱼白色，每样绣做二件。画画蛮子内有懂得宫衣的着他画样，有不明白之处，着问阿兰太，钦此。"于闰七月三十日，郎中海望将宫衣一件、裙子一件并原样呈览。雍正："好！其余宫衣照样绣做。尔等外边有样，将此宫衣并原交样留下，不必持出，钦此。"十二月二十一日，郎中海望

---

[1] 朱家溍、朱传荣编：《养心殿造办处史料辑览·第1辑·雍正朝》，紫禁城出版社，2013，第331页。
[2] 朱家溍、朱传荣编：《养心殿造办处史料辑览·第1辑·雍正朝》，第436页。
[3] 朱家溍、朱传荣编：《养心殿造办处史料辑览·第1辑·雍正朝》，第123页。
[4] 朱家溍、朱传荣编：《养心殿造办处史料辑览·第1辑·雍正朝》，第19页。

将做得各色宫衣宫裙八份呈进讫。[1]

这段记录生动地反映出雍正把控质量之严格、观察物象之细微。从如意云肩的款式、孔雀翎的四角到袖子的宽窄乃至莲花头的大小、裙边的曲直，雍正都毫不含糊一一指点。在皇帝与其御用匠人、画样者之间循环往复的交流中，那些雍正最终认为"甚好准造"的样式，都达到反复推敲后的最佳状态，正是雍正口中的"内廷恭造之式"。雍正对各类工艺皆有所知，随着他逐步了解织造的技术限制和个别工匠的特点后，常常根据当差者的特长指派活计，并且打破各行各作界限，用其所长，旨意更为具体与可行：

雍正五年二月十九日传旨："俟进京时尔等传与海望画花毡样呈览，朕看准照样成造。钦此。"于本月二十一日画得花卉毡样四张呈览。奉旨："此花毡样俱好，但花纹太细了，恐其难染。尔将此样收着，或做坐褥，或做毡子时用。再照龙形大小改花卉毡样呈览。"本月二十七日照龙形改画得番花毡样三张呈览。奉旨："选得二张照样准做，俱做红地黄花，每样先做一块呈览过再做，钦此。"于本日将呈准花毡样二张交武备院司库官宝格领去承造造。于闰三月二十五日郎中海望染得红花黄花毡二块呈览。奉旨："此毡花样好，尔交与该管处换毡之时照此二样染做，钦此。"[2]

这段记载中，雍正帝凭借自身对染织工艺的了解作出了具体的指示，并指定海望执笔画样。海望不仅是雍正深为器重的内务府郎中，还是一名拥有较高造诣的艺术家，对皇帝个人的品位和喜好心领神会、知之甚笃，因此能很快地达到雍正满意的效果。雍正知人善用，亦有效地提升了活计的完成效率与质量。雍正不仅确立了以帝王审美为核心的宫廷美学趣味，也对其子乾隆设下了基本套数。乾隆在宫廷造物指导中更是延续了其父的一贯作风，是"内廷恭造之式"的坚定执行者。《活计清档》中乾隆对衣物织造的直接指示不胜枚举，他常常亲自参与设计，对纹样、质地、工艺的旨意具体而微：

乾隆十三年九月十二日，司库白世秀来说太监胡世杰传着南边做二色金龙袍一件，钦此。于本月十三日，七品首领萨木哈来说，太监胡世杰交龙袍纸样一张，传着照样用三蓝色宁紬绣做银线穿花九龙袍一件。其花要银线龙身，枝叶要金线靠色，先画样呈览准时交南边绣做，钦此。于本月

---

[1] 朱家溍、朱传荣编：《养心殿造办处史料辑览·第1辑·雍正朝》，第211页。

[2] 朱家溍、朱传荣编：《养心殿造办处史料辑览·第1辑·雍正朝》，第91页。

十三日，七品首领萨木哈持出西洋银线六把，外有零的十四支共重四十八两，西洋金线十二把，外有零的十支，共重八十六两五钱。于本月二十八日，司库白世秀达子七品首领萨木哈将画得龙袍纸样一张，并交出银线四十八两，金线八十六两五钱，持进交太监胡世杰。呈览奉，上曰："龙袍照样准做，将银线挑头等的二把，做龙袍花头。用次等的二十五支，做石青面甲上花头用。金线内挑次等十九支做月白面甲上叶用，再袍加上所用靠色之金线着伊本地添做。其下剩之金银线俱各送进，钦此。"于十四年二月三十日，司库白世秀将苏州织造图拉送到三蓝地宁䌷金线穿花九龙袍一件持进，交太监胡世杰呈进讫。[1]

这是乾隆日常频繁交办活计中的普通一例，反映了他对衣物织造各环节的严密控制。乾隆不厌其烦从龙袍的质料、龙身的用线与用色到枝叶的材质与颜色进行细致描述。与其说他是织造技艺的监管者，不如说更像一个设计者，从样稿的审查、材料的选择、地杖的组织结构到图案色彩的搭配等诸方面，处处体现着乾隆个人的审美取向和艺术追求。当然，乾隆之所以能够准确地表达和贯彻意图，基于他对织造工艺的熟悉。在长期的织造监管及耳濡目染中，乾隆已然"历练"成为一个十足的专家，他知悉织绣专业术语，熟谙技艺与材料级别，甚至对纹样各个部分的金银线用量都了然于胸。这样的知识储备不仅有利于乾隆更有效地干预织造技艺，也构筑起了乾隆的"知识权威"形象，如乾隆十年十一月二十七日，苏州织造安宁送来的数件透绣纱片交太监胡世杰呈览，乾隆立马指出："透绣片地杖俱已用错。此等绣片宜用宫䌷地杖，如何做纱地杖？"[2]

在整个宫廷衣物的设计成造过程中，雍正与乾隆所施加的影响是显而易见的，他们始终是潜在的组织者。当然，这是由"内廷恭造之式"的本质所决定的。在皇权最为集中的康、雍、乾时代，皇权代表着一切，也决定了一切。皇帝的意旨、审美情趣，毫无疑问地决定了宫廷乃至一个时代的衣物织造技艺风貌，但在这一过程中，工匠的作用不可磨灭。从以上数例中不难发现，皇帝在传旨活计之初，对于理想中的"样"通常心中只有一个大致的设想和模糊的概念；唯有检视工匠制作的"样"时，才逐步明确偏好和修改方向。在看到"样"之前，他并不确定自己喜欢与否。在不断地"进呈御览"与驳回修改中，理想中的"样"才逐渐清晰和显现出来。在皇帝与工匠的共同参与下，"样"实际上被赋予了来自不同知识层面

---

[1] 中国第一历史档案馆、香港中文大学文物馆编：《清宫内务府造办处档案总汇》第16册，第193页。

[2] 中国第一历史档案馆、香港中文大学文物馆编：《清宫内务府造办处档案总汇》第13册，第720页。

的灵感，成为不同阶层文化与技术的共同载体。通过"样"，皇帝将自己的喜好、情趣有效地传达给工匠，工匠通过"样"领会皇帝的意图和实现效果，这种彼此间通过"样"的沟通、交流几乎贯穿于衣物织造的各个步骤。因此，"内廷恭造之式"不是由语言和理论构建的，而是通过一件件由皇帝与工匠联手打造的"样"建构起来的。

（二）严谨有序的督造运行机制

宫廷织造系统在皇权干涉下形成了一套完备的督造运行机制，奠定了宫廷衣物织造的框架。宫廷衣物织造技术标准的形成直至艺术价值的创造是对这一流程最直观的表达。正是借助这一套行之有效的督造机制，"内廷恭造之式"得以渗透于宫廷衣物织造的方方面面和细枝末节。

首先，通过内务府造办处的设置，清廷引入了"设计—监督—决策者"的角色，以开创异于前代的物质文化。虽然这一机构建制于康熙朝，但是它的突破性进展却发生于雍正朝。雍正甫一登基便对造办处进行了大刀阔斧的整顿，首先是增设管理人员，健全管理机构，如设置独立的钱粮库，存贮办造经费及物料；规范钱粮与物料的统筹、出纳与销核手续，有效减少了虚报冒销等弊端，形成了从制造、监督、查核到贮存管理的完整体系；其次，建立了严格的活计登记制度，凡造办处各作的活计制作情况均予以详细记录；最后，调整作坊归属，进一步扩大作坊规模，于圆明园增设造办处，形成了两地造办的格局。其间造办处匠作种类剧增，逐步发展成为总领官营造作的首要内廷衙门。至18世纪中叶，趋于完善的造办处组织架构涉及六房（见图1）：皇帝下达成造旨意，先传至活计房登档立题，再转至各作；由查核房预估核算活计尺寸做法、物料银钱；钱粮库支出所需银两并各项材料；督催房定以时限，督促各作依限完成各项差务；汇总房查核所有账册，各作应缴回银两材料等项由其赴钱粮库按款验收；年末，文书机构档房登记并收贮档案。各运作流程环环相扣，使造办处各项活计成造、人员管理、钱粮奏销都有严格的制度约束，成为内廷外朝所有匠造单位中经费物料最充裕、奏销监管最规范、活计留档最完善的机构。依托于造办处完备的运作和调度体系，江南三织造构建起了有效的"皇帝—官员—工匠"交流机制（见图2），其背后涉及庞大的制造、人力、原料、物流供应系统，无不是围绕着皇帝的个人需求和兴趣展开的。不断穿梭于宫廷与江南三织造的人员、样稿、材料和文件在御用制作的网络中形成一次次金字塔式循环。宫廷可看作这个庞大制作网络的中心枢纽，动用各种手段将举国的知识技术尽入彀中。通过位于江南的官营织造，宫廷和江南时时在产生对话。

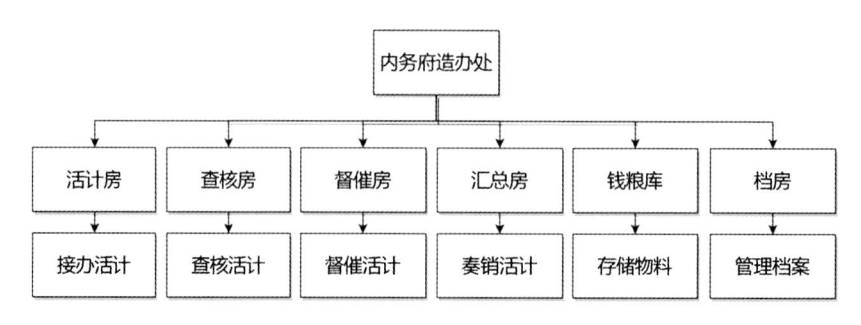

图 1　内务府造办处机构组织图
（笔者绘制）

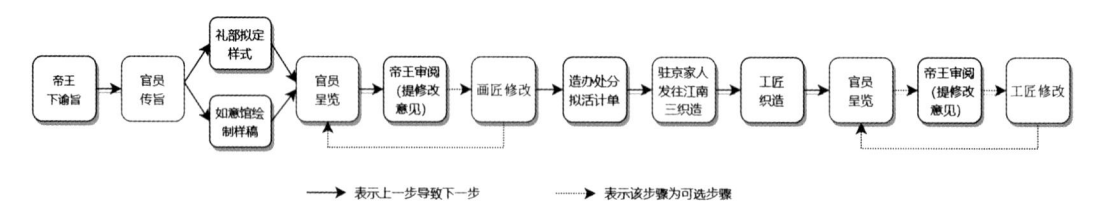

图 2　18 世纪清代宫廷织造系统造办流程图
（笔者绘制）

雍正在改革完善御制体系的同时，任用了一批优秀的"技术官僚"[1] 管理宫廷造办处事务。相对于传统的"政务官僚"，具备专业知识和技术无疑是"技术官僚"的最大特点。自晚明开始至清前期，社会对技术知识和工艺生产的高度重视是一个时代社会变化的标志，为"技术官僚"提供了一个发挥影响力的历史舞台。科举取士并未把官员的选拔重点放在专业技能上，而是偏重于伦理本位的儒家经学，但 17—18 世纪的中国社会对有才干的技术人才的需求使得技术官僚的地位提升至与儒家正统学术传统相媲美的程度。有康熙将造办处全权委托给皇长子胤禔的先例在前，雍正朝造办处由四位亲王[2] 亲自负责。雍正任命自己最为倚重的十三弟胤祥为内阁总理大臣兼理造办处事务；挑选学有专长的翰林艺术人才负责宫廷造作的日常管理；选拔大批地方顶尖的工匠进入宫廷作坊服务。这一系列的措施为提升宫廷艺术的审美层次提供了可靠的

---

[1] 有关技术官僚的概念参见刘凤云《权力运行的轨迹：17—18 世纪中国的官僚政治》，党建读物出版社，2013，第 166—173 页。刘凤云认为："18 世纪的中国确实有着一批'技术官僚'，他们的'技术'不是来自学校，而是官僚生涯的历练，从他们身上，我们看到了'政务'与'技术'在官僚身上的统一。也正是这样一个'精英'群体，将 18 世纪的中国推向了'盛世'。"

[2] 怡亲王、庄亲王、裕亲王、信郡王。

保证。怡亲王胤祥自雍正元年（1723）接管造办处，管理造办处八年时间直至去世，期间恪尽职守，勤恳任事。其上任伊始，便对造办处展开了一系列改革肃顿，严格材料领取，规范办事程序，从宏观管理到细小工序均兼顾料理。胤祥能文擅诗，书画俱佳，艺术修养颇高，在其直接筹划下，宫廷推进了多项技术创新，不少工艺品的样式设计均出其手。加之与雍正帝关系密切，胤祥对皇帝的意图知之甚笃，能很好地领会和贯彻皇帝的审美品位。造办活计均由其初审合格后方呈进御览，在雍正看来"无不精详妥协，符合朕心"[1]。《活计清档》中记录了雍正初年胤祥对活计制作的大量指导意见，这些切实可行的意见对提升宫廷艺术的审美和质量水平具有积极意义。怡亲王胤祥同时监管着一支由"监督—设计者"组成的"技术官僚"团队，这支得力的团队包括了海望、沈崳、唐英、年希尧、保德、赵元等。这些人既是身负管理职责的官员，又多是博学多闻、能书善画的艺术家。基于解决问题的务实性，他们通过实验新技术，发掘新工艺，攻克技术难关，推动了清廷的各项技术研发和工艺造作，使宫廷的生产技术水平达到了前所未有的新高度。以海望为例，他是18世纪造办处十分重要的管理者，[2] 在《活计清档》中拥有相当高的出场率。海望虽身居高位，但作为"技术官僚"，他还承担着大量的设计工作。皇帝对于十分重视的器物造作，往往交由海望负责设计制作画样或合牌样，其负责设计的器物类型繁多，从衣物、家具、陈设装饰到舆图无所不包。

（三）内造与外造的区隔

从上文雍正的谕旨来看，雍正帝是针对近来宫廷造物的"外造之气"而提出"内廷恭造之式"，意在强调"内造"与"外造"的区隔，这也间接引出了"内造"与"外造"的风格对立问题。何为"外造之气"？宫廷作坊之外的地方制造的物品均是"外造"。"气"指一件艺术作品流露出来的气韵、气质、风格等。那么"外造之气"就是地方匠人、作坊所制工艺品的风格特色。雍正认为的宫廷造物艺术标准，是专属于皇帝的、独特的样式，它完全迎合于宫廷品位和规矩，不能沾染所谓"外造之气"。外造和内造的对立，还可以从乾隆的一则记载中略窥一二：乾隆二十五年十一月二十九日，郎中白世秀、员外郎金辉将在外面找得的金寿字红缎一定呈览，乾隆下旨："外边找得红缎用不得。"[3] 随后交由苏州织造安宁织做。从乾隆的口吻中，不难察觉其对"外造之气"的几分戒心。

---

[1] 《清世宗宪皇帝圣训》卷一二，（清）纪昀等：《影印文渊阁四库全书》第412册，北京出版社，2012，第183页。

[2] 海望于雍正元年（1723）擢内务府主事，雍正二年（1724）迁员外郎，雍正四年（1726）升郎中，雍正八年（1730）又升为内务府总管，雍正九年（1731）迁户部侍郎，仍兼管内务府。

[3] 中国第一历史档案馆、香港中文大学文物馆编：《清宫内务府造办处档案总汇》第25册，第566页。

雍正、乾隆皇帝不仅是统领封建国家的君王，也是正统皇家艺术的忠实捍卫者。雍正提出"内廷恭造之式"的标准，以"宫廷之式"排斥"外造之气"来阐明其区隔宫廷与地方的审美态度。从本质上来说，雍正所强调的内外之别是宫廷与地方的差别，也是御用与民用的差别，它反映了宫廷在产品技术、艺术方面与地方保持竞争的需要。尽管优秀的御用匠人都来自地方（以江南为主），但雍正希冀宫廷造物在设计、材质、工艺、品位上都与地方拉开差距，构建起具有压倒性优势的造物知识体系。而这一希冀绝不简单是为了一己私欲，而与治国方略有着重要干系。作为一国之君，雍正深谙"物"在固化皇权方面的能动作用。皇帝之所以是皇帝，因其掌控天下物质资源并能够按照自己的意志使用、改造和分配这些资源。御制是"天子"身份的重要构成部分，具有"器以藏礼"的政治功用。在完善了以宫廷织造为代表的御制格局后，雍正力图通过"内廷恭造之式"在宫廷造作中的强化，使御制器物成为皇权的彰显乃至国家形象的代言。

雍正六年五月初五日郎中海望奉旨："朕着尔等做的赏用眼镜、火镰包等件，虽系赏用，不可粗糙，务要精细，使外边人员敬重钦赐之物，钦此。"[1]

图3 （清）徐扬《姑苏繁华图》局部
（辽宁省博物馆藏）

1　中国第一历史档案馆、香港中文大学文物馆编：《清宫内务府造办处档案总汇》第3册，第76页。

"钦赐"及"内造"之物，哪怕一件小小的火镰包，不仅仅是皇家御制之物，更是帝王怀柔政治和展示皇权的重要手段。于受赏的臣子而言，这是恩赐，也是威严，它们简直成了皇帝的象征与化身，隐含着不言而喻的皇权属性。在赏赐与接收之中，皇帝的政治意图已然实现。江南三织造承造的衣物中，有相当一部分是供皇帝"赏用"的，"赏用"虽然在等级上与"上用"不可同日而语，但由于代表着皇家形象，依然"不可粗糙"。其中专门标识以"内造"的缎匹常常作为重要的赏赐品赐予臣子、外邦、少数民族首领和宗教领袖，以示皇家恩典和受赐者的殊荣。在"内廷恭造之式"的塑造下，内造缎匹成了威严权力的精神代名词，承载着将帝王威严由庙堂之上带到江湖之远的使命：

> 雍正三年（1725）正月初十日，怡亲王交内造缎二十匹……赏暹罗国王。[1]
>
> 雍正三年（1725）赏安南国内造缎二十匹、赏安南国陪臣三人每人官用缎六匹。[2]
>
> 雍正四年（1726）赏琉球国王内造缎二十匹，赏琉球使臣紫巾官向得功内造缎八匹。[3]

"内造"既是一种特殊待遇的炫耀，更固化为品质的最高等级"标签"。正因为此，"内造"成为衣物织造技艺的标杆和民间作坊仿造的蓝本，而"外造"对"内造"的追逐模仿也在某种程度上消弭着"内外之别"。即便宫廷在极力界定和维护着"内造"与"外造"的区隔，但其终究将成为无法彻底实现的理想。清代宫廷画家徐扬完成于1759年的《姑苏繁华图》是乾隆盛世下苏州城的真实写照，画中丝绸店铺共14家，其中便有"上用纱缎""泥金宫绸""进京贡缎""内造八丝贡缎""上贡绸缎""宫绸哔叽羽毛"等多家市招（见图3）。"内造""上用"等字样在热闹的列肆中公然标榜，可见民间以此为高级的代名词，具有相当的品牌号召力。反映18世纪上半叶江南上层社会生活的《红楼梦》也频频出现"内造""上用""宫制""官用"等字眼，如《红楼梦》第二十八回王熙凤为史湘云拟定的定亲礼里就有"上用纱各色一百匹"[4]；第四十回，贾母和薛姨妈见王熙凤大红绵纱袄的里襟就识得是"上用内造"的好料子；第五十六回江南甄府给贾府送礼请安，送的尽是上用、官用缎匹："上用的妆缎蟒缎十二匹，上用杂色

---

[1] 中国第一历史档案馆、香港中文大学文物馆编：《清宫内务府造办处档案总汇》第1册，第403—404页。

[2] 顾工：《怡亲王允祥与雍正宫廷造作》，荣宝斋出版社，2019，第103页。

[3] （清）周煌：《琉球国志略》，商务印书馆，2019，第90页。

[4] （清）曹雪芹、（清）高鹗：《红楼梦》（上册），山东文艺出版社，2019，第207页。

缎十二匹，上用各色纱十二匹，上用宫绸十二匹……"[1] 贾府库存的内造衣料之多，以至于贾母担心霉坏，交代凤姐"做些夹背心子给丫头们穿"[2]。贾府的衣食住行，处处透露出不亚于皇宫的排场。书中对"内造"的刻意强调反映了贾府分享皇家衣食的显赫家世，尽管皇家垄断了最精美高端的衣物，但在上层社会中，衣着方面的奢侈和僭越消费也司空见惯。《阅世编》中记录康熙年间流行衣物便有"团龙""满龙""官纱""宫纱"之属，[3]可见"内造"衣物业已突破禁忌，成为流行符号。民间时尚的追捧，是对"内造"背后权力话语的肯定，凸显了"内廷恭造之式"的典范意义。

三 兼具新形式与新内容："内廷恭造之式"缔造下的新风貌

"内廷恭造之式"并非孤立存在，它是通过与"外造之气"的比较中被界定的，正是"风格即区别"的认识驱使着康、雍、乾三位帝王不断地通过追求新材料和新技术打造一种新的物质文化。对新形式和新内容的占有与垄断满足了向一个降伏的文化和国家显示权力的欲望，也赋予了皇家织造领先的设计与生产能力。

由于例行的成造档册至雍正元年才实行，造办处主导下的清宫造物在最初四十年的面貌鲜为人知。一位服务于康熙王朝的法国传教士白晋（Joachim Bouvet）在《康熙帝传》中的记载呈现了康熙对造办处活计的热忱和对匠人的关注："由于皇帝对各类新奇的作品都有强烈兴趣，他在北京时，每天都让人按时送来工匠的作品，如在某一个御苑，则两天光顾一次，对这些作品皇帝总是亲自检验，指出不足。表彰那些值得颂扬的，并留下其中杰出的作品。他总是嘉奖那些才能出众、工作勤奋、精益求精的人，甚至给他们加官晋爵，并赐黄马褂。"[4] 康熙不仅对各类工艺作品孜孜以求、亲自检验，而且热衷于钻研西方科学，在励精勤政之暇写成《康熙几暇格物编》《量天尺论》《三角形推算法论》等多部科学著述，成了中国追求近代自然科学的先驱者，一位博学多能的学者、专家。莱布尼茨[5]评价康熙：

1　（清）曹雪芹、（清）高鹗：《红楼梦》（上册），第 426 页。

2　（清）曹雪芹、（清）高鹗：《红楼梦》（上册），第 295 页。

3　（清）叶梦珠：《阅世编》，上海古籍出版社，1981，第 177 页。

4　[法] 白晋：《康熙帝传》，春林、广建译，珠海出版社，1996，第 43—44 页。

5　戈特弗里德·威廉·莱布尼茨（Gottfried Wilhelm Leibniz）是 17 世纪伟大的科学家和哲学家，也是最早接触和研究中华文化的欧洲人之一，他从曾前往中国的传教士那里接触到中国文化。以他与入华传教士的通信和自己的研究为基础，整理出版了《中国近事：为了照亮我们这个时代的历史》。

"他本已深谙中国文化,当他从南怀仁神父那里接触到欧洲科学时,他的知识与远见便自然而然地远远超过其他汉人和鞑靼人,如同在埃及的金字塔上添上了一个欧洲尖顶。"[1] 热衷西学的康熙亲自领导了耗时数十年之久的科学实验,如画珐琅、玻璃以及各类数学、测绘学、光学等仪器的研制。最成功的莫过于多年不懈探索之下取得突破的画珐琅技术。在长期缺乏西方珐琅专家指导的情况下,清宫造办处独立探索、试烧成功。康熙一朝金属胎、瓷胎、玻璃胎、紫砂胎画珐琅一应俱全,它们集合了西方与中国广东、景德镇以及宫廷工匠之技术,器型与装饰做到了完全的中国化。在衣物织造技艺方面颇具代表性的是漳缎的成功创制,苏州织造局的工匠创造性地将漳州漳绒和南京云锦工艺结合起来,运用漳绒的起绒方法,借鉴云锦的提花技艺和花纹图案,织成缎地绒花的丝绒新产品。漳缎一经问世,便深得康熙帝赞赏,即令发银督造,大量生产专供朝廷。以上物质证据勾勒出了清宫造物的大致轮廓,也体现出康熙为打造一种能够代表清代宫廷的、独树一帜的物质文化所做的尝试。这种充满实验性的宫廷物质文化对各地传统进行了跨媒介、跨文化的创新融合,体现了皇帝在征服新的造物技术方面取得的成功。

雍正、乾隆年间,随着宫廷织造体系的日益完善,物流和监管机制陆续跟进,宫廷织造系统进入稳定运作期。通过造办处这一枢纽,宫廷统筹调度起覆盖全国甚至域外的造物资源,包括资金、人力、物料等。皇帝的热情参与和严密把控、官员与各领域能工巧匠的通力合作使得宫廷造作拥有了引领时代潮流的能力,成为整个物质帝国的创新驱动。在康、雍、乾三代帝王的接力构建下,清代宫廷物质文化呈现出一套创新机制和造物逻辑:杂糅各类先进技艺与珍稀物料,开创一套兼具新形式与新内容的宫廷品位。这一创新机制和造物逻辑在江南三织造的运作中表露无遗,而且无疑是成功的。江南三织造作为宫廷造办处的辖属机构,拥有优越的社会资源即宫廷掌握和分配的优良物质资源与调动权力,为广泛的探索与创新实验提供了优厚的条件。雍正充分利用了这一点,他眼光敏锐,善于运用跨文化、跨材质的手段塑造"皇帝品位"。不管何种媒介上的新鲜花样,只要合其意,便指示借鉴仿制转化至织物上。雍正元年(1723)四月二十一日,内务府总管"怡亲王交八色西洋金花笺纸八十张",雍正指示将纸上花样交织造处织锦送来。雍正六年(1728)十月,雍正偶然发现交来的糊西洋纸合牌匣"花纹看着新样",便下旨造办处织锦"仿此花纹做"。乾隆与其父一样,热衷于新产品的研发,常常授意如意馆或者江南三织造设计最新的织物画样或者实物样呈览,同时将织物的风貌和成造

---

[1] [德] G. W. 莱布尼茨:《中国近事——为了照亮我们这个时代的历史》,[法] 梅谦立、杨保筠译,大象出版社,2005,第264页。

与否的决定权牢牢地把握在自己手中。对于满意的"照样准做",对于不满意的提出修改意见"准时再做":

乾隆十七年二月十一日员外白世秀来说太监胡世杰交绿地金寿字花团状缎一匹、紫缎一块、黄缎一块、绿缎一块。上曰:"紫缎一块着照妆缎上团子花样颜色一样画紫地妆缎样;黄缎一块、绿缎一块亦照妆缎上团子花样一样画黄、绿妆缎各一样;花卉多添些红颜色,其团子大小俱要八寸五分,准时交南边织做,钦此。"本月二十日,员外郎白世秀达子将画得金寿字花团纸样三张持进。上曰:"照样准交江宁,每样颜色织做二匹,要八团满妆,底襟上不要团子,其妆缎一匹留下,钦此。"[1]

经过一番移植整合,一件由乾隆亲自主导设计的崭新织物样式由此诞生,细节处如团花的尺寸、分布和花卉中红色的多寡都渗透进皇帝意志、合于皇帝品位。虽然乾隆并未真正参与到实际生产操作,但他确实可以以创新的推动者自居。乾隆追新求异的审美品味不仅表现在他对织物风貌的设计或改进,也通过指令下达给成造者。对于进呈之袍褂料,"并无新样者"即令其停织。同时下旨要求匠役织造精巧新样绸缎,随时织办进呈。[2] 在此鼓励创新的机制下,工匠自然潜心投入到工艺创新中,追求技艺的极致。

在皇帝、官员、工匠的通力合作之下,江南三织造孕育和发展了大批崭新的工艺技术与品种。以创始于南京织造的云锦为例,虽然云锦的源头可以上溯到5世纪设于建康的锦署,[3] 但真正将云锦推向顶峰的是18世纪的清代皇家织造,这一时期云锦发展出了诸多新品种,如结合库金与妆花工艺成型的金宝地,以圆金织满地,于金地上挖彩;服务于宫廷特殊需求的宽幅库金织物,门幅可达普通织物的两倍,需用特制的宽幅织机由五六个人同时协作织成。云锦区别于其他类锦的最大特点在于大量用金、充分显金。雍乾时期金银线的加工工艺以及织金加银的织造工艺都有了长足的进步。金银丝可以做到细如毫发,织于花纹间若隐若现。在金线的加工过程中,发展出了于纯金中加入不同比例的其他金属物质,如白银、黄铜、紫铜等,使金的成色和色泽发生变化。根据不同的成色与加工方法,乾隆年间江南三织造所用的金线已十分多样,分为:红圆金、扁金、黄圆金、淡圆金、阔扁金、紫赤圆金、大赤扁金、青圆金、紫扁金、赤扁金十种。工艺技术的进步对织物外观产生了显著影响,不同种金线的色泽与形制

---

[1] 中国第一历史档案馆、香港中文大学文物馆编:《清宫内务府造办处档案总汇》第18册,第555—556页。

[2] (清)托津等:《钦定大清会典事例(嘉庆朝)》卷九〇三,文海出版社,1970,第13页。

[3] 王宝林:《南京云锦》(中国非物质文化遗产代表作丛书),文化艺术出版社,2012,第17页。

差异，大大丰富了图案的层次感与表现力，如清代特种锦缎中的"二色金"，是指金线、银线并用；"四色金"，是指紫赤圆金、淡圆金、片金和银线四种线并用。这一时期织造材料和工艺更趋完善，一件织物的用色可达十几种，甚至二三十种。色彩处理善用色晕（亦叫润色）法，色阶过渡缓和，纹样更加自然真实。异彩纷呈的纹饰与两色金、四色金交织于一起，形成了极为富丽辉煌的装饰效果。以上用金及织造工艺上的日益精进得益于技术和资源上的"广泛尝试"，使得云锦成为仅可能诞生于皇家织造的奢侈品。云锦中的金宝地品种发展至 18 世纪，无论图案、色彩以及组织设计上都很大程度上借鉴了欧洲织金锦，可谓西洋风格与皇家品味结合的产物。宫廷工匠在皇帝授意下学习、吸收西洋艺术的精粹，在不断地仿制和创作中将西洋技艺融入中国传统织造技艺当中，使西式工艺本土化，并创造出了中西合璧的艺术风格——大洋花与中国传统中的牡丹、菊花、莲花、百宝等组成中西合璧图案，融织金技艺与织彩技艺为一体，开创了衣物织造技艺的一代新风。这些融汇了各地风格、各类精湛技艺与珍贵材料的"内廷恭造之式"塑造了迥异于"外造"的皇家风范，成为宫廷掌控一切的"代言"，极大地满足了皇帝作为泱泱大国之君无所不能的征服欲和虚荣心。

结　语

清初宫廷织造系统的整合创新是宫廷御制格局调整的一项重大举措。通过将管理控制权收归内廷，不管是内织染局还是江南三织造，整个宫廷织造系统在经费来源和官员任免上都绕开了外朝繁复的政务运作程序，由专门负责"天子家事"的内务府完成，成为实至名归的"皇家织造"。宫廷织造系统的整合，与 17—18 世纪君主专制的不断加强是同步的。基于这样一个御制格局，皇帝获得了对多种材质、形制、纹样等造物制器活动的控制权和主动权。在此背景下，雍正提出了包括衣物织造技艺在内的宫廷造物标准——"内廷恭造之式"，它也成为我们认识 17—18 世纪宫廷衣物织造技艺的一把钥匙。

"内廷恭造之式"所取得的艺术成就，有赖于宫廷通过一套行之有效的督造运行机制而进行严格的管理。依托于造办处的运作和调度体系，宫廷织造系统构建起了有效的"皇帝—官员—工匠"交流机制，一套传达旨意，管控物料、信息、档案的流程得以合理优化。首先，皇帝对于技艺的控制更显游刃有余，尤其是雍正、乾隆两位皇帝，是"内廷恭造之式"的坚定执行者，对其倡导与推动不遗余力。从《活计清档》的记载来看，一件衣物织造产品从设计阶段开始就要反复推敲，多次返修，将有"外造之气"的设计驳回。在此互动过程中，皇帝所推崇的理想范式得以传达下去，而地方的织造技艺也经过一次次过滤，不断向新的高度提升。其次，督造官员，尤其是技术官僚，是往来于皇帝与工匠间的纽带，宫廷衣物织造各个环节的具体管理者，也以其自身的实用知识和技艺特长像工匠一样参与到宫廷造作过程中，受到皇帝的认可。他们所发挥的示范和推动作用，具有重要的意义。最后，工匠作为手工技艺的主体，是宫廷衣物织造的具体实施者，在宫廷的要求和规范下不断提升技艺水平、创新技艺手法，推动衣物织造技艺的发展。17—18世纪，皇帝、官员、工匠通力合作构建起的"内廷恭造之式"，旨在强化"内外之别"，它反映了宫廷在造物技术、艺术方面与地方保持竞争的需要，驱使着宫廷不断追求新技术与新材料以维持领先的设计、生产能力。在此创新机制下，融汇了各地风格、各类精湛技艺与珍贵材料的"内廷恭造之式"塑造了迥异于"外造"的皇家风范，最终于博采众长、用宏取精的基础上缔造了兼具新形式与新内容的宫廷物质文化。

三

文化传承研究

西周墓随葬铜钺研究*

■ 周要港（河南省文物考古研究院） 刘逸鑫（武汉大学历史学院）

葬钺现象自新石器时代中期出现，延续至两周时期，以二里头文化为界，可为前、后两个阶段。前一阶段主要为玉石钺；后一阶段随着青铜钺的盛行，玉石钺逐渐处于从属地位，其承担的王权与军权功能逐渐被青铜钺所取代。长期以来，学界对于商代用钺研究极为重视，成果显著，对西周用钺则少有涉及。[1] 而西周作为王权政治发展的重要时期，铜钺有作为王权与军权载体的功能，对其进行综合研究十分必要。本文以西周时期随葬铜钺的墓葬材料为基础，对西周墓葬用钺的发现与分布、形制与来源、墓葬等级与墓主身份、摆放位置及功能等问题展开探讨，对金文中"赐之用钺"这一记载作出补释，以期对认识铜钺在西周时期的地位及作用有所裨益。

一 随葬铜钺的发现与分布

西周墓随葬铜钺现象的分布具有鲜明的地域特征，见于陕、豫、晋、甘、鄂等地。据现有考古发掘资料可知，西周随葬铜钺的墓葬不下 20 座，出土铜钺数量不少于 28 件。[2]

西周早期随葬铜钺的墓葬在西安张家坡[3]、翼城大河口[4]、随州叶家山[5]、鹤

---

* 本成果得到国家社科基金"安阳辛店铸铜遗址考古发掘报告（2018—2019）"（项目编号：22BKG014）项目资助，系河南兴文化工程文化研究专项项目（2023XWH029）阶段性研究成果。

1 刘静：《先秦时期青铜钺的再研究》，《故宫博物院院刊》2002 年第 2 期；钱耀鹏：《中国古代斧钺制度的初步研究》，《考古学报》2009 年第 1 期；严志斌：《叶家山曾国墓地出土半环形钺及相关问题研究》，《考古》2015 年第 5 期。

2 除上述材料外，在陕西蓝田等地的墓葬中也发现有铜钺，但墓葬破坏严重，墓葬背景多不详，故从略。

3 中国社会科学院考古研究所：《张家坡西周墓地》，中国大百科全书出版社，1999。

4 山西省考古研究院：《山西翼城大河口西周墓地一号墓发掘》，《考古学报》2020 年第 2 期。

5 湖北省文物考古研究所等：《湖北随州叶家山 M65 发掘简报》，《江汉考古》2011 年第 3 期；湖北省文物考古研究所等：《湖北随州叶家山 M28 发掘报告》，《江汉考古》2013 年第 4 期；湖北省文物考古研究所等：《湖北随州叶家山 M111 发掘简报》，《江汉考古》2020 年第 2 期。

壁辛村[1]、灵台白草坡[2]、泾阳高家堡[3]、旬邑下魏洛[4]、鹿邑长子口[5]、昌平白浮[6]、洛阳北窑[7]、宝鸡竹园沟[8]等遗址内发现，墓葬内随葬铜钺多为1—2件，部分可达5件。钺的形制较为多样，有宽扁半圆形钺、长方体夹内钺及斧形钺三类，以前两类钺居多。宽扁半圆形钺形体较大，多为25厘米左右，而长方体夹内钺的尺寸多在15厘米左右，两者规格差别较大。

西周中期随葬铜钺的墓葬分布较早期收缩，见于西安张家坡与韩城梁带村两处遗址内，铜钺形制有宽扁半圆形钺与夹内钺两类，钺的尺寸与早期相仿。西周晚期仅在韩城梁带村遗址内发现，钺的形制也仅有宽扁半圆形钺一类。

相比较晚商时期80%以上随葬铜钺墓葬见于王畿地区的现象而言，[9] 西周时期则在诸侯国或采邑类遗址内较多发现，存在显著的地方化特征（图1）。

二　铜钺的类型学分析

西周时期铜钺作为随葬品，呈现出延续时间长、分布地域广、形制差别大三个特征。这些特征为该时期墓葬出土铜钺进行类型划分提供了可能。根据铜钺整体形制的不同可将其分A、B、C三型。

A型　12件。宽扁半环形钺。背部上端有椭圆形套銎。根据形体及钺身中部穿孔的变化可分为三式。

Ⅰ式　7件。钺身略呈半圆形，中部穿孔呈"D"形，穿孔近刃部一侧较弧，穿孔底部较直。

标本叶家山M111：380[10]，背部有两个间断式竹节状椭圆形穿銎。两面纹饰相同，均为龙形神人纹（图2-1）。标本辛村M2：14[11]，背部下端有两椭圆形銎，半弧形两侧随形铸对称虎纹（图2-2）。

1　河南省文物考古研究院等：《河南鹤壁辛村遗址2014年度西大坡西周墓地发掘简报》，《华夏考古》2020年第3期。
2　甘肃省博物馆文物队：《甘肃灵台白草坡西周墓》，《考古学报》1977年第2期。
3　陕西省考古研究所：《高家堡戈国墓》，三秦出版社，1995。
4　咸阳市文物考古研究所等：《陕西旬邑下魏洛西周早期墓发掘简报》，《文物》2006年第8期。
5　河南省文物考古研究所：《鹿邑长子口墓》，中州古籍出版社，2000。
6　北京市文物管理处：《北京地区的又一重要考古收获——昌平白浮西周木椁墓的新启示》，《考古》1976年第4期。
7　洛阳市文物工作队：《洛阳北窑西周墓》，文物出版社，1999。
8　宝鸡市博物馆：《宝鸡㝬国墓地》，文物出版社，1988。
9　周要港：《夏商时代墓葬随葬钺研究》，硕士学位论文，郑州大学，2022。
10　湖北省文物考古研究所等：《湖北随州叶家山M111发掘简报》，《江汉考古》2020年第2期。
11　河南省文物考古研究院等：《河南鹤壁辛村遗址2014年度西大坡西周墓地发掘简报》，《华夏考古》2020年第3期。

年代为西周早期。

Ⅱ式　3件。钺身变长，中部穿孔变大呈"耳"形，穿孔近刃部一侧较Ⅰ式直，穿孔底部向下倾斜。

标本张家坡M170：246[1]，背部下侧两个椭圆形銴，上銴有二周凹槽，下銴有三周凹槽，凹槽内嵌有方块状绿松石。器身上端之龙首向下，顶部有角，张口，口部正好与胡侧之椭圆形銴相对，连为一线（图2-3）。年代为西周中期。

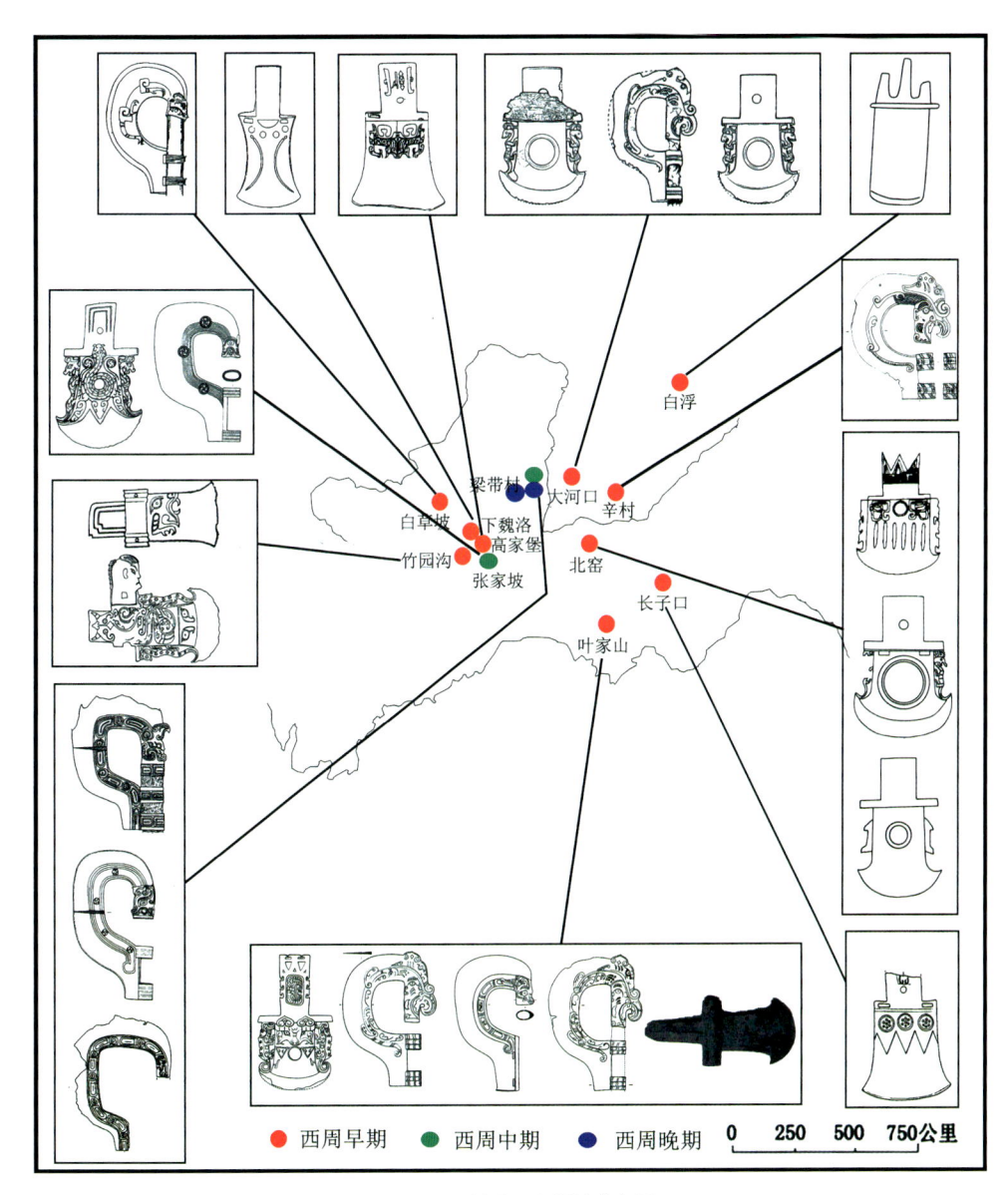

图1　西周墓随葬青铜钺分布图

1　中国社会科学院考古研究所：《张家坡西周墓地》，第168页。

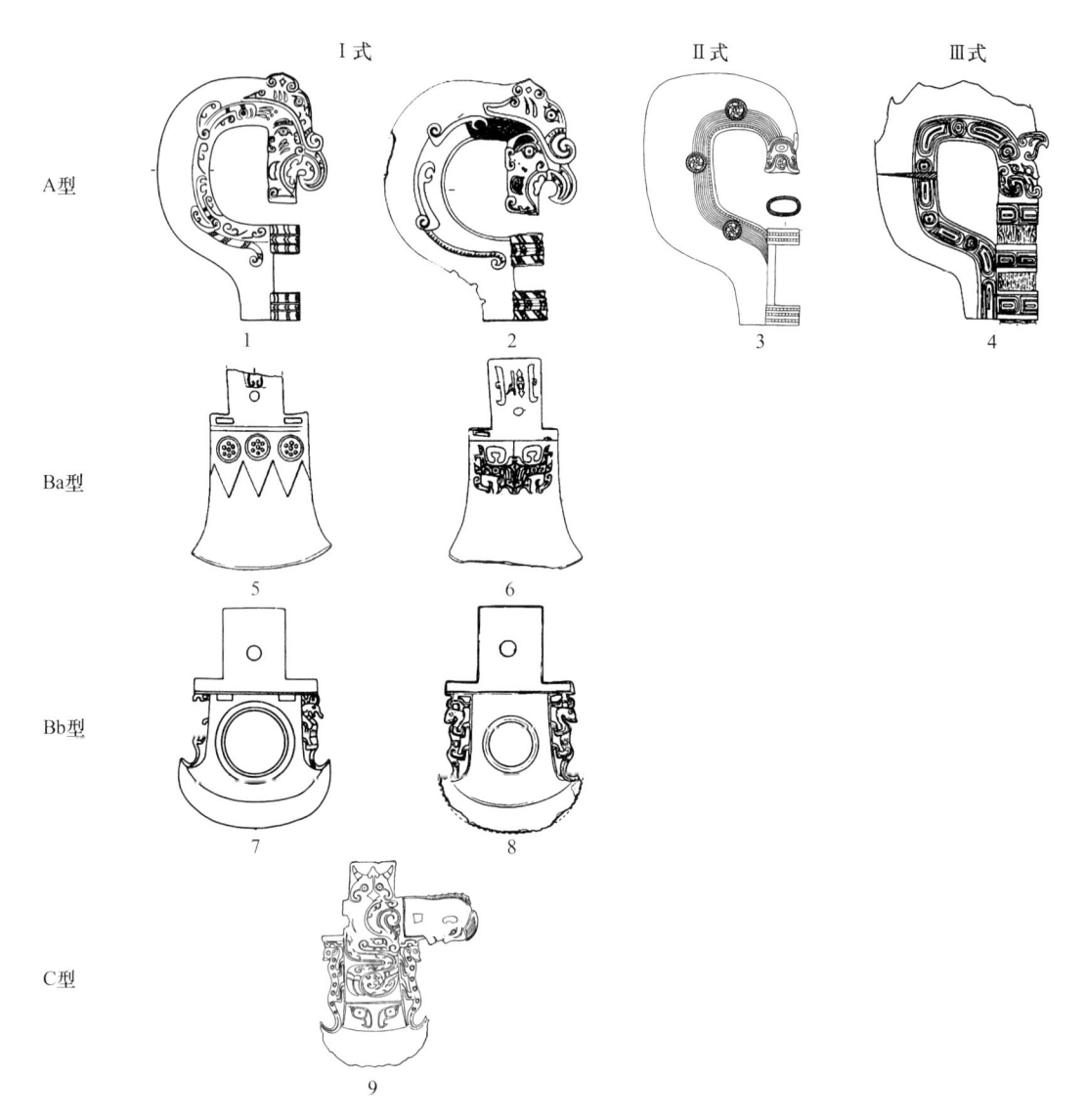

图 2　西周墓随葬铜钺型式图

1、2. A 型 I 式（叶家山 M111：380、辛村 M2：14）；3. A 型 II 式（张家坡 M170：246）；4. A 型 III 式（梁带村 M502：93）；5、6. Ba 型（长子口 M1：243、高家堡 M4：14）；7、8. Bb 型（北窑 M278：4、大河口 M1：225）；9. C 型（竹园沟 M13：169）

注：比例不一，整体上 A 型与 C 型铜钺的尺寸大于 B 型铜钺。

III 式　2 件。钺身略呈方形，穿孔近刃部一侧较 II 式直。

标本梁带村 M502：93[1]，刃部稍残，背部有两銎，銎口断面呈不规则的圆形，内侧有残木秘与刃后端龙首纹銎口相连（图 2-4）。年代为西周晚期。

B 型　12 件。长方体夹内钺。整体较 A 型钺小。根据有无阑又可分为 a、b

---

[1] 陕西省考古研究院等：《陕西韩城梁带村墓地北区 2007 年发掘简报》，《文物》2010 年第 6 期。

两个亚型。

Ba 型 5 件。无阑钺。内部呈长方形，弧刃。

标本鹿邑长子口 M1：243[1]，内偏向一侧，方平肩，向刃部渐宽呈弧形。内缘残，内中部有一圆孔，器肩部有对称的长方形穿。钺身上部施三个圆圈纹，圆圈内有乳钉纹七枚，下连三个三角纹（图2-5）。标本高家堡 M4：14[2]，平肩，两腰弧形下侈，两端翘起侈出器身，一角稍长，凸刃部向内卷曲。两肩有穿作长方形，内部近肩处有一圆形穿。钺身两面靠肩处均饰浮雕饕餮兽面纹，内部两面铸阴文铭文（图2-6）。年代为西周早期。

Bb 型 7 件。带阑钺。内呈长方形，弧刃，刃角外侈且上翘，钺身有一圆穿，钺身两侧饰有扉棱。

标本北窑 M278：4[3]，高阑出唇，阑边二长方穿，内中有一小圆孔。器身两侧各饰一透雕虎纹（图2-7）。标本大河口 M1：225[4]，直条形阑，内中部有一小圆孔，阑两端长出器身。器身两侧各附一条回首龙（图2-8）。年代主要为西周早期。

C 型 4 件。銎装斧型钺。

标本竹园沟 M13：169[5]，人头銎内钺。钺身长方形，弧刃，刃角外出且上翘，钺身两侧有对称立虎。銎上端接有人头，人头中空，内有木柲和钺身相连，人首方脸（图2-9）。年代为西周早期。

如表 1 所示，西周早期为葬钺现象的兴盛期；步入西周中期，葬钺现象迅速衰落，C 型钺消失，B 型钺仅余 1 件；至西周晚期，B 型钺消失，仅见 A 型钺 2 件。

表1	西周墓随葬铜钺数量及型式分布					
	西周早期		西周中期		西周晚期	
A 型	Ⅰ式：大河口 M1、叶家山 M65、M111、辛村 M2、白草坡 M2	11 件	Ⅱ式：张家坡 M170、梁带村 M27	3 件	Ⅲ式：梁带村 M502	2 件
B 型	a 型：高家堡 M4、下魏洛 M1、长子口 M1、白浮 M3； b 型：大河口 M1、北窑 M5、M28、M278、叶家山 M28	7 件	b 型：张家坡 M199	1 件		
C 型	竹园沟 M7、M13、叶家山 M111	4 件				

1　河南省文物考古研究所：《鹿邑长子口墓》，第 127 页。

2　陕西省考古研究所：《高家堡戈国墓》，第 98 页。

3　洛阳市文物工作队：《洛阳北窑西周墓》，第 155 页。

4　山西省考古研究院：《山西翼城大河口西周墓地一号墓发掘》，《考古学报》2020 年第 2 期。

5　宝鸡市博物馆：《宝鸡㳽国墓地》，第 73 页。

三　随葬铜钺的考古学观察

（一）墓葬等级与墓主身份

依据西周随葬铜钺墓葬的形制差异，可分为双墓道墓葬、单墓道墓葬与土坑竖穴墓三类。

1. 双墓道墓葬

目前发现西周随葬铜钺的双墓道大墓有长子口 M1 与梁带村 M27 两座墓葬，其规格是最高的，在其他同时期非葬钺墓葬中也较为罕见。根据铜钺形制来看，长子口 M1 属于 B 型钺墓，而梁带村 M27 属于 A 型钺墓；从墓室面积来看，长子口 M1 墓室面积可达 346.50m²，远大于梁带村 M27 的 66.03m²；从随葬品器类与数量来看，长子口 M1 出土青铜礼器 85 件，以酒器为核心，随葬 8 套觚爵；梁带村 M27 出土青铜礼器 34 件，以食器为核心，随葬七套鼎簋。两墓葬之间葬俗存在着巨大差别，背后应代表着不同的族群。综上，无论从墓葬规格或随葬青铜礼器数量来看，长子口 M1 的墓葬等级均大于梁带村 M27，但是若从器物组合核心的数量来看，两墓葬规格均属于诸侯一级的墓葬。从出土青铜铭文来看，长子口 M1 墓主可能为宋国国君，梁带村 M27 墓主可能为芮公。

2. 单墓道墓葬

目前发现的单墓道大墓有叶家山 M28 与 M111、梁带村 M502 三座墓葬，除叶家山 M28 属于 B 型钺墓外，其余两座均为 A 型钺墓。从墓室面积来看，三座墓葬之间差距较为悬殊，墓室面积最大者如叶家山 M111 为 135.50m²，最小者如梁带村 M502 仅 17.34m²，整体墓室面积低于双墓道墓葬。墓室面积的差别对应的随葬青铜礼器数量也存在巨大差别，M111 随葬青铜礼器达 70 件，而 M502 随葬青铜礼器仅 11 件。虽然葬钺的形制不同，但从器用组合及墓葬形制、葬俗等方面看，这三座墓葬基本相似，均属于周文化墓葬系统。关于其墓主人身份，从铭文来看，叶家山 M28 与 M111 可能为两代曾侯，而梁带村 M502 墓葬规模较小、随葬品较少且年代为西周晚期，墓主人可能为末代芮公。

3. 竖穴土坑墓

目前发现的竖穴土坑墓 14 座，随葬 A 型钺墓葬 5 座、随葬 B 型钺墓葬 7 座、随葬 C 型钺墓葬 2 座。

从墓室面积来看，随葬 A 型钺的墓室面积相差较为悬殊，最大者如张家坡 M170 为 49.06m²、墓室面积最小者如辛村 M2 为 7.78m²。随葬 B 型钺的墓室面积整体较为均衡，主要集中在 10—15m² 之间。随葬 C 型钺的墓室面积在 15m² 左右。从随葬青铜礼器来看，随葬 A 型钺的器类以鼎、簋为核心，随葬品数量差别较大。随葬 B 型钺的墓葬盗扰较为严重，从现存随葬品来看以觚、爵等酒器为核心，随葬品数量及规格整体低于随葬 A 型钺的墓葬。随葬 C 型钺的器类组合及数量与随葬 A 型钺的墓葬基本一致。从墓葬葬俗、随葬品类型等方面来看，随葬 A 型钺与 C 型钺的两类墓葬属于周文化系统，随葬 B 型钺的墓葬属于商文化系统。

表2　　墓葬形制与葬钺形制、墓主身份对照

	葬钺形制			墓主身份		
	A型	B型	C型	侯级	伯级	中上阶层
双墓道大墓	1	1		1	1	
单墓道大墓	2	1		2		
竖穴土坑墓	5	7	2	1	7	6

据现有的墓葬材料及铭文材料分析，此类墓葬的墓主人身份可以分为侯、伯、中上阶层三类。侯级别的墓葬仅叶家山M65一座，墓主可能为曾侯。伯级别的墓葬数量较多，大河口M1墓主人可能为霸伯，白草坡M1墓主人可能为潶伯，张家坡M170墓主人可能为井叔，高家堡M4墓主人可能为戈族族长，下魏洛M1墓主人可能属族长一级，竹园沟M7与M13可能为两代弓魚伯。剩余的墓葬被扰严重，若仅从墓室面积来看，其在所属墓区内属于中等规格墓葬，故墓主人身份可能为封邑内的中上阶层。

综上，随葬A型与C型铜钺的墓葬规模较大，随葬品以鼎、簋等食器为核心，属周文化系统；随葬B型铜钺的墓葬规模整体略低于前者，随葬品以觚、爵等酒器为核心，墓室内殉人、墓底有腰坑，坑内殉狗，属商文化系统。从墓主人身份推断，西周墓内葬钺者可分侯、伯、中上阶层三类，A型、C型铜钺主要葬于侯、伯级别墓葬内，B型铜钺多葬于中上阶层墓葬内（见表2）。

（二）摆放位置及功能判定

墓室内铜钺摆放位置清晰的墓葬有15座，主要有墓主左侧、墓主右侧及二层台上三个位置，其中以墓主左侧与二层台上数量最多。从用钺形制来看，A型与C型铜钺主要放置于墓主左侧或右侧，B型铜钺多放置于二层台上或墓主头部附近。从埋葬环境来看，铜钺多与戈、矛、戟、盾等兵器及车马器共出，如大河口M1出土的兵器箱内放置戈5件、钺1件。[1]

《礼记·王制》中提到"诸侯，赐弓矢而后征，赐斧钺然后杀"，孔颖达疏："赐斧钺者，谓上公九命，得赐斧钺，然后邻国臣弑君、子弑父者，得专讨之。"可知商周斧钺是臣下具备杀伐征战权力的象征。商代随葬铜钺的墓葬整体规模较大，部分墓葬内有殉人，随葬品丰富，除青铜礼器外还有数量较多的铜兵器。青铜礼器及殉人代表墓主人高等级的贵族身份，

---

[1]　山西省考古研究院：《山西翼城大河口西周墓地一号墓发掘》，《考古学报》2020年第2期。

铜兵器则代表墓主人的军事地位。通过对商代墓葬随葬铜钺的梳理与分析，及笔者对部分商代铜钺实物的观摩，可知商代铜钺刃部磨损现象较少，可能并非作为实用兵器而使用，更偏重军权的礼器化表征，是高等级贵族外出征战时商王赐予军事权力的象征。[1]

与商代有别的是，西周铜钺存在"一器多用"现象，既是实用兵器，也是王赐军权的象征，更作为丧葬礼器直接使用。关于作为兵器的主要证据是，目前所发现的铜钺刃部磨损现象十分普遍，多与戈、矛等兵器一起放置。如大河口M1出土的铜钺刃部磨损较为严重，且与戈、矛同出于椁室右侧。类似的现象也在辛村M2、张家坡M170、叶家山M111等墓葬内发现。关于作为王赐军权象征的原因是，西周早期是周人对外军事扩张的重要时期，而钺也集中在西周早期出现，多出土于旧商王朝核心控制区，结合文献中"赐弓矢而后征，赐斧钺然后杀"的记载，以及葬钺墓葬墓主人等级较高、随葬铜兵器较多的现象，表明钺是作为王赐军权的象征随周人的扩张传播至其他地区。关于作为丧葬礼器的证据是，这些铜钺本为实用器，但在其使用者去世后作为随葬品直接放置在墓葬内，而未出现商晚期墓葬葬钺明器化现象。[2]

表3				西周葬随葬铜钺形制及出土墓葬环境统计			
墓号	年代	墓葬面积（m²）	铜钺形制	共存青铜器	摆放位置及伴出器物	铜钺图像	墓主身份
大河口M1	西周早期	12.36	AⅠ1 Bb2	鼎24、鬲7、甗1、簋9、瓠1、觯10、斗1、罐1、爵6、尊2、罍1、盘1、盂1、卣4、盘1、棒1、甬钟3、铙3、钲2、钺3、戈31、戟3、矛7、剑4、镞8、盾牌饰1、鞘2、饰件4、斧4、锛1、凿1、旄1、车马器237	位于椁室右侧，与戈、矛共出		霸伯

---

[1] 目前所公布的商代铜钺图纸资料刃部多较为完整，无使用痕迹。关于商代铜钺是否具备实用功能的问题，有待日后公布更为翔实的考古资料。

[2] 商晚期在一些墓葬内出土一些明器钺，器型较小，制作粗糙。如殷墟大司空M18出土铜钺长6厘米、重33克，郭家湾M325出土铜钺长7.5厘米、重46克。具体材料见《安阳大司空》《安阳郭家湾新村》两本发掘报告。

续表

墓号	年代	墓葬面积（m²）	铜钺形制	共存青铜器	摆放位置及伴出器物	铜钺图像	墓主身份
叶家山M65	西周早期	18.07	AⅠ1	鼎7、簋4、甗1、鬲1、尊1、爵2、觯1、卣1、盂1、盘1、壶2、钺1、戈15、戟3、车马器41、锛1	位于椁盖板左侧，与戈、戟共存		曾侯
叶家山M111	西周早期	135.50	AⅠ3 C2	鼎20、簋12、甗1、鬲1、罍3、尊2、卣3、壶2、斝1、盂1、釦2、觚1、觯2、爵4、盘1、镈钟1、甬钟4、铃9、钺5、戈56、戟61、矛40、旄1、镞926、锡224、车马器799、铜饰202、斧4、锛1、凿4、刻刀11	位于东二层台上，与戈共存		曾侯
辛村M2	西周早期	7.78	AⅠ1	扰乱严重，残余弓形器1、锛1、斧2、戈5、钺1、戟2、泡87	位于椁室右侧，与戈、戟共存		中上阶层
白草坡M1	西周早期	8.25	AⅠ1	鼎7、簋3、甗1、尊2、觯1、爵1、角1、斝1、盂1、卣3、斗2、戈32、镞130、钺1、剑2、斧1、凿1、削1、胄1、盾泡4、车马器12、泡饰109	不详		潶伯

续表

墓号	年代	墓葬面积（m²）	铜钺形制	共存青铜器	摆放位置及伴出器物	铜钺图像	墓主身份
昌平白浮M3	西周早期	12.61	Ba1	鼎1、簋1、盉1、戟2、弓形器1、戈9、矛2、车马器50、盾饰6、匕首1、钺1、锛1、凿2、斧2、剑1	位于墓主头部，与斧、矛共存		中上阶层
长子口M1	西周早期	346.50	Ba1	鼎22、鬲2、簋3、甗2、觚8、爵8、角2、斝3、尊5、觥3、卣6、壶2、觯5、罍2、斗4、盘1、盂1、编铙6、刀2、钺1、戈5、剑1、镞32、斧2、锛2、凿1、削刀5、抄1、铲3、弓形器3、车马器78	位于东椁室右侧，与铜戈、铜铙共存		宋国国君
高家堡M4	西周早期	8.58	Ba1	鼎2、甗1、簋1、罍1、瓿1、斝1、盂1、尊1、斗1、卣2、觯2、觚1、爵2、盘1、戈2、戟1、钺1、镞2、弓形器1	位于椁室北部，压于瓿下		戈族族长
下魏洛M1	西周早期	8.99	Ba2	鼎4、簋1、甗1、尊1、斝1、爵2、觯1、戈1、钺2、戟2	位于墓室西侧二层台，与戈、戟共存		族长，与高家堡M4相近

续表

墓号	年代	墓葬面积（m²）	铜钺形制	共存青铜器	摆放位置及伴出器物	铜钺图像	墓主身份
北窑M5	西周早期	13.63	Bb1	盗扰严重，残存车马器、兵器	位于墓室南二层台，与戈、戟、铜泡共存		中上阶层
北窑M28	西周早期	13.02	Bb1	盗扰严重，残存车器	不详	朽蚀较为严重	中上阶层
北窑M278	西周早期	14.72	Bb1	盗扰严重，残存兵器、车马器	不详		中上阶层
叶家山M28	西周早期	44.40	Bb1	鼎7、簋4、鬲1、甗1、匕1、尊2、卣2、盉1、爵1、觚1、觯1、棒1、罍2、盘1、壶1、矛3、戈28、戟11、钺1、匕首1、铜锡76、车马器300、斧1、锛2、凿2、刻刀2	位于椁室东南部，与车马器共存		曾侯
竹园沟M7	西周早期	13.76	C1	鼎5、簋4、尊2、卣2、甗2、觯3、罍2、斗1、瓶1、钺1、戈13、矛1、剑1、弓形器1、盾牌饰5、斧1、编钟3、锛1、凿1、刀1、罐等11、车马器214	位于棺盖左侧，与盾牌、戈、矛共出		强伯

续表

墓号	年代	墓葬面积（m²）	铜钺形制	共存青铜器	摆放位置及伴出器物	铜钺图像	墓主身份
竹园沟 M13	西周早期	16.50	C1	鼎9、甗1、簋4、豆1、尊1、卣2、斗1、盉1、觯1、觚1、爵1、壶1、盘1、旄1、钺1、戈20、矛3、剑1、镞1、镳5、盾牌饰4、斧1、铲1、锛2、凿2、罐4、盘2、斗2、车马器58	位于墓底左中部，与戈共出		弓鱼伯
张家坡 M199	西周中期	13.86	Bb1	盗扰严重残存钺1、戈1、矛1、铲1、车马器	位于西二层台上，与戈、车马器共存		中上阶层
张家坡 M170	西周中期	49.06	AⅡ2	盗扰严重残存彝1、盉1、鼎1、斗3、戈16、矛6、钺2、盾泡、甲、锛1、车马器	位于椁室左侧，与戈、车马器共存		井叔
梁带村 M27	西周中期	66.03	AⅡ1	鼎7、簋7、壶2、甗1、盉1、盘1、盆1、卣1、觚1、角1、尊1、甬钟8、钟钩7、錞于1、钲1、钺1、戈4、矛1、镞29、车马器442	不详		芮公
梁带村 M502	西周晚期	17.34	AⅢ2	鼎3、簋2、盘1、觯1、彝2、爵1、盉1、钺2、戈2、铠甲1、车马器101、铜铃12	位于墓主右侧，与戈、簋、车马器共存		芮公

四　金文"赐之用钺"补释

两周金文记载，钺是周王册命仪式中的重要赏赐品之一。如前所述，西周墓葬内随葬铜钺可分 A、B、C 三型。那么判定何种类型的钺为周王赏赐之钺，对从物质层面探索中央王权、地方军权间的结构关系至关重要。

首先排除 C 型钺。此型钺目前主要见于宝鸡竹园沟墓地及随州叶家山 M111 内，数量较少，绝非西周时期的主流用钺。

其次排除 B 型钺。此型钺是殷墟时期用钺的主流。一方面，如表 1 所示，B 型钺墓年代均为西周早期，从葬俗、随葬品组合来看属商文化系统；另一方面，B 型钺在金文中常作"￼"、"￼"、"￼"等形态，[1] 与"￼"（钺）字形迥然有别，显分属两类器物。此类字符或缀以日名，或组成复合族徽如"戍箙"，抑或二者兼具，如龙口归城出土的启尊、启卣[2]记载器主曾跟随周王南征。梁云先生也据泾河上游的殷遗民墓葬指出，殷遗部族存在被分拆后编入师旅，承担军事职能的情况。[3] 可见 B 型钺具有周人瓦解殷遗军权并再作利用的内涵，而非西周王权所属军权的象征。

关于 A 型钺，有学者认为应读为"钖"或"扬"，从严志斌先生的观点，其性质亦然为钺类礼兵器。[4] 我们进一步认为，A 型钺是金文中"赐之用钺"的所赐之钺，原因有四，兹先将相关文献记载抄录于下。

曾公䣄编钟载："邵王南行，豫（舍）命于曾。咸成我事，左右有周。赐之用钺，用政（征）南方。"[5]

虢季子白盘（《铭图》14538）载："白父，孔睍有光。王赐乘马，是用佐王。赐用弓，彤矢其央。赐用戉（钺），用政（征）蛮方。"

《诗·公刘》："弓矢斯张，干戈戚扬，爰方启行。"

《礼记·王制》："诸侯，赐弓矢然后征，赐钺然后杀。"

其一，墓葬等级。随葬 A 型钺的墓主地位普遍偏高，身份为曾侯、井叔、芮公、霸伯、㵒伯等，以姬姓为多。此外，曾公䣄编钟记皇祖南公受赐铜钺，受王

1　参见《商周青铜器铭文暨图像集成》01236、10226、11778、13321 诸器。
2　参见《商周青铜器铭文暨图像集成》11778、13321 诸器。
3　梁云：《泾河上游西周时期殷遗民墓葬研究》，载中国考古学会编《中国考古学会第十五次年会论文集（2012）》，文物出版社，2013，第 256—267 页。
4　严志斌：《叶家山曾国墓地出土半环形钺及相关问题研究》，《考古》2015 年第 5 期。
5　郭长江等：《曾公䣄编钟铭文初步释读》，《江汉考古》2020 年第 1 期。

命建于南土，用政南方。[1] 而叶家山墓地M111、M65内确见铜钺随葬，器物组合以A型钺为主导。可见随葬A型钺的墓主不仅为区域性首领，且与周王存在直接联系。

其二，铜兵器组合。通过梳理虢季子白盘、《公刘》《王制》体例可知，赐弓矢与赐戈、斧、钺等铜兵器并举，应为王权领导军权的两个方面。在铜兵器器类中，钺显为军权象征物。西周金文虽屡见周王赐"珝戈"[2]，但受赐者的身份多为师氏，地位显不及上文所举公、伯。未经盗扰的大河口M1也很好证明了这一点，其椁室右侧A型钺与戈、矛共出，钺的摆放位置居中，显示出其在铜兵器类组合中的核心地位。

其三，形制源流。从形制上看，A型钺兼具北方草原与中原礼制的双重特征。銎装的整体造型介于权杖与斧钺之间，[3] 且终西周一代，其形制皆未发生较大变化，此为制度用器的重要特征；从源流上看，A型钺受晋陕高原地区卷首刀影响，在西周早期突然大批出现，年代较晚的钺除见于梁代村M502外，1980年山东邹县征集的耶子钺（《集成》11757），年代约当两周之际。[4] 而商代及东周时期皆不见此型钺，如春秋早期的曾伯陭钺（《铭图》18250）就迅速复归殷商的"戚钺"造型。可见A型钺的形制源流既反映了姬周"窜于戎狄之间"的早期历史，也与西周王朝的兴亡相始终。

其四，地理分布。A型钺在西周早期突然兴起，见葬于霸、卫、曾等封国墓葬中，与西周早期周人势力的武装封殖紧密相关，是西周建立广域王权的直接实物证据。这一"突变"现象也符合李伯谦先生提出的"植入置换"模式。[5] 自新石器时代中期以来，钺形器便被赋予了王权与军权内涵。[6] 而A型钺以周初大规模征伐为背景，强势植入了军权内涵，对B型钺的中央军权形成置换，将地方军权击散重组，并结合周王赏赐的册命制度，最终完成对其余类型铜钺王权内涵的更替。

综上，A型钺方才是金文"赐之用钺"中的指定用器。由墓葬等级、铜兵

---

1 田成方：《曾公𬌗钟铭初读》，《江汉考古》2020年第4期。

2 参见《商周青铜器铭文暨图像集成》02478、02476、05294、05313、05337、05328、05378、14534。

3 有意思的现象是，A型钺与西欧中世纪教会常用的曲柄杖（牧杖Crosier）造型略似。参见李水城《耀武扬威：权杖源流考》，上海古籍出版社，2021，自序。

4 严志斌：《叶家山曾国墓地出土半环形铜钺及相关问题研究》，《考古》2015年第5期；张德良：《邹县所出"取子"钺剩义》，《齐鲁学刊》2014年第4期。

5 张渭莲先生指出，周初西周王朝对旧商王畿殷民所采取的大规模、分批次的移民、分封政策，为殖民人口的到来提供了足够空间，也是这一模式能够形成的最关键因素。参见张渭莲《商周之际的文化植入与置换——以晚商王畿地区为中心》，载何驽主编《李下蹊华：庆祝李伯谦先生八十华诞论文集》，科学出版社，2017，第444—454页。

6 许鹏飞：《钺代表的军权意义的起源与发展》，《考古》2019年第1期。

器组合可知，此型钺在地方军权方面占据主导地位；由形制源流、地理分布可知，此型钺具有中央王权垂直领导地方军权的独特内涵。

结　语

西周墓随葬铜钺现象多见于地方封国、采邑等高等级墓葬内。西周早期是随葬铜钺的高峰期，钺的形制有 A 型扁平半环形钺、B 型长方体夹内钺与 C 型斧形钺三类，西周中晚期出现较少，均为 A 型扁平半环形钺。从文化系统来看，A 型及 C 型钺多与以鼎、簋为核心的食器共出，属周文化系统。B 型钺多与以觚、爵为核心的酒器共出，常见腰坑与殉牲的现象，属商文化系统。随葬铜钺的墓主身份等级较高，除 B 型钺墓主多为中上阶层外，其墓主身份多属侯、伯一级。西周时期随葬的铜钺，刃部磨损现象较商代普遍，兼具实用铜兵器、王赐军权象征及丧葬礼器功能。其中，A 型扁平半环形钺也成为金文所载"赐之用钺"中的指定用器。

云龙幻化：马王堆一号汉墓黑地彩绘漆棺图像新探*

■ 林志鹏（复旦大学历史学系）　王思学（复旦大学历史学系）

一　问题的提出

马王堆一号汉墓有四层套棺：第一层黑漆素棺，第二层黑地彩绘棺，第三层朱地彩绘棺，第四层锦饰内棺。本文所讨论的黑地彩绘棺在盖板、头档、右侧板、足档及左侧板，外表以黑漆为地，描绘了复杂多变的云气纹，其上穿插了 50 多组的神怪和禽兽（见图 1）。

图 1　头档（左）及足档部位黑地彩绘

---

* 本文为"古文字与中华文明传承发展工程"资助项目"简帛古书中的思想史料探研"（项目编号：G3453）的阶段性研究成果。

图 1 左为头档部位,右为足档。[1] 在画面上出现最多的,是整理者描述为"似羊非羊,似虎非虎,顶竖长角,兽身有尾"的怪物。这些怪物"往往衔蛇操蛇,也有袍服人立,但四肢似猿,手足不分"[2]。

整理报告认为此类怪物可能与楚地的镇墓兽(形象为口吐长舌,头有鹿角、两首操蛇)有关,又怀疑可能为《山海经·大荒北经》"强良"之类的怪神,[3] 但又谨慎地认为"画面的若干形象,将其与历史文献中的片段记载比附,是比较容易做到的;但把画面的全部内容联系起来作比较确切的解释,却相当困难"。故在描述漆棺上的怪物时,除某些形状明显的动物外,整理者对于这些怪物不妄加命名,而采取一套权宜的称呼:人立者称"怪神",兽行者称"怪兽",披发长须的人物则称之为"仙人"[4]。

在整理报告出版前后,孙作云发表专文指出,棺盖上出现诸多怪物吃蛇的形象,所以画面的主题即"对于蛇的防御"。他认为这些怪物都是地下主神"土伯",土伯吃蛇就是防止蛇对尸体的侵害。他并进一步考证传世文献中的"后土""禹""勾龙"都是一神异名。[5] 孙氏的观点影响深远,迄今不少论著仍沿袭其定名,同时因为他认定漆棺画上的怪物是土伯,《楚辞·招魂》称土伯居于"幽都",所以后来讨论此棺图像的学者往往认为漆棺所绘为黄泉或地狱的场景,如巫鸿指出:"黑色的象征意味很明显,在汉代,黑色与北方、阴、长夜、水和地下相关,而这一切概念又都与死亡联系在一起",据此他认为最外层的黑漆素棺象征"把死者永远分开的死亡",而第二层黑地彩绘棺的黑色也是地狱之色,云纹则"暗喻着宇宙中固有的生命之力——气",其间众多神怪当是"保护者"和"祥瑞之物"[6]。其后贺西林也表达了类似的看法。[7]

对于上述诸家观点已有一些学者提出质疑,综合来看,较大的问题集中在以下几点。

1. 棺画以黑漆为底色,是否即象征

---

1 取自《辉煌不朽汉珍宝——湖南长沙马王堆西汉墓》(《中国考古文物之美》第 8 册),文物出版社,1994,第 50—51 页,彩版 32、33。

2 湖南省博物馆、中国科学院考古研究所编:《长沙马王堆一号汉墓》(上集),文物出版社,1973,第 13、15 页。

3 按,《大荒北经》形容强良"衔蛇操蛇,其状虎首人身,四蹄长肘",漆棺上怪物的形象多为羊首兽身,腿无蹄,与强良差距甚大,故此说并不可信。

4 湖南省博物馆、中国科学院考古研究所编:《长沙马王堆一号汉墓》,第 15 页。

5 孙作云:《长沙马王堆一号汉墓漆棺画考释》,《考古》1973 年第 4 期。

6 [美] 巫鸿:《礼仪中的美术——马王堆再思》,载郑岩、王睿编《礼仪中的美术:巫鸿中国古代美术史文编》,郑岩等译,生活·读书·新知三联书店,2005,第 111—115 页。

7 他说:"黑色的第一重棺代表生与死的分离。第二重棺棺表色彩和图像均表现为阴间景致。"见贺西林《从长沙楚墓帛书到马王堆一号汉墓漆棺画与帛画》,载《中国汉画学会第九届年会论文集》上册,中国社会出版社,2004,第 457 页。

黄泉或地狱？

2. 黑地彩绘棺是否表达"对蛇的防御"及"保护墓主不受侵扰"的意识？

3. 孙作云所称"土伯"是否即棺画上的怪物？

4. 画上的怪物形象多变，整理者所分"怪神""怪兽""仙人"名目是否合理？

下文将对这些问题逐一辨析，并进一步提出我们的看法。

二 天上或地府

孙作云等人不约而同地将漆棺所绘场景指向黄泉或地府，但忽略了画上最显著的特征，即布满的云气纹。这些云气纹并不只是单纯的装饰，许多怪物和云气有密切关联，有的怪物坐在云上，还有吸食云气者，这说明整个画面所设定的场景不大可能是地府。

日本学者肥田路美对于中国早期文物中的此类纹饰有系统的研究，她根据林巳奈夫、小杉一雄之说，认为云气纹源于殷周青铜器的羽状纹或简化的龙纹，在先秦时即代表"气"的图像化。[1] 在扬州博物馆藏西汉晚期的漆箱上绘有和马王堆一号汉墓黑地彩绘棺类似的云气纹（见图2），[2] 画面的正中有一张牙舞爪的龙，[3] 云气则以朱色和深浅不同的褐色描绘。肥田氏说："朱色与淡褐色应该是表现阳气，暗褐色则为阴气"，这件漆画"仿佛是以快照捕捉到阴阳之气凝聚并形成生物的一瞬间"[4]。马王堆一号汉墓的黑地彩绘棺上同样也用了淡褐、深褐及朱色生动地刻画云气，朱色固可代表劲健之阳气，但浅褐色往往和淡褐色相连，或许只是代表颜色深浅不一的云。

肥田路美在谈到马王堆的黑地彩绘棺的构图时，她认为用奔放的云气纹来表现，具有一种升仙的意识，"推测这是死者为了再生与升仙时需要天地之气频繁流动并与之相调和"，并举左思《吴都赋》"图以云气，画以仙灵"[5] 说明漆棺彩绘即"在云气之间布满神仙与灵兽的图案"[6]。

---

[1] ［日］肥田路美：《云气纹的进化与意义》，载石守谦、颜娟英主编《艺术史中的汉晋与唐宋之变》，北京大学出版社，2016，第157—159页。

[2] 见王伯敏主编《中国美术全集·绘画编·原始社会至南北朝绘画》，上海美术出版社，1986，第96页图版71。此书称"漆箱彩绘虎舞图"。

[3] 肥田氏称为"如豹的兽类"，但从其羊首、鼻头上卷及蜿蜒身形、有爪的特征来看，当是龙，唯其身上无鳞，而有豹纹，此种组合较为特别。下文会指出，西汉时期龙的形象可以是兽身（一般较修长）或带有虎、豹的花纹，未必有鳞。

[4] ［日］肥田路美：《云气纹的进化与意义》，载石守谦、颜娟英主编《艺术史中的汉晋与唐宋之变》，第159页。

[5] 《洛阳伽蓝记》卷一记载洛阳永宁寺之南门即"图以云气，画彩仙灵"。

[6] ［日］肥田路美：《云气纹的进化与意义》，载石守谦、颜娟英主编《艺术史中的汉晋与唐宋之变》，第160—161页。

近年姜生重新研究马王堆汉墓帛画和四层套棺，他对于黑地彩绘棺图像的象征，看法与巫鸿、贺西林不同。他认为："棺表的黑色基底代表天的本色。《易·坤卦·文言》：'夫玄黄者，天地之杂也，天玄而地黄。'此处'玄'即黑。可见棺表涂黑乃表玄天之色，是以颜色喻示该层空间的九天属性。棺上全部描画云气，目的是在玄天之色的背景上，描绘死者上升九天成神而为'真人'之胜景。"[1]

我们认为上述二位学者的观点值得重视，黑地象征天，云气纹代表天上飘动变幻的云，其所描绘的当是天上的场景。古人在绘画中以玄黑之色代表天，《考工记·画缋》云："画缋之事，杂五色，东方谓之青，南方谓之赤，西方谓之白，北方谓之黑，天谓之玄，地谓之黄。青与白相次也，赤与黑相次也，玄与黄相次也。"前半段言五色之象征，玄、黑大同小异，实为一色，只是古人形容天习称"玄天"，但《周髀算经》中也说"天青黑，地黄赤"，可见青黑即玄。[2]《画缋》又讲五色的搭配，"赤与黑相次""玄与黄相次"，马王堆一号墓的黑地彩绘棺内髹朱漆，其内层又为朱地彩绘棺，合于赤、黑相次之说，而黑地漆棺上所绘云纹与灵物以黄褐色为主，亦符合玄、黄相次的原则。[3]

图 2　扬州博物馆藏西汉晚期漆箱彩绘

1　姜生：《汉帝国的遗产：汉鬼考》，科学出版社，2016，第 355 页。

2　参考（清）孙怡让《周礼正义》，汪少华整理，中华书局，2015，第 3988—3989 页。

3　这种颜色搭配的原则也体现在战国早期的曾侯乙墓的内棺与外棺上，参考湖北省博物馆《曾侯乙墓》，文物出版社，1989，第 25—26、28 页。

云气上绘仙人、动物或神兽形象与望气术有一定的关联。[1] 商周时期，望气常用于军国之事，殷卜辞记军事侦察有"望"，或以为即后代的望气、望氛。《左传》昭公十八年、二十年均记有梓慎望氛事，《墨子·迎敌祠》提及望气，有大将气、小将气、往气、来气、败气等名目。《史记·天官书》《汉书·天文志》亦载望气之法。[2] 望气属于星气之占，即通过观察星象、云气来预言吉凶，在《周礼·春官》有保章氏"以五云之物，辨吉凶、水旱降丰荒之祲象"。《汉书·艺文志·兵书略》"兵阴阳"类著录《别成子望军气》六篇、图三卷，《数术略》"天文"类著录《泰壹杂子云雨》《国章观霓云雨》各三十四卷，都有望云气的相关内容，其中《别成子望军气》有图，可知此类书将观察到的日月星象、云气的形态都一一描摹，图文配合。

马王堆三号汉墓帛书《天文气象杂占》即为观气之书，此篇分前后两部分，后一部分只有文字，前一部分图文并茂，每条先以朱、墨二色画出日月星云的图像，然后标示其名称、解释及占文。篇首第一、第二列图文全部是针对云气的观察与记录，所绘云像包括各种动植物（见图3）。[3]

图3 马王堆三号汉墓帛书《天文气象杂占》（局部）

---

[1] 姜生已留意到此点，他在前揭书（第357页）引《汉书·天文志》"凡望云气……有兽居上者胜"一段，认为"棺表云气的绘制，在汉人，颇有形胜和物件关联方面的讲究"。

[2] 参考林志鹏《殷代巫觋活动研究》，硕士学位论文，台湾大学，2003，第307—309、319—322页。

[3] 裘锡圭主编：《长沙马王堆汉墓简帛集成》第4册，中华书局，2014，第245页"说明"、第248页注释1。在注释1中，整理者又引顾铁符、刘乐贤观点，两位学者皆指出，此篇以十四国云开篇，将"楚云"列在首位，占文还提到吴、楚柏举之战，当为战国楚人所作。本文图3取自《长沙马王堆汉墓简帛集成》第1册，第204页。

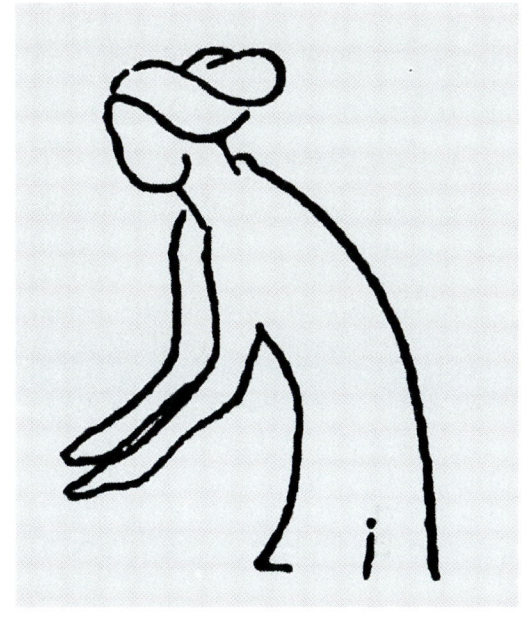

图4　黑地彩绘棺头档下部边框图像（左）及孙作云摹线图（右）

图3从右至左，占文依序为"楚云如日而白""赵云""中山云""燕云""秦云"。整理者指出，这些内容可以和《太平御览》卷八引《兵书》及《晋书·天文志》、《开元占经·九土异气》、唐邵谔《望气经》的相关内容参证，唯彼此之间略有出入，如传世文献说"赵云如牛"，但帛书所绘为一头颈多鬃的四足兽。[1]

前人之所以主张漆棺表现阴间的景象，除了比附黑色的象征及传世文献关于土伯食蛇的记载外，还有一个图像的证据，即孙作云所指出的，在黑地彩绘棺头档下部紧邻边框的正中浮现一个很小的半身人物，他观察后描摹其状，并指出画面是"一个老人，包着头，弯着腰，伸着手，好像摸索着前进。露出上半身，正表明她刚刚出来。这老人的姿态，使我们想起画幡（指T形帛画）中段那位老妇人。……可能代表着墓中的死者"[2]。此说一出，学者披靡从之，但细观放大照片，[3] 实与孙氏所描绘的妇人形象有较大的差距。

图4左为放大照片，右为孙氏所摹线图。根据左图，所谓"老妇"的脸部大

1　裘锡圭主编：《长沙马王堆汉墓简帛集成》第4册，第248页注释1、注释3。刘乐贤《马王堆天文书考释》（中山大学出版社，2004）第102页将传世文献所述各国云气及帛书所绘形象列表整理，可参看。

2　孙作云：《长沙马王堆一号汉墓漆棺画考释》，《考古》1973年第4期。

3　所据照片为张雨丝同学于2018年1月28日赴湖南省博物馆参访时所摄。

半漆彩脱落，露出灰底；头部右侧以金彩涂画，看不出如右图的盘发形；背部及下半身亦有大块剥落（画面边界的脱彩痕迹可以对比），非如右图所绘之着长袍形，且手部未见衣袖痕迹，疑为裸身。其身形甚长，整体形象似兽而非人。巫鸿推论此处图像表现墓主"正在进入地府的一瞬间"[1]，贺西林认为象征墓主"其魂已复苏，正从地府中走出来"[2]，恐难以成立。同样的，主张升天成仙说的姜生称"妇人形象应代表軚侯夫人由'帝之下都'昆仑上升九天"[3]，也有一定的问题。

三 "对蛇的防御"及"土伯"说检讨

上文通过对云气纹与玄黑底色的考察，确认漆棺所画乃天上之场景，此说自对孙作云的怪神即"土伯"说不利。若进一步检视漆棺的灵物图像，我们认为孙说更难以成立。

先谈画面的主题是否为"对蛇的防御"。孙氏所据为漆棺盖板部分，他说："棺盖的右上角，画一鸳，低头寻觅（盖板06[4]）；次在上部当中，画一鸳见一蛇（盖板02）；最后在左端，画一鸳衔一蛇喂一有兽头、张口翘舌而人立的怪物（盖板01）。然后再从右方起，画一同样的怪物，以手持蛇（盖板05），又有一怪物吞蛇（盖板04）。我认为这些怪物，都是'土伯'。"[5]

如果单就盖板来看，的确如孙氏所说有不少操蛇、食蛇的描绘，但若将考察范围扩大到其他部位，则其说不无可疑。根据我们的统计，漆棺上与怪物（包括整理者所说的怪神、怪兽、仙人）有互动关系的动物包括如下。

鸟（射鸟、捕鸟、牵鸟）：10例；[6]

1　[美] 巫鸿：《礼仪中的美术》，第112页。他在《黄泉下的美术》（生活·读书·新知三联书店，2010）第54、56页又重申此一意见。近年出版的湖南省博物馆编《长沙马王堆汉墓陈列》（中华书局，2017）对黑地漆棺画的说明，称漆画"象征受到神灵保护的死者灵魂进入黑暗的地府"（第297页），持相同的看法。

2　贺西林：《从长沙楚墓帛画到马王堆一号汉墓漆棺画与帛画》，载石守谦、颜娟英主编《中国汉画学会第九届年会论文集》上册，第457页。

3　姜生：《汉帝国的遗产：汉鬼考》，第357页。聂菲也曾经提出类似的观点，见氏著《马王堆汉墓艺术品与巫文化》，载湖南省博物馆编《湖南博物馆文集》，岳麓书社，1991，第90页。

4　整理者在《长沙马王堆一号汉墓》中依照黑地彩绘棺盖板、头档、足档、右侧板、左侧板的顺序，绘有五幅线图（原书图17至图21），在上集第二章第二节"葬具"的介绍中（第15、16、25页），则以盖板、头档、右侧板、足档、左侧板为序，每个部分先上后下，先左后右，依次编号说明，而线图相应的部位也以红色的数字表示。本文及附表的编号以此为据，除整理者原本的数字编号外，前面我们会标示图像所在漆棺的位置（如头档、左侧板等）；同一组画面有两三个怪物者，在数字后再缀以小写英文字母作区别。

5　孙作云：《长沙马王堆一号汉墓漆棺画考释》，《考古》1973年第4期。

6　不计孙氏所举的鸟逐鸟例，凡鸟单独出现者亦不计，二兽协作捕鸟者计为1例。头档16、17、19；右侧板24、29；足档40；左侧板48、49、50、54。

蛇（操蛇、衔蛇、食蛇）：5例；[1]

豹（逐豹、避豹、抚豹）：3例；[2]

鹤（鹤喂怪神、骑鹤、牵鹤）：3例；[3]

鹿（骑鹿）：2例；[4]

鸡（食鸡）：1例；[5]

兔（逐兔）：1例；[6]

牛（斗牛）：1例。[7]

从上面的分布来看，对于鸟、鹤的捕射及驯服最多（合计13例），占总数26例的半数，可见漆棺画的主题并非怪物对蛇的防御，未必具有"保护墓主不受侵扰"的意图。而对于鸾鸟、鹤的强调，[8] 也说明棺画的全局背景并非在地下幽都。

孙氏曾根据《招魂》对"土伯"的描述比附漆画中的怪物形象，认为："土伯的形状是有角'觺觺'（王逸注'角利貌'），而画棺上所画的戴鹿角的怪物，其角特长，真是'其角觺觺'。土伯'其身九曲'，[9] 而画棺上戴鹿角的怪物，奔腾、上下，身子扭过来、扭过去，亦可谓'其身九曲'。（王逸说）土伯'执卫门户'，而有鹿角的怪物弯弓射箭，执戈扬盾，也正是'执卫门户'。因此，戴鹿角的怪物正是土伯。"[10] 孙氏所举"戴鹿角"怪物作图5的形象，[11] 已有学者留意到漆棺上怪物的形象与《招魂》所述"土伯"有较大的差距，如刘瑞连指出，《招魂》下文说"土伯"是"参目虎首，其身若牛些"，这与漆画上怪物形象不同。[12] 从图5可以得知漆棺上的怪物体态修长，其

1　盖板01、04、05、09、11。

2　盖板03；右侧板27、35。

3　盖板01；头档23；右侧板29。

4　右侧板31；足档37。

5　见右侧板34。按，此食鸡之兽疑为狐，参考附表脚注。

6　左侧板51。

7　右侧板30。

8　按，鸟多为长尾鸾鸟。除鸾鸟、鹤外，尚有枭，见头档12、15。

9　按，此据王逸《章句》引申，《招魂》原文作"土伯九约"，王注："约，屈也。"

10　孙作云：《长沙马王堆一号汉墓漆棺画考释》，《考古》1973年第4期。

11　左例见足档40，右例见左侧板43a。

12　刘瑞连：《马王堆一号汉墓漆棺画中蛇与神怪图像新考释》，载《美术大观》编辑部编《中国美术教育学术论丛：美术与设计理论卷》，辽宁美术出版社，2016，第291页。郭学仁在讨论马王堆一号墓的T形帛画下端时指出："龙鱼两边回首相对的神兽，有论者认为是土伯。……但按照《楚辞·招魂》的记载……其基本特征是虎首、有角、三目、牛身。帛画上所绘之神兽，虽然有角，但却不是虎首，也不若牛身，更没有三目，显然不会是土伯。"他推测帛画上的神兽为《尔雅·释地》《吕氏春秋·不广》《逸周书·王会解》的"巨（或作距）虚"。见氏著《马王堆一号汉墓帛画内容新探》，《美术研究》1993年第2期。按，郭氏举出的帛画上神兽，论者或称"土羊"，其形象与黑地彩绘棺的羊首有角怪物是否有关，值得进一步研究。

角虽似鹿，但往往下垂或向后延伸，未必为锐利的兽角。《招魂》"土伯九约"，孙氏从王逸说认为是"其身九曲"，但下文明白说土伯"敦脄（即厚背）""其身若牛"，与"九曲"显然矛盾，然则"九约"当另寻他解。蒋骥在《山带阁注楚辞》中说："约，尾也。"[1] 依其看法，此句是描述土伯"九尾"，而非形容其身屈曲，可备一说。此外，《招魂》此段描述地下幽都有"逐人""甘人"（食人以为甘美）的土伯，希望魂不要前往，也与孙氏所说以土伯"保护墓主不受侵扰"违异。

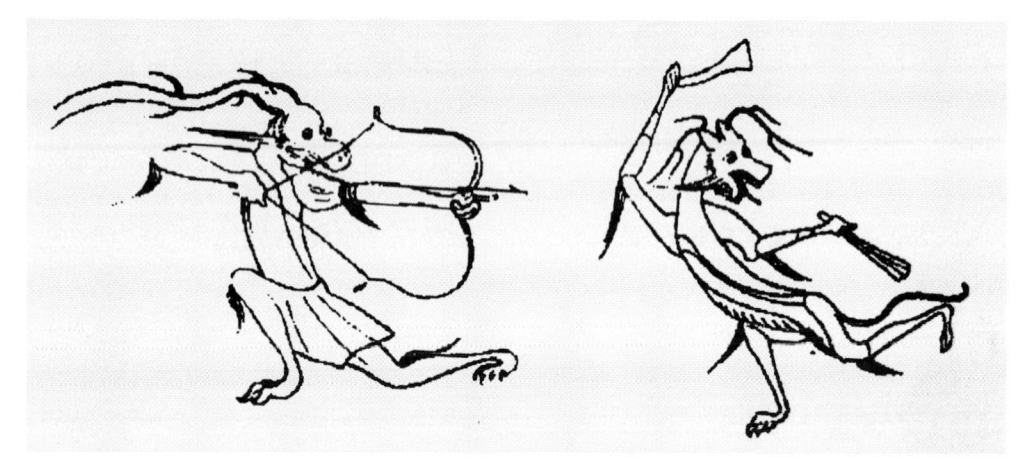

图 5 漆画中所谓"戴鹿角"的怪物

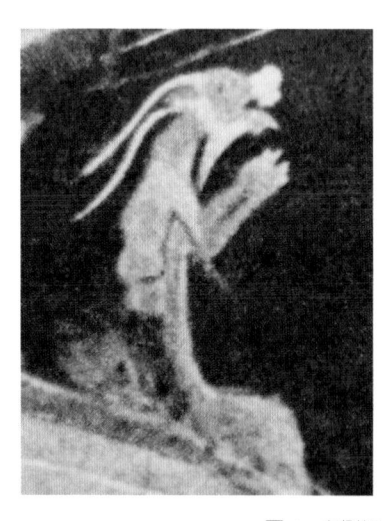

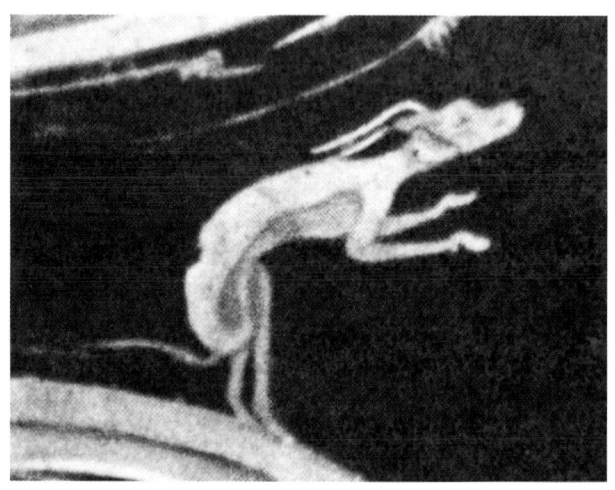

图 6 左侧板 50b（左）与左侧板 57b（右）怪物形象

---

[1] 蒋骥在此引《吕氏春秋·本味》"肉之美者"有"旄象之约"为说。见氏撰《山带阁注楚辞》，上海古籍出版社，1984，第 161 页。

四 "怪物"分类及特征统计

前文已明白指出漆棺上的黑底云气纹代表的是天上的场景，并对孙作云提出的棺上怪物为"土伯"说提出辩证，下文将通过分类与统计，配合时空背景接近的典籍及文物，对漆画上形象多变的"怪物"定性。

整理者和孙作云对于漆棺上的怪物，曾提出两种类似的三分法[1]。

1. 整理者将人立者称"怪神"，兽行者称"怪兽"，披发长须的人物则称为"仙人"。

2. 孙作云将鹿角人立者称为"土伯"及其部属，[2] 羊首兽身者径称为"羊"（认为象征"吉祥"），[3] 将人面或非羊首者称为"仙人"[4]。

图 7　足档 42 怪物形象

---

[1] 《长沙马王堆一号汉墓》上集，第 15 页；孙作云：《长沙马王堆一号汉墓漆棺画考释》，《考古》1973 年第 4 期。按，需要留意的是，孙氏的分类只是一种不完全的列举，下文会分别以脚注说明其所分三类的例证。

[2] 孙氏文中明确举为"土伯"之例者包括：盖板 01、03、04、05；头档 16；右侧板 26a、26b、30、36a（孙氏谓兽食鸟，整理者描述为捕食小兽）；足档 38、39a（孙氏称其行瞭望貌，实则此兽张口似舔食云气）、40；左侧板 43a、43b、45a、46b、48b、49、50a、52。按，孙氏认为画面中的蛇、鸟、牛均为有害的动物或妖怪，故为土伯所扑食。

[3] 头档 12a、12b、13b；右侧板 23、24、29；足档 39c。

[4] 盖板 11；头档 13a、14a、14b；右侧板 28、31a。按，其中 14a、14b 为似熊首，余为人面。

图 8　头档 13b（左）与右侧板 24（右）怪物形象

表 1		兽首形态统计		
特征	A 类	B 类	C 类	合计
羊首	21	13	12	46
似狼首[1]	5	4	1	10
似熊首	0	0	3	3
直列合计	26	17	16	59

表 2		角的类型统计		
特征	A 类	B 类	C 类	合计
似羚羊角	22	12	10	44
歧角或鹿角	3	5	3	11
无角	1	0	3	4

这两种分类存在一些问题，如整理者以"人立""兽行"区别怪神与怪兽，但漆画中之怪物往往有姿态介于人、兽之间而难以归类者，如图 6 左怪物（左侧板 50b）坐于云气上，向另一持鸟怪物乞求；图 6 右怪物（左侧板 57b）站立，欲扑向熊首仙人。二者并非"兽行"，但整理者皆称其为"怪兽"。又如图 7（足档 42），二兽或蹲坐，或攀云，[2] 均非"人立"，但整理者皆称之为"怪神"。至于孙作云将"羊"独立为一类，但其所举有与所谓"土伯"形体特征相近者，如头档 13b（图 8 左）、右侧板 24（图 8 右）。由于前人对于彩绘棺图像的描述较

---

[1] 指似羊首，但鼻头上卷似狼，多半张口露齿者。

[2] 按，图 8 右例怪兽右手前伸，手旁横线非长棍，而是云气。

含混，分类也不尽合理，所以我们重新对漆画上之怪物作了一次"普查"（参看本文附表）。根据拟人化程度的差异，可以将漆画上的怪物划分为四种类型。

A. 兽首兽身，无拟人化的特征或动作。

B. 兽首兽身，但有拟人化的动作，如射箭、手持武器或乐器、骑兽等。

C. 兽首，人服（穿衣裤或长袍）。

D. 人面，部分身形或四肢具有兽之特征（如身形修长似蛇、肘后有尖状物）。

依照附表的信息和上述的分类，可以将漆棺画上 64 个怪物的特征作一些统计。[1] 先看兽首的形态，[2] 结合表 1 可知，四类怪物在漆画上的数量大致呈递减关系（26→17→16→5），而三种类型的兽首怪物以羊头占绝大多数，共 46 例（占 59 例中的 78%），而"似狼首"一类头部的形态实与羊首接近，惟吻部微上扬，[3] 这多半是为了表现张口的姿势，[4] 未必是具有区别意义的特征，如果此项计入"羊首"一类，则此类比例高达 93%。熊首的数量虽仅有 3 例，但都集中在拟人化程度较高的 C 类，这表示熊首在灵物演化的序列中占据较高的位置。再看角的类型，如表 2 所示，合计三类怪物的角以细长似羚羊角最多，占 75%；次为分歧或似鹿的角，占 18%；无角者比例很低，占 7%。C 类进化程度较高，相应的无角的比例也较其他两类高，占该类的 19%。

新的分类已经考虑了身形及衣着的因素：A、B 两类多为蜿蜒细长的兽身，合计 43 例，占所有怪物的 67%；C、D 两类着衣袍者（仅 D 类盖板 11 作兽身），合计 20 例，占 32%。值得注意的是，着衣袍的怪物体型大多修长，与 A、B 二类差别不大，即使作人面者亦然（如头档 13a、右侧板 28），仅有 5 例身形较壮硕，即头档 14a、14b（两熊首奏乐者）、右侧板 25（人面人身）、31a（熊首熊身）。

接着看尾部的情况，表图 3 所示，整体来看，兽首怪物中无尾者仅 5 例，占 8.5%；有尾者有 39 例，占 66%；余则露半身或着衣袍无法肯定者 15 例（集中在 C 类），占 25.5%。需要指出的是，C 类着衣袍者中 4 例有尾（盖板 05、头档 12b、足档 39b、左侧板 44b），可见此一

---

[1] 此处统计不包括头档 18（即孙作云等人所谓"老妇"，画面较模糊，首、身特征难以辨识）、右侧板 31b（作为坐骑之鹿）、右侧板 34（食鸡之狐）、足档 37b（为怪物所逐之鹿）、左侧板 45b（作为坐骑，兽足有蹄，整理者认为即"吉量"）。

[2] D 类为人面，有 5 例，不列入统计。

[3] 东周青铜文物中"狼"的形象具有鼻头上卷的特征，参考李零《读〈萌芽·成长·融合——东周时期北方青铜文化臻萃〉》，载《万变》，生活·读书·新知三联书店，2016，第 286—289、315—316 页。

[4] "似狼首"九例中张口者有盖板 01，头档 19a，足档 42b，左侧板 47、50b、55b、56 七例。兽首吻部上扬的形象又见于足档 37b 的奔鹿，此鹿被一怪兽追逐，惊惧张口。从此例可推知吻部上扬主要表现张口的动作，未必具有分类上的意义，唯此种形象与汉代的蛇体龙较近（详下文），所以另别出一类。

特征是 A、B、C 三类多数的怪物所共具的，唯拟人化程度越高，无尾的比例随之增加，姑且不论 C 类着衣袍者，仅就 A 类无尾者仅 1 例（占该类 3%）而 B 类有 4 例（占 24%），即可看出此一趋势。

最后分析一下四肢的形态。漆画上怪物（含 D 类人面者）的四肢绝大多数是整理者所描述的"四肢似猿，手足不分"，仅右侧板 28 似人、左侧板 57a 似熊。值得留意的是，不少怪物的四肢后面有尖状物，这些突起的东西，有的是"肘鬣"[1]，有的类似怪物头上细长的角（概称"尖状物"[2]），也有少数是象征猛禽的距，[3] 其分布情况如表 4，全体怪物中有尖状物（包括肘鬣、距）者有 41 例，占 64%。这个比例看似不高，但因为 C、D 类怪物多着衣袍，所以有多数无法判断。若只计 A、B 两类，则有 32 例，占二类总数的 76%，可以看出四肢上突出的尖锥物也是怪物重要的特征。D 类仙人中肘后有尖状物者仅 1 例，见于右侧板 25（图 9），这种形象还见于同墓所出的朱地彩绘棺（图 10）。[4]

图 9 为黑地彩绘棺右侧板 25，可以看出仙人手肘后有较长的尖锥物；图 10 为朱地彩绘棺左侧板上两手攀龙身的仙人，其四肢后也有突出的尖状物，从其描绘的笔法来看，应该是肘鬣。[5]

表 3		尾部类型统计		
特征	A 类	B 类	C 类	合计
有尾	23	12	4	39 [6]
无尾	1	4	0	5
不明	2	1	12	15

---

1. 即肘后的鬣毛，后代画龙有"肘鬣膊焰"之称（详下）。本文写作期间，蒙陈颖昌先生来信提示漆画上肘鬣的笔法（2018 年 1 月 14 日的讨论意见）。他指出：从网络上流传的足档编号 40 的高清彩照来看，引弓欲射的怪物，设漆虽稍有斑驳，其"肘鬣"以简单两三笔画出，虽无细腻描摹，然笔毛之精劲仍可带出浓漆深浅的刷痕，且表现出肘鬣因拉弓而产生动势。与头上细长的角相比，角是勾边后作全色填实，而肘鬣则由排比性的笔触作多线描绘。观漆画作者线条果敢流丽，在此两处用不同的笔法，应有区分之意。

2. 按，尖状物中有部分可能是肘鬣，但根据整理者所绘线图难以判断，所以权称"尖状物"。

3. 《左传》昭公二十五年："季（平子）、郈（昭伯）之鸡斗，季氏介其鸡，郈氏为之金距。"可见距作为斗鸡重要的部位，乃为猛禽之表征。《大戴礼记·诰志》讲"圣人有国"，可使"蛰兽忘攫，爪鸟忘距"，也从反面说明了距的作用。

4. 图取自《辉煌不朽汉珍宝——湖南长沙马王堆西汉墓》，彩版 34。

5. 《长沙马王堆一号汉墓》上集的线图（图 25）即将此例仙人四肢的尖状物描绘成肘部的鬣毛。

6. 其中短尾者 6 例、似虎尾者 3 例，参看附表。

表4　四肢形态统计

特征	A类	B类	C类	D类	合计
肘鬃	4	9	3[1]	0	16
距	0	1	0	0	1
尖状物	13	5	5	1	24
不明	0	0	7	2	9
无	8	2	2	2	14

图9　黑地彩绘棺右侧板25彩绘

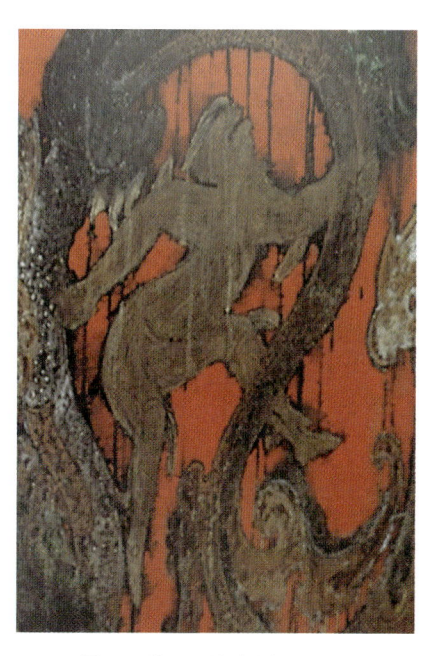

图10　朱地彩绘棺左侧板彩绘

综合前文的分析，可以得知漆画上怪物的兽首、身形及四肢特征具有较高的一致性，即以"羊首有角""蜿蜒身形有尾""四肢似猿有尖状物"占绝大多数，可以推论A、B、C三类可能都是同一物种的不同演化形式。D类的仙人或身形细长，或四肢似猿，[2] 或有尖状物，这些特征似乎也说明漆画上多数仙人是由这些灵

1　其中头档14b上肢有肘鬃，下肢有尖状物。

2　按，右侧板31a手持朱色圆物骑鹿的仙人虽然体型似人、四肢无距，但其足似猿，依然存有怪兽的特征。

兽变化而来的。[1]

五　黑地彩绘棺上的"龙"
——兼说西汉的"兽体龙"

漆棺画上怪物羊首有角、兽身蜿蜒及腿部有尖状物的特征，颇与考古文物所见"龙"的形象相合。[2] 下文依序就首、身、腿三部分加以分析。

早期文献如《周易·乾卦》《管子·水地》《说苑·辨物》《说文》中对于龙的记述，着重在其"变化"的行为（关于此点，见下节析论），对其形象着墨不多。直至宋人罗愿《尔雅翼》卷二八引王符说，才提出龙形有"九似"，即"头似驼，角似鹿，眼似兔，项似蛇，腹似蜃，鳞似鱼，爪似鹰，掌似虎，耳似牛"[3]。这种描述虽然可能早至东汉，但其形象的定型却是在魏晋南北朝之后。尤其早期龙有作兽身者，这种兽体龙基本上在唐宋时期绝迹。[4] 不过，《尔雅翼》所说龙首"头似驼，角似鹿，眼似兔"倒与西汉时期的龙及漆棺上怪物的形象相去不远，可见这种描述或有较早的根据。

马王堆一号墓中所出 T 形帛画及朱地彩绘棺上有一些公认为龙的形象，将其头部与漆棺画的怪物比对，可以看出二者的相似性。图 11 左是朱地彩绘棺盖板左侧的龙头，右是帛画上层右侧的龙头，图 12 则是黑地彩绘棺一组相斗怪物的头部（左侧板 46）。两组图像的特征都是长形兽脸、有弯曲或向后延伸的双角、眼圆似兔。不同的地方在于图 11 这组由于要配合纤细的颈部和身形，所以头部显得臞瘦，加上有鳞，所以看起来与鳄

---

[1] 西汉晚期的画像石及近出青岛土山屯墓漆器上有不少羽人的图像，据我们初步的观察，羽人形象可以略分为两类：一类肩上有羽翼（可称"羽人"）；另一类则无，其飞举能力的象征以似龙的鬃毛表现（可称"毛人"，前文所举马王堆漆棺上的仙人可归入此类）。值得留意的是，土山屯 M6 有一件黑地漆奁，盒、盖内外满布云气纹（盒底及盖内为朱底），中间杂以羽人及珍禽异兽，构图尤与马王堆黑地漆棺相近，而这些羽人在画面中的地位及姿态表现，又跟本文所讨论的怪物相当。参看青岛市文物保护考古研究所等《山东青岛市土山屯墓地的两座汉墓》，《考古》2017 年第 10 期；《琅琊墩式封土墓》，科学出版社，2018，第 33—37 页。关于早期文献及西汉晚期画像石、漆器上"仙人""羽人"形象的问题，容另文析论。

[2] 近年出版的汉画图典已有将马王堆黑地漆棺画的怪物径归为"异形龙"者，见杨絮飞编《中国汉画造型艺术图典·龙》（大象出版社，2014），第 201 页。孙作云虽然主张漆画上的怪物为土伯，但他也看出其与龙的联系，如他谈到"土伯"即"禹"即"勾龙"时指出，"'勾龙'即'虬龙'、'蛟龙'"，即以蛇或龙为其图腾，"禹既为土伯，又身似龙……画棺上所画的龙头怪人像，可能就是大禹像"。见前揭孙氏文，第 250 页。

[3] （宋）郭若虚《图画见闻志》也说："画龙者折出三停，分成九似。"

[4] 孙机对于中国古代文物中龙的形象有系统的总结，从其叙述中可以看出魏晋南北朝是龙形象变化的一大分水岭：其前，龙的形象尚未定型，往往作用写意的手法表现；其后，则多根据"九似"说描摹，形象较为固定。罗二虎在讨论墓葬文物中龙的形象演变时也指出："自唐宋以后，龙的形象就再也没有发生过较大的变化了。"参考孙机《神龙出世六千年》，载氏著《仰观集》，文物出版社，2015，第 30、32 页；罗二虎《试论古代墓葬中龙形象的演变》，《四川大学学报》（哲学社会科学版）1986 年第 1 期。

鱼近似；[1] 图 12 组由于作兽身，相较之下则接近羊首。另一个差异是吻部，上面那组为了夸张地表现张口的形象，鼻部上卷，这与前文所说漆棺画上部分怪物张口露齿、吻部微上扬的特色有点类似。

接着谈兽身及腿部。孙机曾指出，西汉时期文物中的龙分为两类：一类躯干像大蛇，另一类则像猛兽。他将前者称为"蛇体龙"，后者称为"兽体龙"，汉瓦当上恰恰出现这两类龙纹（图13）。[2] 图 13 左为蛇体龙，孙机形容其头部是"其吻长，鼻部略上卷，眼眶凸起，尖耳、有髯、有角"[3]。形象与前文所举马王堆朱地彩绘棺及帛画上的龙接近。值得留意的是，这个时期蛇体龙的腿部作兽足形，腿后有钩状物。唐宋之后，蛇体龙大行其道，禽类的爪形足变成样板，腿部不再作兽足。图 13 右为兽体龙，身上有鳞，腿部有似距的钩状物，体型虽较蛇体龙丰满，但保留修长蜿蜒的特色。

图 11　朱地彩绘棺盖板左侧龙头（左）与马王堆一号墓 T 形帛画上层右侧龙头（右）

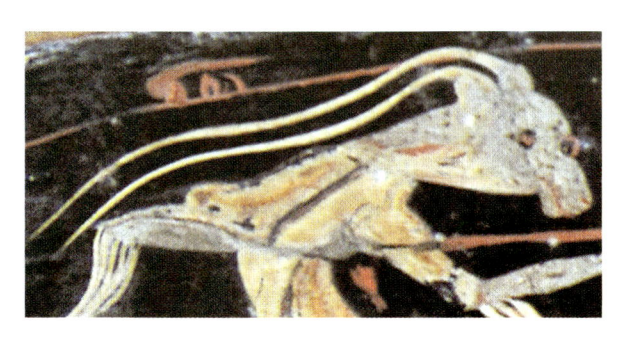

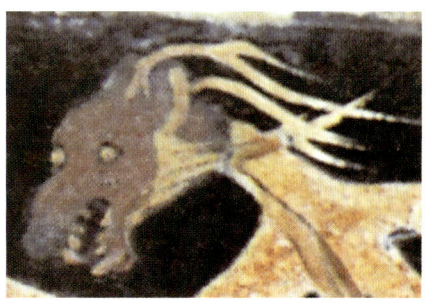

图 12　黑地彩绘棺左侧板 46 怪物头部

1　罗二虎在研究龙的形象演变时就指出，西汉时期的蛇体龙头部与鳄鱼近似，这种特征一直延续到隋代。参看《试论古代墓葬中龙形象的演变》，《四川大学学报》（哲学社会科学版）1986 年第 1 期。
2　孙机：《神龙出世六千年》，载氏著《仰观集》，第 25—28 页。
3　孙机：《神龙出世六千年》，载氏著《仰观集》，第 26 页。

图13　汉龙纹瓦当

前人在研究龙的形体演变时，多半认为身形似虎的龙是东汉时期的特色，或将兽体龙出现的时间定在西汉晚期，[1] 其实在西汉早期的马王堆一、三号墓文物中已出现一些兽体龙的形象。最能说明问题的是前文所举的帛书《天文气象杂占》，在这部望气书中，两次出现自名为"龙"的图像（图14），二者都出现在帛书占云气的第一列中，图14左例画一兽首兽身（上有不规则的纹路）张口吐舌、鬣发竖立、颈部有鬃、后腿有距、长尾分叉的怪兽，下面的占辞说："此出，所之邦利。以兴兵，大胜。兵在外，龙之卿（嚮）也，不胜……"[2] 可见是以龙形的云气来预测用兵的吉凶。此例说明西汉早期已存在兽体龙，其形象有三点值得留意：一是其头形圆短，二是身上无鳞，三是腿后有距。后二者与漆棺的怪物相合，唯其头部不似羊或鳄，而呈现出另一种形态。

图14右例在兽下题"越云"二字，知此处所绘为越地云气的形状，后代占书多称"越云如龙"，可见其形象即为兽形龙，其身蜿蜒，尤与漆棺画上的怪物神似，唯腿上无尖状物，头形也较圆。帛书的整理者指出："此条图像为一四爪动物，躯干修长，昂首有须，后曳长尾，与马王堆三号汉墓'神人乘龙'图中的形状较为接近。"[3] 所言图像见于锥画狩猎纹漆奁的周边（图15）[4]，此兽头形似虎，兽身有毛，

1　东汉说见前揭罗二虎文，西汉晚期说见孙机文。
2　此处断读参考刘乐贤《马王堆天文书考释》（第107页）、《长沙马王堆汉墓简帛集成》第四册（第248页），但稍有调整。
3　裘锡圭主编：《长沙马王堆汉墓简帛集成》第4册，第249页，注释15。
4　湖南省博物馆、湖南省文物考古研究所：《马王堆二、三号汉墓：第一卷（田野考古发掘报告）》，文物出版社，2004，彩版33。

长尾，腿后有微凸的距。其右下有鱼，早期绘画中龙、鱼经常同时出现，[1] 如马王堆两幅 T 形帛画下端两侧有龙，中间还有一对交缠的大鱼，这类鱼可能就是曹植《洛神赋》所说与"六龙"相配的"鲸鲵"[2]。从此例和前揭《天文气象杂占》两头龙的形象，可知汉代的兽体龙的头形除有似羊一系，尚有似虎者。

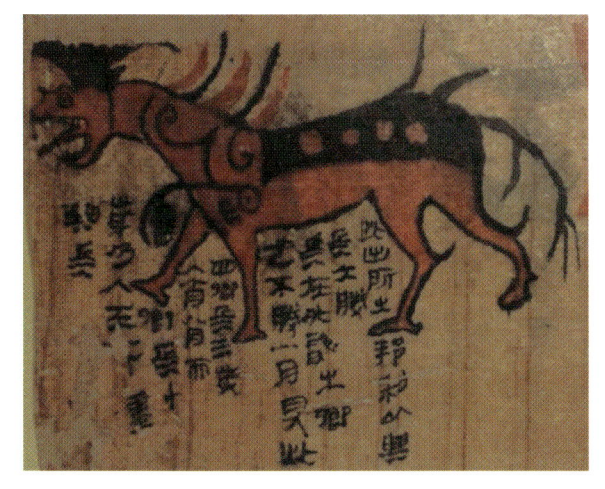

图14 《天文气象杂占》中的"龙"

图15 锥画狩猎纹漆卮图像

---

1 传世文献也常提到龙、鱼可以互相转化，如《说苑·正谏》："昔白龙下清泠之渊，化为鱼。"《晋书·苻生载记》："长安谣曰：东海大鱼化为龙。"

2 《洛神赋》形容洛神之车"六龙俨其齐首，载云车之容裔，鲸鲵踊而夹毂，水禽翔而为卫"。东晋顾恺之依此赋画《洛神赋图》，今传宋人摹本都绘有此段画面，车前有六龙奔腾，两侧则有鲸鲵。

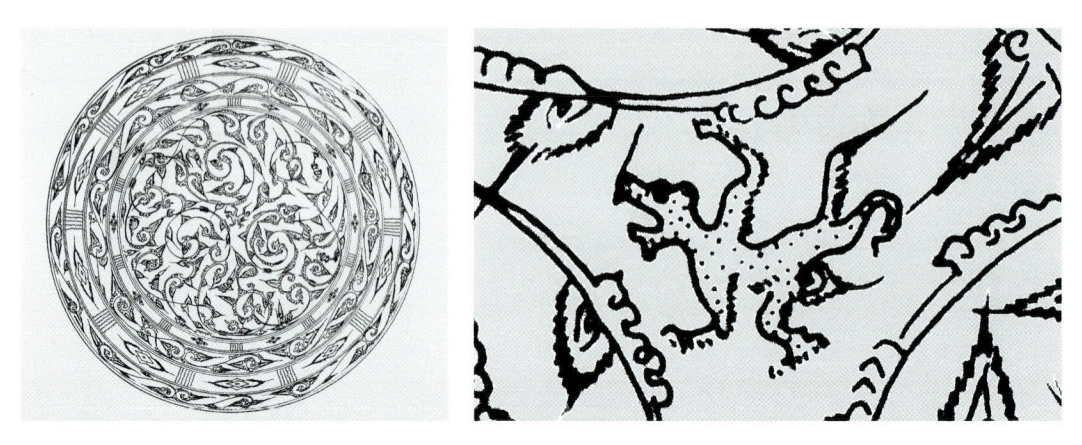

图 16　锥画狩猎纹漆奁盖顶图像（左）及局部（右）

图 17　邗江黄珏汉墓漆面罩图像

　　漆棺画上的龙大多无虎的特征，但部分兽身上有斑纹，如右侧板 24、36b 的兽体龙即有虎纹（参看附表及图 8 右例）。此外，西汉时期漆器上的龙身亦有作豹纹者，如刚刚所举的锥画狩猎纹漆奁，其盖顶满布云气纹，正中有一豹身长尾的兽体龙，其尾部的形态与同器侧边"神人乘龙"图像相同（图 16，右为局部放大）。[1]

　　这类云气纹中间有龙的构图，亦见于

---

[1]　见《马王堆二、三号汉墓：第一卷（田野考古发掘报告）》，第 143 页（图 58）。

本文第二节所举的扬州博物馆藏漆箱（图2）及邗江黄珏汉墓所出漆面罩（图17）。[1] 这两例的时代都是西汉晚期，龙身皆作豹纹。从这些线索可以看出，西汉是兽体龙与蛇体龙分庭抗礼的时代，当时的兽体龙形态多变，不拘一格，其作虎首或虎身者，下开东汉魏晋之风，[2] 作豹身者也颇为流行。

图18 头档146

最后再谈一下腿上的距及肘鬃。黑地彩绘漆棺上的兽身龙或仙人四肢上的尖状物有三种形态：图18 持铎而舞的熊首仙人见于头档14b，此例特别之处是手肘和膝盖后的尖状物呈现不同的类型：手上是尖锥状的鬃毛，腿上则是细长似角之物。图19 两手攀云气的兽体龙见于右侧板35，小腿后面用朱色描画了一对锐利的距。早期的兽身龙有距，除了见于前文所举的马王堆帛书《天文气象杂占》外，亦见于三星堆一号祭祀坑（K1：36）的铜龙残柱（图20）。其龙首呈长方形，张口露齿，颔下有须，头上有一对向后弯曲的细角和夸张的大耳（从此图可看到耳上有洞），其腿后的倒钩即象征猛禽的距。

至于龙有肘鬃，在魏晋到隋唐的艺术作品中已形成定式，如以下二例：[3] 图21 为甘肃高台地埂坡4号魏晋墓前室壁画中间的龙，其头上顶着独角，肘上有飘逸的毛。孙机说：这种"肘鬃膊焰"（宋曾极语），"只是对龙之体型的一种衬托，用以调节长身躯的单调感，同时增加运动的气势"[4]。从马王堆黑地漆棺上各种变形龙多半画有尖锥状的毛来看，后来蛇体龙的肘鬃可能就是从西汉时期的兽体龙借来的。图22 见于唐代的蟠龙镜，龙首上的角分岔，身上有鳞有鳍，肘后有鬃，足为三爪，其形象基本上已经定型。

---

1 见《中国美术全集·绘画编·原始社会至南北朝绘画》，第95页，图版70-1。此书称"漆面罩绘鸟兽云气图"。

2 东汉魏晋时期龙的形象明显具有虎的特征，参考罗二虎前揭文，第105—107页。

3 参考孙机《神龙出世六千年》，载氏著《仰观集》，第32—35页。图22引自孙氏文；图21见《甘肃高台地埂坡魏晋墓》，载《2007中国重要考古发现》，文物出版社，2008，第87页。

4 孙机：《神龙出世六千年》，载氏著《仰观集》，第32页。

图19　右侧板35　　　　　　　　　　图20　三星堆一号祭祀坑出土铜龙残柱

六　漆棺"云龙幻化"的表现及其寓意

通过前文的梳理，可以得知漆棺上所画是一幅"云龙图"。龙作为宗教、神话中的灵物，如同张光直所说，是沟通人神的"动物助手"或登天的工具。[1] 马王堆的帛画似乎体现出这类"龙升"的成仙意识，[2] 但漆棺上的龙"合风云，超忽荒而躐颢苍"（借班固《答宾戏》语），具有不同的演化形式，有的兽身爬行，有的人服站立，时而鼓瑟吹笙，时而执兵格斗，表现奇幻倏忽的情景，其背后难以用单一的神话传说或宗教习俗来解释，我们认为它象征了道家"化"的观念，[3] 下试言之。

前文曾经提到，早期文献中提到龙，最重其"化"，而不讲求具体形象的描述，如《管子·水地》云："龙生于水，被五色而游，故神。欲小则化如蚕蠋，欲大则藏于天下，欲上则凌于云气，欲下则入于深泉。"《说苑·辨物》也说："神龙能为高，能为下，能为大，能为小，能为幽，能为明，能为短，能为长。昭乎其高也，渊乎其下也，薄乎天光，高乎其着也。一有一亡，勿微哉，斐然成章。虚无则精以和，动作则灵以化。"这些说法后来被《说文》《广雅》等字书吸收，成了

---

[1] 张光直：《商周青铜器上的动物纹样》，载氏著《中国青铜时代》，生活·读书·新知三联书店，1983。

[2] 李零先生认为帛画中的"龙升"象征魂飞魄散的过程，说见《中国古代墓主的画像》，载氏著《万变》，第270页。

[3] 按，西汉早期黄老学说兴盛，楚地又是道家的发源地，探讨马王堆汉墓文物不应忽视此一学术背景而夸谈成仙说。西汉神仙说的大兴在武帝之世，而马王堆一号墓的年代在文、景之际，其时代较早。

龙的经典性定义。[1]

《周易·乾卦》亦以"潜龙""见龙在田""或跃在渊""飞龙在天""亢龙"等爻辞来象征变易。《象传》称"大哉乾元，万物资始，乃统天。云行雨施，品物流形。大明终始，六位时成。时乘六龙以御天。"正是紧扣乾元之气与龙的变化来说的。虽然对于《易传》的学派归属，仍存在争论，[2] 但这种重视"化"的观念无疑受到道家老、庄的影响。

庄子学派以"化"来描述"道"的律动，《庄子·天地》说："天地虽大，其化均也。""化"字在《庄子》中出现八十多次，除自然变化外，还代表万物之间的流转变化，[3] 其观念来自以"气"为构成一切事物的本质，故《知北游》说："通天下一气耳"，由"气化"引申出两个观点。

1. 从同质的概念将人与其他万物放置在同一平面：如《至乐》云："杂乎芒芴之间，变而有气，气变而有形，形变而有生。"万物间可因"一气"而无限地转化形体，即《寓言》所说"万物皆种也，以不同形相禅"。《至乐》更以形象化的文字描述万物演化的过程："种有几（机）[4]，得水则为继，得水土之际则为鼃蠙之衣，生于陵屯则为陵舄，陵舄得郁栖则为乌足，乌足之根为蛴螬，其叶为胡蝶。胡蝶胥也化而为虫……青宁生程，程生马，马生人，人又反入于机。万物皆出于机，皆入于机。"

图21　甘肃高台地埂坡4号魏晋墓前室壁画

图22　唐代蟠龙镜上的龙形象

1　参考孙机《神龙出世六千年》，载氏著《仰观集》，第10页。
2　传统以《易传》为儒家经典，但陈鼓应在20世纪末力主《易传》思想源于道家，他指出《象传》的"尚刚"即与稷下道家"尚阳"思想具有内在的联系，而其自然观也受到老庄思想的影响，说见《易传与道家思想》，生活·读书·新知三联书店，1996，第7—17、36—38页。
3　张亨：《庄子哲学与神话思想：道家思想溯源》，《东方文化》第21卷第2期，1983年。
4　钱穆《庄子纂笺》："严复曰：几，当作机。张湛《列子注》：'机者，群有之始，动之所宗。'"

2. 由气化论推出"安时处顺"的生死观:《知北游》以气化的观点洞察生死:"人之生,气之聚也;聚则为生,散则为死。若死生为徒,吾又何患!故万物一也,是其所美者为神奇,其所恶者为臭腐;臭腐化为神奇,神奇复化为臭腐。"这种变化是没有穷尽的,人若能看破死生不过是躯壳形式的转化,就能够无往而非适。

由于重视"化",道家学者将其宗师老子形容为"龙"[1],甚至将儒家的祖师爷孔子描述为"行年六十而六十化"[2]。在马王堆帛书《易》传中也记载孔子大谈"龙德",如《衷》引孔子解《坤卦》云:"夫龙,下居而上达者……在下为'潜',在上为'亢'。""圣人信哉!隐文且静,必见之谓也。龙七十变而不能去其文,则文其信于(乎)。"[3]《二三子问》载弟子问:"《易》屡称龙,龙之德何如?"孔子称:"龙大矣。龙形迁假(格),宾于帝,伲神圣之德也。"[4] 又说:"龙既能云变,又能蛇变,又能鱼变,飞鸟正(征)虫,[5] 唯所欲化,而不失本形,神能之至也。"[6] 漆棺上"云龙幻化"的图像颇能表现此种"龙德"。

胡司德（Roel Sterckx）留意到,成书于西汉早期的《淮南子·地形》中描绘了一种动植物进化的图式,其中讲几类动物繁衍化育,[7] 各以一种龙作为中间的环节:"窫生海人[8],海人生若菌,若菌生圣人,圣人生庶人,凡窫者生于庶人;羽嘉生飞龙,飞龙生凤皇,凤皇生鸾鸟,鸾鸟生庶鸟,凡羽者生于庶鸟;毛犊生应龙,应龙生建马,建马生麒麟,麒麟生庶兽,凡毛者生于庶兽;介鳞生蛟龙,蛟龙

---

[1] 《庄子·天运》载孔子见老子后,三日不语,后对弟子说"吾乃今于是乎见乎龙。龙,合而成体,散而成章,乘云气而养乎阴阳。"《史记·老子韩非列传》也称孔子适周,问礼于老子,其后谓弟子曰:"鸟,吾知其能飞;鱼,吾知其能游;兽,吾知其能走。……至于龙吾不能知,其乘风云而上天。吾今日见老子,其犹龙邪!"龙正是鸟、鱼、兽的综合体。

[2] 《庄子·寓言》:"庄子谓惠子曰:孔子行年六十而六十化,始是所是,卒而非之。未知今之所谓是之非五十九非也。"又托言孔子自称"受才乎大本,复(腹)灵以生。""复"读为"腹","腹灵"犹言"含灵",从孙诒让说。

[3] 裘锡圭主编:《长沙马王堆汉墓简帛集成》第3册,第101、106页。"于"读为"乎",从连劭名《帛书周易疏证》(中华书局,2012)说。

[4] "伲",张政烺《马王堆帛书〈周易〉经传校读》(中华书局,2008)引《说文》"伲,谕也。一曰闻见",训为"竟是"或"偶现"(第102页)。按,"伲"为候知之意,桂馥《说文义证》云:"船上候风羽谓之伲,能谋知风信也。"

[5] "正"读为"征",训为行,从《长沙马王堆汉墓简帛集成》说,见第3册,第41页注释1。

[6] 裘锡圭主编:《长沙马王堆汉墓简帛集成》第3册,第40页。

[7] 按,胡司德明确说是"五类",但第一类中的"海人"未必为龙。

[8] "窫"字一本作"容",高诱注:"窫,人之先人。"俞樾认为此段两"窫"字为"胈"字之误,引孟康说训为"毳肤毛",未知孰是,存疑待考。说见张双棣《淮南子校释》,北京大学出版社,1997,第506页。

生鲲鳂，鲲鳂生建邪，建邪生庶鱼，凡鳞者生于庶鱼；介潭生先龙，先龙生玄鼋，玄鼋生灵龟，灵龟生庶龟，凡介者生于庶龟。"他指出：这几类动物的谱系中都有一种龙，可见龙的确是一种集大成的动物，并对所有物种产生影响。[1] 这种进化图景似与《庄子·至乐》"万物皆出于机，皆入于机"的循环模式不大一样，但同样基于"气化"的角度，即胡司德所说："宇宙就是能量的层次结构，在这种宇宙观看来，每种生灵只有精粗之别。既然认为生物都出自同一种原始动力或能量，动物变形也就不难理解了。"[2]

灵物变形或动物合体在《山海经》中蔚为大观，《五藏山经》中诸神的样貌常见以龙作为变形组合的要素，如有"龙身人面"（南次三经、中次十经）、"人身龙首"（东山首经、中次八经）、"龙身鸟首"（南次二经）、"马身龙首"（中次九经）、"鸟身龙首"（南山首经、中次十二经）等类型。[3] 彭毅先生指出，《山经》诸神的形状中，人与动物、异类动物之所以并体，透露出古人并没想到人与其他动物本质上的差别，所以才有这种造型，而且不只是造型上杂然并存，是神、是人、是动物，有时也不加以判别。神的尊崇性，绝非如后世之神超乎万物、高高在上。[4] 这种神话观念，可以解释漆棺上的龙，有的似兽，有的似人，"唯所欲化，而不失本形"。

与马王堆一号墓黑地漆棺有异曲同工之妙的是战国早期曾侯乙墓的内棺漆饰。该墓有内外两层棺，外棺为铜、木结构，外表施彩，以黑漆为地，绘朱、黄两色花纹，图案整饬；内棺为木结构，内壁髹朱漆，外表则涂有黑、红两层漆，在外层红漆上用黑、金等色绘成繁缛多变动物图案。图 23 为头档和足档部位的线图，[5] 最引人注目的是，画面上有繁复的龙、蛇变体，据整理者的归纳，棺上各种龙有 549 只、蛇有 204 只，占所有动物（895 例）的 84.13%。而龙的类型除了一般的蛇体龙外，有双首龙、一首双身龙、人首双身龙、双首龙蛇、鸟首龙、鸟龙共身、三首龙、人首四身龙、四首龙蛇等多样的形式。[6] 面对这些种类繁多的龙，学者试图从《山海经》《楚辞》中寻其定名，但画工是否即依据上述文献绘图，或如整理

---

1 [英] 胡司德：《古代中国的动物与灵异》，蓝旭译，江苏人民出版社，2016，第 107—108 页。

2 同上注，第 109 页。

3 参考彭毅《诸神示象——〈山海经〉神话资料中的万物灵迹》，载《楚辞诠微集》，台湾学生书局，1999，第 365—367 页。

4 同上注，第 369 页。

5 湖北省博物馆：《曾侯乙墓》上册，第 19、25、28、30（图 18）、34 页（图 20）。

6 同上注，第 41 页（表 4）、第 43 页（表 5）。

者推测的"可能寓意着一些神话故事"[1]，皆难以落实。唯一能确定的是，这些龙的画法很少完全一致，[2] 或许正是用纷繁多变的龙表现"万化而未始有极"（《庄子·大宗师》）的观念。

从《山海经》和曾侯乙墓的漆棺纹饰中，我们可以清楚地看到，早期的"龙"作为一种灵物，其本质就是"化"，祂能够随意地跟不同的动物及人结合，而形象的流转变化预示着"生死"没有绝对性。不少学者指出，道家所讲的"化"可能脱胎自神话。[3] 康韵梅就认为，庄子以万物的流转变化使生死失去绝对性，此和神话思维以生命一体化的信念抗拒死亡，颇为相似。[4] 死亡仅意味着生命形式的改变，它不是生命的终止，而是到达再生的过渡，借着生死界限的模糊化，将死亡变为可以理解、可以接受，而不再是无法忍受的自然事实。同样的，曾侯乙墓及马王堆一号墓的漆棺上装饰着形体多变的龙，应该也体现出这种意识。

图23　战国曾侯乙墓内棺漆饰头档（左）与足档（右）线图

1　同上注，第28、43页。

2　同上注，第28页。

3　叶舒宪：《庄子与神话》，载《中国神话与传说学术研讨会论文集》上册，台湾汉学研究中心，1996，第172页。张亨先生《庄子哲学与神话思想——道家思想渊源》也认为庄子"化"的概念，"可能得之于神话思想中的变形律则"。但他进一步指出，庄子用"化"，含义较复杂，像"物化"便是显示物我一体的最高境界，并不只是生命间的变形而已（见氏著《思文之际论集：儒道思想的现代诠释》，新星出版社，2006，第100页）。

4　康韵梅：《中国古代死亡观之探究》，台湾大学文史丛刊之95，1994，第22页。

附表 1

编号 2	首	角	身或衣着	尾	四肢	肘鬃或距 3	与其他动物关系	姿势	前人分类 4	类型 5
盖板 01	似狼首 6	无	着袍	不明	似猿	不明	白鹤衔赤蛇以喂之	一手抚云，昂首吞蛇	怪神/土伯	C
盖板 03	羊首有须	无	着袍	不明	似猿	不明	两手托亦色斑豹	蹲坐	仙人/土伯	C
盖板 04	羊首	羊角 7	着袍	有	似猿	不明	吞青蛇	手叉腰，弓步半跪	怪神/土伯	C
盖板 05	羊首	羊角	着衣裤	短尾	上肢似猿	不明	吞赤蛇	直立张口	怪神/土伯	C
盖板 07	羊首有须	羊角	兽身	无	似猿	四肢有尖状物	无	回首而视	怪神/—	A
盖板 09	羊首	羊角	着袍	不明	似猿	不明	口衔青蛇	蹲坐	怪神/—	C
盖板 11	人面短发	无	兽身	无	似猿	无	操蛇	蹲坐	仙人/仙人	D
头档 12a	羊首有须	羊角	兽身	不明	似猿	上肢有肘鬃	无	仅现半身	怪兽/羊	A

---

1 参考《长沙马王堆一号汉墓》（下称"整理报告"）上集的描述（第 15—16、25 页）及线图（图 17—图 21）。整理者描述有不尽准确之处，参考以下三种照片予以订正：整理报告下集局部放大黑白照（图版 38—图版 57）；傅举有、陈松长编《马王堆汉墓文物》（湖南出版社，1992）彩照（第 7—11 页）；《辉煌不朽汉珍宝——湖南长沙马王堆西汉墓》（《中国考古文物之美》第 8 册，文物出版社，1994，以下简称"《汉珍宝》"）彩照（图版 32—图版 34）。

2 整理报告以盖板、头档、足档，右侧面，左侧面为序，每个部分先上后下，先左后右，依次编号表示。本表编号以此为据，同一组画面有二三个怪兽者，另缀英文字母予以区别。

3 许多怪物在手肘部或膝盖上有尖锥状的鬃毛，疑即后代龙画所称的"肘鬃"；少数在小腿后面有象征离禽的"距"；凡无法判断为距或鬃者概称"尖状物"。部分头状物与怪物头上的垂角形态类似。

4 先列整理报告的分类，后列孙氏的分类。孙氏作云龙化，无拟人化表现，有拟人化动作。参见《长沙马王堆一号汉墓漆棺考释》（以下简称"孙氏《考释》"）。

5 依照拟人化的程度分为 A（兽首兽身）、B（兽首兽身，有拟人化动作）、C（兽首，着衣袍）、D（人面）四种类型。

6 参看整理报告下集图版 57。此兽似狼，鼻头微向上卷，露齿，猛首。关于漆棺上怪物狼首描述的讨论，参看本文第四节。

7 指似羚羊细长双角，一般下垂或向后延伸。

续表

编号	首	角	身或衣着	尾	四肢	肘鬃或距	与其他动物关系	姿势	前人分类	类型
头档12b	羊首有须	羊角	着袍	有	似猿	四肢有尖状物	上层有鸟	双手抚云	怪神羊	C
头档13a	人面披发有须	无	着袍，体态修长	无	足似猿[1]	不明	无	挥动长袖，昂首剑步追逐 13b[2]	仙人/仙人	D
头档13b	羊首有鬃	羊角	兽身	有	似猿	四肢有尖状物	无	张臂回首，两手各持一米色长条物[3]	怪神羊	B
头档14a	熊首披发[4]	羊角	着袍	不明	似猿	不明	无	弓步蹲立鼓瑟[5]	怪神/仙人	C
头档14b	熊首	羊角	着袍	不明	似猿	上肢有肘鬃，下肢有尖状物	无	两手持铎而舞[6]	怪神/仙人	C
头档16	羊首有鬃	羊角	着袍	不明	似猿	四肢有尖状物	射长尾鸾鸟	弓步反身射鸟	怪神/土伯	C
头档17	羊首	羊角	兽身	短尾	似猿	四肢有尖状物	捕长尾鸾鸟	扬首窥视鸟	怪兽—	A

1 按，整理报告上集图18将此仙人的右足画在袍下，但据《马王堆汉墓文物》（第10页）及《汉珍宝》（图版32）彩照，仙人的右足在脚上，其脚极似人猿，比例特大。
2 整理报告称其"载歌载舞"。
3 整理报告称所持为"板状物"，唯从照片看，一端较宽呈圆弧状，手提的另一端尾部较细目弯折，当非木板之类。孙氏《考释》认为是"绳状物"，怪兽可能跳"巾舞"。
4 此组怪神的头部较圆，吻部较短，和羊头不同，较似熊首。
5 马王堆一号墓出有一具瑟，其形制和演奏方法参见整理报告上集，第102—106页。
6 整理报告（第16页）称"铎舞"，并参考萧亢达《马王堆一号汉墓漆画"铎舞"图像考》，《广州文物考古集》，文物出版社，1998。

续表

编号	首	角	身或衣着	尾	四肢	肘鬃或距	与其他动物关系	姿势	前人分类	类型
头挡 18	不明	无	似兽身	不明	上肢似猿，下肢较短	无	无	弯腰，上肢前伸 1	仙人／老妇 2	不明 3
头挡 19a	似狼首有鬐	羊角	兽身	有	似猿	四肢有尖状物	左下方有鸢鸟 4	抬头张口，舔食云气	怪兽	A
头挡 19b	羊首	羊角	兽身	短尾	似猿	上肢有尖状物	似逐鸟	弯身似蛇	怪兽	A
右侧 20	羊首	羊角	兽身	有	似猿	四肢有尖状物	无	回首张口，仓皇急走	怪兽	A
右侧 23	羊首有须	羊角	兽身	有	似猿	无	骑丹顶黄鹤	左手牵缰，右手指路	怪神／羊	B
右侧 24	羊首有须	羊角	兽身 有虎纹 5	无	似猿	四肢似有肘鬃	执朱绳强拉长尾鸢鸟，鸢鸟后上方有翼	双手执绳，反身拉鸟	怪神／羊	B
右侧 25	人面披发	无	似着黄衣 6	无	似猿	肘后有长尖状物	无	正面坐于朱色之物上，左手扶膝，右手托腮	仙人／—	D
右侧 26a	羊首	羊角	兽身	无	似猿	四肢有尖状物	无	一脚屈膝坐于云端，双手持长矛下刺 7	怪神／土伯	B

---

1 整理报告（第 16 页）称"仙人鞠躬"。
2 见孙氏《考释》，第 254 页。
3 按，关于此图像的考辨，参考本文第二节。
4 整理报告（第 16 页）称此鸟为"鹤"。
5 参看《汉珍宝》彩照（图版 34）。
6 整理报告（第 16 页）称"黄衣赤裤"，但据《汉珍宝》彩照（图版 34），所谓"赤裤"当为仙人所坐之物。
7 整理报告上集（第 16 页）称"操长杖立于云端"，今据整理报告下集局部照片（图版 42）描述。

续表

编号	首	角	身或衣着	尾	四肢	肘膝或距	与其他动物关系	姿势	前人分类	类型
右侧 26b	羊首有髯	羊角	兽身	无	似猿	上肢有肘鬃，下肢不明	无	跪坐，左手持盾扞蔽，右手执剑上刺	怪神/土伯	B
右侧 27	羊首有髯	羊角	兽身	有	似猿	上肢有尖状物	追逐斑豹	跃身捕豹	怪兽一	A
右侧 28	人面有发	无	着素衣紧袖赤裳[1]	无	似人	不明	无	箭步反身，张弓作将射状	仙人仙人	D
右侧 29	羊首有髯	羊角	兽身	有	似猿	上肢有尖状物	执末绳牵鹤，其下长尾鸾鸟展翅飞起	直立，牵鹤彳走	怪神/羊	B
右侧 30	羊首有髯	羊角	兽身	短尾	似猿	上肢有肘鬃	执杖斗黄牛	直立，两手执长杖	怪神/土伯	B
右侧 31a	人面有发	无	人身	无	似猿[2]	无	跨坐于 31b 上[3]	骑兽回首，右手向后伸，手持朱色圆物[4]	仙人/仙人	D
右侧 31b	鹿首	鹿角	鹿身	似鼠尾[5]	一般兽足	无	为 31a 坐骑	作奔驰状	异兽[6]/鹿[7]	鹿[8]

1. 据整理报告（第16页）所言。
2. 参考《汉珍宝》彩照（图版34）。
3. 整理报告上集（第16页）称其疑是仙骑"于兽上，但从下集局部照片（图版41）及《汉珍宝》（图版34）的彩照看，仙人的左脚向前，当为一般跨坐。
4. 整理报告（第16页）告怀疑是仙骑"上有仙人不知老，渴饮玉泉饥食枣"为说。
5. 见整理报告，第16页。称"鼠尾"，但尾较粗长，末端尖细，亦可视为较长之尾。
6. 见孙氏《考释》，第253页。
7. 此兽可径视为鹿。足档41有一头奔鹿（本表未录），可以参看。

续表

编号	首	角	身或衣着	尾	四肢	肘髦或距	与其他动物关系	姿势	前人分类	类型
右侧33	羊首	羊角	兽身	有	似猿	上肢有尖状物	无	奔驰回首	怪兽一	A
右侧34	似羊首	无	兽身	似狐尾	不明	无	衔鸡方食，下方有袋	俯首弓背食鸡	怪兽一	狐1
右侧35	羊首	歧角2	兽身	无	似猿	腿后有距	右侧赤色斑纹猛扑而来，左侧跋豹回首远望	上肢攀云，蜷腿悬空以避豹袭	怪神一	B
右侧36a	羊首	羊角	兽身	有	似猿	下肢有尖状物	捕食小兽	张口衔兽爬行	怪兽一	A
右侧36b	羊首	无	兽身有虎纹	有	似猿	四肢有尖状物	无	张口吐舌爬行	怪兽一	A
足档37a	羊首有须	羊角	兽身	似虎尾3	似兽足	无	捕捉37b	张口吐舌弯身欲跃	怪兽一	A
足档37b	鹿首	歧角	兽身	短尾	一般兽足	无	被37a追捕，作奔跃状	怪兽一	鹿4
足档38	似狼首	歧角	兽身	有	似猿	上肢有肘髦，下肢不明	无	右胸屈膝坐于云端，双手抚云	怪神土伯	B
足档39a	羊首	羊角	兽身	似虎尾	似猿	上肢有肘髦	无	回首蹲坐，张口吐食云气，左手办握云	怪神土伯	A
足档39b	羊首有髦	羊角	兽袍	有	似猿	四肢有尖状物	无	横跨两朵云间	怪神土伯	C

1 此兽狐尾弯身食鸡，似为一狐。
2 指分歧的双角，其型态呈似鹿，但往往下垂或向后延伸，如足档38、40、42a、42b；左侧43a、44a、46b、55a。
3 长尾，尾端作圆弧状。
4 整理报告（第25页）认为是"怪兽"，但从其鹿头、鹿角、短尾，可以视为怪兽所逐捕之鹿。

续表

编号	首	角	身或衣著	尾	四肢	肘鬃或距	与其他动物关系	姿势	前人分类	类型
足档 39c	羊首有鬃	羊角	兽身	不明	似狼	上肢有尖状物，下肢不明	无	似站立，仅露半身	怪神/羊	B 1
足档 40	羊首	歧角	着朱衣素裳	不明	似狼	四肢有肘鬃	张弓射伸颈鸷鸟，鸟喙上有三颗泡状物	左腿半跪，张弓待发	怪神-土伯	C
足档 42a	羊首有鬃	歧角	兽身	无 2	似狼	无	无	蹲坐，右前肢前伸	怪神一	A
足档 42b	似狼首有鬃	歧角	兽身	短尾	似狼	无	无	攀云而立，张口回首，向 42a 伸出左前肢	怪神一	A
左侧 43a	似狼首有鬃	歧角	兽身	有	似狼	四肢有肘鬃	无	张臂而舞，两手各持一板状物	怪神-土伯	B
左侧 43b	羊首有鬃	歧角	着素衣裳朱带	不明	似狼	四肢有尖状物	无	左手振铎而舞 3	怪神-土伯	C
左侧 44a	似狼首有发有鬃	歧角 4	兽身	有	似狼	上肢有肘鬃	无	坐云间，手执长板乐器击奏	怪神一	B

1 此兽虽仅露半身，但从其站立的姿态来看，应该具有拟人的特征。
2 此兽臀部后方有朱色细长曲线，整理报告（第 25 页）将之视为"长尾"，但观《马王堆汉墓文物》（第 7 页）、《汉珍宝》（图版 33）彩照，当为红色的云气。类似的云气在足档编号 40 射箭怪神的右上方亦见，朱色曲线与兽身分离，手所持乐器与 14b 类似。
3 整理报告的线图（图 21）角未分歧，此据《马王堆汉墓文物》（第 11 页）彩照订正。

续表

编号	首	角	身或衣着	尾	四肢	肘鬃或距	与其他动物关系	姿势	前人分类	类型
左侧 44b	羊首有髯	羊角	似着袍 1，背部有波浪状隆起	有	似猿	上肢有肘鬃	其前有一笛笔勾画的小隹	蹲坐吹朱色的竽 2	怪神—	C
左侧 45a	羊首有须	羊角	兽身、背部有波浪状隆起	有	兽足有蹄	无	跨坐于 45b 上	两手持缰绳踏兽	怪神·土伯	B
左侧 45b	羊首	羊角	兽身	有	似猿	无	载 45a 在云间奔驰	载 45a 在云间奔驰	马 4 /—	A
左侧 45c	羊首有须	羊角	似着袍	不明	似猿	上肢有尖状物	无	手按膝跪坐云间	怪兽—	C
左侧 46a	羊首有髯	羊角	兽身	有	似猿	四肢有肘鬃	无	手执朱杖，反身刺 46b	怪神—	B
左侧 46b	羊首有髯	歧角	兽身	有	似猿	上肢有肘鬃	无	两手持鹿角，追逐 46a	怪神—	B
左侧 47	似狼首有髯	羊角	兽身	有	似猿	四肢有肘鬃	无	弓步站立，右手抚云，左手抛一小圆状物	怪神—	B
左侧 48a	羊首	羊角	兽身	有	似猿	无	右上有一长尾鸢鸟	匍匐向前，探头欲捕鸟	怪神—	A
左侧 48b	羊首有髯	羊角	兽身	有	似猿	四肢有尖状物	左侧有一长尾鸢鸟	直立，张弓射鸟	怪兽·土伯	B
左侧 49	羊首	羊角	兽身	似虎尾	似猿	四肢有尖状物	下方有一飞鸟	弓身住下捕鸟	怪兽·土伯	A
左侧 50a	羊首有髯	羊角	兽身	短尾	似猿	四肢有尖状物	左手抓一鸟	回首望向 50b	怪兽·土伯	A

1 整理报告上集的线图（图 21）画出兽毛，但从《马王堆汉墓文物》（第 9 页）照片看，左大腿下有垂曳的布帛，似为袍之下摆。
2 马王堆一号墓出有竽一具，竽律一套，其形制参理报告上集，第 106—110 页。
3 整理报告（第 25 页）称"怪神所跨之马未颁白蹄"，可能是《山海经·海内北经》"乘之寿千岁"的瑞兽"吉量（一作良）"。
4 整理报告，第 25 页。

续表

编号	首	角	身或衣着	尾	四肢	肘鬃或距	与其他动物关系	姿势	前人分类	类型
左侧50b	似狼首有鬃	羊角	兽身	不明	似猿	上肢有尖状物	右下方有长尾鸢鸟	坐于云气上，两手伸出，向50a作乞求状	怪兽/—	A
左侧51	羊首有鬃	羊角	兽身	有	似猿	上肢似有肘鬃	前方有一褐兔	纵身匍前欲捕兔	怪兽/—	A
左侧52	羊首有鬃	歧角	兽衣	不明	似猿	上肢肘鬃	无	露半身，两手上举	怪神土伯	C
左侧54	羊首有鬃	羊角	兽身	有	似猿	无	右上方有长尾鸢鸟垂首，喙下有三颗泡状物	潜行捕鸟	怪兽/—	A
左侧55a	羊首有鬃	歧角	兽身	尾上有弱形物1	似猿	四肢有肘鬃	无	回首望向55b	怪兽/—	A
左侧55b	羊首有鬃	羊角	兽身	有	似猿	上肢尖状物	无	躬身向前	怪兽/—	A
左侧56	似狼首	羊角	兽身	有	似猿	无	无	回首张口奔跑	怪兽/—	A
左侧57a	熊首未发	无	着短衣裤，似熊身	不明	似熊	无	无	直立，两手持长杖，似与57b、57c斗	仙人/—	C
左侧57b	羊首	羊角	兽身	有	似猿	无	无	弯身欲扑向57a	怪兽/—	A
左侧57c	羊首	羊角	兽身	有	似猿	无	无	前行向57a	怪兽/—	A

1 据整理报告（第25页）所言。

也谈汉晋墓葬中的四隅券进式穹窿顶

■ 朱 祎（南京大学历史学院）

一 汉晋墓葬中四隅券进式穹窿顶概况

20世纪80年代，墓室结顶技术的发展脉络在学界基本达成一致，形成了以《中国古代建筑技术史》中"梁板式结构—两边支承的砖筒拱结构—四边支承的砖拱壳结构—叠涩结构"为代表的有关墓顶结构演进的认识，由基墙四角向中心斜向叠砌，层层向上聚合成顶的四隅券进式穹窿即归属砖拱壳结构中的一环。[1] 不同于四面结顶的对角线接缝，四隅券进的特点是墓室平面上的十字形接缝或立面的"倒人字形"接缝，一般认为这种接缝方式缓和了穹窿顶对角脊线突出的问题，容易营造出半球状的墓顶形态，且更易于与墓室平面配合。[2]

但四隅券进式穹窿顶这种一登场便以成熟姿态出现的结顶模式，却不如拱壳穹窿顶中的四面结顶（或四边券进）和叠涩穹窿顶沿用长久，[3] 在东晋中期以后几

---

[1] 中国科学院自然科学史研究所主编：《中国古代建筑技术史》，科学出版社，1985，第168、175—180页。

[2] 四隅券进式穹窿顶曾有"四角攒尖式顶""十字形接缝拱顶""十字脊拱壳"等代称，而"四隅券进式穹窿"这一术语最终成为这种结顶方式的常用术语。"四角攒尖式穹窿"出自湖南省博物馆编著《长沙两晋南朝隋墓发掘报告》，《考古学报》1959年第3期；"十字形接缝拱顶"见前揭中国科学院自然科学史研究所主编《中国古代建筑技术史》，第179页；"十字脊拱壳"见常青《西域文明与华夏建筑的变迁》，湖南教育出版社，1992，第114—116页；"四隅券进式穹窿"见傅熹年主编《中国古代建筑史（第二卷）》，中国建筑工业出版社，2001，第304页。

[3] "四面（边）结顶"或"四边券进"与"四隅券进"同属拱壳结构，反映的是墓葬处理顶部与四壁衔接的不同方式，但"四面结顶"一词较易混淆拱壳穹窿和叠涩穹窿的区别，本文所称"四面结顶"均指拱壳穹窿顶。"四边券进"更侧重说明每皮砖层层斜砌结顶的发券方式，往往被认为与拱壳"四面结顶"等同，其与"四隅券进"并举能更好地凸显四隅起券的特殊性。"四角攒尖"早期内涵混乱，虽然现在一般指代四面结顶式穹窿，为减少歧义兹不采用。关于墓顶结构名词的辨析可参考徐永利《中国古代墓葬四隅券进式穹窿机制与源流研究》，东南大学出版社，2018，第15—18页；谢安琪、党丰《试析汉墓砖砌穹窿顶的分类》，《南方文物》2020年第5期。

近匿迹，其构建方式及时空流布的特殊性引起了不少学者的兴趣。韦正在《六朝墓葬的考古学研究》中辟专节梳理了四隅券进式墓葬的分布范围和技术特征，指出了墓壁曲直与墓顶的关系，认为六朝时期长江中下游流域地方政治和经济力量的不均衡影响了它的流布；[1] 徐永利通过建筑力学和复原建模，从营建机制、空间内涵、技术源流及消亡原因等方面对四隅券进式顶展开了全面的论述，还结合中亚地区发现的更早的四隅券进式结构，强调了该项技术经丝绸之路传入中国的可能性；[2] 张卓远将此项工艺放置在汉代画像砖石墓体系中进行对比，指出四隅券进式改进了受力结构，使墓室顶部弧圆自然，解决了墓室圆形顶部和方形平面之间的矛盾，为衰亡期的画像石墓增添了亮点；[3] 谢安琪、党丰的做法与张文类似，将四隅券进式顶纳入汉墓穹窿顶体系中综合分析，厘清了穹窿顶的分类，推进了穹顶描述的规范化；[4] 赵胤宰则在六朝砖墓结构的背景下指出四隅券进式更适宜南方的营建环境及其由北向南，由长江中游向下游的流变路径。[5]

四隅券进式墓顶最早发现于长江下游的宜兴西晋墓 M1 和 M2，随后在南阳、襄阳、鄂城、长沙、常德、马鞍山、南京等地又陆续出土。根据目前已有的墓葬材料，四隅券进式墓顶首先出现于东汉晚期的南阳盆地，南阳市是其分布地域所能达到的最北端，盆地边缘的襄阳市也发现了这类墓葬；顺汉江往南进入长江流域后，该墓顶形制并未往西越过三峡，而是到达湘江下游的长沙，扩散到了洞庭湖西南的常德和益阳；沿江东下进入鄂州市，至长江下游则有马鞍山和南京两重地；四隅券进式技术到此仍未停滞，绕太湖西侧向东南散布，在今宜兴、湖州、萧山等地皆有所发现（参见附表）。[6]

东汉中晚期南阳盆地的四隅券进式穹窿顶墓葬还保留了明显的汉画像石墓遗风，如南阳第二化工厂东汉晚期砖石混砌

---

1 韦正：《六朝墓葬的考古学研究》，北京大学出版社，2011，第140—151页。
2 徐永利：《试论中国古代四隅券进式墓葬穹窿的分布与源流》，《兰州理工大学学报》第37卷（论文集），2011，第91—99页；徐永利：《汉地砖砌穹窿起源刍议》，《建筑学报》2012年第S1期。
3 张卓远：《汉代画像砖石墓葬的建筑学研究》，中州古籍出版社，2011，第224、293页。
4 谢安琪、党丰：《试析汉墓砖砌穹窿顶的分类》，《南方文物》2020年第5期。
5 赵胤宰：《长江中下游汉六朝砖墓的建筑结构与技术研究》，博士学位论文，北京大学，2007，第278—280页。
6 本文统计了2020年以前公开发表资料的105座东汉至东晋的四隅券进式顶墓，数量少于徐永利收集的年代下限至晚唐的123座墓葬。除墓葬年代进行了取舍外，所用墓例剔除了部分描述不清或结论有待商榷的墓葬，南方的如江西省南昌火车站东晋墓M5（《文物》2001年第2期）和瑞昌马头西晋墓（《考古》1974年第1期），简报未给出详细描述，线图也不能反映出四隅券进式结顶的工艺特征；北方的如《原平北贾铺东汉墓葬发掘简报》（《忻州考古论文集》，山西科学技术出版社，2008，第329—336页）和《宁夏吴忠县关马湖汉墓》（《考古与文物》1984年第3期），两者皆称发掘的多座墓葬有四隅券进式穹窿顶，但所附剖面图或照片没有表现出相关特征，甚至有误判之嫌。

墓M21与襄阳樊城菜越三国早期多室砖墓M1，[1] 其后的四隅券进式墓室受此影响，在砖砌墓室的结顶结构中还能见到用于封闭墓顶的石质建材，如南京江宁上坊孙吴大墓M1和湖州杨家埠五子墩六朝墓。[2] 降至三国时期，四隅券进式被继续沿用，并出现在孙吴的带耳室或侧室的多室砖墓之中，如江宁上坊孙吴大墓和马鞍山寺门口东吴墓。[3] 这一时期部分方形前室构建四隅券进式穹窿顶，而长方形后室采用了原本常被用于甬道或墓门结构的双重券顶技术，如马鞍山朱然墓。[4]

孙吴中晚期，东汉以来的多室墓减少，双室砖墓开始占据主导地位，四隅券进式结顶也成为此类墓葬形制的偏好配置。这种做法持续影响到西晋乃至东晋初期，马鞍山和南京的北郊与西南则成了滥觞之地，如南京北郊五塘村1号墓的后室为拱顶，但后室仅东、西两壁采用倒"人"字形斜砌，北壁则全部以三顺一丁砌成。[5] 对比同一墓地平面形制相似，前后双室均砌筑四隅券进式穹窿顶的M2，M1的这种做法可能是对四隅券进式技术理解的不到位，亦可见四隅券进式结构的灵活性。

西晋迭代未对南方葬制造成过多影响，双室砖墓仍在一定程度流行，但四隅券进式穹窿顶的大中型墓葬有着萎缩的趋势。鄂州地区的此类墓葬还出现了咬土砖或外壁立柱，如鄂城六朝墓M2262除北壁外，部分丁砖探出基墙外作咬土砖。[6] 与此有类似风格的江西地区目前却未发现四隅券进式穹窿顶。

"凸"字形单室砖墓在这一时期开始与四隅券进式穹窿顶结合，引导了之后的丧葬风俗。较为特殊的例子是安徽当涂刘山村双室砖墓（图1）。[7] 该墓前室的西

1　南阳市文物工作队：《南阳市第二化工厂21号画像石墓发掘简报》，《中原文物》1993年第1期；襄樊市文物考古研究所：《湖北襄樊樊城菜越三国墓发掘简报》，《文物》2010年第9期。

2　南京市博物馆、南京市江宁区博物馆：《南京江宁上坊孙吴墓发掘简报》，《文物》2008年第12期；2012年湖州杨家埠汉代家族土墩墓群中发现的四隅券进式穹窿顶亦出土了与南阳东汉晚期四隅券进式穹窿顶结顶中使用的类似的莲花状石雕，但详情未知，可参考浙江省文物考古研究所编著《浙江考古新纪元》，科学出版社，2009，第214页。笔者曾在参观浙江博物馆武林分馆"越地长歌"展览的第3单元"三吴都会·秦汉六朝隋唐时期的浙江"时，见到了湖州杨家埠五子墩所发掘的四隅券进式穹窿顶单室砖墓的复原现场，一旁展示有结顶所用石块。该石作主体呈长方体，素面，可见粗加工痕迹，一面去地浮雕出莲瓣和莲盅。

3　马鞍山市博物馆：《安徽马鞍山寺门口东吴墓发掘简报》，《东南文化》2007年第3期。

4　安徽省文物考古研究所、马鞍山市文化局：《安徽马鞍山东吴朱然墓发掘简报》，《文物》1986年第3期。

5　南京市博物馆：《南京北郊五塘村发现六朝早期墓》，《文物资料丛刊》第8辑，文物出版社，1983，第65—67页。南阳防爆厂住宅小区M208的东后室据简报平剖面图，其东壁为平砌结顶，南壁却采取了四隅券进的砌筑方法，如果描述无误的话，那么这一混合结顶的做法年代可提前至东汉晚期。

6　南京大学历史系考古专业、湖北省文物考古研究所、鄂州市博物馆编著：《鄂城六朝墓》，科学出版社，2007，第39—40页；湖北省博物馆：《鄂城两座晋墓的发掘》，《江汉考古》1984年第3期。

7　马鞍山市文物管理所、当涂县文物管理所：《安徽当涂县刘山村发现一座东晋墓葬》，《考古》2009年第3期。

北角和东南角呈"八"字形斜向内收，使得前室成为六边形的四隅券进式穹窿顶，墓底还砌有祭台，但面积与后室对比失衡，并刻意营建出连接的甬道，故推测这座墓很可能是东晋前期双室砖墓向单室砖墓的一种过渡形态，以此为后续单室砖墓的四隅券进式顶的流行张本。南京郭家山 M9 的长甬道由门槽分为长、宽、高不一的前、后两段，可以说这一做法是墓葬平面形制改制的残留（图2）。[1]

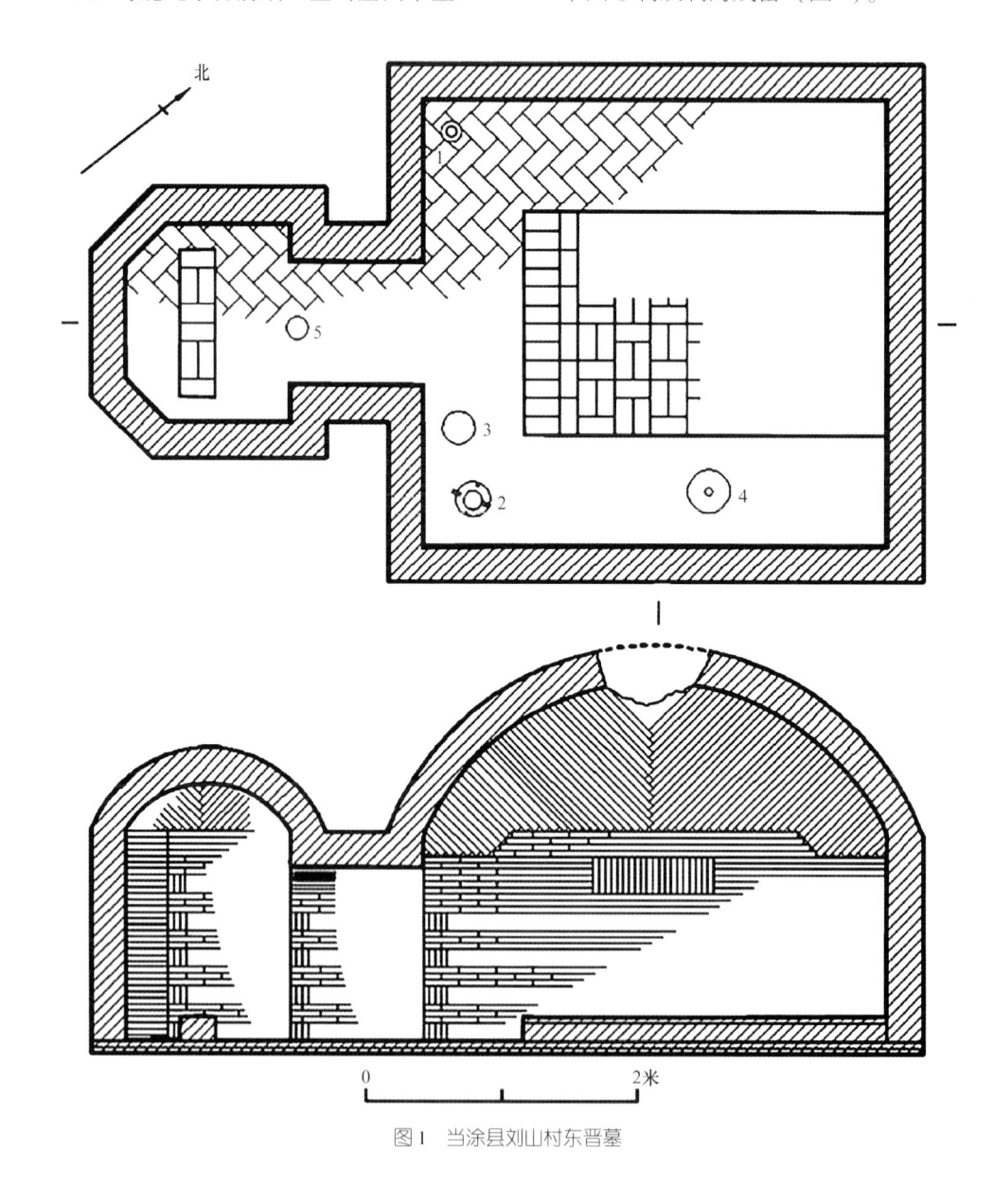

图1　当涂县刘山村东晋墓

---

[1] 南京市博物馆：《南京北郊东晋温峤墓》，《文物》2002 年第 7 期。

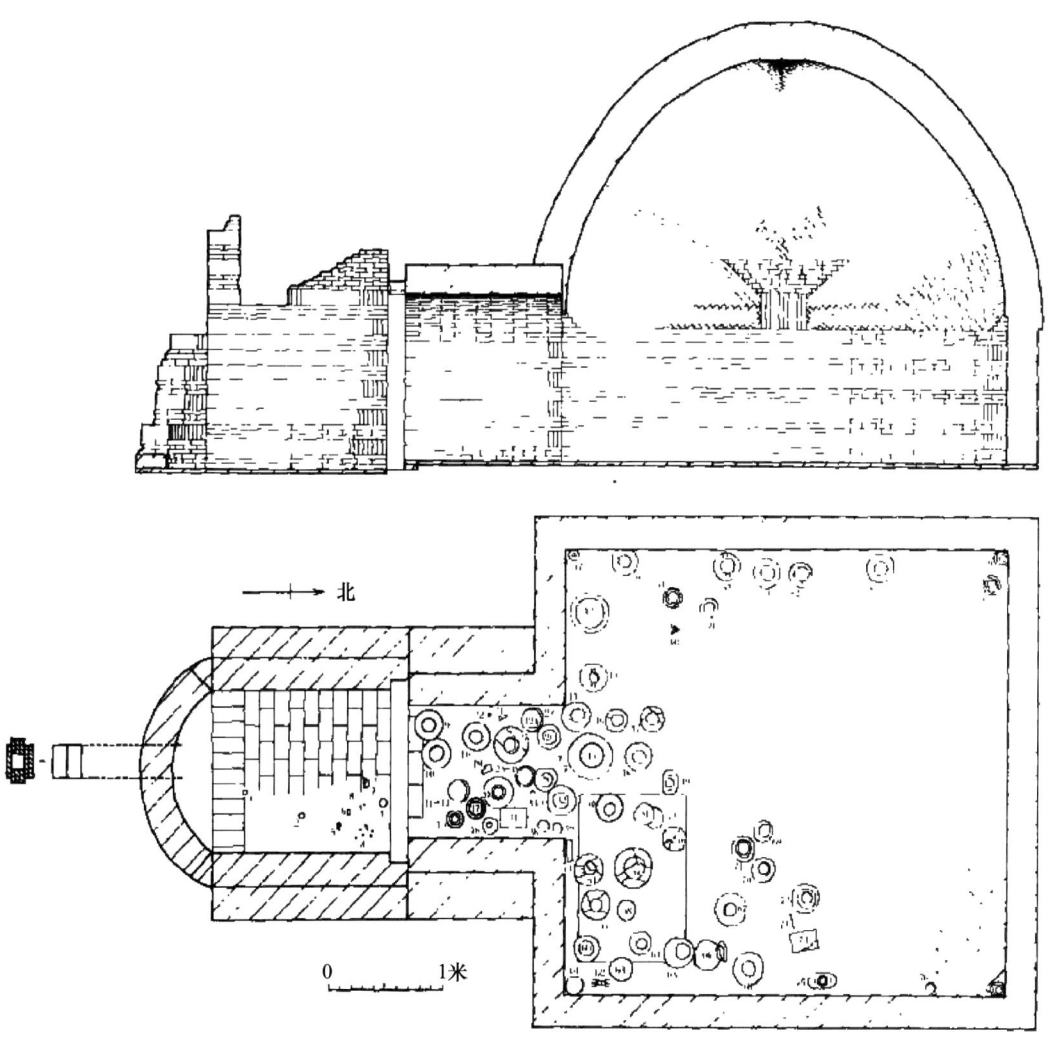

图 2　南京郭家山 M9

部分墓葬在两晋之交还出现了砌饰直棂假窗的做法，如江宁谷里晋墓 2006NJGM1 和 M2，[1] 东晋中期进一步发展，开始在直棂假窗上方砌出"凸"字形小壁龛，两者恰巧置于墓壁起券的中心，与券进法组合成一体，而在此之前使用"羊角砖"或在墓室四角探出半砖的做法则日渐衰退。

---

[1] 南京市博物馆、南京市江宁区博物馆：《南京江宁谷里晋墓发掘简报》，《文物》2008 年第 3 期。

二 四隅券进式墓葬兴衰背景再讨论

四隅券进式结顶主要流行于东汉末至东晋早期，这一时段接续了砖石混砌画像石墓由盛转衰的时代脉络。它与汉砖室墓由多室、双室到单室墓的发展时序相契合，顺地势之便，融入了长江中、下游的南阳、襄阳—长沙、益阳—鄂州—马鞍山、南京四区域的墓葬体系。

南阳盆地发现的四隅券进式结顶年代最早，东汉崩解后，这一地区与长江中游的鄂州成为曹魏、孙吴两大政权对峙的交锋地带。孙吴接受了带有东汉旧仪标志的四隅券进式技术，符合其前期霸府的立场，而使用此道，出土有"甘露二年（257）"纪年砖的郧县李营砖室墓M2则向我们展示了曹魏的态度。[1] 至于四隅券进式穹窿顶未向西进入三峡地区，可能与三国政区的控制有着直接联系。

孙吴的两座都城建业和古武昌都发现了数量较多的四隅券进式穹窿顶，营建此类墓葬的规格都相对较高，且不排除孙吴宗室墓葬存在的可能，如南京上坊孙吴大墓和江宁"天册元年（275）"墓。[2] 结合有明确墓主身份的朱然墓，这些信息似乎都指向孙吴在建国过程中将四隅券进式技术固化到孙吴政权使用的凶礼当中，而孙吴的江东化，[3] 淮泗集团与江东士族的合作又将该技术引入了建业地区。虽然目前不清楚江东士族使用该形制的情况，但至少以富春孙氏为中心的共同体成员已经将其作为身份和权威的象征。

西晋一统没有改变江东地区的政治格局，"晋制"的新兴也没有明令停用四隅券进式，刘弘墓的营造即是一例。[4] 另一个可供对照的例子是丹江口玉皇庙M4与洛阳徐美人墓：前者出土了大批"元康九年（299）"纪年砖，封门墙中还出土了一块"嘉平二年（250）"的残砖，后者则有"元康九年"墓志；[5] 这两座墓葬的形制规格相近，但前者使用了四隅券进式结顶，而后者是中原常见的四面结顶。汉晋礼制改动，两座高等级墓葬的穹顶却采用了两种不同的方式，可见政策层面没

---

1. 湖北省文物局主编：《湖北省南水北调工程重要考古发现》，文物出版社，2010，第233—234页；山西大学历史文化学院、郧阳博物馆：《湖北郧县李营墓地2008年发掘简报》，《江汉考古》2019年第2期。原报告集将甘露二年系于孙皓，简报根据政区地理进行了修改，将其系于曹髦，即公元257年。
2. 南京市江宁区博物馆：《南京江宁孙吴"天册元年"墓发掘简报》，《东南文化》2009年第3期。
3. 田余庆：《孙吴建国的道路》，《历史研究》1992年第1期。
4. 安乡县文物管理所：《湖南安乡西晋刘弘墓》，《文物》1993年第11期。
5. 湖北省文物考古研究所、十堰市博物馆、丹江口市博物馆：《丹江口市玉皇庙汉晋墓发掘简报》，《江汉考古》2001年第1期；河南省文化局文物工作队第二队：《洛阳晋墓的发掘》，《考古学报》1957年第1期。

有什么干涉。

经过数个世代的沿用，四隅券进式墓葬已经成为三国西晋原荆州地区的地方特色，又因为富春孙氏的缘故，在南京地区又形成了一个分布中心，而原扬州西部的今赣江流域可能由于缺乏经营或不受重视，在墓葬分布上则表现出空白缺环。

宜兴西晋周氏家族墓的发现进一步说明了四隅券进式技术的江东化。[1] 义兴周氏中的周魴以武力强宗的身份与孙权相结合从而跻身江东政治舞台，其子嗣亦凭将略名闻西晋，周氏沿用四隅券进式墓葬的举动成为共同体内部通过墓葬形制进行身份构建的注脚，并将使用此制的群体指向了参与孙吴集团、以武力见长的江东豪强，一定程度上也解释了为什么目前几乎没有发现江东士族重要人物墓葬使用四隅券进式穹窿顶的情况。通过上述的粗略勾勒，我们可以看到政治迭代的影响不如想象中大，或是政治事件对礼俗的影响有着相当的滞后性。

因中原浸润，以墓葬平面形制变化为表征之一的吴地丧葬系统的改易在缓步推进，晋室南迁加速了这一过程。四隅券进式穹窿顶在东晋中期后销声匿迹，已有的方形单室墓再度向长方形单室券顶墓转变，一同消失的还有魂瓶等具有江东地域特色的随葬品。韦正曾指出东晋早期政治力量的强有力干预是此次吴地文化突然截断的主因，北人南下形成的冲击将原有南方的随葬系统变成了中原风格。[2] 前文曾分析了南京郭家山 M9 平面形制中可能存在的早期双室墓制的残留，如果郭家山 M9 的墓主确为温峤，考虑到他与东晋司马氏的关系及诏命改葬事，[3] 我们不得不审慎评估政治力量的干预效果及其早期营建四隅券进式大墓的政治意图。此外，温峤曾镇武昌，与原西晋刘弘部将陶侃颇有渊源，古荆州的地方因素在此似乎也发挥了作用。

作为次等士族的太原温氏，受晋室亲厚，身份上存在着君权和门阀的双重性，两者相互补足。[4] 比较已发掘的同时期的王、谢、颜、李等北方家族墓葬，它们没有采用这项技术。即便为了构筑合葬多人的墓室，应该砌建更加适宜的穹顶，以吕家山 M2 为代表的合葬墓却仍选择了券

---

1 罗宗真：《江苏宜兴晋墓发掘报告——兼论出土的青瓷器》，《考古学报》1957 年第 4 期；南京博物院：《江苏宜兴晋墓的第二次发掘》，《考古》1977 年第 2 期。

2 韦正：《六朝墓葬的考古学研究》，第 151 页。

3 （唐）房玄龄等撰：《晋书》卷六七《温峤传》，中华书局，1974，第 1795—1796 页。

4 《世说新语》卷中《品藻》载："世论温太真是过江第二流之高者。时名辈共说人物第一将尽之间，温常失色。" 温氏投资"婚""宦"，左右逢源，尝试跻身一流仍不够格。温峤倒向司马氏是在此环境下谋求政治资本的一种努力，司马氏也能获得助益，使用四隅券进式似乎成了温氏的另类标榜。关于温氏姻亲集团的分析可参考邓玮光《概念最边缘的人最敏感——东晋温氏家族的贵族化之路》，《文汇学人》2019 年 8 月 9 日第 W09 版。

顶。[1] 兼且各家自行奉营、图墓之举成风，[2] 可见四隅券进式在技术之外还是一种另类的文化符号。

暂且搁置这些士族为何偏好较为简易的长方形券顶单室砖墓的讨论，[3] 可以借此推测的是东晋早期四隅券进式出现在南渡士族高官的墓中应该与东晋初立的政局有关。而多数西晋至东晋初期的四隅券进式墓分布在南京东北至西南一线的"东部弧形地带"，该地自孙吴以来便有地方豪族经营置墓，[4] 南京雨花台区宁丹路孙氏家族墓中四座东晋早期的四隅券进式墓M1、M4、M6 和 M9 便是例证。[5] 这批豪族不仅是江南土著孙氏定都的社会基础，也是东晋初渡"寄人国土"不可忽视的地域力量。[6]

换言之，司马氏采用江左的四隅券进式一来可为后续晋礼的铺陈缓冲，向江东旧族示好，二来沿用孙吴以降的高等级凶礼葬式对亲近的次等士族重臣表示优厚，为晋室的稳固增添筹码。[7] 当然，接纳此制的家族未尝不以此彰示自身之殊异，与其他北来士族划分界限。四隅券进式结构的稳固性也会受到有余力营建穹窿顶墓室的中下层的青睐，风俗未改之时，四隅券进式较四面结顶自然更胜一筹。

尽管四隅券进式结顶技术不绝若线地生存下来，但中原北方人群的迁入挤压吴地文化是不争的史实，而中期以后相继掌权的桓、庾、谢三门阀，追溯宗系，都较

---

[1] 南京市博物馆：《南京吕家山东晋李氏家族墓》，《文物》2000 年第 7 期。

[2] 奉营烧砖之事见王利器《颜氏家训集解》卷七《终制》，中华书局，2016，第 724—736 页。卜宅图墓之风于时盛行，至南朝宋明帝时还设有相墓工，颜氏终制虽嘱咐后辈"气绝便埋之耳"，亦反衬出颜氏不能免俗。

[3] 韦正和耿朔分别提出深自谦抑的门风和思归旧茔之心可能促使士族做出了这样的选择，见韦正《六朝墓葬的考古学研究》，第 287 页；耿朔《最后归宿还是暂时居所——南京地区东晋中期墓葬观察》，《南方文物》2010 年第 4 期。

[4] 张学锋：《六朝建康都城圈的东方——以破冈渎的探讨为中心》，载武汉大学中国三至九世纪研究所编《魏晋南北朝隋唐史资料》第 32 辑，上海古籍出版社，2015，第 63—83 页；张学锋、陈刚：《吴都建业的都城空间与葬地》，载《魏晋南北朝隋唐史资料》第 36 辑，上海古籍出版社，2017，第 1—27 页；张学锋、陈刚：《孙吴、东晋的都城空间与葬地》，载夏炎编《中古中国的都市与社会：南开中古社会史工作坊系列文集》，中西书局，2019，第 25—88 页。

[5] 南京市博物馆：《南京市石子岗东晋墓的发掘》，《考古》2005 年第 2 期；南京市博物馆、雨花台区文化广播电视局：《南京市雨花台区宁丹路东晋墓发掘报告》，《东南文化》2014 年第 6 期。原石子岗的 M1 和 M2 即宁丹路的 M6 与 M4。

[6]（南朝宋）刘义庆：《世说新语》卷上《言语第二》，徐震堮校笺，中华书局，1984，第 49 页。

[7] 司马氏自身是否采用此种形制尚不清楚。南大北园大墓、南京汽轮机电厂大墓及富贵山东晋大墓一般被认为是东晋帝陵，北园大墓简报推测主室可能为穹窿顶，且形制与象山 M7 和老虎山 M1 相近，但主室毁坏严重，线图也未反映倒"人"字形接缝。另外两座为大跨度券顶，富贵山大墓还有保护墓顶的券墙，其做法类似洛阳涧西 16 工区 82 号墓。汽轮机厂大墓简报还称北园大墓顶类似富贵山大墓。谨列出以供参考，见南京大学历史系考古组《南京大学北园东晋墓》，《文物》1973 年第 4 期；南京博物院《南京富贵山东晋墓发掘报告》，《考古》1966 年第 4 期；南京市博物馆《南京北郊东晋墓发掘简报》，《考古》1983 年第 4 期。

为缺乏对孙吴以来江东文化的认同，其在晋制的推动下走向衰亡是必然的。

值得注意的是南京象山 M7，其形制异于象山琅琊王氏墓地的长方形券顶砖室墓，[1] 反而与毗邻的郭家山 M4、M9 或 M12 相近；墓葬北偏东 78 度，朝向不同于已发现的王氏家族墓，亦与郭家山家族墓大体相仿。象山 M7 基墙起券位置砌筑直棂假窗、壁龛，并在假窗两侧斜砌条砖来减弱近乎垂直方向上四隅起券施加在窗壁上的剪力，提高了整体的稳固性。这种做法更早的形态可参考江宁上湖墓 M3，[2] M3 尚未砌出壁龛，保留了假窗上部原始的倒梯形墙体。郭家山 M4 则展现了在倒梯形墙体中设置凸字形壁龛的做法，至郭家山 M12，壁龛所在的墙体成了长方形，假窗两侧也直接承载四隅起券斜壁的剪力（图 3）。就墓葬形制而言，象山 M7 的结顶工艺应该不晚于郭家山 M12 即太和六年（371），墓主可能也与郭家山墓地的墓主家族有关。[3]

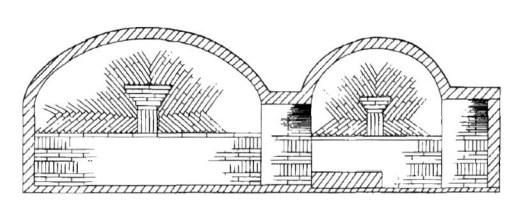

1. 江宁上湖 M3 起券剖面图
2. 郭家山 M4 起券剖面图 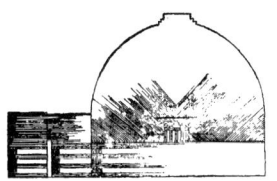
3. 象山 M7 起券剖面图 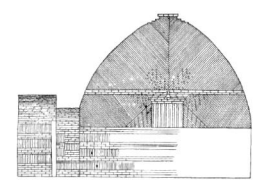
4. 郭家山 M12 起券剖面图 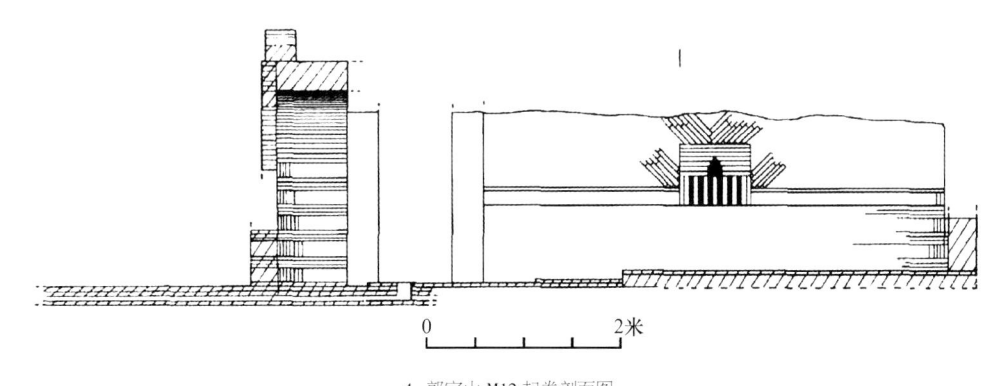

图 3　南京地区四隅券进式穹窿顶的起券砌筑方式对比

1　南京市博物馆：《南京象山 5 号、6 号、7 号墓清理简报》，《文物》1972 年第 11 期。
2　南京市博物馆、南京市江宁区博物馆：《南京江宁上湖孙吴、西晋墓》，《文物》2007 年第 1 期。
3　林梅村曾就随葬的鞍马俑、金刚石戒指、玻璃杯指出象山 M7 的墓主应为刘宋王藻夫妇，反驳了发掘者的主张（《南京象山 7 号墓出土西方舶来品考——兼论公元 5 世纪中国与东罗马帝国之间的丝绸之路》，刘进宝主编《丝路文明》第二辑，上海古籍出版社，2017，第 75—89 页）。笔者对此持保留意见，M7 的墓葬形制、随葬陶瓷器年代和组合都偏早，虽然简报将墓主推定为王廙稍显武断，但墓葬整体的年代应不晚于南朝，不排除二次葬的情况。

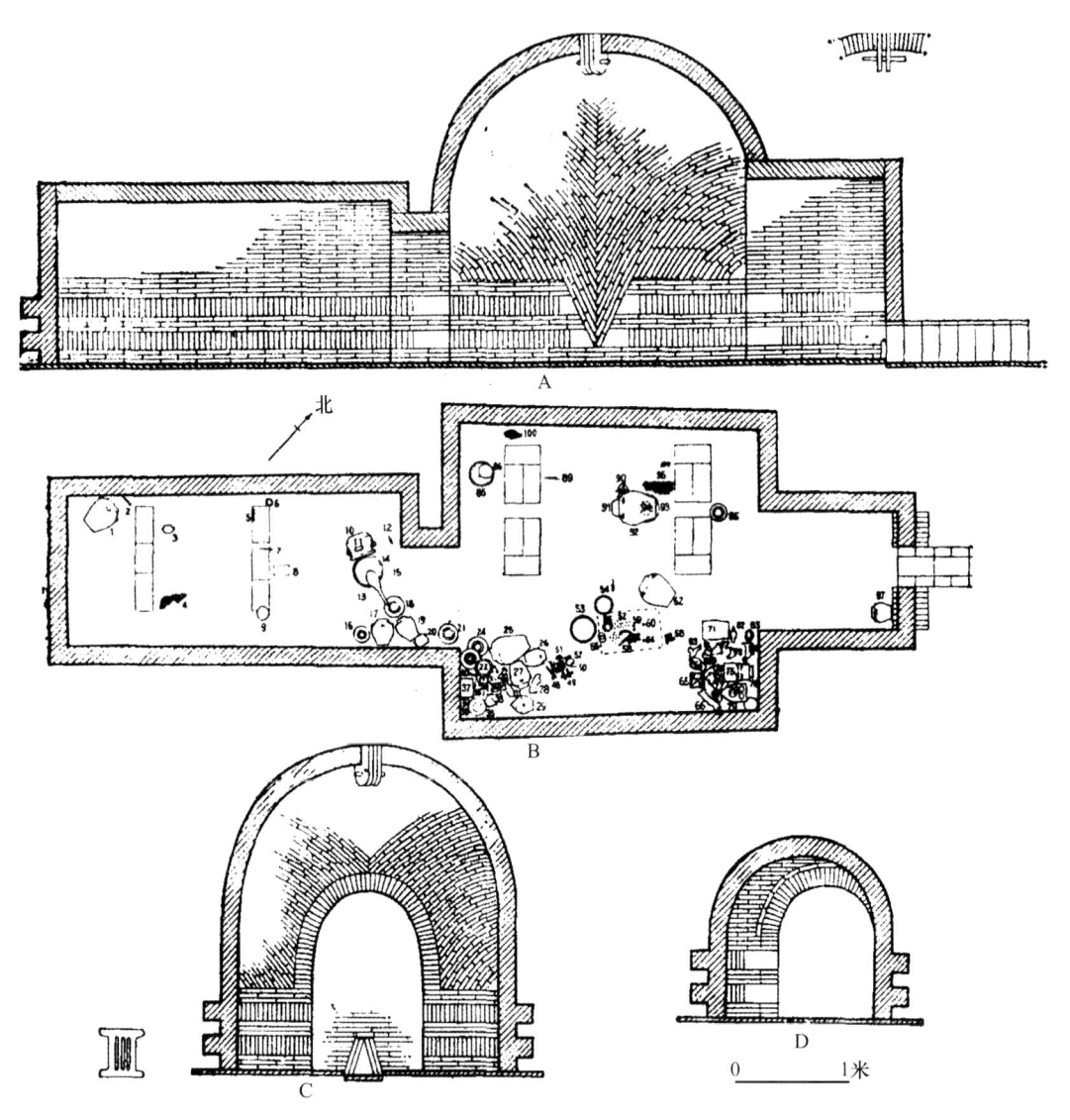

图 4　鄂城六朝墓 M1002 平剖面图

除社会、政治因素以外，四隅券进式穹窿顶的沿用及衰退还受到自身技术特性的影响。在上百年的使用进程中，四隅券进式穹窿顶不支模的特性及运用的灵活性较好地符合了东汉晚期以来砖石墓形制的变化需求。早期的南阳砖石混砌墓如南阳防爆厂住宅小区 M62 借助四隅券进式处理好了并列双后室的结顶问题，而稍晚的砖室墓通过此举方便了基墙上假窗、壁龛甚至是拱券砖门的设置，如鄂城六朝墓 M1002 起券位置近乎深入到基墙底部（图 4），宜兴晋墓 M5 在基墙的弧形券面上再度起券（图 5），而当涂新市镇刘山村东晋墓却在呈"凸"字形的基墙上起券。东面临山的马鞍山林里双室砖墓利用起券的不均衡形成了北面长缓，南面陡直的兜帽状前室墓顶，顺应了地势变化，展现了砖筑技术的深化（图6）。[1]

起券的灵活性使得进深较长的墓室也能营造出弧形的墓顶，南京五塘村孙吴1号墓狭长后室墓顶的四隅券进式和拱券混杂的做法是一种尝试，四面结顶或叠涩结顶较此要稍逊一筹。以鄂城六朝墓M1002为代表的深起券现象在四隅券进穹窿顶墓葬中虽然所占比例较小，但东汉晚期至东晋早期均有，只是西晋以后使用渐少。四隅券进式穹窿顶中起券位置的高低对墓顶受力结构的利弊虽有争议，[2] 但深入基墙起券砖墙的倾斜度无疑会对穹窿顶的矢高产生影响，也会改变墓顶空间呈现出的效果。通过如此设定，工匠可以根据墓主或治丧者的需求先行确定墓室空间穹顶的高低，而非没有必要或不合理。然而当墓顶球状空间的需求减弱，四隅券进式的技术使用也会遭受冲击。

墓室石材的使用说明四隅券进式技术与其他穹窿顶工艺一样，起初是被用来营造亡者世界中的"天穹"。从东汉中期的非四隅券进式墓如河南襄城茨沟汉墓、米脂官庄画像石墓M3等穹窿顶墓葬使用象征日、月的石材进行结顶（图7、图8），[3] 到东汉晚期四隅券进式结顶用石变成莲花状如南阳防爆厂住宅小区 M62（图9），[4] 我们可以看到原本穹顶象征的天界色彩在削弱。但这一制式并未完全消失，它在长江中下游六朝的四隅券进式墓葬中仍有发现，并以南京江宁上坊孙吴大墓出土的石质构件最为精美（图10），稍晚的宜兴西晋墓 M1 出土的结顶石只是打磨出方便结顶的斗状，湖州白龙山汉六朝墓 M3 后室的四隅券进式穹窿顶正中结顶所用已变成两块并列横砖，而同墓地的M14 虽然不清楚后室墓顶结构，但发现了仅在一面透雕出半环形提手用于结顶的斗状青石。[5] 至此，工匠们估计已经不知晓原本结顶用石的象征意义，仅仅是将其作为建筑构件认识，并另行创造样式或改用条砖。

1　马鞍山市文物管理所：《马鞍山林里东晋纪年墓发掘简报》，《东南文化》2004 年第 5 期。

2　有发掘者或学者认为基墙中间起券位置越低，受力中心往下，使得墓顶结构更稳固，如《南京仙鹤山孙吴、西晋墓》（《文物》2007 年第 1 期），而徐永利从力学角度对此表示了质疑，见《中国古代墓葬四隅券进式穹窿机制与源流研究》，第 68—69 页。

3　河南省文化局文物工作队：《河南襄城茨沟汉画象石墓》，《考古学报》1964 年第 1 期。该墓中室北壁有朱书"永建七年正月十四日造塼工张伯和，厂石工褚置"纪年铭；榆林市文物保护研究所、榆林市文物考古勘探工作队编著：《米脂官庄画像石墓》，文物出版社，2009，第 101 页。

4　南阳市文物考古研究所：《南阳市防爆厂住宅小区汉墓 M62、M84 发掘简报》，《中原文物》2008 年第 4 期。

5　浙江省文物考古研究所、湖州市博物馆：《湖州市白龙山汉六朝墓葬发掘报告》，载浙江省文物考古研究所编著《浙江汉六朝墓报告集》，科学出版社，2012，第 148—213 页。

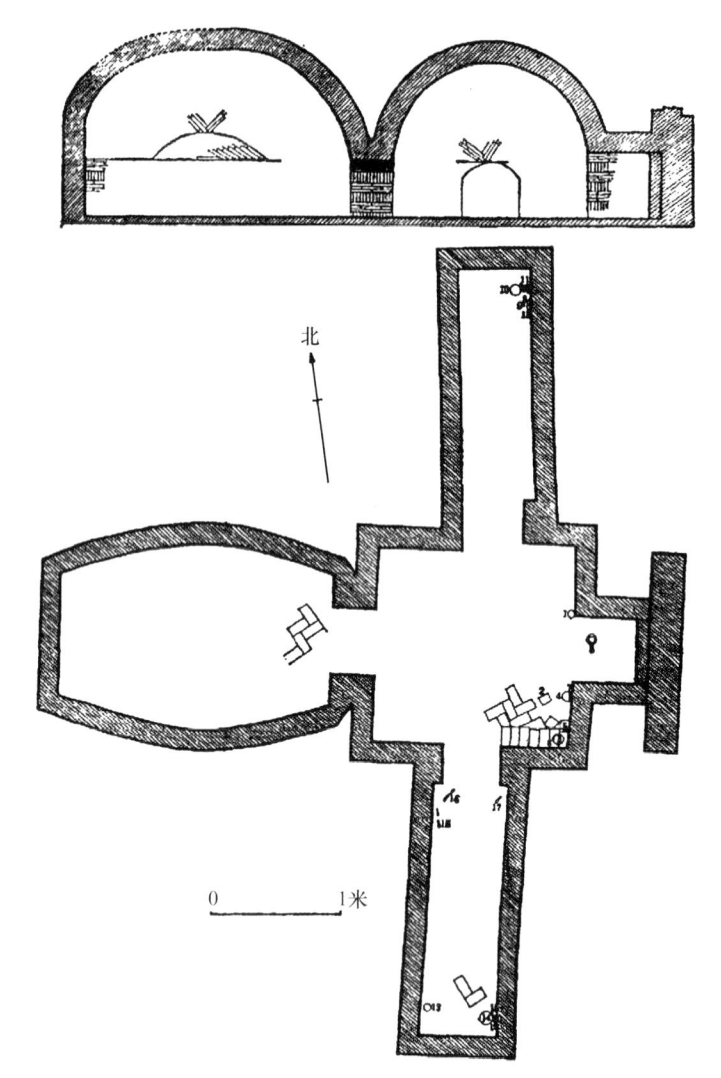

图 5　宜兴晋墓 M5 平剖面图

与结顶用石工艺式微相伴的是壁画砖结顶的流行，魏晋河西地区便流行在结顶方砖上绘制莲花藻井，如敦煌佛爷庙湾西晋墓 M39。[1] 嘉峪关魏晋壁画砖室墓还在填补墓顶的条砖或花纹方砖的中央钻出一小孔，而同一墓地的二号墓和四号墓出土了两件保存较好、细如铜丝的双股铜挂钩，所以这种小孔可能是用来悬挂挂钩。[2] 无独有偶，远在长江中游的鄂城六朝墓 M1002 的四隅券进式前室的穹窿顶正中并列镶嵌了两块特殊青灰砖，砖的一段呈圆形，横穿一孔，其中横闩一根长约

---

[1] 戴春阳主编：《敦煌佛爷庙湾西晋画像砖墓》，文物出版社，1998，第 78 页。

[2] 甘肃省文物队、甘肃省博物馆等编：《嘉峪关壁画墓发掘报告》，文物出版社，1985，第 11—35 页。

0.4米的铁穿钉，这种做法可能也是为了方便悬挂。洛阳涧西区曹魏正始八年（247）墓中出土有铁帷帐架，[1] 敦煌佛爷庙湾西晋墓 M37 南、北棺盖板后横搭长杆上发现了残存的素纱帷幔，[2] 那么前述钻孔用砖和铜铁器悬挂的物件很可能是帷帐一类的轻薄织物。这些现象所要营造的是象征着墓主灵魂所在的帐座，再度提示我们天穹意象在墓室中的消解。结顶用石的沿用表明了汉礼旧仪的后续影响，但石材样式的变化也暗示了东汉以来神仙思想的没落和三国两晋以来风俗的转变。

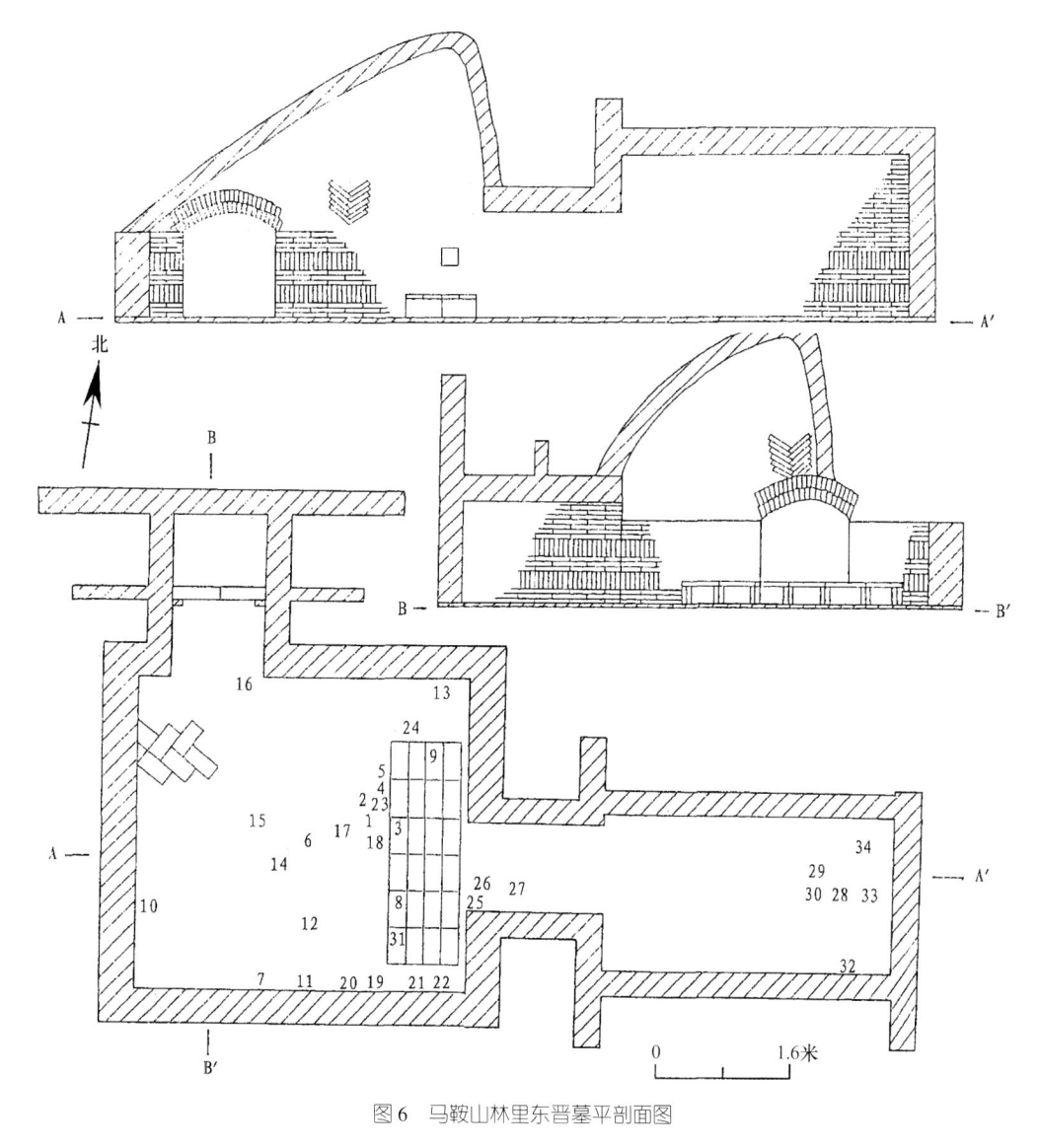

图 6 马鞍山林里东晋墓平剖面图

---

1 洛阳市文物工作队：《洛阳曹魏正始八年墓发掘报告》，《考古》1989 年第 4 期。

2 戴春阳主编：《敦煌佛爷庙湾西晋画像砖墓》，第 18 页。

图7 茨沟汉墓蟾蜍结顶画像石拓片 　图8 米脂官庄M3"金鸟"结顶画像石线摹 　图9 南阳汉墓M62结顶画像石照片及平剖面图

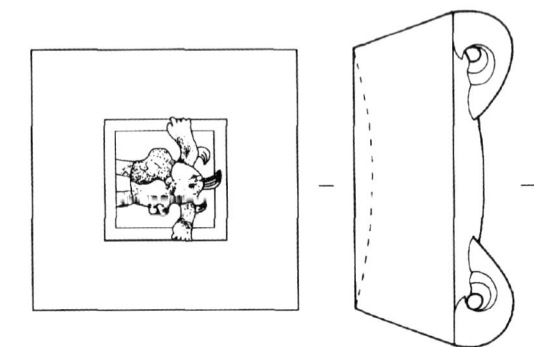

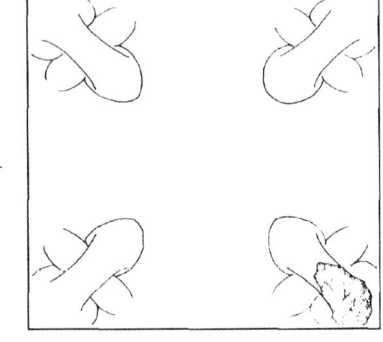

图10 南京上坊孙吴大墓结顶用石线摹

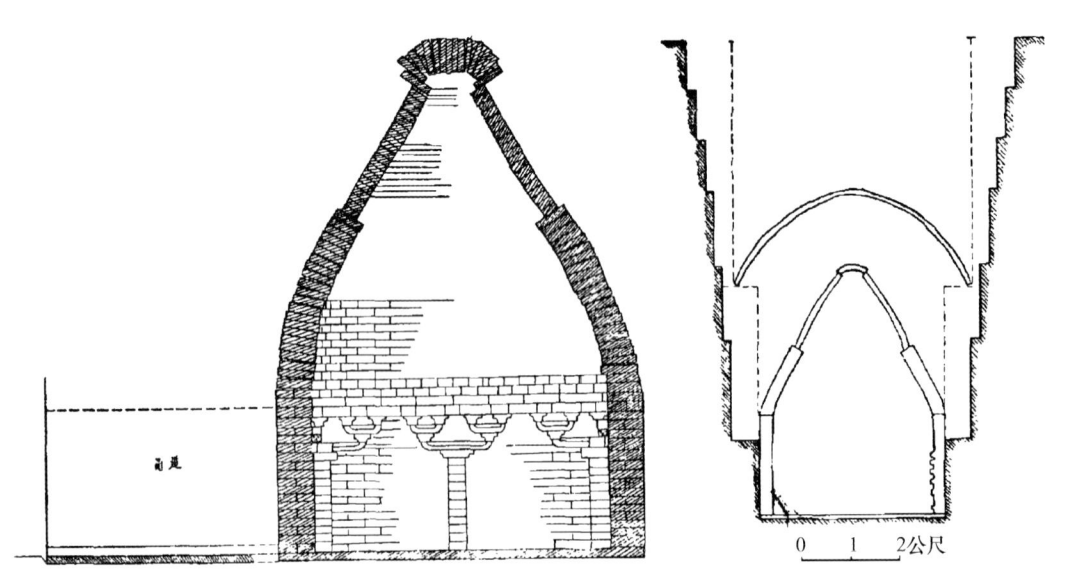

图11 洛阳涧西区16工区82号墓剖面图

四隅券进式技术的使用在一定程度上受到了天穹意象消解的影响，其营造半球状天穹的微弱优势因此几近丧失，但因为传统汉礼的惯性和孙吴标榜政权的需要而有所保留。到东晋早期，南京地区的四隅券进式墓葬开始在穹顶中心叠砌出凸起于弧形面的结顶结构，破坏了原本券壁的圆融性，如南京郭家山 4 号墓。[1] 象山 7 号墓情况较特殊，其墓顶由四个菱形组成，每一菱形又较内一个大，并低 5 厘米，正中则以四块横平砖填塞。老虎山 1 号墓使用了特制的菱形砖来封闭斜方格形的墓顶缺口。[2] 其实此类结顶方式在中原的四面结顶墓室中出现的更早，如洛阳涧西区 16 工区 82 号墓结顶使用了三段式，第一段起券墙为一砖长厚度，待穹顶形制渐现，又改用半砖长厚度的券墙，至结顶处呈喇叭口，用条砖呈扇形填补，甚至还在墓顶上方自墓圹砌弓形拱以维护拼砌的墓顶（图 11）。[3]

综上，四隅券进式与四面结顶式穹窿顶在表达"天穹"意象的功能上发生了重叠，东汉神仙思想的没落又削弱了对高穹半球顶的需求，且四面结顶技术在东汉中晚期已完成优化，如河南襄城茨沟画像石墓的后室系四面结顶，墓顶却近乎球状。[4] 四隅券进式在中原地区不具备优势只能没落，更何况墓室内部仿木结构和吊顶装修手法的出现更进一步侵蚀了对它的需求。四隅券进结构的稳固性让它在南方湿重的土壤里得以延用，但东晋中期以后，功能和政治上的双重劣势使其无力抗拒衰亡的命运。

四隅券进式结顶的消逝与东晋晚期出现的新的墓葬营建方式可能也有关系。1972 年镇江东郊清理了一座出土有"晋隆安二年（398）"纪年砖的墓葬，其前、后室墓壁皆嵌有画像砖，墓室的转角处"竖砖均砌成人字形"，发掘者推测其为穹窿顶砖墓。[5] 如果该墓也采用了四隅券进式技术，那后续营建拼砌砖画墓没理由置之不用，除非这种流动在中上层，穹高顶阔的墓顶在经过一番尝试后发现不再适用于构思精巧的模印砖系统。模印砖的一大特点是名目繁杂的砖面纹饰，而余杭小横山南朝墓群中的四隅券进式墓中鲜少发现砖纹，仅墓群中的 M13 或 M79 在少量砖的短侧面模印有简单的"一""二""三"字样，而非四隅券进式墓的墓顶往往都使用了模印有大量且复杂的带有方位

1　南京市博物馆：《南京北郊郭家山东晋墓葬发掘简报》，《文物》1981 年第 12 期。
2　南京市文物保管委员会：《南京老虎山晋墓》，《考古》1959 年第 6 期。
3　河南文化局文物工作队第二队 16 工区发掘小组：《洛阳涧西 16 工区 82 号墓清理记略》，《文物参考资料》1956 年第 3 期。
4　河南省文化局文物工作队：《河南襄城茨沟汉画象石墓》，《考古学报》1964 年第 1 期。
5　镇江市博物馆：《镇江东晋画像砖墓》，《文物》1973 年第 4 期。

指示性文字的砖。[1]

丹阳金家村墓东、西两壁"由前后向中斜砌人字形",所以该墓至少有两壁作四隅券进式,其墓壁的拼镶砖画和壁龛、假窗所占壁面高度约2米,起券高度约5米,未发现墓顶起券用的自铭砖,花纹砖的使用情况亦不明。[2] 丹阳鹤仙坳大墓和南京狮子冲大墓均发现了印有"朱鸟""玄武"字样的模印砖,[3] 对照韩国公州宋山里6号墓的南、北壁和左骏、张长东对鹤仙坳大墓的复原,[4] 可以推测南朝陵墓的南、北两壁也承担了展示砖画的功能,而平砌到一定高度再收顶明显要便于模印砖的拼砌和砖画的布置。级别稍低的西善桥宫山墓系券顶,起券高度约2米,砖画的壁面最高处约1.3米,壁龛和假窗的壁面最高处大致与起券高度平齐,简报介绍砌筑墓顶使用了带有多种花纹或自铭的砖块。[5] 由此可见,南朝模印拼砖壁画墓需要整个墓室作为整体来展现砖画,而四隅券进式特殊的斜向砌筑即倒"人"字形的壁砖排列方式,无疑给需要平直、宽阔立面的拼砖壁画造成了麻烦,不利于工匠统筹安排。即便高等级墓葬可能采用了四隅券进法,也是抬升了起券高度,利用它的灵活性与高处布置了大型砖画的其他墓壁接缝结顶。

三 墓顶四隅砖石结构浅议

四隅券进式穹窿顶墓葬的基墙四角因起券特殊,往往需要砌筑抱角砖协助发券,部分墓葬出现了挑出半砖,或称羊角砖的做法,而少数墓葬会将转角砖置换成石质构件。羊角砖除了协助发券,一般还被认为是承托墓内照明设施的另类灯台。这种做法在同一时期的墓葬中均有发现,并非四隅券进式墓葬独有。江宁上湖孙吴墓M2前室东侧两转角处伸出半截砖作为灯台,长方形券顶后室西南角的砖台上放置了一带插孔的瓷辟邪;[6] 板桥镇石闸湖晋墓前室伸出半砖承青瓷小盏,后室则用四个方形壁龛放置小盏;[7] 而郭家山M9

---

[1] 杭州市文物考古研究所、余杭博物馆编著:《余杭小横山东晋南朝墓》,文物出版社,2013,第268、277、365—366页。

[2] 南京博物院:《江苏丹阳县胡桥、建山两座南朝墓葬》,《文物》1980年第2期。

[3] 南京博物院:《江苏丹阳胡桥南朝大墓及砖刻壁画》,《文物》1974年第2期;林树中:《江苏丹阳南齐陵墓砖印壁画探讨》,《文物》1977年第1期;南京市考古研究所:《南京栖霞狮子冲南朝大墓发掘简报》,《东南文化》2015年第4期。

[4] 王志高:《韩国公州宋山里6号坟几个问题的探讨》,《东南文化》2008年第4期;左骏、张长东:《模印拼砌砖画与南朝帝陵墓室空间营造——以丹阳鹤仙坳大墓为中心》,《故宫博物院院刊》2019年第7期。

[5] 南京博物院、南京市文物保管委员:《南京西善桥南朝墓及其砖刻壁画》,《文物》1960年第Z1期。

[6] 南京市博物馆、南京江宁区博物馆:《南京江宁上湖孙吴、西晋墓》,《文物》2007年第1期。

[7] 南京市文物保管委员会:《南京板桥镇石闸湖晋墓清理简报》,《文物》1965年第6期。

在方形墓室四角摆放了青瓷灯和熏两种器物。[1] 灯台虽然趋于消亡，但墓室内设置灯烛的做法却保留了下来，其不仅是为墓室提供照明，可能还有着象征死者魂灵，寄托生者哀思的功用。《梁书》卷五二《顾宪之传》载："不须常施灵筵，可止设香灯，使致哀者有凭耳。"[2]

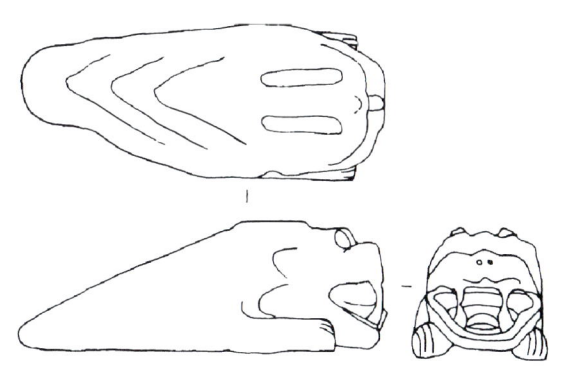

图 12　南阳防爆厂住宅小区 M62 出土石兽线摹

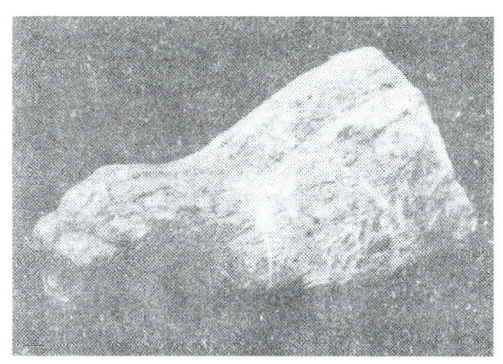

图 13　南阳第二化工厂 M21"龙头"

图 14　南京江宁上坊孙吴墓前室东南角"牛首形石灯台"

图 15　马鞍山当涂"天子坟"孙吴墓前室东南角石兽首

1　南京市博物馆：《南京北郊东晋温峤墓》，《文物》2002 年第 7 期。
2　（唐）姚思廉：《梁书》卷五二《顾宪之传》，中华书局，1973，第 760 页。

图 16　桐柏县安棚画像石墓石羊

墓壁四角使用石质构件的四隅券进式墓葬目前可明确的有 5 座，分别是南阳第二化工厂 M21，南阳防爆厂住宅小区 M62、M208，南京江宁上坊孙吴墓和马鞍山当涂"天子坟"孙吴墓。[1] 南阳 M62 出土有 4 件石兽，简报称其为"石虎"，未说明出土位置（图 12），[2] M208 后室的"每个墙角在起券处均垫有垫角石"，具体形制不知。[3] 南阳 M21 在墓室横梁石上于四角放置四个石刻兽首朝向室内，兽首底部为一个平面，颈部以后为毛石，发掘者认为兽首起"引导穹窿券顶的向心作用"，并根据其张口昂首的形态分别定名为"龙头"和"虎头"（图 13）。[4] 上坊孙吴墓的前、后室四角均在相近高度的起券位置嵌有雕出双角的似牛首状石雕（图 14），[5] 当涂"天子坟"孙吴墓前室四角嵌有石兽首，据论文介绍仅东北角保存较好，双角已被砸断，形态异于上坊墓者，应该也是有角下目的动物（图 15）。此外，桐柏县安棚画像石墓因毁坏严重，无法分辨前室墓顶形制，在其东南、西南二角距墓底 1.6 米的壁中各砌有一长约 0.7 米的盘角伏卧的"石羊"（图 16）。[6]

从石兽首的形态来看，石材的长度由东汉晚期的突出墙体，到孙吴时期与墙体厚度等长，雕刻样式也从原本的猛兽变成

---

[1] 虞金永：《安徽马鞍山"天子坟"孙吴墓的发掘及初步认识》，硕士学位论文，南京师范大学，2017，第 29 页。

[2] 南阳市文物考古研究所：《南阳市防爆厂住宅小区汉墓 M62、M84 发掘简报》，《中原文物》2008 年第 4 期。

[3] 南阳市文物考古研究所：《南阳防爆厂 M208 汉墓发掘简报》，《中原文物》2012 年第 3 期。

[4] 南阳市文物工作队：《南阳市第二化工厂 21 号画像石墓发掘简报》，《中原文物》1993 年第 1 期。

[5] 南京市博物馆、南京市江宁区博物馆：《南京江宁上坊孙吴墓发掘简报》，《文物》2008 年第 12 期。

[6] 南阳市文物研究所：《桐柏县安棚画像石墓》，《中原文物》1996 年第 3 期。简报称该墓葬的左侧室采用"四隅捻尖法"砌筑穹窿顶，墓葬的平剖面图没有任何展现，根据前室出土的石羊和莲花图楔形石，可推断前室采用了四隅券进式结顶，但本文未将其纳入四隅券进式墓葬统计表。

带角类哺乳动物。早期的石具还带有地面石刻的特征如安棚画像石墓的"石羊",它的出现似乎是匠人灵机一动的挪用,实际上应该与汉画像石墓和东汉墓前石刻群的丧葬用石传统有关。通过《水经注》对东汉墓前石刻群的描述,我们可以了解到东汉官僚墓前一般设置石虎(狮)、石羊、石牛、石马、石驼等动物类石刻,[1] 上述3座东汉晚期墓中出土的石具形象不出乎其外,那么内外石具的转变是由东汉末画像石墓的传统,墓内祭祀的发展以及魏晋薄葬的出现合力促成当为不妄。后期石具的样式被改造得更适应砖墙的砌筑起券,其变化与四隅券进式墓葬的发展基本同步,所以石具与四隅券进式结顶工艺的契合也是不容忽视的一面。孙吴的高等级墓葬继承了东汉晚期的做法,使用的兽首目前无法细分其等级意义,但上坊孙吴墓中共出的石棺座足以说明其象征的权威性。简报另称上坊孙吴墓前室兽首顶部较平整,其中一个壁面有烟熏痕迹,推测其为摆放灯具的灯台。比较其他几座墓葬出土的石兽首头顶,这一平面难以提供能维持水平面的灯座,不见任何烛插,石材表面亦未发现其他与燃烛相关的痕迹,南阳市独山西坡汉画像石墓还另外出土了石灯,[2] 所以石具的初始功用与烛台关系不大。

石具嵌置的方位曾引起了徐永利的注目,他分析了不同方位兽首的细部特征及损毁状况,结合宅经葬书和买地券文中与风水卜宅相关的记述,将四隅券进式穹窿顶的四隅与堪舆术中的"天、地、人、鬼"四门对应,并指出上坊孙吴墓兽首嘴角的开闭和古人的生死观密切相关。[3] 徐说具有启发性,但所用文献年代较晚,且东汉的镇墓之法早已蔚然成风,出土的朱书陶瓶及其盛物便具有明显的方位意识。南阳防爆厂住宅小区 M62 墓中出土了 4 个铅人和 43 块六棱水晶,二者也有解殃除咎,压镇冢墓之用。

图 17　嘉峪关壁画墓 M7 前室墓壁四角兽头造型砖

1　杨宽:《中国古代陵寝制度史研究》,上海人民出版社,2016,第 77—83 页。

2　该墓的前室四角也发现了与南阳防爆厂 M208 类似的楔形石块,但墓顶无保留,无从确认前室形制,见南阳市博物馆《南阳市独山西坡汉画像石墓》,《中原文物》1985 年第 3 期。

3　徐永利:《中国古代墓葬四隅券进式穹窿机制与源流研究》,第 143—148 页。

图 18　陕县刘家渠汉墓 M3 出土陶楼局部（上）
与淮阳县九女冢采集陶榭局部（下）

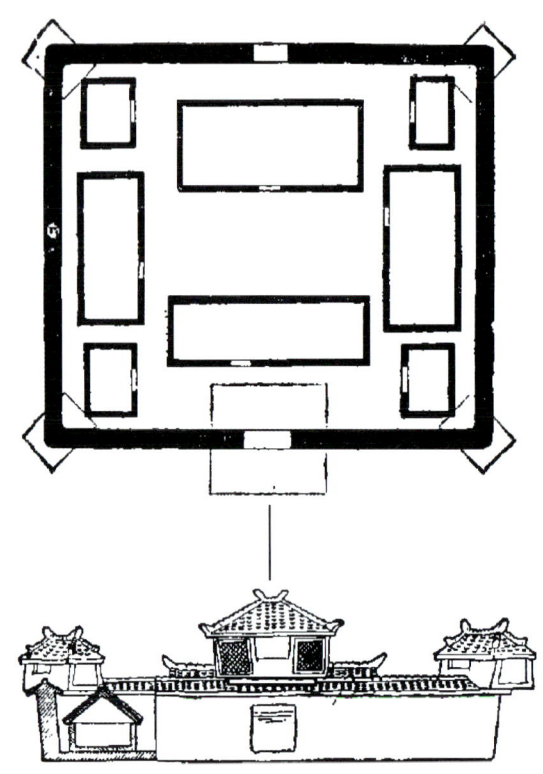

图 19　鄂城东吴孙将军墓出土瓷院落

　　东汉墓葬中出土的建筑模型明器亦展现了对四隅的关注，尤其是楼榭类的建筑模型，其四角不光出跳兽首挑梁，承重立柱刻画出人或动物形象，平座四隅还立有持械武士，如陕县刘家渠汉墓群出土的 7 件绿釉陶水榭和淮阳县采集的人形柱三层绿釉陶榭（图 17）。[1] 建筑的防御功能因庄园经济的发展和军事斗争的需要而愈加强化，随葬四隅建有角楼的坞壁式模型明器是另一种写照，[2] 稍晚的孙吴墓葬出现了类似的随葬品，鄂城东吴孙将军墓的青瓷院落模型在围墙四角就专门安置了庑殿顶屋宇以备镇监（图 18）。[3] 无独有偶，嘉峪关壁画墓 M6 在前室基墙最上层起券的四角各伸出了一块兽头造型砖（图 19），发掘者根据砖上画像对屋檐的模仿

---

[1] 黄河水库考古工作队：《河南陕县刘家渠汉墓》，《考古学报》1965 年第 1 期；河南博物院编著：《河南出土汉代建筑明器》，大象出版社，2002，第 64、174 页。

[2] 胡肇椿：《楼橹坞壁与东汉的阶级斗争》，《考古》1962 年第 4 期。

[3] 鄂城县博物馆：《鄂城东吴孙将军墓》，《考古》1978 年第 3 期。

推断它象征着檐上角兽，[1] 萧默则指出砖刻龙头是斗帐四出龙头饰件转向内部的做法。[2] 虽然两者追溯的源头有分歧，但都是地面建筑的生发，其踪迹又可在东汉建筑明器中觅得。汉代建筑明器作为墓室的扩展和延伸，[3] 是庄园生活观念的实体化，而四隅券进式顶四角的石具很可能受到了建筑明器做法的影响。它既是现实建筑的折射，也有着镇压地下建筑四方的考虑。

嘉峪关壁画墓 M6 室内和门楼上的壁画内容可以兽头造型砖的高度为界，分为仙瑞和墓主生活两部分，[4] 而汉代画像石墓的画像排布也基本呈现出神仙居上，世俗在下的特征。[5] 结合前文的墓室结顶石或壁画砖来看，这类四角构件还起到了分割墓室上、下空间的作用。下方是墓主活动的凡俗地带，往上是需要抬头仰望，不易触碰且带有神异色彩的非人场域，魂灵利用它们能更上一层楼，接近神仙天界。同时，它们代表着二维平面的四个方位，规定着平面所能达到的极限。四隅券进式墓四角所用石具概莫能外，其脱胎于汉代实体建筑转角的处理方式，参与构建地下居室，迎合了起券的需要，彰显了墓主的身份，契合了时人的思想信仰，是墓主地位及冥世想象在墓室结构设计上的反映。墓室四角的石具与四隅券进式顶组合形成丧葬符号在孙吴高等级墓葬中出现，进入西晋后湮灭无存，这一现象佐证了石具保留了东汉时期那种象征墓主地位的蕴意。

结　语

四隅券进式工艺虽靡费颇巨，但自身的力学优势为它的后续传播奠定了基础，孙吴集团的组成和汉礼余绪的影响为此创造了制度层面生存的土壤。四隅券进式顶墓葬作为一个复杂的丧葬符号，经历了汉晋变迁，时人前后改换的丧葬观念和宗教信仰也浸染了墓室结构的规划——从墓顶到四隅，神仙的"天穹"在褪色，地下建筑的四隅既要承重以便登高，亦须镇守以防不祥。

事有利弊，四隅券进式技术凭依的条件反成掣肘，其功能上的重复和政治集团的更迭造成的劣势无法挽回。香灯和祭台构建的空间着意的是生人致哀的行为，帐座和凭几注重的是墓主灵魂的在场，四隅

1　甘肃省文物队、甘肃省博物馆等编：《嘉峪关壁画墓发掘报告》，第 17 页。
2　萧默：《敦煌建筑研究》，机械工业出版社，2003，第 314—315 页。
3　周学鹰：《汉代建筑明器探源》，《中原文物》2003 年第 3 期。
4　甘肃省文物队、甘肃省博物馆等编：《嘉峪关壁画墓发掘报告》，第 56—67 页。张宝玺编：《嘉峪关酒泉魏晋十六国墓壁画》，甘肃人民美术出版社，2001，第 151—214 页。
5　赵超：《汉代画像石墓中的画像布局及其意义》，《中原文物》1991 年第 3 期。

券进式穹窿顶在这些程序的盛行下只能黯然退场，拼砌砖画墓的出现更是断送了其前程。至于浙西北一地四隅券进式流用时间较长如余杭小横山南朝晚期墓 M13，[1]可能是富春孙氏影响之余绪。

陆机曾作《挽歌诗》描绘墓葬的内外环境："重阜何崔嵬，玄庐窜其间。旁薄立四极，穹窿放苍天。侧听阴沟涌，卧观天井悬。"[2] 后四句似乎是以墓主的视角吟咏，用四种意象勾勒出当时的墓葬形制。在他的思维中玄庐嵌套了天穹和屋宇两重单元，墓顶的概念由此变得模糊。身为西晋吴郡旧族，陆机很大可能了解或见识过四隅券进式顶的墓葬，他的态度是江东士人的缩影。我们隐约可以从中窥得彼时墓葬营造对墓室下部空间的看重与用工倾斜，而视线以上墓顶的修筑则显得没那么重要。

值得注意的是，长江下游汉晋墓葬随葬的堆塑罐也具备鲜明的屋宇化特征，部分甚至刻画出了承托状的瑞兽形象，作为这一时期强宗豪族庄园的写照，堆塑罐还可溯至中游的青瓷院落模型。[3] 再往前求索，东汉建筑模型明器中的陶楼水榭及其上依止的水陆动物、部曲武士和神人瑞兽则会映入眼帘，两者的关系有待进一步探求。

附表			汉晋四隅券进式穹窿顶墓例		
编号	墓葬名称	推断时代	墓葬形制及结顶位置	资料来源	备注
1	南阳第二化工厂画像石墓 M21	东汉末至魏晋	砖石混砌单室墓	《南阳市第二化工厂 21 号画像石墓发掘简报》，《中原文物》1993 年第 1 期	三座墓见于同一篇简报，十里庙和电力局两座墓的情况未说明，时代、形制应与 M21 相近
2	南阳十里庙砖场（91）M11	东汉晚期	不详		
3	南阳电力局工地墓	东汉晚期	不详		
4	南阳防爆厂住宅小区 M62	东汉晚期	多室砖墓；前、后室	《南阳市防爆厂住宅小区汉墓 M62、M84 发掘简报》，《中原文物》2008 年第 4 期	双后室；后室起券位置较低
5	南阳防爆厂住宅小区 M84	东汉晚期	多室砖墓；前、后室		

1　杭州市文物考古研究所、余杭博物馆编著：《余杭小横山东晋南朝墓》，第 267—269 页。

2　（晋）陆机：《陆机集》卷七《挽歌三首》，金涛声点校，中华书局，1982，第 82—83 页。

3　仝涛：《从魂瓶看吴晋时期的庄园生活和丧葬礼俗》，《四川大学学报》（哲学社会科学版）2004 年第 2 期。

续表

编号	墓葬名称	推断时代	墓葬形制及结顶位置	资料来源	备注
6	南阳防爆厂住宅小区 M208	东汉晚期	多室砖墓；前、中、后室	《南阳市防爆厂 M208 汉墓发掘简报》，《中原文物》2012 年第 3 期	画像石门框；双后室；东后室东壁为平砌，南壁为四隅券进式
7	南阳邢营画像石墓 DXM2	三国偏早	砖石混砌单室墓	《南阳市邢营画像石墓发掘报告》，《中原文物》1996 年第 1 期	画像石门；起券位置较低
8	襄樊樊城长虹南路 M16	东汉中晚期	砖石混砌单室墓	《襄樊长虹南路墓地第二次发掘简报》，《江汉考古》2007 年第 1 期	画像石门
9	襄樊贾巷墓地 M7	东汉晚期	双室砖墓；前室	《襄樊贾巷墓底发掘报告》，《襄樊考古文集（第 1 辑）》，科学出版社，2007，第 299—339 页	
10	鄂城六朝墓 M2215	孙吴前期	双室砖墓；前室	《鄂城六朝墓》，科学出版社，2007，第 34—36 页	外壁有立柱
11	襄樊市襄阳城多室墓 XZM1	三国早期	多室砖墓；前、中室	《湖北襄阳城内三国时期的多室墓清理报告》，《江汉考古》1995 年第 3 期	报告称下限为西晋前，上限在汉魏之际
12	襄樊樊城菜越三国墓 M1	三国早期	双室砖墓；前、后室	《湖北襄樊樊城菜越三国墓发掘简报》，《文物》2010 年第 9 期	石门
13	鄂城六朝墓 M1002	孙吴中期	双室砖墓；前室	《鄂州六朝墓》，第 36 页	原墓号西山铁矿 M105，两份报告数据有出入；起券位置较低
14	郧县李营砖室墓 M2	甘露二年（257）纪年砖	单室砖墓	《湖北省南水北调工程重要考古发现》，文物出版社，2010，第 233—234 页；《湖北郧县李营墓地 2008 年发掘简报》，《江汉考古》2019 年第 2 期	原报告将甘露二年系于孙吴，简报已修正
15	鄂城六朝墓 M5014	吴晋之际	多室砖墓；前室	《鄂州六朝墓》，第 26—28 页	推测前室为四隅券进式顶
16	鄂城六朝墓 M2162	吴晋之际	多室砖墓；前室	《鄂州六朝墓》，第 28—29 页	
17	襄樊市供电综合楼大型砖室墓	魏晋时期	双室砖墓；前、后室	《中国考古学年鉴 2009》，文物出版社，2010，第 324—325 页	

续表

编号	墓葬名称	推断时代	墓葬形制及结顶位置	资料来源	备注
18	襄阳城东街汉晋墓 M1	魏晋时期	多室砖墓；前、中室	《襄樊考古文集（第1辑）》，第268—298页	
19	襄阳城东街汉晋墓 M8	魏晋时期	双室砖墓；前室		起券位置较低
20	襄樊贾巷墓地 M8	魏晋时期	多室砖墓；前室	《襄樊考古文集（第1辑）》，第299—339页	起券位置较低
21	丹江口玉皇庙 M4	元康九年（299）	单室砖墓	《丹江口市玉皇庙汉晋墓发掘简报》，《江汉考古》2001年第1期	墓顶残，起券位置几近铺地砖
22	鄂城六朝墓 M2006	西晋前期	三室砖墓；前室	《鄂州六朝墓》，第30—31页	并列双后室
23	鄂城六朝墓 M2174	西晋前期	双室砖墓；前室	《鄂州六朝墓》，第36—37页	起券位置较低
24	鄂城六朝墓 M2262	西晋前期	双室砖墓；前、后室	《鄂州六朝墓》，第39—40页	起券位置较低
25	鄂州市西山东麓青龙嘴 M2	六朝	单室砖墓	《中国考古学年鉴2008》，文物出版社，2009，第315页	
26	鄂州市西山东麓青龙嘴 M4	六朝	单室砖墓	《中国考古学年鉴2008》，第315页	四壁外侧中部加砌砖柱
27	常德安乡西晋刘弘墓	光熙元年（306）卒	单室砖墓	《湖南安乡西晋刘弘墓》，《文物》1993年第11期	起券位置较低
28	长沙墓22	两晋时期	多室砖墓；主室	《长沙两晋南朝隋墓发掘报告》，《考古学报》1959年第3期	韦正对墓葬年代提出质疑，认为应该提前到汉末至三国时期
29	长沙墓23		双室砖墓；前、后室		
30	长沙墓24		单室砖墓		
31	长沙墓25		双室砖墓；前、后室		
32	长沙墓26		双室砖墓；前室		
33	益阳羊武岭东晋墓	东晋	双室砖墓；前、后室	《湖南省益阳县晋、南朝墓发掘简况》，《文物资料丛刊》，1983年第8辑	甬道有三道门槽
34	朱然墓	赤乌十二年（249）	双室砖墓；前室	《安徽马鞍山东吴朱然墓发掘简报》，《文物》1986年第3期	

续表

编号	墓葬名称	推断时代	墓葬形制及结顶位置	资料来源	备注
35	马鞍山寺门口东吴墓	孙吴前期	多室砖墓；前、后、左右侧室	《安徽马鞍山寺门口东吴墓发掘简报》，《东南文化》2007年第3期	
36	马鞍山当涂县天子坟孙吴墓	永安四年（261）纪年砖和永安三年漆皮	多室砖墓；前、后室	《安徽马鞍山"天子坟"孙吴墓的发掘及初步认识》，硕士学位论文，南京师范大学，2017	
37	马鞍山盆山1号墓	吴晋之际	双室砖墓；前、后室	《马鞍山市盆山发现六朝墓》，《文物研究》第6辑，1990，第153—157页	
38	马鞍山林里东晋纪年墓	建元二年（344）纪年砖	双室砖墓；前室	《马鞍山林里东晋纪年墓发掘简报》，《东南文化》2004年第5期	石门
39	马鞍山东苑小区六朝墓M2	东晋早期	单室砖墓	《马鞍山东苑小区六朝墓清理简报》，《文物研究》第11辑，1998，第151—159页	
40	当涂新市镇刘山村东晋墓	东晋早中期	双室砖墓；前、后室	《安徽当涂县刘山村发现一座东晋墓葬》，《考古》2009年第3期	前室平面呈六边形
41	栖霞仙鹤山孙吴墓M5	赤乌十年（247）铭文	双室砖墓；前室	《南京仙鹤山孙吴、西晋墓》，《文物》2007年第1期	
42	南京北郊郭家山M7	永安二年（259）砖志	双室砖墓；前室	《江苏南京市北郊郭家山东吴纪年墓》，《考古》1998年第8期	
43	南京北郊郭家山M6	永安四年（261）砖志	双室砖墓；主、侧室		
44	江宁沙石岗"天册元年"墓	天册元年（275）纪年砖	双室砖墓；前室	《南京江宁孙吴"天册元年"墓发掘简报》，《东南文化》2009年第3期	
45	江宁上坊79M1"天册元年"墓	天册元年（275）纪年砖	多室砖墓；前室	《南京郊县四座吴墓发掘简报》，《文物资料丛刊》1983年第8辑	
46	南京五塘村1号墓	孙吴中期	双"凸"字形双室砖墓；前室	《南京北郊五塘村发现六朝早期墓》，《文物资料丛刊》1983年第8辑	

续表

编号	墓葬名称	推断时代	墓葬形制及结顶位置	资料来源	备注
47	栖霞区栖霞镇董家岗95DXKM1	孙吴中晚期	多室砖墓；前室	《南京栖霞区大山口六朝墓葬发掘简报》，《南京考古资料汇编·贰》，凤凰出版社，2013，第676页	
48	江宁上湖窑厂墓M4	孙吴中晚期	双室砖墓；前室	《南京江宁上湖孙吴墓清理简报》，《南京考古资料汇编·贰》，第671—675页	
49	江宁上湖墓M2	孙吴中、晚期	双室砖墓；前室	《南京江宁上湖孙吴、西晋墓》，《文物》2007年第1期	
50	江宁上坊孙吴大墓	孙吴晚期	多室砖墓；前、后室	《南京江宁上坊孙吴墓发掘简报》，《文物》2008年第12期	起券位置较低
51	江宁殷巷墓79M1	孙吴晚期	双"凸"字形室砖墓；前室	《南京北郊五塘村发现六朝早期墓》，《文物资料丛刊》1983年第8辑	
52	南京北郊郭家山M8	孙吴晚期	多室砖墓；前室	《江苏南京郭家山八号墓清理简报》，《华夏考古》2001年第1期	
53	1986年南京邓府山孙吴墓	孙吴晚期	多室砖墓；前、后室	《江苏南京邓府山吴墓和柳塘村西晋墓》，《考古》1992年第8期	
54	栖霞仙鹤山孙吴墓M4	孙吴晚期	双室砖墓；前室	《南京仙鹤山孙吴、西晋墓》，《文物》2007年第1期	起券位置较低
55	南京五塘村2号墓	孙吴晚期	双室砖墓；前、后室	《南京北郊五塘村发现六朝早期墓》，《文物资料丛刊》1983年第8辑	
56	南京邓府山墓87YDM6	孙吴	双室砖墓；前、后室	《一九八七年至一九八八年南京邓府山六朝墓群清理简报》，《东南文化》1992年第2期	
57	南京唐家山孙吴墓	孙吴	双室砖墓；前、后室	《南京唐家山孙吴墓》，《东南文化》2001年第11期	
58	南京尹西村西晋墓	孙吴末、西晋初	双室砖墓；前室	《南京市尹西村西晋墓》，《华夏考古》1998年第2期	
59	南京郎宅山朝墓M1	"大泉当千"钱文砖	单室砖墓	《南京六朝墓清理简报》，《考古》1959年第5期	

续表

编号	墓葬名称	推断时代	墓葬形制及结顶位置	资料来源	备注
60	栖霞区柳塘村西晋墓	太康六年（285）砖券	双室砖墓；前、后室	《江苏南京邓府山吴墓和柳塘村西晋墓》，《考古》1992年第8期	
61	六合瓜埠西晋墓	元康九年（299）纪年砖	单室砖墓	《江苏六合瓜埠西晋墓清理简报》，《考古》1973年第2期	
62	江宁板桥镇石闸湖晋墓	永宁二年（302）或太安元年（303）	双室砖墓；前室	《南京板桥镇石闸湖晋墓清理简报》，《文物》1965年第6期	
63	江宁殷巷墓79JYZM1	永兴二年（305）纪年砖	双室砖墓；前室	《南京殷巷西晋纪年墓》，《文物》2002年第7期	
64	南京迈皋桥西晋墓	永嘉二年（308）纪年砖	双室砖墓；后室	《南京迈皋桥西晋墓清理》，《考古》1966年第4期	前室已完全拆毁
65	江宁黄家营第五号六朝墓	六朝早期	双室砖墓；前、后室	《江宁县黄家营第五号六朝墓清理简报》，《文物参考资料》1956年第1期	起券位置较低
66	南京南郊板桥六朝墓	六朝早期，不晚于西晋	双室砖墓；前室	《南京南郊六朝墓葬清理》，《考古》1963年第6期	
67	六合横梁西晋墓M1	西晋	单室砖墓	《南京考古资料汇编·贰》，第1005—1006页	
68	江宁上湖墓M3	西晋	双室砖墓；前、后室	《南京江宁上湖孙吴、西晋墓》，《文物》2007年第1期	
69	南京北郊郭家山M11	西晋	单室砖墓	《南京市郭家山11号墓发掘简报》，《东南文化》2009年第3期	
70	邓府山墓87YDM30	西晋	双室砖墓；后室	《一九八七年至一九八八年南京邓府山六朝墓群清理简报》，《东南文化》1992年第2期	起券位置较低
71	栖霞仙鹤山西晋墓M7	西晋	双室砖墓；前室	《南京仙鹤山孙吴、西晋墓》，《文物》2007年第1期	
72	江宁板桥杨家山1号墓	西晋	双室砖墓	《江苏南京市板桥镇杨家山西晋双室墓》，《考古》1998年第8期	

续表

编号	墓葬名称	推断时代	墓葬形制及结顶位置	资料来源	备注
73	南京安德门西晋墓 M4	西晋	单室砖墓	《南京雨花台区四座西晋墓》,《东南文化》1989 年第 2 期	
74	江宁殷巷其林村西晋墓 85JYM1	两晋之交	双室砖墓；前、后室	《南京江宁晋墓出土瓷器》,《文物》1988 年第 9 期	
75	1953 年邓府山六朝墓	六朝	双室砖墓；前室	《考古通讯》1955 年第 2 期	
76	江宁谷里墓 2006NJGM1	两晋之交	单室砖墓	《南京江宁谷里晋墓发掘简报》,《文物》2008 年第 3 期	
77	江宁谷里墓 2006NJGM2	两晋之交	单室砖墓		起券位置较低
78	江宁麒麟镇墓 99NJQM1	两晋之交	单室砖墓	《南京市麒麟镇西晋墓、望江矶南朝墓》,《南方文物》2002 年第 3 期	
79	南京高家山六朝 2 号墓	孙吴至东晋初	单室砖墓	《南京高家山的六朝墓》,《考古》1963 年第 2 期	
80	江宁上湖东晋墓	东晋初	单室砖墓	《南京江宁县上湖东晋墓》,《文物》1990 年第 8 期	
81	南京北郊郭家山 M3	咸和元年（326）纪年砖	单室砖墓	《南京北郊郭家山东晋墓葬发掘简报》,《文物》1981 年第 12 期	
82	南京老虎山 1 号墓	永和元年（345）砖志	单室砖墓	《南京老虎山晋墓》,《考古》1959 年第 6 期	
83	南京北郊郭家山 M1	永和三年（347）纪年砖	单室砖墓	《南京北郊郭家山东晋墓葬发掘简报》,《文物》1981 年第 12 期	
84	南京北郊郭家山 M2	东晋早期	单室砖墓		
85	南京北郊郭家山 M4	东晋早期	单室砖墓		
86	南京北郊郭家山 M5	东晋早期	单室砖墓	《江苏南京北郊郭家山五号墓清理简报》,《考古》1989 年第 7 期	
87	南京北郊郭家山 M9	东晋早期	单室砖墓	《南京北郊东晋温峤墓》,《文物》2002 年第 7 期	

续表

编号	墓葬名称	推断时代	墓葬形制及结顶位置	资料来源	备注
88	南京北郊郭家山 M10	东晋早（中）期	单室砖墓	《南京市郭家山东晋温氏家族墓》，《考古》2008 年第 6 期	
89	南京栖霞仙鹤观 6 号墓	东晋早期	单室砖墓	《江苏南京仙鹤观东晋墓》，《文物》2001 年第 3 期	起券位置较低
90	南京象山 7 号墓	东晋早期	单室砖墓	《南京象山 5 号、6 号、7 号墓清理简报》，《文物》1972 年第 11 期	推测为王廙墓
91	南京雨花台石子岗 M1	东晋早期	单室砖墓	《南京市石子岗东晋墓的发掘》，《考古》2005 年第 2 期	出土"孙寔"六面印
92	南京雨花台石子岗 M2	东晋早期	单室砖墓		
93	南京雨花台区宁丹路 M1	东晋早期	单室砖墓	《南京市雨花台区宁丹路东晋墓发掘简报》，《东南文化》2014 年第 6 期	
94	南京雨花台区宁丹路 M9	东晋早期	单室砖墓		
95	南京卡子门东晋墓 M12	东晋早中期	单室砖墓	《南京卡子门东晋墓》，《南京文物考古新发现》第 3 辑，文物出版社，2014，第 81—83 页	
96	南京北郊郭家山 M12	泰和六年（371）陶墓志	单室砖墓	《南京市郭家山东晋温氏家族墓》，《考古》2008 年第 6 期	温式之墓
97	仪征三茅晋墓	上限不过孙吴，下至西晋	双室砖墓；前室	《江苏仪征三茅晋墓》，《考古》1965 年第 4 期	
98	仪征胥浦六朝墓 M70	孙吴	三室砖墓	《扬州胥浦六朝墓》，《考古学报》1988 年第 2 期	并列后室
99	镇江东晋墓 M5（龙山 901 工地 M1）	东晋	双室砖墓；前室	《镇江东晋墓》，《文物资料丛刊》1983 年第 8 辑	
100	镇江东晋墓 M8（磨笄山 M1）	东晋	单室砖墓		
101	宜兴晋墓 M1	元康七年（297）或稍后	双室砖墓；前、后室	《江苏宜兴晋墓发掘报告——兼论出土的青瓷器》，《考古学报》1957 年第 4 期	推测为周处墓

续表

编号	墓葬名称	推断时代	墓葬形制及结顶位置	资料来源	备注
102	宜兴晋墓 M4	永宁二年（302）纪年砖	双室砖墓；前、后室	《江苏宜兴晋墓的第二次发掘》，《考古》1977 年第 2 期	石门；推测为周鲂墓
103	宜兴晋墓 M2	西晋	双室砖墓；前、后室	《江苏宜兴晋墓发掘报告——兼论出土的青瓷器》，《考古学报》1957 年第 4 期	
104	宜兴晋墓 M5	两晋之交	多室砖墓；前、后室	《江苏宜兴晋墓的第二次发掘》，《考古》1977 年第 2 期	推测为周玘墓
105	湖州杨家埠五子墩墓	东晋	单室砖墓	《浙江考古新纪元》，科学出版社，2009，第 214 页	
106	杭州萧山航坞山衙前镇墓 M2	两晋之交	单室砖墓	《浙江萧山航坞山晋墓》，《南方文物》2000 年第 3 期	
107	杭州萧山航坞山馒头山墓 M1	东晋	单室砖墓		

形制、图像与铭文：
北凉石塔设计的文化重构[*]

■ 杨子墨（山东师范大学齐鲁文化研究院）

北凉石塔是我国现存最早的石塔实物，系佛教初传中土时新疆、河西走廊一带信徒广泛使用的一种供养小塔，它们不足一米，由塔座、塔基、塔腹、塔肩、塔顶五部分组成。塔座为方形；塔基呈八面体，阴线刻有护法神王、八卦及发愿文；塔腹圆形或八面，刻《增壹阿含经·结禁品》经文；塔肩作覆钵状，雕七佛与弥勒像；塔顶置多重相轮，五部分形成"佛、法、僧"三宝一塔的供养模式（图1）。这种四方塔座、八面塔身及覆钵塔顶的独特造型，非汉地原有建筑结构样式。针对北凉石塔这种特殊的结构，学界对其"八面塔身"结构进行了探源，一种是以陈晓露为代表的艺术史研究者，他们认为北凉石塔八面体塔身造型起源于犍陀罗。[1] 另一种则是以常青为代表的倡导中土传统文化影响力的学者，他们主张北凉石塔八面体结构是为适应中土八卦而特别设计的。[2] 这些研究结论虽具有一定的依据和针对性，但"北凉石塔是佛教与中国文化相互融合、共存与发展的见证"[3]，仅以源自天竺或中土的两极论，有违异质文化交流、融汇与互动的普遍规律。并且，这种研究只落脚于八面体塔身一个方面，忽视了八面塔身与四方塔座、覆钵塔顶之间的联系，造成了北凉石塔形

---

[*] 本成果得到教育部人文社会科学研究项目"中国早期佛教石塔艺术特征与营建文化研究"（项目编号：20YJC760123）、山东省社科规划研究专项项目"山东碑刻文化遗产数字化保护与研学旅行的融合路径探究"（项目编号：22CLYJ28）资助。

[1] "有的学者认为，八面体结构是为了适应雕刻神王和八卦符号而特别设计的。通过前文的讨论，我们知道八面体佛塔起源于犍陀罗，与八卦无关。"见陈晓露《从八面体佛塔看犍陀罗艺术之东传》，《西域研究》2006年第4期。

[2] "北凉小石塔和当时天竺和中亚地区流行的佛塔形制基本相同，只是下面的八边形台基比较少见，这可能是北凉国为表现八卦以及相关的题材所作的特殊处理。"见常青《中国古塔的艺术历程》，陕西人民美术出版社，1998，第43页。

[3] 杨永生：《酒泉古塔概况及价值述略》，《丝绸之路》2016年第14期。

制完整性研究的缺憾。实际上，综合审视北凉石塔制作中形制、图像与铭文的整体运用规律与关系，对于解读北凉石塔设计依据、构思与价值具有重要意义。这种形制、图像与铭文相互联系的整体观念，亦如贝特朗菲（Ludwig von Bertallanffy）提出的"普通系统论"[1]，即"揭示一定环境下系统整体与要素之间的关系，是对整体与部分关系的深化"[2]。基于此，本文将从石塔形制、图像和铭文三者相互依存的整体出发，具体分析北凉石塔所存在的中西文化重构现象与成因问题，试图解决如下问题：北凉石塔下方上圆、八角塔身的造型从何而来？工匠是如何在八角、圆形环绕式塔身安排造像与铭文的制作位置？北凉石塔的形制、图像与铭文是怎样进行本土化重构的？

一 佛塔西来：从天竺窣堵波到中土北凉石塔

佛塔"起源于印度，非中国本有的观念，但结果仍以中国风格造成成熟的中国特有艺术，驰名世界"[3]。作为佛教信仰传播物质载体，天竺佛塔传入中国有两种方式，一是直传，二是东渐。前者主要通过往来于丝绸之路的商人、使者以及传法高僧、取经僧徒等，他们直接将天竺佛塔样式带入汉地；后者则是佛教东传过程中，佛塔与西域诸国、各民族建筑相融合，在天竺佛塔的基础上加以改造，逐渐形成具有西域地方特色的佛塔样式，并渐次传入中土，重构出具有汉地特色的佛塔形貌。十六国北凉时期属于佛塔东传汉地由初传到鼎盛的过渡阶段，现存佛塔遗迹表现出中西文化的交融性，是佛塔进行汉地本土化的关键期。其中，北凉石塔形制、图像与铭文在借鉴天竺佛塔样式的基础上，进行了系统的汉地再造，凸显了汉地信徒与工匠对佛塔信仰的接受与认识。正如唐仲明在《中原地区北朝佛塔研究》中的总结："北朝佛塔是印度佛塔的特征与汉民族传统风尚碰撞、交融后的崭新产物。"[4]

（一）应物以形：北凉石塔的形制溯源

北凉石塔四方塔座、八面塔身及覆钵塔顶构成其独特的汉地佛塔新样貌。塔顶覆钵结构系早期天竺窣堵波的主要造型

---

[1] ［美］路・冯・贝塔朗菲著，王兴成译：《普通系统论的历史和现状》，《国外社会科学》1978 年第 2 期。
[2] 史杰：《高层住宅建筑太阳能系统整合设计》，同济大学出版社，2012，第 19 页。
[3] 梁思成：《中国建筑史》，生活・读书・新知三联书店，2011，第 8 页。
[4] 唐仲明：《中原地区北朝佛塔研究》，《考古》2016 年第 11 期。

(图2），¹ 它源于上古天竺雅利安人（Aryan）创建的吠陀信仰（Vedism）。雅利安人属游牧民族，尊奉自然天启，他们视天为圆拱的伞盖罩于平整的大地上，并将其作为模仿自然、塑造器物及营造建筑的主要造型对象，雅利安人酋长居住的宅邸、吠陀宗教祭场、耆那教（Jainism）宗教建筑多为覆钵结构。² 此外，早期天竺窣堵波覆钵造型还与佛教典故有一定联系。在佛陀即将圆寂时，他的弟子询问日后如何表示对他的思念，佛陀未语，只将身上方袍铺于地上，半圆形钵扣于袍上，再把锡杖竖立钵上，这成为日后佛教徒营建佛塔的标本。³

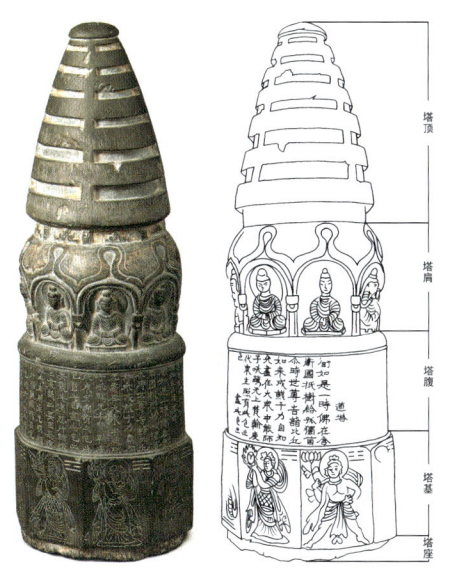

图1 高善穆石塔

[北凉承玄元年（428），甘肃酒泉专署街南巷石佛寺遗址出土，甘肃省博物馆藏，杨子墨拍摄、绘制]

---

1 早期天竺窣堵波自下至上依次有方龛、锥台及刹盖，方龛（Karmic），汉译词密迦，是安奉佛舍利之处。Karmic 起源目前尚不清楚，多数研究人员将梵文单词 Hamming 与之联系在一起，即房子或亭子之意。方龛上设倒置锥台，下小上大，逐层叠涩archcing。锥台上立轮杆与轮盖；塔身外置装饰华丽的浮雕栏楯，栏楯四面中央立陀兰那（Granary），即塔门（牌楼），栏楯及塔门装饰有药叉神、大地母神、那伽王、圣树、伞盖、幡、花、香、金翅鸟、狮子、佛教故事等图像。Gerard Fussman,"Metabolisms of the Buddhist Sputa", *The Journal of the International Association of Buddhist Studies* 2（1986）：42；Wong, WS,"Sputa, Pagoda and Shorten: origin and meaning of Buddhist Architecture", *Abstainer's Conference Paper Series* ARC2014-1094（2014）：5-7.

2 吠陀宗教祭场中铺有覆钵状贯石与草根，亦为覆钵状，祭祀时以右绕行礼。[日]佐原六郎：《世界的古塔》，雪华社，1972，第83—84页；Peter Harvey,"The Symbolism of the Early Sputa", *The Journal of the International Association of Buddhist Studies*（1984）：72. 据现存造像题记："迦腻色伽从恒河盆地回到天竺西北部，就是说，这位伟大的皇帝穿过宽广平坦的乡村，在那里他看到一个漂亮的耆那教窣塔院，他对此深表敬意，因为他把它当作了佛教的窣堵波。"[荷兰] J. E. 范·洛惠泽恩-德·黎乌著，许建英、贾建飞译：《斯基泰时期》，云南人民出版社，2002，第138页。

3 （唐）玄奘、辩机著，董志翘译注：《大唐西域记》，中华书局，2014，第36—38页。

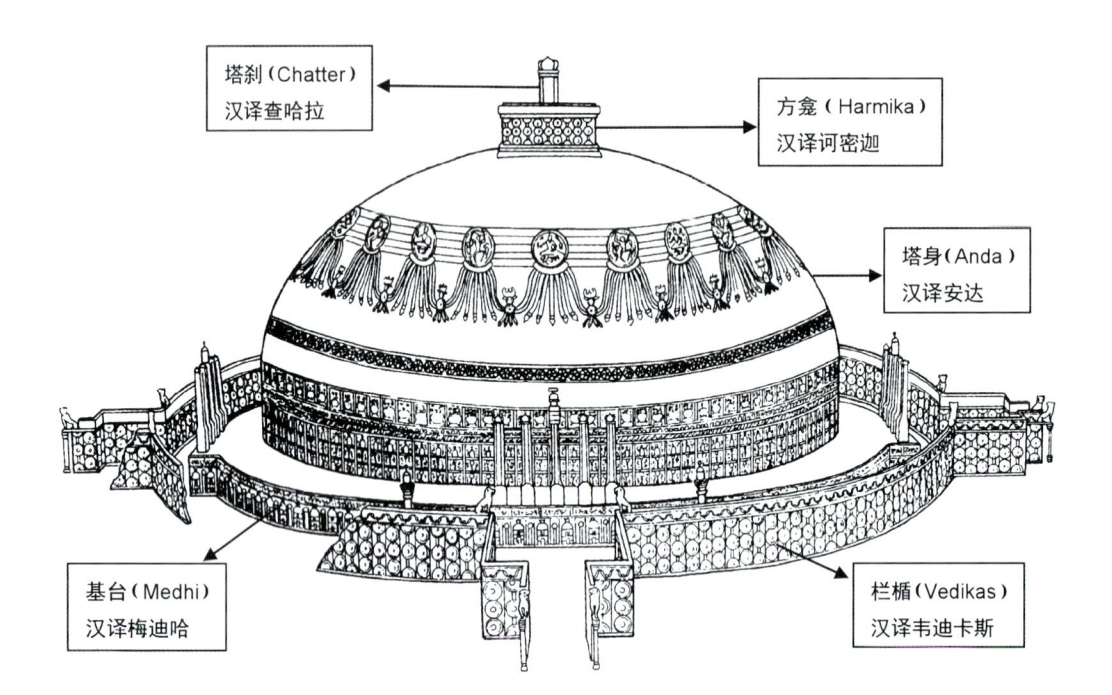

图2 阿玛拉瓦蒂窣堵波线描图

(吕章申:《大英博物馆展览100件文物中的世界史》,北京时代华文书局,2017,第29页)

图3 5世纪摩诃菩提寺浮雕塔纹石板

[5世纪,巴特纳近郊库木拉哈尔出土,巴特纳博物馆藏(Paṭnā Museum),编号4419]

图4 4世纪塔帕·喀兰佛寺八面体奉献塔

(陈晓露:《从八面体佛塔看犍陀罗艺术之东传》,《西域研究》2006年第4期)

图5 2世纪石塔残件
（青石，高4.6厘米，2世纪，新疆楼兰出土，大英博物馆藏，编号MAS.151）

图6 4世纪木质相轮
（木质，高9.8厘米，14级，4世纪，新疆楼兰出土，大英博物馆藏，编号MAS.702）

图7 3—4世纪木塔残件
（檀木，高51.5厘米、宽11.8厘米，3—4世纪，新疆楼兰出土，大英博物馆藏，编号MAS.706）

北凉石塔的四方塔座源于十六国时期传入中土的高台覆钵佛塔样式。天竺最早的四方高台佛塔实物当属阿旃陀石窟（Ajanta Caves）第十窟（公元前1—2世纪）的支提塔（Caitya）。公元1—3世纪是天竺高台覆钵式佛塔的形成期，此时天竺佛塔将传统窣堵波单层塔座改为多层垒叠式，高台有圆形和四方形两种，塔身与覆钵顶纵向延伸，塔顶伞盖演变为多层相轮排叠形式，下宽上窄，塔体装饰大量佛像与佛教故事等内容，以现存于加尔各答印度博物馆的罗里延·唐盖（Loriyan Tangai）奉献塔最为精彩。笈多时期（Gupta Dynasty，约320—540年），高台覆钵式佛塔达到顶峰，塔座以四方结构为主，佛堂取代窣堵波成为寺院核心建筑，塔身高大，分置多层，第一层开设大型佛堂，供奉佛像，僧徒可在佛堂内礼拜世尊，摩诃菩提寺（Mahabodhi Temple）高塔是其代表（图3）。

八角塔身结构为中亚地区首创。据陈晓露《从八面体佛塔看犍陀罗艺术之东传》一文分析，八角塔身最早出现于公元 1 世纪晚期塔克西拉法王塔佛寺（Taxila Dharmarajika）后殿的奉献塔中。公元 4 世纪，在哈达（Hadda）地区塔帕·喀兰（Tapa Kalan）佛寺遗址亦有八面体佛塔，出土时该塔残存塔身与塔座两层，塔座为正方体，塔身呈八面体，塔身及塔座表面浮雕坐佛，坐佛间以科林斯柱分隔（图 4），[1] 这种造型初现北凉石塔样貌。20 世纪初，英国斯坦因（Stein）在尼雅、磨朗、楼兰、黑城子等佛塔遗址处，发现有用泥、石、木制作的供养小塔。楼兰曾出土一件公元 2 世纪的石质塔刹残件，有锥台与四重相轮，锥台饰叠涩横纹，其与相轮间有佛像及鸟兽连接，相轮饰几何半圆弧及圆圈纹一周，为典型的犍陀罗奉献塔塔刹形制（图 5）。公元 4 世纪，楼兰所作相轮层级数量增多，有的甚至多达 14 级（图 6）。楼兰遗址出土的公元 3—4 世纪奉献木塔，塔座正方、塔身圆柱、塔肩覆钵、相轮五重（图 7），与北凉石塔结构基本一致，只是塔身未作八角结构。

（二）图以表意：北凉石塔的图像来源

北凉石塔图像主要有八面体塔基神王像和圆柱体塔肩佛像、菩萨像。佛塔造像是佛教传播佛法的最基本形式，早期天竺佛塔起建即以装饰繁复图像为特色。神王是天竺佛塔图像的表现内容之一，他是守护佛塔的使者，早期天竺佛塔神王选取古印度民间广为崇信的药叉（Yaksa）[2] 天神形象，巴尔胡特和桑奇大塔上的神王，常并列置于塔门两侧。他们有身体扭摆、左手叉腰、右手抬举的药叉女（Yakshi），有站立岩石双手合十的药叉。贵霜时期，天王身体变得高挑挺拔，亦作"S"形身躯，有叉腰的，有手持花果的，有手执武器的，也有双手合十的，他们身着腰裙，并有帛带披肩。这些守护佛塔的使者，在中亚八面体佛塔塔基中常以多身并列形式守护佛塔。

十六国北凉时期，传入汉地佛塔神王装饰沿袭中亚佛塔神王多身并列的排布规律，将一面双神王改为一面一神王布局，分别镌刻四男四女、有老有少的八身造像。《敦煌索阿后石塔》塔座"☶艮像"左侧题有"天神王"，据此题名可推测北凉石塔塔座中刻绘的八位男女造像代表佛教典籍所录的天龙八部护法神王。北凉玄始十年（421）昙无谶所译《大般涅槃经》对诸位护法神王法力、法器及职能

---

[1] 陈晓露：《从八面体佛塔看犍陀罗艺术之东传》，《西域研究》2006 年第 4 期。

[2] 药叉，梵语 yaksa，为印度民间神话的一种半神之灵。佛教将其隶属毗沙门天，为忉利天之鬼类。因长相彪悍、生性勇猛、令人生畏，故佛教列其为护法众神之一。

有详细描述，[1] 殷光明以此认为这八尊神王分别为龙、树、狮、鸟、河、山、火、象神王。[2] 石塔塔座中的八大神王手执法器多有雷同，以三股叉和莲花为主。这些神王袒露上身，下着腰裙，作半人半神像，象征神王由人修炼成神的过程，其手持法器，身旁刻制八卦，预示驱鬼降魔，镇守石塔所在的四面八方。神王的身份，使每位造像头部配有代表光明的圆形头光。他们体态婀娜，出臀扭腰，仍有天竺药叉女的风姿，但诸神的容貌、着装、配饰与发髻均表现出中国本土化倾向。上袒下裙的着装样式与同时期中国西北石窟中的菩萨像完全一致；手持三股叉、身着铠甲的男像，与后代天王像相似；头束高髻、蓄留长须的长者，三撮蓄发的男童，着圆领对襟上衣的女像，穿犊鼻裈的男像，皆为中国世俗人物服饰妆容形象（表1）。

表1	北凉石塔塔座神王像一览[3]							
	☳震长男	☴巽长女	☲离中女	☷坤母	☱兑少女	☰乾父	☵坎中男	☶艮少男
马德惠石塔								

---

[1] 象神王"复有二十恒河沙大香象王，罗睺象王、金色象王、甘味象王、绀眼象王、欲香象王等而为上首，敬重大乘，爱乐大乘，知佛不久当般涅盘，各各拔取无量无边诸妙莲花，来至佛所，头面礼佛，却住一面"（0369a12）；山神王"复有无量阿僧祇恒河沙等世界中间，及阎浮提所有诸山，须弥山王而为上首，其山庄严，丛林蓊蔚，诸树茂盛，枝条扶疏，荫蔽日光，种种妙花周遍而有，龙泉流水清净香洁。诸天、龙、神、干闼婆、阿修罗、迦楼罗、紧那罗、摩睺罗伽，神仙咒术，作倡伎乐，如是等众，弥满其中。是诸山神，亦来诣佛，稽首佛足，却住一面"（0369b06）；河神王"复有阿僧祇恒河沙等四大海神及诸河神，有大威德，具大神足，所设供养，倍胜于前。诸神身光伎乐灯明，悉蔽日月令不复现。以占婆花散熙连河，来至佛所，稽首佛足，却住一面"（0369b13）；鸟神王"复有二十恒河沙等诸飞鸟王，凫雁、鸳鸯、孔雀诸鸟，干阇婆鸟、迦兰陀鸟、鸲鹆鹦鹉、俱翅罗鸟、婆嘻伽鸟、迦陵频伽鸟、耆婆耆婆鸟，如是等诸鸟，持诸花果，来至佛所，稽首佛足，却住一面"（0369a19）；狮神王"复有二十恒河沙等师子兽王，师子吼王而为上首，施与一切众生无畏。持诸花果，来至佛所，稽首佛足，却住一面"（0369a16）；树神王"复有九十恒河沙树林神王，乐香王而为上首"（0369a01）；龙神王"尔时复有九恒河沙诸龙王等，住于四方，其名曰：和修吉龙王、难陀龙王、婆难陀龙王而为上首。是诸龙王，亦于晨朝日初出时，设诸供具，倍于人天，持至佛所，稽首佛足，绕百千匝，而白佛言：唯愿如来，哀受我等最后供养。如来知时，默然不受。是诸龙王，不果所愿，心怀愁恼，却坐一面"（0368c07）。（北凉）昙无谶译：《大般涅盘经》卷一，[日]高楠顺次郎等：《大正新修大藏经》第12册，新文丰出版社，1934，第0374号。

[2] 殷光明：《北凉石塔研究》，财团法人觉风佛教艺术文化基金会，2000，第232页。

[3] 杨子墨绘制，引自殷光明《北凉石塔研究》，第26—55页。

续表

	☳震长男	☴巽长女	☲离中女	☷坤母	☱兑少女	☰乾父	☵坎中男	☶艮少男
高善穆石塔								
田弘石塔								
索阿后石塔								天神王
程段儿石塔								
沙山石塔								
王□坚石塔								

续表

	☳震长男	☴巽长女	☲离中女	☷坤母	☱兑少女	☰乾父	☵坎中男	☶艮少男
宋庆石塔								

值得注意的是，除酒泉程段儿石塔外，其他北凉石塔塔座造像上均刻有与造像对应的八卦符号，有的还在造像两侧题注卦名。酒泉高善穆石塔、敦煌沙山石塔、敦煌索阿后石塔、新疆宋庆石塔所记八卦题名有：☳震长男、☴巽长女、☲离中女、☷坤母、☱兑少女、☰乾父、☵坎中男、☶艮少男，这与《易经·说卦传》："乾天也，故称呼父，坤地也，故称呼母；震一索而得男，故谓之长男；巽一索而得女，故谓之长女；坎再索而得男，故谓之中男；离再索而得女，故谓之中女；艮三索而得男，故谓之少男；兑三索而得女，故谓之少女"[1] 内容完全相符。北凉石塔的题记内容、造像性别、年龄亦与《易经·说卦传》此番记录相符，只是酒泉马德惠石塔题记略有差异，将巽、离、坎、艮四卦中的人物年龄误题为：巽中女、离长女、坎少男、艮仲男。

(三) 文以载道：北凉石塔的铭文起源

刊文于塔，是印度早期佛塔营造的一项内容，通过铭文记录，后人可知佛塔的营建年代、出资人、工匠及出资情况等信息，如公元前 2 世纪中叶巴尔胡特塔门上所刻婆罗米文，记录了该塔由当地贵族、商人、僧尼集体捐赠营建的过程。印度早期佛塔除了在塔身建筑构件上刊刻铭文，在塔身浮雕的图像也刊刻铭文，以作说明。如公元前 2—前 1 世纪，巽伽王朝统治时期的巴尔胡特窣堵波石板造像旁题名 Kadariki，"印度学者巴鲁阿和辛哈将铭文转写为 'Ka□□ari-Ki [narā]'，译为'一段关于坎达里和紧那罗的本生经故事'（[AJātaka-episode of] Ka□□ari and

---

[1] 冯国超译注：《周易》，中华书局，2017，第 424 页。

Kinnar ā）"[1]。由此，后人知道了印度佛教天部护法神祇乾达婆（Gandharva）与紧那罗（Kinnara）的图像样貌。可见，天竺佛塔铭文具有记录说明的功用，传入中土的佛塔也效仿天竺佛塔铭文记录形式，将汉字书刻于佛塔之上。

现存14件北凉石塔中，[2] 有铭文者13件，有明确纪年者6件。铭文主要刊于塔基或塔身部分，较之早期天竺佛塔铭文题记建塔事宜和署名佛像名称外，汉地北凉石塔铭文更加丰富，且形成了固定的表达内容，主要包括佛教经典、发愿铭文、供养人名、造像题名四部分。依据塔铭字数与记录内容，可分少字数和多字数两类。少字数塔铭主要为造像题名，它们刊刻于造像空余的石面上，文字凿刻较为随意；多字数铭文集中于塔基或塔身处，主要涉及佛教经典、发愿铭文与铭辞序文等内容，文字刊刻相对精致。有的会在经文之前作题首，注明造塔人、造塔目的及塔名等信息，例如《酒泉高善穆石塔》经文题首曰"高善穆为父母报恩立此释迦文尼得道塔"，言简意赅地概括出该塔的供养信息。更为详细的发愿造塔铭文主要镌于经文背后，从几十字到百十字不等，主要有造塔时间、造塔人、造塔对象、造塔目的、造塔功德五部分内容，有的还涉及造塔起因、地点与经过（图8）。与天竺佛塔铭文相比，北凉塔铭受汉地世俗志铭文体影响，形成以造塔纪年开始，详细介绍建塔人发愿供养的各项内容的统一模式，是对天竺塔铭文化的汉地再造，也是我国佛教发愿铭文体式定型的标志。

《敦煌岷州庙石塔》塔腹残存两处刻石文字（图9），一处上部为婆罗谜文刻经，下文有汉文译经题刻；另一处为汉字经文，残存11行，仅两行完整。婆罗谜文为古印度文字，最早见于公元前3世纪阿育王石柱铭，它有两种形式：一为驴唇体，即"佉卢"书，从右向左横向书写，主要在印度西北部、巴基斯坦北部、阿富汗东部及中国新疆地区流行；二为婆罗谜体，从左向右横向书写，是现代印度天城文、泰米尔文、孟加拉文、藏文书体的母体来源。该塔所记婆罗谜文，虽不是丝绸之路上的唯一孤品，但是以佛塔刻经形式来记录双语尚属首例。并且，它是中土人士效仿印度佛塔刊铭制度的典型范例，上部效仿天竺婆罗谜文，采用从左向右横向书写，下部汉字则以中国传统从上至下、自右到左的竖排格式。为学者研究梵文提供了可靠资料，体现了佛教早期传播译经活动的一种记录形式，真实见证了十六国时期西北地区中西文化交流的历史。

---

[1] 孙武军：《八世纪前古印度人首鸟身紧那罗图像述考》，《美术与设计》2020年第1期；*Benimadhab Barua. Kumar Gangananda Sinha Barhut Inscriptions*，Calcutta：University of Calcutta，1926，pp. 86-87.

[2] 现存北凉石塔分别为：武威羊下坝乡石塔、酒泉马德惠石塔、酒泉高善穆石塔、酒泉田弘石塔、酒泉白双□石塔、酒泉程段儿石塔、酒泉石塔残件、敦煌索阿后石塔、敦煌沙山石塔、敦煌王□坚石塔、敦煌岷州庙石塔、敦煌□吉德石塔、吐鲁番小石塔、新疆宋庆石塔。

图8 酒泉田弘石塔塔腹铭文
［残存23行，除个别行9字，其余每行7字，北凉承玄二年（429），甘肃酒泉专署街南巷石佛寺遗址出土，甘肃省博物馆藏，杨子墨拍摄］

图9 敦煌岷州庙石塔塔腹铭文
（残存11行，每行13字，北凉，甘肃敦煌岷州出土，敦煌研究院藏，唐大华拍摄）

二 文化重构：北凉石塔的汉地本土化

佛教初传中土，佛塔是宣扬佛法的重要宗教建筑。建造什么样的佛塔，装饰什么样的图像，刻制什么样的铭文是汉地工匠最初探索的任务。中国传统楼阁、密檐、亭阁式建筑采用仿木殿式结构，以木材为主，石材建塔出现较晚，且形制较小，这与两汉天竺及西域石刻制作技术的传入不无关系。北凉石塔作为中国早期佛塔遗存，其形制、图像与铭文除了借鉴天竺及西域佛塔规制外，还进行了汉地本土化重构。正所谓儒家《中庸》思想所说的"道不远人"，佛教思想若想深入中国文化，必须要潜入中国本土民众及汉族文化中。

（一）手卷化：北凉石塔的刊刻规制

北凉石塔形制、图像与铭文采用中国传统手卷形式，以圆形环绕样式将图像、铭文布局于八面或圆形塔身中。中国手卷形式的初始可追溯于春秋战国时期的竹木简牍，简牍以绳线编连成册，书写或查阅时自右向左展开，收存时从左向右卷起。两汉魏晋时期，随着书画载体缣帛和纸张的使用与普及，横式卷轴书画作品逐渐出现。十六国时期，河西、新疆一带的北凉石塔依照天竺覆钵造型，结合中土手卷书画形式亦在八面体或圆柱体塔身刊制铭文与佛像。这些铭文主要有刻经和发愿文两种类型，石塔外形刊制好后，再由专门镌刻经文的工匠制作，这一部分与塔身佛像同步刊刻完成；发愿文则为日后供养人捐资请供，依据供养人实际身份、需求及发愿进行刊刻。面对八面体或圆形环绕式塔基或塔身，工匠是如何安排经文起首位置与图像布局的呢？

北凉石塔经文主要刊于塔基或塔身处，经文取自《增一阿含经》卷四二《结禁品》中十二因缘部分，从"闻如是"开始,到"欢喜奉行"结束。其中,起首"闻如是"刊刻位置与八面塔基所作佛教护法神王、八卦符号和卦名相吻合。北凉石塔的八卦题名及八面体形制设计采用"后天八卦方位"说,[1] 它以生物春、夏、秋、冬四时生长收藏为模型,震主居东主春,象征万物萌生,为卦象的起始。[2]《酒泉马德惠石塔》《酒泉高善穆石塔》《酒泉田弘石塔》《敦煌沙山石塔》《敦煌王□坚石塔》《新疆宋庆石塔》"十二因缘"经文的"闻如是"部分即起于"☳震长男"对应的卦象。

北凉石塔经文起首还与塔腹造像相呼应。现存北凉石塔开龛造像有佛像和菩萨两类,基本呈七佛一菩萨组合,造像继承印度犍陀罗坐姿七佛与交脚弥勒菩萨造像设计形式(图10),七佛由过去六佛和现世释迦牟尼组成,弥勒菩萨代表未来佛,此八尊佛象征佛教教义中"过去、现在和将来一切诸佛",是对佛教三世论的普及与宣传。石塔经文起首"闻如是"对应过去佛之"维卫佛",系过去之第一佛,在交脚弥勒菩萨像顺时针的右侧。经文自此顺时针刊制剩余部分,止于现世佛释迦牟尼,即交脚弥勒菩萨像的左侧。由此,北凉石塔集刻经、卦名与造像为一体,展现了十六国时期西北地区佛教信徒对于三世论佛教教义的认识。此时,佛教进入末法时期,弥勒作为未来佛,其现世为菩萨,下世将转生为佛,人们对于弥勒菩萨可以继佛陀之后、出世成佛的说法寄予无上憧憬,表现出信徒对佛法轮回更迭永生信念的迫切。

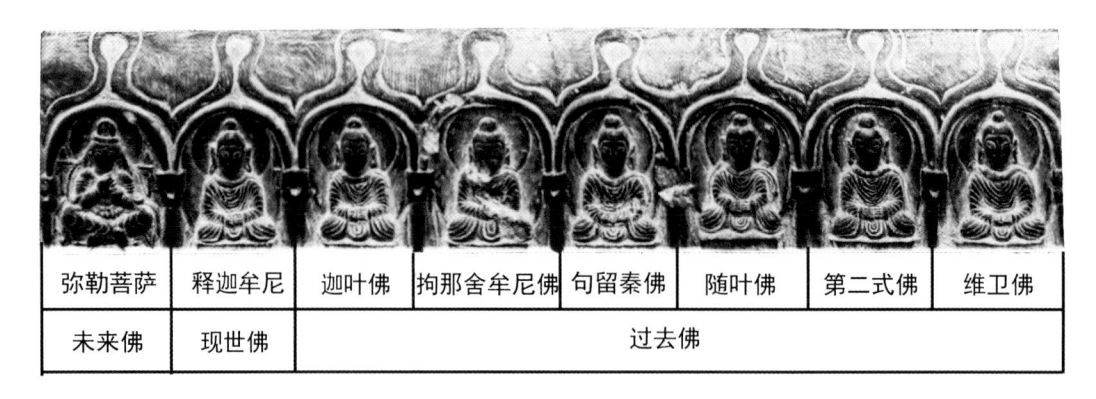

弥勒菩萨	释迦牟尼	迦叶佛	拘那舍牟尼佛	句留秦佛	随叶佛	第二式佛	维卫佛
未来佛	现世佛	过去佛					

图10 高善穆石塔浮雕七佛—弥勒菩萨造像

[青石,高44.6厘米、底径15.2厘米,北凉承玄元年(428),甘肃酒泉专署街南巷石佛寺遗址出土,甘肃省博物馆藏,杨子墨拍摄、绘制]

---

1 "《说卦传》中对八卦有两种排列方法,即所谓'先天'和'后天'的排列。'先天'和'后天'之说,是北宋邵雍继承汉代易学提出的,其先天易学之先天,指伏羲所画之易,即先于《周易》而有者,后天又指与此相对的文王之易,即后于伏羲易的《周易》经文。"殷光明:《北凉石塔上的易经八卦与七佛—弥勒造像》,《敦煌研究》1997年第1期。

2 田合禄:《八卦与河图洛书破译》,山西人民出版社,1991,第26页。

由此可见，塔基处的经文起首"闻如是"、卦象"☳震长男"和塔腹的过去佛"维卫佛"处于同一纵坐标上，它们形成观像、诵经的起点，遵照佛教右绕行礼的顺时针供塔模式，是中国传统手卷收展原理使然，具有极强的可操作性与规范性。如若将其以全形拓形式展示（图1），即如同对北凉石塔的平面展开，其形、图、文形成规矩的扇形，起止明晰，体现了中土工匠制作从立体到平面的转换智慧。

（二）整体化：北凉石塔的制作宗旨

依据前文对北凉石塔的溯源，发现四方塔座、八面塔身及覆钵塔顶均与天竺或西域佛塔密切相关。但这些元素并非为异地独有，在汉地传统文化中也具有相同的造物观念意识。佛塔作为异质文化建筑来到中国，汉地信徒在吸收借鉴域外民族文化的同时，立足汉族传统审美观念和文化根基，在原有建筑形式上进行合理的取舍与改进，形成具有东方特色，能被中土民众所接受的样式。这种现象，是佛教适应中国本土固有审美、习俗，进行衍变革新的传法策略。佛教之所以在中国流行并广为民众接受，也恰恰因为佛教文化中有与中国本土文化相契合的信仰基因。此与陈寅恪在《王观堂先生挽词并序》所论原因相同，"佛教流传播衍盛昌于中土，而中土历世遗留纲纪之说，曾不因之以动摇者，其说所依托之社会经济制度未尝根本变迁，故犹能藉之以为寄命之地也"[1]。北凉石塔的形制、图像与铭文亦遵循这种规律，共同表现汉地宇宙空间观念与传统文化理念。

图11 高善穆塔塔顶北斗七星图
[北凉承玄元年（428），甘肃酒泉，杨子墨拍摄]

图12 凌家滩新石器时期玉版
（玉石，长11厘米，宽8.2厘米，新石器时期，安徽马鞍山含山县铜闸镇凌家滩村出土，编号87M4：30，故宫博物院藏，见安徽省文物考古研究所《凌家滩——田野考古发掘报告之一》，文物出版社，2006，图版二〇：1）

---

[1] 陈寅恪：《王观堂先生挽词并序》，《陈寅恪文集之一·寒柳堂集·寅恪先生诗存》，上海古籍出版社，1980，第6—7页。

由天竺传入中土的北凉石塔塔座正方、塔顶覆钵形成典型的"天圆地方"空间模式，此模式是中国古代最为原始、朴素的空间观。相传最早由上古伏羲氏创立，后被周公沿用，周人作志，故称"周髀"，其云"天员（圆）如张盖，地方如棋局"[1]。这种空间观成为中土传统造物理念，被广泛运用于建筑、雕塑等器物中，外方内圆的玉琮、式盘、日晷，外圆内方的钱币、辟雍、明堂、规矩铜镜，上圆下方的宫室、陵墓与石碑，各类器物造型在方圆间相互转变。北凉石塔塔顶覆钵表示天穹，有的还将日、月、星辰刻绘其上，以构成完整的宇宙天穹系统。

北凉石塔除了以形制表现汉地的宇宙观，还在塔身雕饰图像与铭文进一步说明时人的宇宙时空观。北凉承玄元年（428）《酒泉高善穆石塔》由僧师昙摩监制，塔顶中央刻制北斗七星图（图11），其斗柄指向塔座八卦中的坎卦，《周易·说卦传》云："坎者，水也，正北方之卦也。"[2] 据此《说卦传》中坎卦方位与西汉孟喜"卦气说"相对照，并将八卦配以十二个月份，由此得知：坎卦应为子时，十一月，属冬至，正北方。可见，师僧昙摩在督导此塔雕制时将北斗七星斗柄指向坎卦，指明造塔为我国北方河西走廊的地理方位，而坎卦所示的十一月却与该塔实际建塔时间"戊辰四月"相冲突。殷光明认为此十一月象征佛教末法的黑暗阶段，子时正契合佛陀涅槃"中夜"的时间。北斗七星斗柄恰与塔腹七佛中释迦牟尼佛同一方向，在金刚法界中北方代表涅槃之位，这预示虽然现世末法阴气至极，但阳气已孕，未来佛即将出世的愿望。[3]

另外，北斗七星是中国本土道教最为崇信的宇宙星辰之一，道教信徒认为其主宰人间祸福，形成拜斗之术。施法时方士不仅绘制北斗七星图示，还书写符咒，以作"厌胜"祓襏邪魔，并在民间广为流传。佛教初传中土借鉴道教模式，以舍利灵异、咒语祛魔、密术治病的方式赢得民众的信赖。所以在北凉石塔设计中，师僧会引导工匠在塔身上刻制与道教有关的图像与铭文内容，例如北斗七星、八卦符号及卦名，目的并不是宣扬道教，而是为了博得人们对于佛教的认可。

从建筑构造上看，八角形是对覆钵形的转变，它更容易建造成圆形环绕结构。八角在中土传统的宇宙空间观中具有特殊的象征意义。20世纪80年代在安徽省马鞍山市含山县凌家滩出土的新石器时期祭祀占卜玉版（图12），在长方形玉版中央刻制两个同心圆，内圆以横纵"十"字结构构成"四方八角"纹，外圆与内圆之间等距环绕八条圭形带纹，分别指向八个方向，外圆转角处又置四条圭形带纹，

---

[1]　（唐）房玄龄等：《晋书》，中华书局，1974，第279页。

[2]　冯国超译注：《周易》，第421页。

[3]　殷光明：《北凉石塔研究》，第180—181页。

玉版边缘处散列镂空圆点一周。玉版中纵横相间的带纹代表宇宙空间的"四面八方",方象征地,圆代表天,内圆指"天极"[1],这便构成了中土先民最为朴素的宇宙天体纲要。内圆中的"四面八角纹"[2],被广泛使用于中国长江中下游、东部沿海及江淮之间的史前陶质盘、钵、纺轮等器物装饰图纹中。[3] 这种"八角"既象征天极,也代表"八方",是中土"八卦"的源头。据冯时考证,僮族现存有八角与八卦相配的传统图案,彝语中"八卦"称为"八角"[4]。受中土八角传统文化的影响,师僧在北凉石塔的设计制作中,将天竺八角塔身、佛教教义与中土"八角"造物观念进行结合,于塔身八面分别刻制护法神王、八卦符号与卦名,形成石塔造像题记的北凉模式。

(三) 政治化:北凉石塔的宗教使命

北凉石塔铭文作为文字表现,除了具有一定的汉字艺术审美与记录石塔供养制作的客观信息外,还在发愿铭文中进行广泛的政治宣讲,具有重要的宗教政治意义。儒家文化是中华民族传统文化中的根基,其宣扬的宗族伦理道德是佛教在中国传播发展中无法规避的障碍,宗族观是佛教在中国传播遇到的第一个阻力。外来的佛教信仰要想让中国民众接受,首先要融入宗族家庭中。于是,北凉石塔以刊刻铭文祈愿父母或七世祖先永脱苦难、早入西天、面佛悟道、即刻成佛,例如《酒泉马德惠石塔铭》有"马德惠于酒泉西城立为父母报恩",《酒泉高善穆石塔铭》有"高善穆为父母报恩立此释迦文尼得道塔",《酒泉白双□石塔铭》有"七世父母、兄弟、宗亲舍身受身值遇弥勒"等。佛教修行中的剃发出家有违中国宗族孝亲繁衍的伦理道德,信徒根据佛法三世因果、六道轮回中子孙与七世父母的关系,以子孙求助佛法为祖先发愿祈福的方式,取意于中国宗族家庭的孝道观。佛教信徒对七世祖先的追福,是对先祖转世命运的惦念与期盼,这远比儒家孝道报恩更为彻底。

家族中最基本的单位是家庭,家庭由男女夫妇组成,然后育有子女。中国传统的纲常伦理关系:天地间有男女长幼人伦之分、父母子女之别、君臣之礼、父子之

---

1 (汉)王充:《论衡》,上海人民出版社,1974,第168页。
2 有关"四方八角"图案,学界多有研究,冯时先生认为:"这种特殊八角纹图案很容易与太阳加以联系,其中指向四方的八角可被认为象征太阳的光芒。"冯时:《中国天文考古学》,中国社会科学出版社,2017,第509页;李新伟先生认为此"四面八角纹"也称为"八角星纹",为"芒星","是人们想象中的天极形态而非极星的代表"。李新伟:《中国史前陶器图像反映的"天极"观念》,《中原文物》2020年第3期。
3 "四面八角纹"主要出现于江苏苏州澄湖出土的良渚文化黑陶壶刻画陶文、江苏苏州同里出土的崧泽文化陶器刻画符号、安徽马鞍山凌家滩出土的玉鹰和纺轮刻画符号、山东泰安岱岳出土的大汶口文化彩陶纹饰、湖南常德安乡县出土的汤家岗文化陶盘底部纹饰等。
4 "僮族传统图案中存留的八角纹样明确显示了八角与八卦的联系,这一特点在彝族文化中甚至被表现得更为直接,因为彝族的'八卦'正称为'八角'。"冯时:《中国天文考古学》,第510页。

道。这种天地间父母儿女的伦理关系在十六国北凉时期的酒泉马德惠石塔、酒泉高善穆石塔、敦煌沙山石塔、敦煌索阿后石塔、新疆宋庆石塔等八大神王像的长幼、性别及八卦题名中均有展现。另外，酒泉高善穆石塔发愿文中题有"报恩欢喜五义"，"五义"即"五常"，指父义、母慈、兄友、弟恭、子孝，这进一步将儒家倡导的伦理思想在石塔中进行宣扬。

十六国时期，是王权至上的时代。儒家所倡导"忠孝"的君臣关系，赋予了君王至高无上的权力与威严，作为外教的佛法若想顺利传播壮大，能否得到君王的支持与接受则起到决定性作用。作为用于私人供养的北凉石塔，虽然并未得到君王资助，但都会在塔铭中对君王进行祈福，祝愿享祚无穷、福庆久远、国祚永康，以示其忠。例如《酒泉白双□石塔铭》有"愿此福报使国主、兄弟善心纯熟兴隆□"，《敦煌索阿后石塔铭》有"此塔各为父母、师长、君王国主及一切众生，愿共成最正觉"，《敦煌王□坚塔铭》有"此塔各为父母、师长、君王国主及一切众生，成最正觉"。

三　中土造物：北凉石塔设计文化重构的成因

北凉石塔为中国现存年代最早、保存数量较多、形制较为完整、造型装饰最为独特繁复的佛塔类型之一。作为佛教供养器物，它是信徒用于纪念佛陀精神不灭的物质载体，凝结了永恒的庄严信仰。它的形制、图像与铭文的设计理念融汇了中西多元文化要素，并以汉地造物原理进行文化重构，究其原因是十六国时期河西地区特殊的时代地理环境所造就的文化多元和本土信仰使然。

（一）地域文化：北凉河西地区文化多元性

河西走廊地处甘肃省西北部，乃中土东西交通咽喉，其地广物博、气候温和、水草丰沛，是西北地区难得的绿洲之地。《汉书·地理志》载："地广民稀，水草宜畜牧，故凉州之畜为时天下扰乱，惟河西独安，而姑臧成为富邑，通货羌胡，市日四合，每居县者，不盈数月辄致丰积天下饶。保边塞，二千石治之，咸以兵马为务酒礼之会，上下通焉。吏民相亲，是以其俗风雨时节，谷耀来常贱，少盗贼，有和气之应，贤于内郡。"[1] 西晋永宁元年（301），汉人张轨出任护羌校尉、凉州刺史，稳固河西时局，使其成为西晋永嘉之乱时北方相对安定的地区。到张骏、张重华父子统治的前凉时期，河西疆域达到极盛，之后后凉、北凉、南凉、西凉与前秦政权均保持平稳局势，宽松稳定的社会环境不断吸引周边地区民众涌入河西，汉族、卢水胡、鲜卑、氐、羌、粟特、乌

---

[1]　（汉）班固：《汉书》，中华书局，1962，第1645页。

孙、吐谷浑、党项等民族都曾生活于此，从事农、牧、商等不同生活，它是我国重要的民族汇聚地与文化交融带，也是"丝绸之路"中西贸易往来的必经之地，"各民族交融使得河西走廊的民族文化呈现出显著的多元性，这些内容丰富、特质迥异的多元民族文化的产生既不是偶然的产物也不是孤立的存在。历史上的河西走廊是许多民族的汇聚区，各民族文化既在这里接触、碰撞、整合，也在这里交流、辐射、扩散，在各种民族文化的'东学西传'和'西学东渐'中，本土民族文化不断吸收来自西域各地、印度和波斯湾等地的外来民族文化，共同书写了河西走廊丰富多彩、多元共生的多民族文化交融史，形成了多元统一、兼容并包的河西走廊多元民族文化"[1]。河西走廊这种内外各民族文化交流的地域文化状况，形成了北凉石塔形制、图像与铭文中西文化交融的特征。

（二）汉学传统：北凉河西地区汉族文化与儒学影响

在河西多民族杂居的环境中，汉族影响最大。"永嘉之乱，中州之人士避地河西"[2]，中州士族的避难移居与河西本地汉族民众的发展，推动了十六国河西地区汉族文化与儒学思想的传播，此时不仅出现了郭瑀、张骏、刘昞、阚骃等儒学文化世家，内迁的少数民族也倾慕汉风，投身儒学，进行政治、军事、生活等方面的汉化革新，形成河西儒学空前兴盛繁荣。陈寅恪评价河西儒学："惟此偏隅之地，保存汉代中原之文化学术，经历东汉末、西晋之大乱及北朝扰攘之长期，能不失坠，卒得辗转灌输，加入隋唐统一之混合之文化，蔚然为独立之一源，继前启后，实吾国文化史之一大业。"[3] 十六国时期域外僧人传法进入河西，此地所推崇的汉文化与儒家伦理道德是佛教传播首要解决的问题。于是，北凉石塔的设计在借助中亚八角塔座的基础上，融入中土八卦符号及具有中土风貌的神王像，并在发愿塔铭中题刻有对父母、七世祖、兄弟及宗亲的祝福祈愿语句，以迎合十六国河西地区世人对汉学儒风的推崇。

（三）建塔之人：北凉石塔制作者与供养人的复杂性

依据塔铭记录可知，十六国时期河西地区参与建造北凉石塔的人有男女之分，有僧俗之别，也有胡汉之异，石塔由官员或百姓发愿起造，师僧督检。师僧可自由行走于民间宣扬佛法，并协助指导建造佛塔事宜。北凉石塔的督导者——师僧，多为域外来华传法僧人，他们精通佛法与汉学。酒泉高善穆石塔、

---

[1] 宁军：《河西走廊多元民族文化交融方式探析》，《西南民族大学学报》（人文社会科学版）2018年第9期。

[2] （宋）司马光：《资治通鉴》卷一二三，中华书局，1956，第3877页。

[3] 陈寅恪：《隋唐制度渊源略论稿》，商务印书馆，2011，第121页。

敦煌索阿后石塔、敦煌王□坚石塔三塔分别由休息昙摩、尚襄、昙智、法定参与监制，其中敦煌地区的索阿后石塔、王□坚石塔二塔由昙智、法定共同制作。昙智在《高僧传》卷一三《经师第九》中有其生平记录，他擅长读经，与河西高僧道朗齐名。[1] 除了督导建塔的师僧为域外人，北凉石塔的供养人多为在家皈依三宝、受持五戒的汉族居士筹建，酒泉白双□石塔、敦煌索阿后石塔均题有"清信士"，且为多人合资、家族集体建造。家族共同建塔者，主要依靠亲缘关系组成的造塔人群体，这类供养人群体少则一家两口，多则"合家"数十口，如酒泉高善穆石塔"高宝合家妻息共成此塔"。这样，北凉石塔的供养人就形成汉地本土的集体筹建组织，他们具有浓厚的汉地文化传统，制作石塔的工匠也秉承本土文化与工艺制作传统。基于此，北凉石塔多元的造塔群体，在推动佛教异质文化传播的同时，逐渐形成一种共同的意识，并在汉地工匠制作的传统技术与文化审美中逐渐涵化演变，形成具有中西文化合璧特征的北凉石塔模式。

结　语

十六国北凉石塔是佛教东传中土，佛教文化传播载体在中土社会风俗及文化冲击下，进行涵化创新造物的一个缩影。针对北凉石塔的解读，"对于我们认识河西地区佛教思想艺术的中国化具有重要意义"[2]。通过梳理北凉石塔形制、图像与铭文从天竺到中土的文化重构过程，可以得出如下结论：第一，北凉石塔设计依天竺佛塔样式，结合本土"天圆地方""八角"造物观念及传统书写习惯，形成覆钵塔顶、四方塔座与八角塔身的结构模式，在此形制模型中图像与铭文则进一步深化中土"天圆地方"的宇宙空间观、八卦方位观及手卷式书刻文化，三者形成统一的汉地造塔观念：形为体、图为意、文为涵。第二，北凉石塔将中西文化与佛教建筑融合一身，形制成为固定的表现模式，并影响图像与铭文的表达。图像、铭文以微观的形式呈现于塔身中，具有鲜明的本土化特色。塔身护法神王的中土世俗人物服饰妆容形象，八角塔基的八卦符号，塔顶的北斗图像以及塔铭中对七世先祖的祈福等内容，再现了佛塔对中国儒、道及本土文化的观照。第三，十六国北凉石塔是佛教东传中土，佛教文化传播载体在中土社会风俗及传统审美冲击下，进行涵化创新造物的一个缩影。它表面上是中西建筑的重构，实际上体现了中西

---

[1] （梁）释慧皎著，朱恒夫、王学钧、赵益注译：《高僧传》，陕西人民出版社，2010，第783页。

[2] 暨远志：《北凉石塔所反映的佛教史问题》，载甘肃省敦煌研究会《炳灵寺石窟学术研究会论文集》，甘肃人民出版社，2003，第287页。

文化碰撞时中土民众的造物精神与接受态度，即坚守传统和涵化创新。中土先民尚礼厚古，当域外新造型、新思想来到中土后，中土民众大胆地接受其造物模式，努力寻找异质文化与中国传统文化之间的联系性与共通性，在秉承中国传统造物基础上，尊重异域文化元素进行中西文化重构，体现出古人包容、创新与坚守的造物精神。

附记

本文图版得到浙江大学谢继胜教授、山东师范大学燕生东教授、中国人民大学陈晓露副教授、古建筑研究者唐大华先生、扬州大学美术与设计学院杨静教师、苏州大学鲍月博士的鼎力帮助，在此谨表谢忱！

四

图像研究

汉晋伯牙弹琴图像及相关问题

■ 庞　政（四川大学考古文博学院）

　　两汉魏晋时期的考古材料中出现了大量的伯牙弹琴图像，广泛地分布在长江流域和西北河西地区，图像表现形式基本一致，学界一般将此类图像认定为表现伯牙弹琴的故事画面，且有学者已注意到该图像与神仙信仰的关系。[1] 此外还有学者着重探讨了河西魏晋墓葬壁画中"伯牙弹琴"图像的渊源，认为其与长江流域的同类题材关系密切。[2] 本文拟在更为全面收集材料的基础上，在既往研究之上提出一些新的认识，望学界同人指正批评。

一　汉晋时期的伯牙弹琴图像

　　汉晋时期的伯牙弹琴图像以汉末魏晋时期出现在长江中下游地区铜镜上的为最多，且多带有铭文，对于图像性质的判断最为准确，故先简要梳理相关带有铭文的铜镜材料，之后便可根据图像格套梳理存在于不同年代和不同介质中的伯牙弹琴图像。

（一）铭文铜镜中的伯牙弹琴图像

　　出现伯牙图像的铜镜多带有铭文，明确提到"伯牙弹琴"，有些还有纪年，有利于确定图像的流行时间。此外还有一些铜镜的铭文中提到"伯牙"，但未出现"伯牙"图像，这类材料不是本文研究的重点。由于此类铜镜数量众多，表现形式大同小异，不必一一梳理，以具有代表性的几例铜镜为重点对此类材料进行介绍。

　　伯牙弹琴图像广泛出现在东汉末至魏晋时期的各类神兽镜中，较典型的如浙江余杭出土的一枚东汉半圆方枚重列式神兽

---

[1] ［美］巫鸿：《礼仪中的美术——巫鸿中国古代美术史文编》，郑岩、王睿编，郑岩等译，生活·读书·新知三联书店，2005，第181页；郑岩：《魏晋南北朝壁画墓研究》（增订版），文物出版社，2016，第137、206页；王中旭：《敦煌佛爷庙湾墓伯牙弹琴画像之渊源与意义》，《故宫博物院院刊》2008年第1期。

[2] 王中旭：《敦煌佛爷庙湾墓伯牙弹琴画像之渊源与意义》，《故宫博物院院刊》2008年第1期；方笑天：《似与不似之间——河西魏晋壁画墓中的"伯牙弹琴"与"李广射虎"》，《美术观察》2018年第1期。

镜（见图1-1），直径9.9厘米，圆钮，圆钮座。主纹三段，上段三人，中为一弹琴者（见图1-2）。中段二神，侍者分置两侧。下段中部为一神人，两侧各一神兽。半圆方枚十，方枚内有铭文："吾作明（镜）福富贵乐安师命。"缘部内区铭文有："吾作明镜，幽谏三商，雕刻极无，配像疆万，伯牙乐举，众神容见，百福存并，福禄从是，富贵延□，子孙番昌，曾年（益寿）。"[1] 结合铜镜铭文可知，上段中的弹琴者当是伯牙。

1

1

2

2

图1 浙江余杭出土的半圆方枚重列式神兽镜
[采自王士伦、王牧编《浙江出土铜镜》（修订本），图版40]

图2 绍兴县出土的重列式神兽镜
[采自王士伦、王牧编《浙江出土铜镜》（修订本），图版41]

---

1 王士伦、王牧编：《浙江出土铜镜》（修订本），文物出版社，2006，第220页。

造。"1 根据铭文可知，下段弹琴者应该是伯牙。

再如建安十年（205）重列式神兽镜2（见图3-1），1954年安徽芜湖出土，圆钮，圆钮座。五段重列式神兽镜，第一段一神，左右两侧各有一凤，外侧为一凤一侍者。第二段四人，中间二神侧身对视，左者弹琴，右者似在倾听（见图3-2）。第三段四神。第四段二神，两侧各一兽。第五段一神。圈带铭文："吾作明竟，幽涷宫商，周罗容象，五帝三皇，白（伯）牙单（弹）琴，黄帝除凶，朱鸟玄武，白虎青龙，建安十年，造作大吉。"铜镜图像中的弹琴者应该是伯牙。类似的神兽镜还见于湖北鄂城等地。3

以上就是典型的带有伯牙图像和铭文的神兽镜，伯牙弹琴图像多出现在东汉晚期的神兽镜中，有些延续至西晋时期，尤以五段式神兽镜为多，此外在三段式和对置式神兽镜中也有发现，数量较少。地域上，此类铜镜多发现于长江中下游的湖北鄂州、安徽淮南和江浙等地区。一般来说，神兽镜中的伯牙弹琴图像，多由三人组成，第一人为伯牙，肩生羽翼。第二人似在听琴，第三人为作侧身状的侍者。几乎所有的铭文中均只出现了"伯牙"，说明图像的重点是在伯牙，而非伯牙身旁的听琴者或侍者。

图3 安徽芜湖出土的重列式神兽镜
（采自中国青铜器全集编辑委员会编《中国青铜器全集·铜镜》，图版六七）

又如绍兴县出土的东汉建安十年（205）重列式神兽镜（见图2-1），直径14.8厘米，半圆钮，连珠纹钮座。上下分为三段，上段四神，中段两神三兽。下段三人两兽，中有一人正在弹琴（见图2-2）。铭文："吾作明镜，幽涷宫商，周罗容象，五帝天皇，白（伯）牙弹琴，黄帝除凶，朱鸟玄武，白虎、青龙，服者豪贵，延寿益年，子孙番。建安十年

1　王士伦、王牧编：《浙江出土铜镜》（修订本），第220页。
2　中国青铜器全集编辑委员会编：《中国青铜器全集·铜镜》，文物出版社，1998，图版六七。
3　湖北省博物馆、鄂州市博物馆编：《鄂城汉三国六朝铜镜》，文物出版社，1986，第11页。

根据上述带有铭文的伯牙弹琴图像，经过梳理对比，伯牙弹琴图像早在西汉铜镜和漆器上出现，但尚未引起学界的关注。之后在东汉时期四川等地的画像石、画像砖和汉阙上多有发现，西晋河西敦煌佛爷庙湾墓地的壁画砖中也发现有多组图像，汉晋时期最晚的一例发现于南昌东晋墓葬出土的漆盘之上。

图 4　西汉早期人物画像镜

(采自李银德、孟强《试论徐州出土西汉早期人物画像镜》，《文物》1997 年第 2 期)

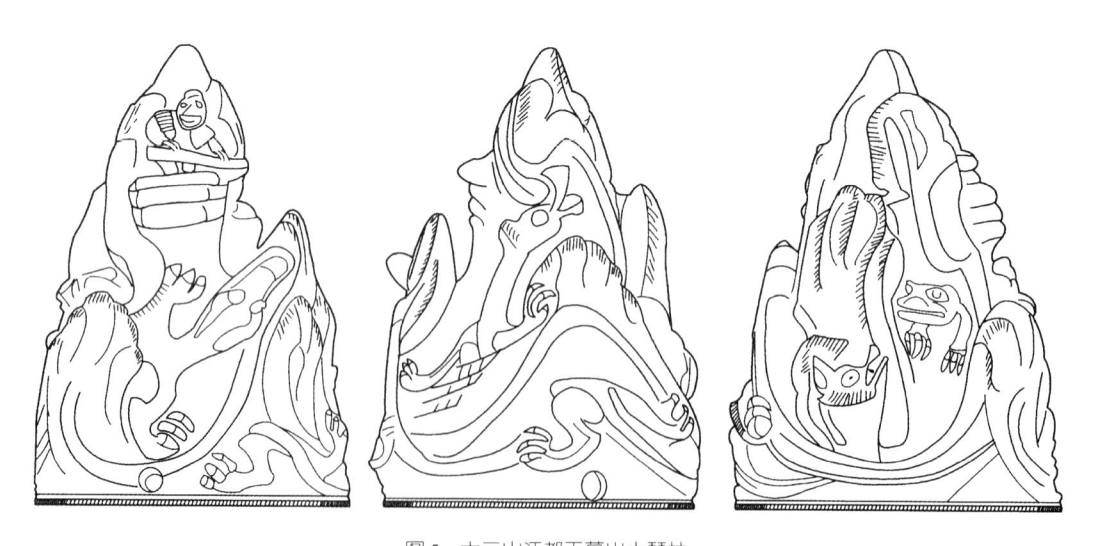

图 5　大云山江都王墓出土琴枘

(采自南京博物院编《长毋相忘：读盱眙大云山江都王陵》，译林出版社，2013，第 201 页)

1. 漆奁盖侧花纹展开图

2. 伯牙弹琴图案

图 6 江苏邗江姚庄 M101 出土漆奁

(6-1 采自陈振裕主编《中国古代漆器造型纹饰》,湖北美术出版社,1997,第 354 页;6-2 采自扬州博物馆《江苏邗江姚庄 101 号西汉墓》,《文物》1988 年第 2 期,图版陆)

1. 漆盘照片　　　　　　　　　　　　　　　2. 漆盘线图

图 7　南昌火车站东晋墓 M2 出土漆盘

(采自《中国音乐文物大系》总编辑部编《中国音乐文物大系Ⅱ》，大象出版社，2009，第 95 页，图 2-1-4a、b)

（二）铜器装饰中的伯牙弹琴图像

1. 宛朐侯刘埶墓出土西汉画像镜[1]

江苏徐州西汉宛朐侯刘埶墓出土一面西汉早期人物画像镜（见图 4），随葬于墓主腰部，直径 18.5 厘米，下葬年代为景帝三年（前 154）或稍后，铜镜的年代大致相同。该镜为龙龟合体钮，圆钮座，座外为四条龙。主体纹带宽 3.5 厘米，主纹为人物画像，画像间均有地纹。画像可分为四组，每组内容完全相同，以高大树木相间隔。每组图像的中心是以不规则菱形构成的纹饰表示山峰，共有三座，三山之上有一组三人，中间一人，置琴于膝上，双手抚琴。右侧一人，双手上举，作和弦击节状，应为听琴者。左侧一人，拱手侧身，双膝跪地。画面右侧为二人相对拱手而立，二人皆戴冠着袍，似在交谈。画面左侧有一树，树下有一人一虎。三座山峰的右侧有一人骑在龙上，龙昂首咆哮，四足蹬地，似要登山。山峰左侧，有一虎似从山间跃出，前有一人伸手摸虎。目前科学发掘出土的西汉早期人物画像镜可能仅此一件，在相关著录中，与之形制、人物画像完全相同的铜镜尚有两件。[2] 发掘者提出弹琴人之下的不规则菱

---

[1] 李银德、孟强:《试论徐州出土西汉早期人物画像镜》，《文物》1997 年第 2 期。

[2] （清）刘体智主编:《小校经阁金石文字》，大通书局，1979，第 3286 页；黄濬编:《尊古斋古镜集景》，上海古籍出版社，1990，图版一八四。

形表示山峰，笔者十分赞同。对比前述材料可知，山峰之上表现的是伯牙弹琴图像。

2. 江苏盱眙大云山江都王墓出土琴枘（M1：4062）[1]

江苏盱眙大云山江都王刘非墓中出土一件铜琴枘，呈博山形，器表通体鎏金，主要饰盘龙云气纹，山峦顶端有一人抚琴，近底处饰一周斜线纹，象征水浪波涛[2]（见图5）。通过对比可知，山峰之上的弹琴者应该是伯牙。

（三）漆器装饰中的伯牙弹琴图像

1. 江苏邗江姚庄M101西汉墓出土漆奁（M101：190）[3]

漆奁出土于墓内男棺（见图6），木胎，直径22.5厘米，高14.5厘米，奁内有七子小盒。外表纹饰由银釦和金银贴箔组成，在金银箔上或空隙处绘云气纹。盖顶部正中为银柿蒂，中心镶嵌一颗红玛瑙。奁盖外壁以三道银釦形成两个纹饰带，主要以金银贴箔组成山水云气纹，山水间装饰羽人、车马、狩猎和六博等图案。上下围以几何纹带。奁身外壁纹饰与盖身外壁相似。奁身外底饰四个同心圆，内绘飞燕、夔龙，外绘云气纹，菱形几何纹为边。奁盖外壁的第一层纹饰带中，山峰高耸，水浪滔天，似在大海之中，其间满饰羽人神兽之属，海浪中有数处凸起的山峦，山峦一侧，有二人相对而坐，左者抚琴，右者倾听，上空有飞鸟数只，弹琴者应该是伯牙。

2. 江西南昌火车站东晋墓M2出土漆盘[4]

江西南昌火车站东晋墓M2，长方形券顶砖室墓，前室出土一件彩绘漆盘（M2：1），圆形，木胎。直径21.4厘米，厚0.3厘米。漆盘施以朱红、黑、灰绿等色彩绘。画面左上，一男子端坐，戴冠着袍，肩生羽翼，腿上横置一琴，双手弹奏。男子周围描绘众多神兽，右侧为一人首鸟身兽似在听琴，此外还有青龙、白虎、飞鸟、兔等形象，其间满布云气纹（见图7）。对比前述材料可知，弹琴者应该是伯牙。

（四）画像中的伯牙弹琴图像

1. 四川地区

四川地区的伯牙弹琴图像大多出现在石棺和石阙中，时代集中在东汉晚期，根据既有研究的认识，不排除有些材料的下限到了蜀汉时期。

---

[1] 南京博物院、盱眙县文广新局：《江苏盱眙县大云山西汉江都王陵一号墓》，《考古》2013年第10期。

[2] 南京博物院、盱眙县文广新局：《江苏盱眙县大云山西汉江都王陵一号墓》，《考古》2013年第10期。

[3] 扬州博物馆：《江苏邗江姚庄101号西汉墓》，《文物》1988年第2期。

[4] 江西省文物考古研究所、南昌市博物馆：《南昌火车站东晋墓葬群发掘简报》，《文物》2001年第2期。

（1）彭山三号石棺[1]

四川彭山江口乡高家沟崖墓出土。石棺一侧，刻画三座山峰，左侧山顶有二仙人六博。中部一人坐于山上抚琴，面向右侧。右侧山上有二人，着长袍，头戴进贤冠，一人俯耳倾听，另一人拱手而坐（见图8）。

（2）新津崖墓石函[2]

石函上刻画两座山形平台，左侧平台上有二仙人六博。右侧平台上有二人，左者抚琴，右者俯耳倾听，一旁有飞鸟、神兽之属。画面与彭山石棺基本一致（见图9）。

图8　彭山三号石棺伯牙弹琴画像
(采自中国画像石全集编辑委员会编《中国画像石全集7·四川汉画像石》，第120页，图一五七)

图9　新津崖墓石函伯牙弹琴画像
(采自中国画像石全集编辑委员会编《中国画像石全集7·四川汉画像石》，第164页，图二〇一)

1　中国画像石全集编辑委员会编：《中国画像石全集7·四川汉画像石》，河南美术出版社、山东美术出版社，2000，第120页，图一五七。

2　同上注，第164页，图二〇一。

（3）射洪石棺[1]

2005 年射洪县出土。石棺一侧，刻画三座山峰，左侧山上有二仙人正在六博。右侧两座山上各有一人，两人侧身相对，右者抚琴，左者俯耳倾听。三山间还饰有麒麟、天马、仙草等图案（见图 10）。

（4）射洪崖棺[2]

四川射洪县出土。崖棺画面大致可分为三个部分，左侧一老者正在垂钓一条大鱼。中部，一门半开，显露一人的半边身体，其旁有朱雀、玄武和柿蒂纹，门旁两侧各有一持节羽人。画面右侧，一大树下，左者抚琴，右者为长耳羽人，似在听琴，二人背后为三座山峰，山上有一马和一鸟（见图 11）。

图 10 射洪石棺伯牙弹琴画像
（采自高文主编《中国画像石棺全集》，第 238 页）

图 11 射洪崖棺伯牙弹琴画像
（采自高文主编《中国画像石棺全集》，第 427 页）

---

1 高文主编：《中国画像石棺全集》，三晋出版社，2011，第 238 页。
2 高文主编：《中国画像石棺全集》，第 427 页。

图12 雅安高颐阙伯牙弹琴画像

(采自中国画像石全集编辑委员会编《中国画像石全集7·四川汉画像石》,第69页,图八六)

图13 绵阳杨氏阙伯牙弹琴画像

(采自重庆市文化局、重庆市博物馆编著《四川汉代石阙》,第81页,图二六)

(5) 雅安高颐阙[1]

雅安高颐阙，建于东汉建安十四年（209）。右阙主阙东侧横额下，两位戴冠者对坐，左者抚琴弹奏，右者俯耳倾听，二人间置一樽，头顶有两只飞鸟，两侧有似猴和似羊的动物（见图12）。

(6) 绵阳杨氏阙[2]

绵阳杨氏阙，位于绵阳市北郊仙人桥，建于东汉晚期，有左右双阙。其中右阙主阙楼部左侧面刻有二人，右一人抚琴，左一人俯耳倾听，上部有飞鸟（见图13）。

图14 梓潼县画像砖伯牙弹琴画像

(采自高文、王锦生编著《中国巴蜀汉代画像砖大全》，第409页，图五七五)

图15 南阳十里铺画像石伯牙弹琴画像

[采自凌皆兵、王清建、牛天伟主编《中国南阳汉画像石大全》（第一卷），第217页]

---

1 中国画像石全集编辑委员会编：《中国画像石全集7·四川汉画像石》，第69页，图八六。
2 重庆市文化局、重庆市博物馆编著：《四川汉代石阙》，文物出版社，1992，第24—26页。

图 16 安徽宿县符离集画像石伯牙弹琴画像
(采自中国画像石全集编辑委员会编《中国画像石全集 4·江苏、安徽、浙江汉画像石》,第 134 页,图一七六)

图 17 陕西榆林横山党岔乡画像石伯牙弹琴画像
(采自赵延梅《榆林新出韩凭故事及蚕神吐丝汉画像石初探》,《敦煌学辑刊》2019 年第 2 期)

(7) 梓潼县出土画像砖[1]

梓潼县出土的一方画像砖上,二人对坐,左者面前置琴,正在弹奏,右者拱手倾听,二人间似有一树(见图 14)。

---

[1] 高文、王锦生编著:《中国巴蜀汉代画像砖大全》,国际港澳出版社,2002,第 409 页,图五七五。

2. 其他地区

（1）南阳十里铺画像石[1]

南阳十里铺汉墓出土大量画像石，其中在中室南壁上部南侧的一方画像石中，画面左刻山峦和树木，树下一人正在抚琴。画面中部有一树，树下有一兽，树上有飞鸟。右侧刻画山峦，上有西王母、玉兔捣药和神兽等。从山峦、树木和飞鸟等图像元素来看，虽未出现听琴者，但对比前述图像可知，弹琴者可能是伯牙（见图15）。

（2）安徽宿县符离集画像石[2]

画像分为三格。左格，二人戴冠着袍，相对而坐，右者抚琴，左者腰间佩剑，正在听琴，其旁有飞鸟、鹿、羊、狐等动物。中格，有一玄武和鸟。右格，画面两端刻画房屋，内有数人，屋外有三人捧物站立（见图16）。

（3）陕西榆林横山党岔乡画像石[3]

2008年陕西榆林横山党岔乡出土一套汉代墓门画像石，左门柱最下一格刻画弹琴图。图中一人跽坐水边，头戴高冠，双手抚琴。人物右侧刻画二禽。人物面前的水中有游鱼六条，其中右侧两条鱼跃出水面（见图17）。右门柱的相同位置刻画泗水捞鼎图，与弹琴图相对，可见左门柱弹琴图是在表现历史故事的可能较大，弹琴者应是伯牙。

1. M133 伯牙弹琴画像砖   2. M37 伯牙弹琴画像砖

图18　甘肃敦煌佛爷庙湾西晋墓画像砖伯牙弹琴图像

（采自甘肃文物考古研究所《敦煌佛爷庙湾西晋画像砖墓》，第81—83页）

---

[1] 凌皆兵、王清建、牛天伟主编：《中国南阳汉画像石大全》（第一卷），大象出版社，2015，第217页。
[2] 中国画像石全集编辑委员会编：《中国画像石全集4·江苏、安徽、浙江汉画像石》，第134页，图一七六。
[3] 赵延梅：《榆林新出韩凭故事及蚕神吐丝汉画像石初探》，《敦煌学辑刊》2019年第2期。

（4）甘肃敦煌佛爷庙湾西晋画像砖

甘肃敦煌佛爷庙湾西晋墓中，出土了大量的画像砖，其中M37、M39和M133均发现保存完好的照墙，[1] 照墙上的伯牙弹琴图像均为彩绘，形象大致相同。伯牙戴冠着长袍，侧身微倾，与另一砖中的听琴者相对，长袍戴冠，左手撑地，右手俯耳倾听，二人身旁多有树木和飞鸟（见图18）。类似的图像在同墓地M167[2] 和另一墓葬[3] 中也出土有两例，但只发现有伯牙弹琴图，未见相对的听琴图。此外在翟宗盈墓中似也有发现。[4]

综上所述，时间上，伯牙弹琴图像覆盖了整个两汉魏晋时期。地域和发现数量上，各时段不尽相同。西汉时期出现在江苏徐州、扬州等东部滨海之地，数量较少。东汉时期，材料丰富，多出现在长江中下游地区的神兽镜和四川地区的画像材料中，此外在安徽、南阳、榆林等地也有零星发现，具体时代集中在东汉中晚期。两晋之际，河西敦煌地区的画像砖墓中有较为集中的发现，此外在江西南昌地区也有出土。值得注意的是，一些图像并未出现与伯牙相对的听琴者，有的与伯牙相对的人物有两位，他们可能是"伯牙子期"故事中的子期，也可能不是子期而是其他人物。并且几乎所有的铜镜铭文中都只提到了伯牙，可见重点并非是子期或其他人物，他们或可有可无，在时人看来最为重要的应是弹琴的伯牙。

二　图像的性质与源流

前文对汉晋时期的伯牙弹琴图像进行了较为全面的梳理，它们具有相同的格套，是同一性质的图像，主要表现为伯牙肩生羽翼，身处大山之上，其旁多为神人神兽，神仙色彩浓厚。根据铜镜铭文"伯牙弹琴"，可以将抚琴者认定为伯牙。

伯牙弹琴图像流行于汉晋时期，时间和地域跨度较大，梳理其源流，有助于增进对图像的认识。

目前最早的伯牙弹琴图像见于徐州宛朐侯刘埶墓出土的西汉早期人物画像镜中，三山之上，一组三人，伯牙居中抚琴，右侧一人，双手上举，作和弦击节状，应为听琴者。左侧一人，拱手侧身，双膝跪地，不似听者，可能是侍者之属。东汉晚期四川地区的石棺画像中，伯牙坐于三山之上，也出现了可能属于侍者的第三人，这样的表现形式可能源于西汉时期。类似的表现手法也出现神兽镜中，镜中的伯牙弹琴虽没有出现在神山之中，但被众多的神人神兽所环绕，依然是在突出仙境，而且在伯牙弹琴的身旁会出现第三人，铜镜中的刻画较为清晰，可以帮我们

---

[1] 甘肃文物考古研究所：《敦煌佛爷庙湾西晋画像砖墓》，文物出版社，1998，第81—83页。

[2] 同上注，第98—99页。

[3] 俄军、郑炳林、高国祥主编：《甘肃出土魏晋唐墓壁画》，甘肃大学出版社，2009，第505页。

[4] 根据作者描述"一在操琴，一匍拜在地"，与伯牙图像相似，但有关此墓的其他资料中均未见提及。参见张朋川《河西汉晋绘画简述》，《文物》1978年第6期。

更加明确此人的身份。此人身形矮小，拱手垂首，侧身跪坐，而且有些神兽镜和石棺中并没有出现此人，可见此人并不重要，可能是侍从之属。

已经有学者注意到，敦煌地区的伯牙弹琴图像与四川地区，尤其是与汉阙图像之间存在密切联系。[1] 一般表现为二人对坐，伯牙抚琴，一人听琴，图像上侧有飞鸟，甚至人物衣着和动态也较为一致，而与前述三人一组的表现形式大不相同。这种二人一组的表现传统甚至可以追溯到前述西汉晚期江苏邗江姚庄 M101 出土的漆奁图案，奁盖外壁的第一层纹饰带，有二人相对而坐，左者抚琴，右者倾听，上空也有飞鸟数只。此外在安徽宿县符离集画像中，与漆奁图像大同小异，并且听琴者腰间佩剑等细节也相一致。

综上所述，伯牙弹琴图像可能在西汉时期便形成了两种表现形式，东汉魏晋之际的图像继承了西汉的传统，在承袭的同时也有了改进和发展，在各个地区广泛流传，甚至在四川地区同时出现了两种图像形式。

三　图像的意义与背景

考察图像的组合，是探讨图像意义的重要手段。前述可知伯牙弹琴大多出现在三神山中，身边满布羽人、神人和神兽，而且众多图像中将伯牙表现为肩生羽翼的仙人形象，可见神仙色彩十分浓厚。首先，伯牙弹琴图像从西汉出现之初，便被安排在三座大山之上，东汉四川画像中也承袭下来。这类神山基本表现为横向排列的三座山峰，其旁多为神人神兽，神仙色彩浓厚，并且一些图像中山峰被海水波涛所环绕，与历史典籍中的蓬莱三神山相似，如此推论在文献记载中也可以得到印证。

汉蔡邕《琴操·水仙操》曰："水仙操，伯牙所作也，伯牙学琴于成连先生，三年而成，至于精神寂寞情志专一尚未能也。成连云：'吾师方子春今在东海中，能移人情。'乃与伯牙俱往。至蓬莱山，留宿伯牙曰：'子居习之，吾将迎吾师。'刺船而去，旬时不返。伯牙延望无人，但闻海水汩没澌澌之声，山林窅冥，群鸟悲号。怆然而叹曰：'先生将移我情。'乃援琴而歌云：'繄洞渭兮流澌濩，舟楫逝兮仙不还。移形素兮蓬莱山，欹钦伤宫仙不还。'曲终，成连回，刺船迎之而还，伯牙遂为天下妙矣。"[2] 类似的记载也出现在唐人吴兢《乐府古题要解·水仙操》[3] 和《太平御览·乐部·琴》[4] 等文

---

[1] 王中旭：《敦煌佛爷庙湾墓伯牙弹琴画像之渊源与意义》，《故宫博物院院刊》2008 年第 1 期。

[2] （汉）蔡邕：《琴操》，载《中国古代音乐文献集成》（第二辑第一册），国家图书馆出版社，2012，第 70、71 页。

[3] （唐）吴兢：《乐府古题要解》，中华书局，1991，第 60 页。

[4] （宋）李昉等：《太平御览》卷五七八《乐部·琴》，中华书局，1960，第 2608 页。

献中。结合图像与文献记载，可见伯牙在汉代已经被时人赋予了神秘色彩，而且与蓬莱仙山密切相关，这与图像最早出现于东部滨海地区的事实也是相呼应的。

伯牙的神仙化也体现在伯牙与众多的祥瑞神兽组合出现，这一现象见于战国两汉的文献记载，如《荀子·劝学篇》[1] 和《韩诗外传》[2] 中有相同的记载："伯牙鼓琴而六马仰秣。"类似的还有《淮南子·说山训》："伯牙鼓琴，驷马仰秣。"[3] 此外也有"伯牙鼓琴，鱏鱼出听"[4] "伯牙鼓琴，鱣鱼出听"[5] 的记载。前述榆林画像石中伯牙身旁两条鱼跃出水面的图像或许就与"鱼出听"的记载相关，此外前述南阳十里铺画像石和南昌东晋彩绘漆盘中，描绘了伯牙弹琴与众神兽一同出现的画面，这与文献记载亦可能存在关联。有学者提出伯牙与祥瑞组合出现与弹琴调和阴阳的思想有关，[6] 是非常有见地的，但另一方面，自上古以来的歌舞娱神祭祀传统也是不能忽视的。

上古时期，"国之大事，在祀与戎"，祭祀即是沟通天地人神的重要手段，巫觋是掌握沟通能力的重要人物，他们能歌善舞，常以歌舞降神，[7]《楚辞·九歌·东皇太一》与《楚辞·九歌·云中君》中便有描述巫师们沐浴芬芳，华丽盛装，随乐起舞，邀请众神降临的场景。[8]《太平御览》卷五七二引王逸《九歌序》云："于夜必作乐鼓舞以乐诸神。"[9] 桓谭《新论·琴道篇》云："昔神农氏继宓羲而王天下，上观法于天，下取法于地，近取诸身，远取诸物，于是始削桐为琴，练丝为弦，以通神明之德。"[10] 书中便将琴作为沟通天地神明的重要乐器。不仅在社会的上层，民间普通人群也以鼓琴的方式来祭天祈雨，以娱天神，如《诗经·甫田》："琴瑟击鼓，以御田祖，以祈甘雨，以介我稷黍，以穀我士女。"[11]

歌舞娱神传统在汉代也得到了很好的传承，汉代对于鬼神的崇拜并不亚于上

---

1 （清）王先谦：《荀子集解》卷一《劝学篇》，中华书局，1988，第10页。
2 许维遹：《韩诗外传集释》卷六《第十四章》，中华书局，1980，第217页。
3 何宁：《淮南子集释》卷十六《说山训》，中华书局，1998，第1104页。
4 李学勤主编：《尔雅注疏》（十三经注疏标点本）卷九《释鱼》，北京大学出版社，1999，第295页。
5 （清）段玉裁：《说文解字注·第十一篇下》，中华书局，2013，第583页。
6 王中旭：《敦煌佛爷庙湾墓伯牙弹琴画像之渊源与意义》，《故宫博物院院刊》2008年第1期。
7 ［美］张光直：《美术、神话与祭祀》，郭净译，生活·读书·新知三联书店，2013，第37—39、46页。
8 （宋）洪兴祖：《楚辞补注》卷二《九歌》，中华书局，1983，第55—59页。
9 （宋）李昉等：《太平御览》卷五七二《乐部·歌》，第2584页。
10 （汉）桓谭撰，朱谦之校辑：《新辑本桓谭新论》卷一六《琴道篇》，中华书局，2009，第64页。
11 李学勤主编：《毛诗正义》（十三经注疏标点本）卷一四《小雅·甫田》，北京大学出版社，1999，第838页。

古，王符在《潜夫论》中就曾批评时人"起学巫祝，鼓舞事神"的社会现象。[1] 汉武帝对国家祭祀之乐尤为重视，对"民间祠尚有鼓舞之乐，今郊祠而无乐"[2]的现象十分不满，此后郊祀乐快速发展，乐队人数甚至有"千人之多"[3]。西王母作为两汉社会中重要的神祇之一，西汉末对西王母的信仰崇拜运动中，歌舞作为祭祀西王母的重要方式出现在历史记载中，《汉书·五行志》载："京师郡国民聚会里巷仟佰，设张博具，歌舞祠西王母。"[4] 上述记载均表明音乐歌舞在娱神降神的祭祀仪式中扮演着十分重要的角色，《太平经》的描述将二者的关系说得更为透彻："长于声音者……为之神明来应，瑞应物来会。"[5] 伯牙即是最为擅长声音之人，所以他的琴声使"驷马仰秣""鳣鱼出听"，只有如此妙音才能招致众神和祥瑞来会，这也就是铜镜铭文中"白牙举乐，众神见""倡乐陈兮见神鲜"[6]的深层含义。

结　语

伯牙弹琴图像最早于西汉时期出现在我国东部滨海地区。到了东汉，多出现在长江中下游地区和四川地区的考古材料中，时代集中在东汉晚期。两晋之际，河西敦煌地区的画像砖墓中有较为集中的发现。

从目前的图像材料和铜镜铭文来看，伯牙是强调的重点。出现伯牙的古代故事并非只有一种，因此图像中与伯牙相伴出现的人物，他们可能是子期，也可能是伯牙的老师成连、方子春，抑或是其他人物，在缺乏明确证据的情况下，尚不能完全明确身份。

伯牙弹琴故事图像在出现之初的西汉时期便形成了两种表现形式，可以简单概括为"三人一组"和"两人一组"模式，前者在东汉四川地区的画像石棺和长江中下游地区的神兽镜中得到继承，后者主要在东汉四川汉阙和敦煌西晋画像砖墓中有所承袭。体现了图像语言内部的继承性，也不能忽视承袭同时的改进和发展。

两汉时期伯牙已经被时人神仙化，与蓬莱仙山建立关联，是蓬莱神仙信仰中的重要神话人物。在强调弹琴与调和阴阳关系的同时，也不能忽视从上古以来的歌舞娱神祭祀的传统。自上古天地交通断绝，

---

1 （汉）王符著，（清）汪继培笺，彭铎校正：《潜夫论校正》卷三《浮侈》，中华书局，1985，第125页。

2 （汉）司马迁：《史记》卷一二《孝武本纪》，中华书局，1959，第472页。

3 （汉）桓谭撰，朱谦之校辑：《新辑本桓谭新论》卷一六《琴道篇》，第70页。

4 （汉）班固：《汉书》卷二七《五行志》，中华书局，1962，第1476页。

5 王明编：《太平经合校》卷五〇《诸乐古文是非诀》，中华书局，1960，第183、184页。

6 程林泉、韩国河：《长安汉镜》，陕西人民出版社，2002，第144页。

必须要掌握特定的方式才能沟通人神，[1]而伯牙弹奏的优美曲调可以使得"众神见容"，是娱神降神的重要手段。时人将伯牙图像用于丧葬空间，与汉晋时期的神仙信仰是密不可分的，也是伯牙图像大量出现的历史背景和原因之一。

最后，值得注意的是，伯牙弹琴图像在一定程度上可能暗示了蓬莱神仙信仰的发展脉络。前述图像材料中有一类伯牙弹琴与蓬莱三神山组合出现的画面，全部出现在西汉时期的东部滨海地域和东汉晚期的四川地区，而其他图像中没有发现伯牙与蓬莱信仰较为明确的联系。再结合大量的历史记载来看，这一现象或许与西汉早中期在统治阶级的支持下蓬莱神仙信仰的地位臻至巅峰，西汉末以来西王母、昆仑信仰逐渐占据社会主流，蓬莱神仙信仰渐渐没落，东汉晚期至魏晋之际蓬莱神仙信仰再次兴起的历史进程相关。东汉晚期的四川地区可能是蓬莱信仰复兴的一个中心，发现了一批与蓬莱信仰相关的遗存。[2] 并且此时的四川地区也是道教的重要发源地，此后道教中出现了大量蓬莱信仰的元素，恐与此不无关联。蓬莱与昆仑作为汉晋时期两大神仙信仰，两者发展脉络、地位消长等问题值得进一步研究。[3]

---

[1] ［美］张光直：《美术、神话与祭祀》，郭净译，第34—37页。

[2] 如四川画像石棺中表现海中巨鳌托举蓬莱神山以及东海太守和李少君的图像，参见四川省博物馆、郫县文化馆《四川郫县东汉砖墓的石棺画象》，《考古》1979年第6期；罗二虎《汉代画像石棺》，巴蜀书社，2002，第19—22页；庞政《也论四川汉墓画像中的"李少君"与"东海太守"》，载《中国美术研究》（第24辑），东南大学出版社，2017，第63—67页。

[3] 有关汉晋时期蓬莱信仰和昆仑信仰地位的消长变化问题，笔者有专文讨论，见拙撰《试论山东汉代画像石椁中的"壶山垂钓"图像——也说东海神话与昆仑升仙信仰地位的此消彼长》，载《艺术史研究》（第26辑），中山大学出版社，2021，第25—39页。

十一面千手观音新元素的再解读兼论洞窟功能
——莫高窟第 3 窟系列研究之二

■ 李志军（河南大学历史文化学院）

在敦煌石窟造像体系中，千手观音是十分流行的题材之一，前辈学者的相关论著亦十分丰硕。[1] 西夏时期随着藏传佛教的流行，千手观音图像吸收了成就法的内容，[2] 形成与汉传密教千手观音图像并行发展的局面。莫高窟第 3 窟南北壁十一面千手观音图像在继承前代的基础上，更加突出其艺术性，且通过融入新元素，展示出积极创新的一面。

一 研究史回顾及问题的提出

莫高窟第 3 窟南壁千手观音为十一面四十大手立像（图 1），面有三目，四十大手所持之物多被省略，仅保留了顶上化佛手、宝钵手和合掌手，主尊前方与左右共有四身眷属，或坐或立。北壁同样是十一面四十大手立像（图 2），面有三目，四十大手持物多被减省，仅保留顶上化佛、合掌手、杨枝手、军持手和法界禅定印，主尊西侧为吉祥天、东侧为婆薮仙，西下三头八臂金刚、象头毗那夜迦，东下三头六臂金刚、猪头毗那夜迦。

（一）研究史梳理

目前学术界关于莫高窟第 3 窟南壁、

---

* 本文系国家社科基金青年项目"敦煌西夏石窟汉传图像与佛教信仰变迁研究"（23CZJ007）、中国博士后科学基金第 74 批面上资助"敦煌西夏石窟汉传佛教图像研究"（2023M741029）阶段性成果。文中图片除注明外，均为敦煌研究院提供，版权归敦煌研究院所有。

1 ［日］松本荣一著，林保尧、赵声良、李梅译：《敦煌画的研究》，浙江大学出版社，2019，第 367—385 页；王惠民：《敦煌千手千眼观音像》，《敦煌学辑刊》1994 年第 1 期；彭金章：《千眼照见 千手护持——敦煌密教经变研究之三》，《敦煌研究》1996 年第 1 期；胡文和：《四川与敦煌石窟中的〈千手千眼大悲变相〉的比较研究》，《佛学研究中心报》1998 年第 3 期；［日］滨田瑞美：《莫高窟吐蕃时期的千手千眼观音变——以眷属图像表现为中心》，载樊锦诗主编《敦煌吐蕃统治时期石窟与藏传佛教艺术研究》，甘肃教育出版社，2012，第 283—300 页；纪应昕：《敦煌千手千眼观音研究》，硕士学位论文，兰州大学，2018。

2 贾维维：《榆林窟第三窟壁画与文本研究》，浙江大学出版社，2020，第 159—192 页。

北壁两铺十一面千手千眼观音的研究主要集中在阐发其在艺术史上的成就与价值,[1] 王惠民甚至认为"本窟价值在于它的艺术,而非宗教本身"[2]。除此之外,相关研究成果可从以下两个方面梳理。

图1 莫高窟第3窟南壁十一面千手观音图像

---

1 李月伯:《从莫高窟第3窟壁画看中国线描的艺术成就》,《敦煌研究》2001年第2期;金钟群:《敦煌千佛洞三号窟元代壁画艺术探析》,《美术》1992年第2期;王慧琴:《灵之光——敦煌千佛洞三号窟元代壁画的艺术风貌》,《美术与时代·美术学刊》2009年第10期;郝秀丽:《敦煌莫高窟第三窟千手千眼观音像的艺术造型》,《当代艺术》2011年第3期。

2 敦煌研究院编:《敦煌石窟鉴赏丛书》(第三辑),甘肃人民美术出版社,1995,第3页。

图 2　莫高窟第 3 窟北壁十一面千手观音图像

1. 造像思想解读

郭祐孟从较为宏观的角度对两铺千手观音像在洞窟中的功能做了极为精彩的阐释，他认为这两铺千手观音巨大的主尊、一轮轮手臂所渲染的神秘感和姣美的面容、华丽的服饰所透出的世俗味，达到了世间与出世间的协调，"凡夫和菩萨的分歧被统一在清净平等的觉悟当中，成就凡圣不二的平常心"[1]。

马莉则从细节入手，观察到本窟十一面千手观音四十大手持物与经典记载之差异，同时敏锐地捕捉到仅见的一例千手观音腹前双手托须弥山和钵中须弥的现象，并借用跨学科的场域理论，对其做出了独

1　郭祐孟：《永不褪色的容颜——敦煌莫高窟第三窟造像内涵赏析》，《历史文物（台）》2005 年第 5 期。

到的解释。[1]

2. 关于正大手持物的问题

与千手观音相关的经典仪轨多达十余部，且各经所载千手千眼观音的具体形象也不尽相同。[2] 在众多千手观音经典中，西夏时期在敦煌和黑水城地区最为流行的是智通译《千眼千臂观世音菩萨陀罗尼神咒经》和伽梵达摩译《千手千眼观世音菩萨广大圆满无碍大悲心陀罗尼经》两个版本。[3]

莫高窟第 3 窟千手眼观音即是依据伽梵达摩本所绘，[4] 根据经本的记载，观音的四十大手所持之物皆有明确规定，且代表不同含义。[5] 然而我们看到第 3 窟所绘两铺十一面千手观音图中观音四十大手所持之物皆仅保留了几件法器，大量经典中所记载的持物都没有表现出来。针对这一现象，王惠民认为："这样的设计无疑是为了突出对观音手的描写，从而体现出画师线描艺术的高超水平。"[6] 马莉则认为："选择哪些，放弃哪些，并非偶然为之，也并非只是追求视觉上的观看效果，而是画工根据窟主的诉求而有意选择之后的结果。"[7]

笔者更倾向于王惠民的观点，我们知道功德主修窟的目的无非是修行佛法、祈福请愿、积修功德三种，如果对菩萨正大手所持法器的取舍来自功德主的意志，那么既然选择依此经绘制图像，何不按经典记载完整绘制四十种法器呢？忠于经典记载，完整还原尊像岂不更能体现功德主之虔诚。而且根据经文的记载，每一种法器都代表菩萨对世间的一种护佑，都能满足信仰者的某一种需求，那何不完整绘制以求圆满，故此说有违常理。[8]

（二）问题的提出

西夏佛教所处的是一个思想融合与神系重构的时代，在这个背景下西夏佛教艺术的发展呈现出独特的创造性和鲜明的时代性，这一点在西夏时期千手观音图像方

---

[1] 马莉：《以须弥山为切入点的莫高窟第 3 窟图像释义——兼谈场域论下的"物理场"和"心理场"》，《南京艺术学院学报》（美术与设计版）2022 年第 1 期。

[2] 李利安：《观音信仰的渊源与传播》，宗教文化出版社，2008，第 129—130 页。

[3] 崔红芬：《西夏汉传密教文献研究》，社会科学文献出版社，2015，第 184 页。

[4] 马莉：《以须弥山为切入点的莫高窟第 3 窟图像释义——兼谈场域论下的"物理场"和"心理场"》，《南京艺术学院学报》（美术与设计版）2022 年第 1 期。

[5] （唐）伽梵达摩译：《千手千眼观世音菩萨广大圆满无碍大悲心陀罗尼经》，《大正藏》第 20 册，台北新文丰出版公司，1983，第 111 页。

[6] 敦煌研究院编：《敦煌石窟鉴赏丛书》（第三辑），第 3 页。

[7] 马莉：《以须弥山为切入点的莫高窟第 3 窟图像释义——兼谈场域论下的"物理场"和"心理场"》，《南京艺术学院学报》（美术与设计版）2022 年第 1 期。

[8] 惟善在对千钵文殊图像的研究中同样指出："匠师在处理艺术与教义关系问题上会优先考虑艺术效果。"详见惟善《千臂千钵文殊图像探析》，《世界宗教文化》2017 年第 2 期。

面表现得十分明显，唐至宋时期的寺窟壁画所见观世音菩萨像基本都严格恪守经典的记载，而从五代回鹘开始，随着佛教的复兴、各种宗派法会和世俗礼忏仪式的盛行，使得某些密教题材出现地方化的趋势，在画师笔下出现了许多不拘泥于文字记载的"异形千手观音"[1]。

总而言之，"10世纪以降的千手千眼观音形象很多都是与经典记载无法吻合，随着佛教信仰在民间的流传而被信众赋予新的阐释方式"[2]。其中较为著名者即榆林窟第3窟的两铺千手观音像，其中东壁南侧五十一面千手观音（图3）凭借其独特的佛教内涵与所反映的丰富的西夏物质文化生活而被学术界广泛关注。[3] 该铺图像的独特性主要表现在两个方面：第一，五十一面观音像是目前国内外所见面数最多的千手观音造像，且并没有与之相对应的佛教经典依据；第二，观音各大手所托之物除了常见的法器外，增加了大量不见于经典记载的日常生活器物和生产场景，具有浓厚的世俗化特征。[4] 东壁北侧的十一面千手观音像（图4）则"在颈上11面的排列方式上，选择采用藏传佛教造像体系的传统，而在各大手持物方面，沿袭的却是汉地观音图像系统"[5]，甚至在此幅千手观音像中呈现的观音的六十正大手所持之物，经典所能对应的仅四十手，其余20多件持物则难以找到经典依据。由此可见在绘制千手观音图像时，画师创作方面所具有的较高的自由度，及在图像创新背后所折射出的西夏人对佛教思想的诠释和理解。

因此，莫高窟第3窟南、北壁两铺千手眼观音图像中值得注意的倒不是画工依据经典内容对于观音正大手所持法器的取舍，而是处在画面中央，观音腹前双手所托的须弥山（图5）和钵中须弥山（图6）这两个不见于经典记载也不曾出现在同类题材中的全新元素。且对于南壁钵中弥须山，观音一手托举，一手翻覆遮盖其上的样式，与我们通常所见千手观音像腹前双手多为持禅定印托举某一种法器的姿态也大不相同，是很独特的一种手印。

---

[1] 贾维维：《榆林窟第三窟壁画与文本研究》，第181页。

[2] 贾维维：《榆林窟第三窟壁画与文本研究》，第183页。

[3] 刘玉权：《榆林窟第3窟〈千手经变〉研究》，《敦煌研究》1987年第4期；王进玉：《敦煌石窟西夏壁画"酿酒图"新解》，《广西民族大学学报》（自然科学版）2010年第3期；贾维维：《榆林窟第三窟壁画与文本研究》，第177—191页；郭静：《榆林窟第3窟五十一面千手观音经变中的西夏物质文化影像》，《宁夏师范学院学报》（社会科学版）2018年第2期；郭静：《榆林窟第3窟五十一面千手观音经变的图像选择》，《丝绸之路研究集刊》第二辑，商务印书馆，2019，第335—349页；王胜泽：《美术史背景下敦煌西夏石窟绘画研究》，博士学位论文，兰州大学，2019，第150—162页。

[4] 郭静：《榆林窟第3窟五十一面千手观音经变中的西夏物质文化影像》，《宁夏师范学院学报》（社会科学版）2018年第2期。

[5] 贾维维：《榆林窟第三窟壁画与文本研究》，第172页。

图3　榆林窟第3窟东壁南侧五十一面千手观音图像

图 4　榆林窟第 3 窟东壁北侧十一面千手观音图像

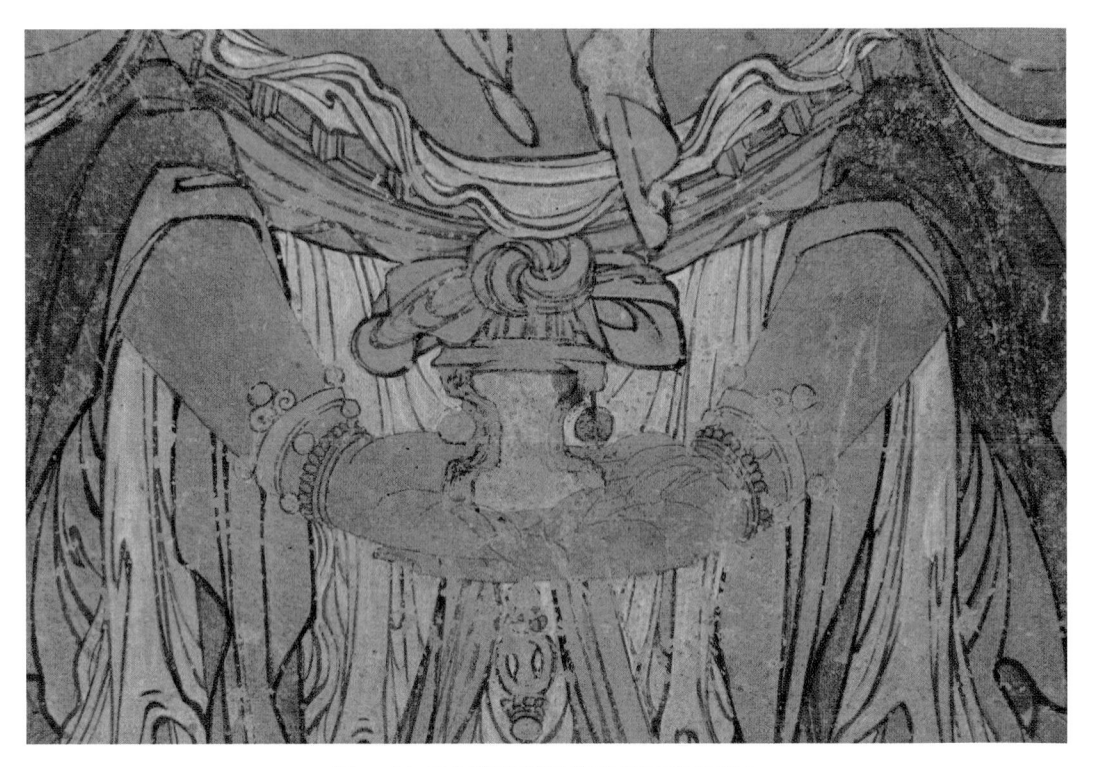

图5 第3窟北壁千手观音腹前双手所托须弥山

图6 第3窟南壁千手观音腹前双手所托钵中须弥山

图7　五个庙第1窟北壁千手观音图像

全新的元素与独特的手印相结合，可能正是解读莫高窟第 3 窟南、北壁千手观音图像卓越的艺术价值背后所阐释的宗教价值的核心之处，同时亦是理解神系重构背景下莫高窟第 3 窟设计深意的关键点。马莉虽然关注到了这一点，并进行了一定的解读，但仍有较大可挖掘的空间，笔者于此不揣浅陋，略作考释，不当之处，祈请方家教正。

图 8　肃北县博物馆藏五个庙第 1 窟北壁千手观音图像（临摹品）[1]

---

[1] 该像由于下部残损严重，所以临摹品借用了莫高窟第 3 窟功德天与婆薮仙的形象予以补全，故此本文只截取了观音腰部以上较为符合窟内造像原貌的部分进行展示。

图9 莫高窟第30窟东壁门南侧站姿千臂千钵文殊图像

二 末法背景下的观音救赎
——从须弥山到钵中须弥动态变化的思想内涵

如前所论，莫高窟第3窟南、北壁千手观音正大手中所托须弥山和钵中须弥是两个全新的元素，在其他千手观音造像中并未见到，但这种新元素也并非凭空产生，而是有其发展演变的过程。

（一）千手观音与佛钵、须弥山结合的源头

在敦煌西夏石窟造像体系中，与须弥

山、佛钵等元素有关的千手观音像还有一铺，即五个庙第 1 窟北壁千手观音图像（图7），所不同者该铺千手观音腹前双手禅定印之上所托举的钵中须弥山之上还有一身跌坐化佛（图8）。这一铺图像可以为我们探寻西夏时期千手观音与佛钵、须弥山等在佛教语境中具有独特内涵的元素相结合的过程提供重要的线索。

图10　莫高窟第 361 窟东壁南跌坐千臂千钵文殊图像

撇开千手观音的身份不讨论，双手禅定印之上托举佛钵、须弥山和化佛这三种元素相结合的图式，是千臂千钵文殊图像中的标志性元素。据不空所译《大乘瑜伽金刚性海曼殊室利千臂千钵大教王经》记载：

> 毗卢遮那如来，法界性海秘密金刚界莲花胎藏世界海，于中有大圣曼殊室利菩萨。现金色身，身上出千臂千手千钵，钵中显现出千释迦。[1]

千臂千钵文殊是中晚唐时期流行的密教题材之一，在敦煌地区有十分丰富的图像遗存，千臂千钵文殊有站姿（图9）和坐姿（图10）两种样式，无论哪一种，文殊腹前双手（或单手）托佛钵，钵中有须弥山和化佛则是共同元素，[2] 而这一点与我们所见五个庙第1窟千手观音腹前双手所托之物是相同的。

但《千钵经》是一部学界公认的伪经，"是改造《梵网经》以及《华严经》卢舍那莲花胎藏界并五台山文殊信仰结合的产物"[3]，千钵文殊的形象亦是根据《梵网经》中莲花台藏世界改造而成，[4] 据《梵网经》记载：

> 我今卢舍那，方坐莲花台，周匝千花上，复现千释迦。[5]

莲花台藏世界是千叶莲花瓣所含藏的世界，卢舍那佛在莲花台上坐，千释迦分别在莲花千叶之上，[6] 千臂千钵文殊则是将卢舍那佛所住的莲花台藏世界周遍出千叶千释迦改造为文殊身上出千臂千钵（钵中千释迦）。

在敦煌壁画中，千臂千钵文殊与千手千眼观音往往处在相对称的位置，形成一定的组合关系，刘永增通过图像对比指出千钵文殊的正大手在40只左右显然是受到了千手观音的影响，他甚至认为《千钵经》的形成及千钵文殊图像的流传都与千手观音信仰有着密切的关系。[7] 吕建福同样认为在千叶千释迦的形象向文殊身上移植的过程中，"文殊身上出千臂千钵，直接受到了千臂千手观世音菩萨形象

---

[1] （唐）不空译：《大乘瑜伽金刚性海曼殊室利千臂千钵大教王经》，《大正藏》第20册，第725页。

[2] 可参考刘永增对敦煌石窟中千臂千钵文殊经变的系统梳理及图像志的描述、眷属的辨识。详见刘永增《敦煌石窟中千臂千钵文殊经变的研究》，《首届大兴善寺唐密文化国际学术研讨会论文集》第3卷，陕西师范大学出版社，2012，第226—233页。

[3] 王楠楠：《中晚唐时期敦煌莫高窟千臂千钵文殊图像研究》，《美术文献》2020年第5期。

[4] 吕建福：《千钵文殊的产生及其影响》，《五台山研究》1994年第3期。

[5] （后秦）鸠摩罗什译：《梵网经卢舍那佛说菩萨心地品》，《大正藏》第24册，第1003页。

[6] 段晓伟：《〈华严经〉华藏世界研究》，硕士学位论文，陕西师范大学，2012，第23页。

[7] 刘永增：《敦煌石窟中千臂千钵文殊经变的研究》，第234页。

综上所述，千臂千钵文殊图像是在吸收了《梵网经》的基础之上，参考千手观音像的表现形式所形成的一种新型文殊图像。西夏时期莫高窟第 30 窟和第 460 窟的两铺千臂千钵文殊像同样是沿袭了与千手观音组合的传统，[2] 又考虑到五个庙第 1 窟千手观音图像中所出现的千臂千钵文殊图像的特有元素，笔者以为，西夏时期千手观音图像与须弥山、佛钵等独特元素的组合乃是受到了千臂千钵文殊图像的反向影响。五个庙第 1 窟千手观音图像是直接将相同元素加入其中，而莫高窟第 3 窟千手观音图像则是在千钵文殊图像的基础上进行了一定的创新，将化佛这个元素去掉，仅保留佛钵和须弥山，同时将须弥山和佛钵两个元素重新拆分组合，从而形成了从须弥山到钵中须弥山的动态变化的趋势。[3]

（二）佛钵的传承与护法意义

在《梵网经》中，只有千叶千释迦的说法，那么根据这个记载，参照千手观音的表现形式，应该形成的是千臂文殊掌上各有一化佛，即千臂千佛文殊，佛钵和须弥山皆为经典和图像样式之外的元素。关于佛钵出现的原因，吕建福认为可能是依据了《大日经》中释迦牟尼佛的三昧耶形——宝钵，[4] 惟善则从佛钵信仰的内涵及其与释迦之间的特殊关系为切入点，通过考察佛钵、释迦与文殊三者之间的关系，发现其中所蕴含的佛钵信仰及传法思想是促使文殊手持佛钵的主要原因。[5] 这一种将组合元素拆开来分别解读的方式，为我们思考莫高窟第 3 窟千手观音与佛钵、须弥山等构图元素相结合所诠释的独特宗教内涵提供了十分重要的观察角度。

佛钵是释迦于菩提树下成道之时，为教化众生运用神通之力将四天王所献四石钵合为一体而成，[6] 释迦自此之后持此钵游行乞食，度化众生。因此，表面上用作乞食的佛钵"从诞生那天已经成为教化

---

1 吕建福：《千钵文殊的产生及其影响》，《五台山研究》1994 年第 3 期。
2 刘永增：《敦煌石窟中千臂千钵文殊经变的研究》，第 232—233 页。
3 由于缺乏文字记载以及未知南北壁粉本来源，其相互间的变化趋势是从南壁到北壁还是从北壁向南壁是需要交代的问题。首先，一般而言，图像元素增多，内容由简到繁是常见的进阶模式，即仅从图像元素的变化观察应当是由北壁的须弥山向南壁的钵中须弥山转化；其次，在马莉的解读中［马莉：《以须弥山为切入点的莫高窟第 3 窟图像释义——兼谈场域论下的"物理场"和"心理场"》，《南京艺术学院学报》（美术与设计版）2022 年第 1 期］，她综合考虑壁画内容、佛教中特定的礼佛顺序和中原卷轴画的展开方式三方面，认为第 3 窟的观看顺序应当是西壁→北壁→东壁→南壁。因此笔者以为重新拆分组合的钵与须弥山元素在莫高窟第 3 窟中，其南北壁的关系应是由北壁向南壁的进阶，亦即从观音腹前双手持须弥山向钵中须弥山的动态转化。
4 吕建福：《千钵文殊的产生及其影响》，《五台山研究》1994 年第 3 期。
5 惟善：《千臂千钵文殊图像探析》，《世界宗教文化》2017 年第 2 期。
6 （三国吴）支谦译：《太子瑞应本起经》，《大正藏》第 2 册，第 479 页。

的象征"[1]。随着经典的不断译出，佛钵常与兜率天弥勒组合，特别强调佛法传承的意味，而最初作为供养教化之器的佛钵逐渐演化为佛法传承之标志：

> 尔时，弥勒佛以手捧钵及佛舍利……："汝等当知！此钵、舍利，乃是释迦牟尼如来雄猛大士信戒多闻精进定智之所熏修。"[2]

释迦入灭之后所遗留之物是舍利和佛钵，舍利是佛法身之象征，佛钵作为佛陀一生行教之器与舍利并称，自然有代表佛法之象征意义。而这两件东西又都是传给弥勒佛的，弥勒是继释迦之后的娑婆世界之主，因此佛钵所具有的传承意味便十分清晰了。而在佛钵信仰东传的过程中又逐渐与中土流行的末法思想结合起来，如此一来佛钵与传法、护法之间的关联便更加紧密。隋连提耶舍所译《德护长者经》云：

> 佛言："……时大行王，以大信心大威德力供养我钵，于尔数年我钵当至沙勒国，从尔次第至大隋国，其大行王于佛钵所大设供养。"[3]

经中记载末法时代，月光童子将到大随国作国王，佛钵亦随之传入该国中，国王对佛钵大设供养，并受持佛法，书写大乘方等经典。末法时代，作为救世主的月光童子转生人间作转轮王护持佛法，佛钵的传入即代表了佛法在其统治区域内的复兴和绍绪，供养佛钵则象征末法时代对佛陀教法的护持。

总而言之，"佛钵东传记述意图在于借助佛钵传承，说明佛法之连绵不绝，佛钵与传法形成一对互为表里的关联体"[4]，滨田瑞美在研究四川托钵佛造像时同样提出了类似的观念，她认为释迦所托之钵与药师所托药钵不同，释迦所托乃日常所用乞食之钵，这种佛钵"作为佛教的遗物，是信仰的对象，意味着在未来继承佛法"[5]。

（三）须弥山与佛教世界观

须弥山原为印度神话中的神山，后被佛教吸收过来加以改造，并以此为中心构建起了佛教的世界观和宇宙观，《长阿含经》中有关于须弥山较为详细的描述：

> （须弥山王）出海水上高八万四千由旬……多诸贤圣，大神妙天之所居止……须弥山顶有三十三天宫，宝

1　李静杰：《佛钵信仰与传法思想及其图像》，《敦煌研究》2011年第2期。

2　（隋）那连提耶舍译：《莲花面经》，《大正藏》第12册，第1077页。

3　（隋）连提耶舍所译：《德护长者经》，《大正藏》第14册，第849页。

4　李静杰：《佛钵信仰与传法思想及其图像》，《敦煌研究》2011年第2期。

5　[日]滨田瑞美：《唐代三世佛造像——以四川夹江千佛岩为中心》，《大足学刊》2016年第1期。

城七重、栏楯七重、罗网七重、行树七重，乃至无数众鸟相和而鸣，亦复如是。[1]

须弥山高八万四千由旬，为众山之王，"也是唯一的通天之路。顺须弥山而上，登上山顶便可来到天界"[2]，山顶之上有三十三诸天宫殿，是诸天居住之所，亭台楼榭重重无尽，鸟语花香、众宝庄严。

佛教认为宇宙是由无数个世界组成的，在一个世界中，从横向上看是以须弥山为中心，周围围绕"九山八海"和"四大部洲"，须弥山腰有四大天王守护，日月也绕其旋转。[3] 从纵向上看，每一世界最下一层为风轮，其上依次是水轮、金轮，金轮之上即是大地，须弥山即位于此世界之中央，[4] 在须弥山的山体之上由下而上分为三界即欲界、色界和无色界，"在以须弥山为中轴渐次而上的三界中，凡有情众生都要经历生死轮回"[5]。

综上所述，须弥山作为佛教世界的基本概念，不仅构成了最基础的佛教宇宙单位，同时它作为六道轮回的载体，是佛教轮回观念的具象化，三界六道众生在此之上轮回转生。[6] 而佛钵又具备护法传承的意味，且往往与中土的末法思潮联系起来，因此将须弥山放置于佛钵之中则有末法时代护持六道众生之象征意义。[7] 更为独特的对于南壁钵中弥须，观音是一手托举，一手翻覆遮盖其上，护持之意表现得生动且形象。

在中国佛教思想史上，正值西夏统治敦煌的公元 1052 年被认为末法来临，[8] 这一时期与末法关系密切的贤劫千佛变相继续流行，[9] 自中唐以后便几乎消失的涅槃图像骤然兴起，[10] 莫高窟西夏重修洞窟中以净土元素为基调以及供养人画像缺席

---

[1] （后秦）佛陀耶舍共竺佛念译：《长阿含经》，《大正藏》第 1 册，第 114—115 页。

[2] 沈婉婷：《昆仑山与须弥山：中印宇宙观神话的比较研究》，硕士学位论文，山东大学，2017，第 34 页。

[3] 赵晓峰、毛立新：《"须弥山"空间模式图形化及其对佛寺空间格局的影响》，《建筑学报》2017 年增刊 2（总第 17 期）。

[4] 孙健：《圣山重塑：中古以降佛教须弥山世界与西域地理意象》，《地域文化研究》2018 年第 6 期。

[5] 王伟韬：《4 至 10 世纪敦煌地区须弥山图像研究》，硕士学位论文，南京艺术学院，2018，第 5 页。

[6] 王伟韬：《龙门石窟杨大眼造像尊格考——由敦煌弥勒经变须弥山图像引发的思考》，《美与时代（中）》2018 年第 9 期。

[7] 须弥山、释迦与佛钵这三个元素结合在一起，千臂文殊手托佛钵、须弥山和化佛的含义便是在"造佛运动"中达到极盛时期的五台山文殊信仰背景下赋予文殊在娑婆世界护世度生的重要使命和崇高地位。

[8] 沙武田、李志军：《莫高窟第 353 窟西夏重修新样三世佛的思想内涵》，《敦煌学辑刊》2020 年第 4 期。

[9] 梁尉英：《敦煌石窟贤劫千佛变相》，敦煌研究院编：《1994 年敦煌学国际研讨会文集·石窟考古卷》，甘肃民族出版社，2000，第 50 页。

[10] 常红红：《东千佛洞第 2 窟壁画研究》，博士学位论文，首都师范大学，2015，第 164 页。

等现象，[1] 都是法灭思想在西夏弥漫的集中体现。有趣的是，郭子睿在对肃北五个庙第 1 窟北壁千手观音图像的解读中指出其与西夏时期的末法思潮有关，据郭子睿观察，该铺千手观音像并未延续前代将僧人以供养人形式绘出的传统手法，而是以观音的正大手护佑其身，颇有加持之意，且在细节上观音之正大手似抚摸其头顶，颇有"摩顶受戒"之意味，借此开示净土法门，将千手观音作为沟通末法之世与净土救赎之桥梁。[2] 莫高窟第 3 窟窟顶四龙藻井图案[3]的出现也表明本窟与末法思潮有一定关系，[4] 所以南、北壁千手观音图像中观音腹前大手所持之物从须弥山到钵中须弥的动态转化，其传递的含义可能便是末法背景下信众希望借助观音大士的慈悲之心与神通之力，付嘱六道众生，护持娑婆世界、传承佛陀教化。

图 11 石泓寺第 7 窟后壁弥勒手托须弥山造像

---

1 沙武田：《西夏时期莫高窟的营建——以供养人画像缺席现象为中心》，《西夏学》2017 年第 2 期，甘肃文化出版社，2017，第 123 页。

2 郭子睿：《肃北五个庙石窟第 1 窟研究》，硕士学位论文，陕西师范大学，2021，第 159—162 页。

3 莫高窟第 3 窟主室窟顶藻井原浮塑四龙井心，现已残毁。详见敦煌研究院编《敦煌石窟内容总录》，文物出版社，1998，第 5 页。

4 李志军：《末法背景下辽代佛塔对敦煌西夏石窟营建的影响——莫高窟第 327 窟西夏重修思想造像探析》，《中国美术研究》2022 年第 2 期。

图12　莫高窟第14窟不空羂索观音经变中的功德天和婆薮仙

三　信仰互动与艺术交流
——宋、金造像影响下的莫高窟第3窟千手观音像

与莫高窟第3窟千手观音手托须弥山所传递的思想相似的例子我们可以在陕北宋金石窟中找到，"石泓寺第7窟为延安乃至整个陕北、陇东地区规模最大、内容最丰富、造像保存最好、有明确纪年的金代洞窟，是这一地区金代洞窟的典型代表"[1]，据窟内现存金代题记判断该窟开

1　石建刚：《延安宋金石窟调查与研究》，甘肃教育出版社，2020，第73—74页。

凿的时间下限应是金贞元七年（1159）前后。[1] 在本窟后壁有一尊倚坐弥勒造像，特殊的是其右手托须弥山置于胸前（图11），这种造像样式在同一时期的敦煌没有出现，而在陕北亦仅此一例。众所周知，弥勒是继释迦之后，绍绪佛位在娑婆世界救度众生的未来佛，其本身就代表着佛法的传承与延续，与佛钵所传递的概念在某种程度上是一致的，将作为六道轮回和娑婆世界具化物的须弥山托于其掌中，与莫高窟第3窟千手观音腹前双手所托之物由须弥山到钵中须弥的动态转化所传递的精神相似。

图13 莫高窟第148窟三面四臂观音经变中的婆薮仙形象

---

[1] 石建刚：《延安宋金石窟调查与研究》，第82页。

图 14 莫高窟第 3 窟北壁千手观音经变中的婆薮仙　　图 15 莫高窟第 3 窟北壁千手观音经变中的功德天

图16 山西朔州崇福寺弥陀殿南壁金代千手观音图像中功德天（左）与婆薮仙（右）
（采自山西省古建筑保护所、柴泽俊编著《山西寺观壁画》，文物出版社，1997，第189页，图版第94、95）

又据石建刚、万鹏程对窟内造像组合的研究表明，该窟传递出了较为积极乐观的信众心态，不再似北宋晚期信众那样悲观，而是希望此方土地能常保安乐，维持和平，像僧伽大师所化净土城池一般，[1] 其核心仍是这一时期较为流行的一种以往生净土来解救末法危机的应对方案。很显然，该窟内这尊造型独特的手托须弥山弥勒造像亦是在末法的时代背景和洞窟主题思想下所创造出的新样式，其自然与整窟造像所反映的末法思潮关系密切。在末法背景下将代表六道轮回的须弥山和具有传承意义的未来佛组合在一起，似要表达信众希望弥勒能降生人间结束末法，护持众生的美好愿望，可以看到陕北金代弥勒手托须弥山与莫高窟西夏第3窟千手观音手托须弥山所诠释的宗教内涵之间所存在的某种关联性。

同时我们注意到，莫高窟第3窟千手观音图像中婆薮仙形象的变化，从盛唐开始，在敦煌壁画和纸绢画中的千手千眼观音、不空羂索观音（图12）和如意轮观

---

[1] 石建刚、万鹏程：《延安宋金石窟僧伽造像内涵探析——以清凉山第11窟和石泓寺第7窟僧伽造像为中心》，《艺术设计研究》2018年第3期。

音等密教题材中大量出现婆薮仙,其形象样貌是一手遮额,作眺望状,一手执竹杖,瘦骨嶙峋,与功德天相对应(图13)。在敦煌壁画中婆薮仙是提倡杀生的婆罗门,他是裸体外道并手持一鸟,前者表示他的身份,后者表示他主张杀生。由于其外道的身份,因此常处于画面最底下的位置,且形象鄙小,举止猥琐。[1] 这一形象到莫高窟第3窟千手观音图中却发生了变化,这铺图像中的婆薮仙身穿宽袍大袖的汉族服饰,形貌庄严儒雅,双手合十向观音行礼(图14),已经丝毫看不出外道猥琐鄙小的样子。而与其相对应的功德天(图15)也不再是胡跪供养的菩萨,而成了身着汉族服饰的天女形象。这种变化我们不见于敦煌地区的其他类似图像中,因此笔者推测其应当是外来粉本画稿的影响,又受到陕北金代石窟中手托须弥山的弥勒造像的启发。笔者在翻检山西寺观壁画时发现,山西朔州崇福寺弥陀殿内金代千手观音图像中的婆薮仙(图16)同样是穿着宽袍大袖的汉族士人服装,手持竹杖,面露慈祥,而与之相对应的功德天也是带有头光、着汉装的天女形象,和本窟图像十分相似。

目前关于西夏佛教及敦煌西夏石窟相关问题的研究论著多侧重强调宋、辽、回鹘和吐蕃佛教对西夏产生的影响,而对于与西夏同时期的金代佛教的影响则鲜见提及。沙琛乔则以西夏晚期洞窟中山水画的绘画手法为切入点与金代山水画作对比,认为"敦煌西夏晚期新式山水画的整体面貌与金代山水画颇为近似,其很大程度上应当是受到金代中原艺术的影响"[2]。沙琛乔在其硕论"西夏晚期的金夏交流"一章中,从"文献中的金夏交流""西夏故地出土文物所见金夏交流"和"敦煌西夏石窟中的金代艺术痕迹"三个方面就金代与西夏多维互动的历史背景做了较为详细的阐述,通过梳理对比,发现在敦煌西夏石窟艺术中,新式七宝图以及玄奘取经图和涅槃变图等题材中所出现的新元素皆出自于新中原样式,都在很大程度上受到金代艺术的影响。[3]

综上所述,西夏晚期,新中原样式的传入使敦煌石窟的艺术创作发生了天翻地覆的扭转,而在新中原样式的传播过程中,雄踞北方的金朝起到了重要的作用,它一方面积极吸收辽、宋两国的先进文化,并在此基础上创新发展;另一方面则在与西夏的和平交往中将融合创新的新样式传入西夏,[4] 为敦煌西夏晚期洞窟新式中原画风的形成做出了突出的贡献。[5] 李

---

[1] 王惠民:《婆薮仙与鹿头梵志》,《敦煌研究》2002年第2期。

[2] 沙琛乔:《敦煌西夏石窟山水画与"新中原样式"的形成》,硕士学位论文,陕西师范大学,2021,第118页。

[3] 沙琛乔:《敦煌西夏石窟山水画与"新中原样式"的形成》,硕士学位论文,陕西师范大学,2021,第73—98页。

[4] 沙琛乔:《敦煌西夏石窟山水画与"新中原样式"的形成》,硕士学位论文,陕西师范大学,2021,第73—98页。

[5] 沙琛乔:《敦煌西夏石窟山水画与"新中原样式"的形成》,硕士学位论文,陕西师范大学,2021,第117—118页。

月伯也曾从莫高窟第 3 窟千手观音造像的艺术角度敏锐指出，其显然是受到了中原北宋以来白描画法的影响，创作者将游丝描、折芦描、钉头鼠尾描等白描手法荟萃一壁，将敦煌的线描艺术推向极致。[1] 根据上文的讨论我们知道，这种所谓的中原北宋画法应当是金代继承之后融会创新出来的新中原样式，莫高窟第 3 窟千手千眼观音经变中诸多新元素、新样式的出现皆是在此背景下受到北方金代造像影响所出现的新变化。

四 观音三昧与禅窟功能

莫高窟第 3 窟内部空间非常狭小，据相关测量数据显示该窟西壁长 2.9 米，南北壁各长 2.5 米，东壁门宽 1 米，门南北侧各 0.95 米。[2] 如此有限的空间，仅容一两人转身，不适合做开放型礼佛窟或举办法事仪轨之用，因此笔者推测第 3 窟应当是一个禅修窟。

（一）西夏时期河西地区的禅修之风

河西地区历来是僧人禅修的理想之地，莫高窟、榆林窟、西千佛洞三处石窟群是吐蕃、归义军时期敦煌佛教僧团的禅修基地，被称为"三所禅窟"[3]。早期禅修兴盛乃是受佛教小乘禅数之学的影响，安世高所译《阴持入经》和《安般守意经》等皆为此类性质的经典。[4] 随着大乘经典的不断译出，般若思想一度占据主流，禅数之学逐渐衰落。

入唐以后，随着禅宗的兴起，禅修之学再度繁盛起来，"入山禅修既与禅宗兴盛有关，也受藏传密教的影响"[5]。西夏佛教的发展深受汉地佛教和藏传佛教的双重影响，因此在汉地禅宗思想及藏传佛教僧人禅修习惯的共同影响下，西夏禅修之风依然盛行，黑水城出土西夏文《大般若波罗蜜多经卷第三十四》（B11·008）写本上，卷尾有西夏文抄经题记曰"出家禅定石慧护"[6]。在黑水城出土的汉文佛教文献中则有大量关于藏传密教本尊禅定有关的修法、赞颂、仪轨、陀罗尼等不同种类的抄本文书，本尊禅定"基本的概念就是行者通过观想而与其本尊或菩萨合二而一"[7]。

在甘州则有以禅定命名的禅定寺，而凉州所出《凉州碑》中则记载了护国寺

---

1 李月伯：《从莫高窟第 3 窟壁画看中国线描的艺术成就》，《敦煌研究》2001 年第 2 期。
2 石璋如：《莫高窟形（二）》，"中研院"历史语言研究所，1996，第 115 页。
3 马德：《敦煌莫高窟史研究》，甘肃教育出版社，1996，第 215 页。
4 任继愈主编：《中国佛教史》（第一卷），中国社会科学出版社，1985，第 231—318 页。
5 崔红芬：《西夏河西佛教研究》，民族出版社，2010，第 253 页。
6 宁夏大学西夏学研究中心等编：《中国藏西夏文献》卷 1，甘肃人民出版社，2005，第 219 页。
7 沈卫荣：《西夏佛教文献与历史研究》，甘肃文化出版社，2018，第 8 页。

内有专属僧人禅修的禅窟。[1] 在河西诸多石窟中有不少西夏禅修者所留题记,莫高窟第 322 窟西壁佛龛北侧墨书题记:"……居地尚海宝人……禅定宝人之□巳等。"[2] 莫高窟第 464 窟前室北壁西侧题记曰:"四月中(十)五日敬礼者那征,禅定宝铁。"[3] 榆林窟第 29 窟南壁西侧上部绘制高僧像一身,有西夏文榜题曰:"出家禅定……那征一心。"[4]

除了敦煌之外,在西夏故地武威下西沟岘也有不少西夏僧众用于禅修的洞窟,这些禅窟选址隐秘幽静,在窟内发现除了僧人的生活日用品外,还有佛经、佛像等物。[5] 而在贺兰山东麓山嘴沟石窟的西夏禅僧窟中,还发现了用于禅观的佛教壁画。[6] 在西夏的文献中也记载了一些以禅修见长且修行有成的高僧,文献中常以"禅师"称之。[7] 而在由西夏皇室组织译经、施经等重大佛教法事活动中,作为高级僧侣参与其中的禅师出场顺序仅次于国师,说明其地位稍逊于国师:

> 谨于乾祐二十年九月十五日,恭请宗律国师、净戒国师、大乘玄密国师、禅法师、僧众等,就大度民寺,作求生兜率内宫弥勒广大法会。[8]

总而言之,受汉地禅宗和藏传佛教的影响,西夏时期禅修之风兴盛,而且"在修行实践上既有以坐禅苦修为主的禅僧,也有把禅修成佛纳于平常生活之中的信众,把坐禅、诵经与礼佛、忏悔结合在一起"[9],这为我们思考莫高窟第 3 窟的功能提供了重要的时代背景。

(二)《大乘庄严宝王经》与观音三昧修行

笔者在对莫高窟第 3 窟主尊造像身份讨论时,认为该窟乃是依据宋译本《大乘庄严宝王经》的思想内涵修建,其中西壁龛内为四臂观音做主尊统摄南北壁负责救度三涂苦难的十一面千手观音。[10]《大乘庄

---

1 陈炳应:《西夏文物研究》,宁夏人民出版社,1985,第 109 页。
2 宁夏大学西夏学研究中心等编:《中国藏西夏文献》卷 18,甘肃人民出版社,2007,第 21 页。
3 宁夏大学西夏学研究中心等编:《中国藏西夏文献》卷 18,第 218 页。
4 史金波、白滨:《莫高窟榆林窟西夏文题记研究》,《考古学报》1982 年第 3 期。
5 陈炳应:《西夏文物研究》,宁夏人民出版社,1985,第 57—63 页。
6 陈育宁、汤晓芳:《山嘴沟西夏壁画探析》,《西夏学》第一辑,宁夏人民出版社,2006,第 12—17 页。
7 史金波等译注:《天盛改旧新定律令》,法律出版社,2000,第 352 页。
8 聂鸿音:《西夏佛经序跋译注》,上海古籍出版社,2016,第 100 页。
9 陈炳应:《西夏文物研究》,第 254 页。
10 李志军:《莫高窟第 3 窟系列研究之一——〈大乘庄严宝王经〉与西壁主尊身份考释》,《形象史学》2022 年秋之卷(总第 23 辑)。

严宝王经》卷三开篇即由除盖障菩萨请问，释迦宣说观自在菩萨的诸三昧境界：

> 尔时，除盖障菩萨白世尊言："观自在菩萨摩诃萨往昔之事，已闻佛说。彼菩萨有何三摩地门？唯愿世尊为我宣说。"佛告："善男子！其三摩地门，所谓有相三摩地……神通业三摩地……善男子！观自在菩萨摩诃萨，非唯有是三摩地，而于一一毛孔具百千万三摩地。"[1]

又据该经在讲述六字大明咒的功德时指出"若得彼者，不可思议无量禅定相应，即同得阿耨多罗三藐三菩提"[2]，可见诸佛菩萨的神通之力皆自甚深禅定中来，不可思议无量禅定所具功德等同于六字大明咒，亦等同于无上正等正觉。《大乘庄严宝王经》对禅修十分重视，获得诸三昧境界是修行有成的重要标志，经中甚至将其核心宣讲的六字大明咒的修持功德与禅修境界联系在一起，若有善男子、善女人能依法念诵，所获功德便是可入诸三摩地。[3] 又本经记载，除盖障菩萨在佛陀的指点下到波罗奈大城法师处受持六字大明咒陀罗尼，在获得诸种三昧境界后方满意而去。[4]

在专讲观音三昧的经典《观音三昧经》中记载了圆满七天禅修之人，观音即可满足其所有愿望：

> 七日之时，观世音菩萨即自现身，其光晃曜，明过于日。行人见已，心甚荒迫。观世音菩萨即举左手，摩行者顶，心得安隐。[5]

《观音三昧经》虽是一部伪经，但在观音信仰的弘传过程中具有十分重要的作用，于方君将其与《观世音往生净土本愿经》和《高王观世音经》并列，认为是"颂扬观音的重要本土经典"[6]。该经最早见于隋代所编《众经目录》，据兹格乐的研究："这部经是天台智顗（智者大师）所作，年代约在 560—568 年间，撰述此经的主要用意是利用观音信仰的盛行，接引社会各阶层人士修习禅定。"[7] 果如其言，以智者大师之德行威望，该经在当时的社会影响力自不可觑，从各种文献材料来看，它在唐代就已经非常

1　（宋）天息灾译：《大乘庄严宝王经》，第 55—56 页。
2　（宋）天息灾译：《大乘庄严宝王经》，第 59 页。
3　（宋）天息灾译：《大乘庄严宝王经》，第 61 页。
4　（宋）天息灾译：《大乘庄严宝王经》，第 62 页。
5　《佛性观》卷一《说观音三昧经》，《大正藏》第 11 册，第 3 页。
6　于君方：《观音——菩萨中国化的演变》，商务印书馆，2012，第 113—129 页。
7　转引自于君方《观音——菩萨中国化的演变》，第 118 页。

流行。

《观音三昧经》将观音的地位提升到诸佛之上,宣称其过去世已证佛果,称"正法明如来",释迦则是跟随其学法的苦行弟子,这一点与《大乘庄严宝王经》有相似之处。《大乘庄严宝王经》中记载释迦曾遍访诸世界如来求学六字大明咒,最终于莲花上如来佛刹所得闻是陀罗尼,而莲花上如来则是经观自在菩萨传授的,即经中所谓"是时,观自在菩萨摩诃萨,与莲花上如来应正等觉,说是六字大明咒陀罗尼"[1]。《观音三昧经》中主要讲述修习观音三昧的诸多具体实践方法及所获得的相应功德,似乎正弥补了《大乘庄严宝王经》只记载观音的诸多三昧却没有相应的修行方法的缺憾。且此经现存唯一的完整抄本抄写于日本奈良时代(710—784),今保存在日本京都国立博物馆,除此之外仅在敦煌地区发现过两份残卷,[2] 说明在敦煌地区曾一度流行观音三昧禅法。

综上所述,莫高窟第3窟无论是从洞窟的空间大小,抑或是考虑到西夏时期受汉地禅宗和藏传佛教影响下禅修之风盛行的基本特点,以及《大乘庄严宝王经》对观音三昧的重视、《观音三昧经》在敦煌地区的流行等因素,笔者以为其可能是一所僧人禅修窟。

结　　语

西夏时期是佛教思想大融合和神系重构的时代,在末法思潮的影响之下,西夏人根据自己的需求通过微细或宏大的画面内容巧妙地传递着自己的信仰内涵,在不同洞窟的千手观音图像中表现得尤为明显。榆林窟第3窟东壁五十一面千手观音像通过壮阔的生活化场景表达了观音信仰贴近世俗人群的重要特点,而莫高窟第3窟则通过观音腹前双手所托须弥山到钵中须弥的转化,以微小细致的动态图样显露了功德主在末法背景下渴求凭借观音大士的慈悲与神通护持正法的拳拳之心。

莫高窟地区禅修窟和礼佛窟通常是分开的,用于禅修的单室洞窟多位于北区,而适合观像以辅助禅修的造像窟则多位于南区。莫高窟第3窟的修建则弥补了这一缺陷,它不仅将禅修窟修建于南区,而且在窟内绘制了极其精美的千手观音像,是将禅修与禅观结合的典范洞窟,也是西夏佛教重视修行实践的典型案例。

1　(宋)天息灾译:《大乘庄严宝王经》,第60页。
2　于君方:《观音——菩萨中国化的演变》,第117页。

榆林窟第 3 窟南北壁净土变内容新论[*]
——一场西夏皇家集体礼忏仪式活动的复现

■ 朱全稳（河南大学音乐学院）　沙武田（陕西师范大学历史文化学院）

引　言

作为敦煌石窟最具代表性的洞窟之一，学界对于榆林窟第 3 窟相关问题有诸多探讨，比如对该窟的开凿年代至今仍有不同意见。[1] 沙武田与梁红新近撰写的《瓜州榆林窟第 3 窟西夏属性申论》一文，在回顾诸家之说的基础上重新从游人题记、供养人画像、蒙古豳王家族、酿酒图、山水画、取经图等多个方面再次论证了榆林窟第 3 窟为西夏的属性。[2]

对该窟南北壁经变定名、所绘内容等问题，也一直为学界所关注，且尚无定论。本文重点要关注的是该窟南北壁中间净土变图像内容，故对该窟南北壁经变相关研究予以简单回顾。南壁为观无量寿经变的定名几无争议，北壁经变的定名争议较大，李月伯、谢继胜认为北壁所绘经变为天请问经变，霍熙亮在《榆林窟、西千佛洞内容总录》中将北壁记为净土变，王艳云认为北壁与南壁内容一样，同为观无量寿经变。贾维维对榆林窟第 3 窟进行专题研究时，对北壁并没有给出确切的定论性名称，只是做出了可能为观无量寿经

---

[*] 本文系国家社科基金冷门绝学团队专项"敦煌壁画外来图像文明属性研究"（项目编号：20VJXT014）的阶段性成果。

[1] 具体参见杨富学、刘璟《再论榆林窟第 3 窟为元代皇家窟而非西夏皇家窟》，《形象史学》2022 年夏之卷（总第 22 辑）；《榆林窟第 3 窟为元代西夏遗民窟新证》，《敦煌研究》2022 年第 6 期。两篇文章对这一问题的学术史有详细的梳理。

[2] 梁红、沙武田：《瓜州榆林窟第 3 窟西夏属性申论》（待刊）。

变或药师经变的可能性推断。[1] 沙武田、邢耀龙对前人学者关于敦煌石窟各类净土变尤其是西方净土变定名、释读、研究等有非常详尽的综述。[2]《敦煌西夏洞窟观无量寿经变的新样式——瓜州榆林窟第3窟净土变的释读》(后文简称《释读》)一文对该窟南北壁经变画的内容作了全面、细致的辨析,归纳出榆林窟第3窟南北壁中间经变画的主要画面内容和基本特征,并对两壁经变给出了南北两壁经变共同组成一幅完整的观无量寿经变的论断,认为画师在绘制这幅经变画时,并非简单的机械复制,而是经过精心设计、安排,有意地将两铺经变画内容进行合理整合,构成一种相互补充、相互解读的有机整体。[3] 其中大部分观点笔者表示赞同。

《释读》一文强调,作为西夏晚期代表性洞窟,该窟既没有敦煌莫高窟西方净土变的传统,也没有黑水城的因素,是完全不同的净土变新样。基于此,该窟经变中所体现出的各种"新样"也就有了多重内容表达的可能性。本文拟在前人学者研究的基础上,结合图像和相关文献,从仪式角度推论榆林窟第3窟南北壁的这两铺经变画所绘内容是西夏王室的一次集体礼忏仪式活动的复现。不当之处,敬希方家指正。

一　南北壁净土变图像特征

关于榆林窟第3窟观经变图像解析,贾维维博士《榆林窟第三窟壁画与文本研究》一书有较为深入的研究,书中大部分观点也为学界所认同。但就南北壁画内容解析而言,据笔者目力所及,邢耀龙和沙武田《释读》一文最为细致,该文对两铺经变画从整体到局部都有明确的释文分析。笔者参考了贾维维博士对该窟的研究,同时以《释读》一文为基础,结合图像和有关文献,对部分图像作进一步解读。

(一) 南北壁观经变图像解读

按照《释读》一文的解释,南北壁经变画共同组成一幅完整的观无量寿经变,笔者前文已述表示赞同。南北壁观经变主体上部为写实的垂幔,垂幔下方十方佛以主建筑重檐歇山顶为中心,呈2+3模式分布于左右。中间主体画面为大型听

---

[1] 贾维维在《榆林窟:第三窟壁画与文本研究》一书中,更正了之前提出可能为观无量寿经变或药师经变的可能性推断,认为此铺壁画可定名为"观无量寿经变"(见贾维维《榆林窟第三窟壁画与文本研究》,浙江大学出版社,2020,第118页脚注)。

[2] 参见沙武田《敦煌西夏石窟分期研究之思考》,《西夏研究》2011年第2期;邢耀龙、沙武田《敦煌西夏洞窟观无量寿经变的新样式——瓜州榆林窟第3窟净土变的释读》,《丝绸之路研究集刊》第5辑,商务印书馆,2020,第335—336页。

[3] 邢耀龙、沙武田:《敦煌西夏洞窟观无量寿经变的新样式——瓜州榆林窟第3窟净土变的释读》,《丝绸之路研究集刊》第5辑,第335—353、482—483页。

法图或仪式场，[1] 底部或为未生怨与十六观结合的观经变新样式。类似于"十方佛赴会"这样的图像是西方净土变较为常见的画面，不过多解读，下文将重点关注南北壁观经变中间经变主体画面部分。

图 1　榆林窟第 3 窟南壁中间观经变主图像
（该图中椭圆处为摩尼供宝图，采自数字敦煌）

---

[1] 多数研究均将中间主体画面认定为"听法图"，笔者认为该主体画面就是一个礼佛礼忏仪式的复现图像，所以在此标注为"听法图"或"仪式场"，后文亦将继续论证。

图 2　榆林窟第 3 窟北壁中间观经变主图像
(采自数字敦煌)

巫鸿先生的观点认为"情节性"构图的特点是主要的人物总是被描绘成全侧面或 3/4 侧面,而且总是处于行动状态中……这种图像一般以表现某个故事情节或生活状态为主题。[1] 南北壁观经变主体图像(图 1、图 2)由两排以廊庑相连的三座大殿形成自下而上的"两进式"建筑构成,一进院落的廊榭将整个空间隔成

---

[1] [美]巫鸿:《武梁祠——中国古代画像艺术的思想性》,柳扬、岑河译,生活·读书·新知三联书店,2015,第 149—150 页。

两个部分。上部二进空间主体均为一个相对闭合规整的院落，主尊佛及左右两身胁侍菩萨居于重檐歇山顶的大殿主殿之上，身后左右各六身菩萨一字排开，营造出一种神圣庄严的氛围。其他菩萨、弟子、天龙八部、天女等众像呈 X 形均匀分布于二进院落前空旷区域之中。下方一进院落走廊连接的三个类似勾栏的重檐亭内均有乐舞表演场面，走廊前散布着或手持香花、饭食、香炉、宝珠等供养物（图3—图6）或双手合十的"众"[1] 像，各"众"像均头戴通天冠，头上有头光。此外，南北两壁均有一组较为特殊的众像（图7、图8），皆为女身，均头戴狮子帽，她们或手持琵琶、箜篌等乐器，或双手合十，在"众"像下方对称分布，且皆有头光，前后均有天女持扇而立，《释读》一文推断这组特殊众像为佛教世界的天乐神"乾达婆"。放眼整个画面，似乎是一进院落亭台楼榭及院子的"众"像通过引导，按照一定的程式，通过一进院落中间的"天宫门"[2]，进入更大空间的二进院落，即佛、菩萨所在的"净土世界"。

图3　榆林窟第3窟南壁观经变细部"众"像持供养物图
（采自数字敦煌）

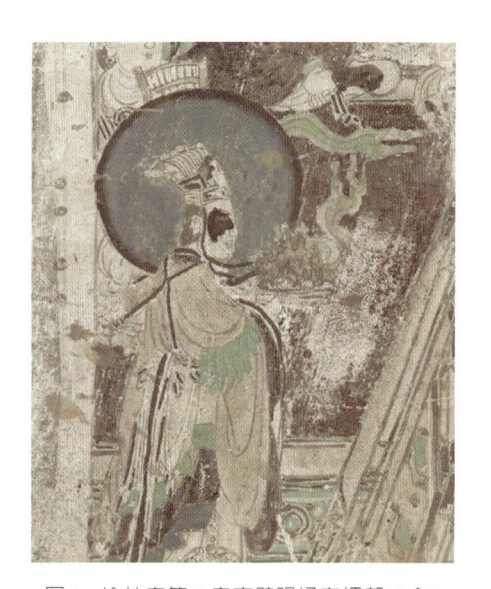

图4　榆林窟第3窟南壁观经变细部"众"像持供养物图
（采自数字敦煌）

1　此处没有采用《释读》等文中"天众"的说法，因为笔者认为，这些所谓的天众或为皇室以及文武俗众，这些群像虽都有头光，但是极有可能是洞窟设计者、绘制者等为了凸显功德主的身份有意而为之。

2　根据沙武田教授《敦煌画稿研究》一书中的研究所示，净土变版在藏经洞绘画所存样中的题名有"净土宫"字样，通过注解题记可知该版名为净土变相图。有关"净土宫"定名，还可见施萍婷先生《敦煌遗书总目索引》。参见沙武田《敦煌画稿研究》，中央编译出版社，2006，第86—87页。"净土宫"所在的就是西方净土世界，所以通往西方净土世界的门，命名为"天宫门"。

图 5　榆林窟第 3 窟南壁观经变细部"众"像持供养物图
（采自数字敦煌）

图 6　榆林窟第 3 窟南壁观经变细部"众"像持供养物图
（采自数字敦煌）

　　南壁观经变主尊身后两组菩萨像两端楼阁内各有一须弥莲花座，座上供宝珠（图 9、图 10，具体位置可见图 1 椭圆处），周身放光，应该是西方净土中的摩尼供宝，其绘制比例与菩萨几乎等同，或为有意凸显。下方一进院落类似勾栏的重檐建筑区域（图 11），三组乐舞表演依次排开，且每一组乐舞表演的勾栏前均有台阶，阶梯之上各绘有一带头光或为"接引者"图像（见图 11 红色椭圆框），中间的"接引者"（见图 11 黄色椭圆框）身穿黄色交领长袍，两侧"接引者"服饰相似，皆着长袍，颜色略有不同。院落前的四组"众"像，中间两组每组 12 人，呈近似椭圆造型左右对称排开，四组"众"像除部分手持供养物以外，其他均双手合十，两侧的"众"像各朝向所在侧的台阶方向，两侧台阶上的"接引者"均手持供养物朝乐舞表演场域方向走去，其行进的方向似与同侧走廊上的"众"像相同，都是往中间乐舞场域后所在的"门"走去。中间"接引者"作回头状，似引导中间两组的"众"像通过中间乐舞表演区域后方的"天门"进入"净土世界"。从"天门"进入二进院落之后，空旷的院落最中间立一须弥座（图 12），座上坐一交脚金刚力士（或为天王）。两身靠近须弥座的弟子站立且有向右绕座转行的"势"，诸菩萨双手合十围着须弥座对称坐于莲花座之上，弟子双手合十坐于方毯之上，似从一进院落前进入"净土世界"的"众"像位于菩萨之前，均行跪姿。其他群像不再一一细述。

　　北壁观经变一进院落中间乐舞表演区

域前并无阶梯（图13），该表演区域上有顶檐，下起高台，表演区域四周有围栏，从造型上看与文献记载中宋代演出所用场地瓦舍勾栏中的戏台几无差异，呈现出世俗化特征。乐舞表演区域之间的走廊上无顶檐廊庑相接，呈现出相对独立的乐舞表演区域，廊庑为回廊造型，两侧廊庑上的"众"像呈现出男女像并立的情况，且有华盖立于头顶（图13红色方框），两侧阶梯上的"接引者"（图13白色方框）均回头看向院前的"众"像，院落前画面漫漶不清，但是从可辨析的图像可以看到，站立的"众"像均朝着两侧"接引者"的方向行走，总体行进方向与南壁一致，均从两边往中间行走。从"天门"进入二进院落之后，空旷的院落最中间立一香炉（图14），香炉上供香燃烧，所烧供香类似拉卜楞寺大型法会所燃柏香。两身分立香炉左右的弟子双手合十，有绕炉转行之势，右边弟子口部张开，作唱诵状。

图7　榆林窟第3窟南壁中间观经变主体图像中部狮子帽乐神像

（采自数字敦煌）

图 8 榆林窟第 3 窟北壁中间观经变主体图像中部狮子帽乐神像
（采自数字敦煌）

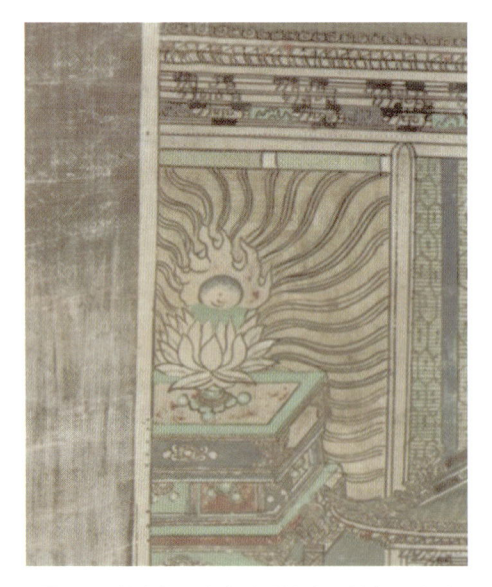

图 9 榆林窟第 3 窟南壁观经变主尊身后左端配殿内摩尼供宝图
（采自数字敦煌）

图 10 榆林窟第 3 窟南壁观经变主尊身后右端配殿内摩尼供宝图
（采自数字敦煌）

图 11　榆林窟第 3 窟南壁画观经变局部图——下部一进院落及院前图像
（红、黄色椭圆圈内为本文所指"接引者"像，采自数字敦煌）

图 12　榆林窟第 3 窟南壁中间观经变主体图像中间须弥座上交脚力士（或是金刚）及两侧弟子图
（采自数字敦煌）

图13　榆林窟第3窟北中间观经变局部图——下部一进院落及院前图像
（白色方框内为本文所指"接引者"，红色方框内为头顶有华盖"众"像，采自数字敦煌）

图14　榆林窟第3窟北中间观经变主体图像中间香炉供养及两侧弟子图
（采自数字敦煌）

（二）南北壁观经变图像的特殊性

上文业已提到，《释读》对榆林窟第 3 窟的整体判断是完全不同的净土变新样。其新样主要表现在：北壁七宝池和八功德水布局相对于常见的净土变来讲，面积缩小，多位于偏殿楼阁之下；说法场景不再是敦煌石窟传统净土变水上勾栏围出的平台，而是建筑之间呈现一片开阔的空地（绿底），众菩萨、弟子、天众等也不再以传统净土变式的众星捧月般围绕主尊佛，而是呈 X 形散布于绿底空间地面之上；南壁二进院落听法图中出现了一身坐须弥座上的力士，周身布满火焰，一手撑着宝瓶，一手托鱼形供盘，盘内置珊瑚、宝珠、象牙等供养物，宝物周身放光；分镜式连环画构图在目前所存的观经变中是孤例；南北壁小画面内容超出了十六观且十六观中出现"月想观"和"比丘观"；十六观和未生怨阅读顺序无规律可循；南壁经变画中佛陀与常见的观无量寿佛手印不统一；经变画中出现独特的天众接引图；[1] 南北壁经变画共同组成一幅完整的观无量寿经变……

诸多新式图样集中出现于榆林窟第 3 窟，许多还是孤例，实在耐人寻味！为何在莫高窟西夏净土变"简略版"、黑水城接地气净土信仰图像盛行之际，榆林窟第 3 窟却出现这么多场景宏大的新图样？

喻忠杰认为，壁画大多是在描绘某一特定时间内发生的事件，画工按照要求将事件经过以图像的特有方式讲述在画作里，后世的研究者通过读图，进而对画面信息加以思考和探索。[2] 故而，若想寻求上述问题的答案，或许得从该窟营建的历史背景出发进行探讨。

二 南北壁图像特征所反映的时代属性及功德主身份

南北壁观经变主体图像所呈现出的新图样，一如现实世界和西方净土世界的分割，显现出浓厚的世俗特征。

首先，从建筑布局来讲，南北壁经变图中的净土宫格局展示了一种完整的布局模式，前殿与后殿间以回绕的廊庑相连，而且在后殿前后轴线两侧设置了左右对称的楼阁，并且楼阁未列在廊庑之中。这一贴近中轴线的设计亦彰显了既考虑回廊的环绕式格局，又重视轴线礼拜的规划。[3] 另，南壁观经变后殿前后轴线两侧楼阁内摩尼供宝犹值得注意。

---

[1] 《释读》指出，南壁观经变底部没有出现莲花化生童子的形象，而以一众天人代替，站在绿地上的天人把目光投给了站在台阶上的穿着黄色长袍的天人，人物的"势"朝着门口聚集。台阶上的天人并没有面向高高在上的佛陀，而是躬身合掌向下方参拜。

[2] 喻忠杰：《石窟戏剧壁画初探——以莫高窟和克孜尔石窟壁画为中心》，《曲学》第 2 辑，上海古籍出版社，2014，第 331—351 页。

[3] 张利伟：《图像、空间与礼仪》，硕士学位论文，河北科技大学，2020，第 42 页。

摩尼，梵语 manli，意为宝珠，有消灾除病，使浊水变清的功效。[1] 唐实叉难陀译《大方广佛华严经》中有多处关于摩尼宝珠装饰华藏世界的记载：

> 此华藏庄严世界海，大轮围山，往日珠王莲华之上，旃檀摩尼以为其身……摩尼为网，周匝垂覆……佛刹微尘数香水海，一切妙宝庄严其底，妙香摩尼庄严其岸，毗卢遮那摩尼宝王以为其网。[2]

华藏世界为毗卢遮那佛的净土，毗卢遮那佛为释迦牟尼法身佛，因此同样可以视华藏世界为释迦牟尼佛的净土。唐代智俨、法藏、李通玄等认为华藏世界是修行的最终归宿。[3] 对于信众来讲，礼拜摩尼阁就等同于礼拜华藏世界。[4] 释迦牟尼佛处于华藏世界的中心地位，这极有可能是图像中较为凸显的摩尼宝珠并被放置于殿中轴线两侧的楼阁内，且可经回廊绕行礼拜的原因。

饶有趣味的是，南北壁观经变建筑布局与同时代的宋、金佛寺高度相似（图15—图17），根据萧默先生的研究，榆林窟第 3 窟所绘佛寺的形式与河北正定隆兴寺中由摩尼殿至佛香阁一段（含配殿）高度相似。[5] 隆兴寺的摩尼殿为抱厦十字脊殿，岳键曾针对南北壁经变建筑画指出："主题造型重檐歇山顶和攒尖歇山顶，以及与歇山顶所系连的抱厦为仁孝时期建筑图的主要特征。"[6] 同时，主院落内面积缩小的水池似乎也在表明整体图像并非完全象征佛国净土中的"七宝池、八功德水"，而是取材于现实寺院的小莲池。

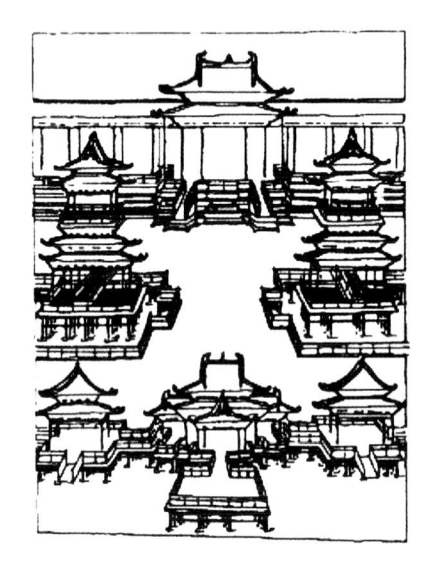

图 15　榆林窟第 3 窟观经变图像佛寺线描图
（采自萧默《中国建筑艺术史》，文物出版社，1999，第 425 页）

1　（北凉）昙无谶译：《涅槃经》卷九："如摩尼珠，投之浊水，水即清。"（见《大正藏》第 12 册，第 374 页）
2　（唐）实叉难陀译：《大方广佛华严经》，《大正藏》第 10 册，第 39—40 页。
3　段晓伟：《〈华严经〉华藏世界研究》，硕士学位论文，陕西师范大学，2012，第 18—23 页。
4　张利伟：《图像、空间与礼仪》，第 13 页。
5　萧默：《中国建筑艺术史》，文物出版社，1999，第 425 页。
6　岳键：《敦煌西夏石窟断代的新依据——三珠火焰纹和阴阳珠火焰纹》，《西夏学》第 7 辑，上海古籍出版社，2011，第 237 页。

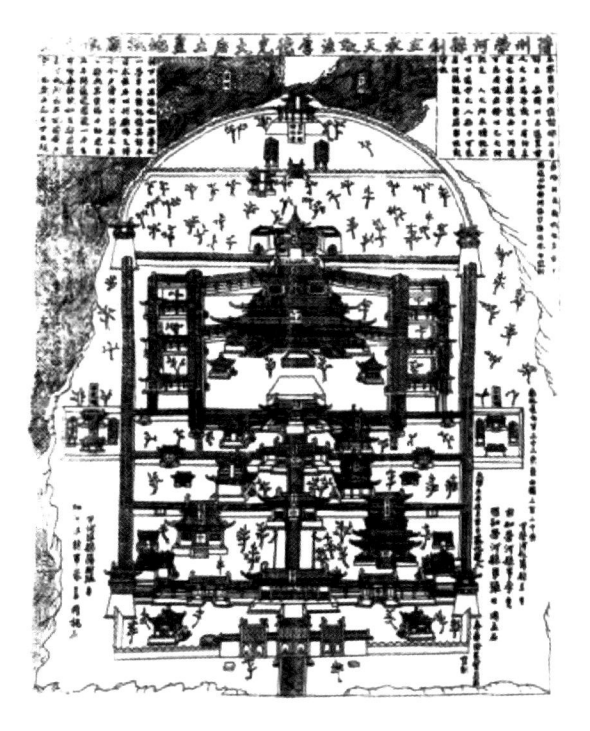

图 16　南宋福建莆田甘露庵总平面
（采自萧默《中国建筑艺术史》，第 427 页）

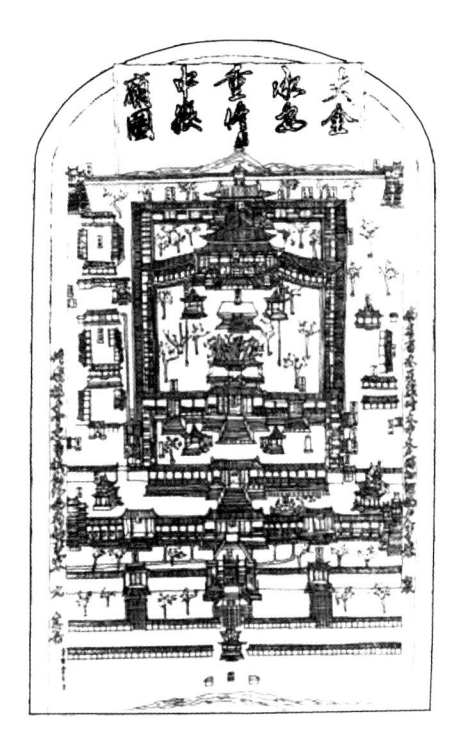

图 17　金代刻制"中岳庙碑"
（采自萧默《中国建筑艺术史》，第 429 页）

其次，据贾维维研究，西夏盛行荐亡往生净土与华严信仰。[1] 在黑水城出土大量刊刻文书的发愿文、跋言或后记均反映这一类信仰主题，如印施六百余卷《圣六字增寿大明陀罗尼经》"资荐亡灵父母及法界有情同往净方"[2]。《不空绢索陀罗尼经》记述诵持此陀罗尼可以"上报四恩，下资三有，法界含灵，同生净土"[3]。尤其是由仁宗仁孝（1139—1193）主持印施的《圣观自在大悲心总持功能依经录并胜相顶尊总持功能依经录》后序发愿文将《自在大悲经》赞誉为"冠法门之密语"，持诵《大悲咒》可超灭百千亿劫生死之罪，临命终时十方诸佛皆来授手，随愿往生诸净土中。[4] 据说因该经持诵者众多，朝廷先后多次下令刊印，以致

1　贾维维：《榆林窟第三窟壁画与文本研究》，第 353—365 页。

2　《俄藏黑水城文献》第 3 册，上海古籍出版社，1996，第 173 页。

3　转引贾维维《榆林窟第三窟壁画与文本研究》，第 361 页；原见《英藏黑水城文献》第 3 册，上海古籍出版社，2005。

4　《俄藏黑水城文献》第 4 册，上海古籍出版社，1997，第 31 页。

印版速见损毁，仁宗便命人另刻新版、多加施印，以便信众受持。[1] 根据索罗宁的研究，西夏曾有"官方"的佛教制度，在"官方"经典里，属于仁宗及太后罗氏施印的经典和"仪轨法本"占比最大，且这些经典大量发布的目的在于保证"国泰民安"的"护国"目的。黑水城出土的大量汉传经典以及国家或皇家举办法会的各种"仪轨法本"多可印证佛教在西夏之传播属于皇室及官方活动。[2]

西夏的华严、净土思想承接于唐、辽，圆仁的《入唐求法巡礼行记》记载了唐代在寺院进行大型礼忏的具体流程：

……国忌之日，从舍五十贯钱于此开元寺设斋……辰时，相公及〔将〕军入寺来——从大门，相公、将军双立，徐入来。步阵兵前后左右咸卫，州府诸司皆随其后。至讲堂前砖砌下，相公、将军东西别去。相公〔东〕行入，入东幕，将军西行，入西幕下。俄顷，改鞋澡手出来。殿前有二砌桥，相公就东桥登，将军就西桥登。曲各东西来，会于堂中门。就座礼佛毕，即当于堂东西两门各有数十僧列立，各擎作莲花并碧幡。有一僧打磬，唱"一切恭敬，敬礼常住三宝"毕，即相公、将军起立取香器，州官皆随后，取香盏，分配东西各行。相公东向去，持花幡僧等引前，同声作梵，"如来妙色身"等二行颂也。始一老宿随，军亦随卫，在廊檐下去。尽僧行香毕，还从其途，指堂回来，作梵不息。将军向西行香，亦与东仪式同。一时来会本处。此顷，东西梵音交响绝妙。其唱礼，一师不动独立，行打磬，梵休即亦云"敬礼常住三宝"。相公、将军共坐本座，擎行香时受香之香炉，双坐。有一老宿圆乘和上读咒愿毕，唱礼师唱为天龙八部等颂。语旨在严皇灵，每一行尾云"敬礼常住三宝"。相公诸司共立礼佛，三四遍唱了，即各随意……[3]

唐代大寺院山门（大门）分东、中、西三门，平时出入只开东、西侧门，中门只在举行正式典礼中开启、使用。[4] 开元寺的真实布局已经见不到了，但其描述众人礼忏的行进路线与榆林窟第3窟却能对应起来，尤其是开中门，一老宿引导进入中门，文武官员在回廊间依次行进、绕行，会于堂下，老僧读咒愿、唱礼师唱天龙八部等颂，而后文武官员礼佛等情节俱

---

[1] 史金波、翁善珍：《额济纳绿城新见西夏文物考》，《文物》1996年第10期。

[2] ［俄］索罗宁：《西夏佛教之"系统性"初探》，《世界宗教研究》2013年第4期。

[3] ［日］圆仁：《入唐求法巡礼行记校注》，［日］小野胜年校注，白化文、李鼎霞、许德楠修订校注，中华书局，2019，第83—84页。

[4] ［日］圆仁：《入唐求法巡礼行记校注》，［日］小野胜年校注，白化文、李鼎霞、许德楠修订校注，第85页。

与前文对图像的解读一致。

最后，从洞窟整体图像特征来看，沙武田先生认为，榆林窟第 3 窟壁画无榜题或许是这一时期洞窟壁画的绘制不再像传统的壁画那样，通过画面中的榜题文字进行佛教宣传。这就意味着一种可能性，那就是需要设计者、绘画者、信仰者（以功德主为主）对画面内容非常熟悉，不需要榜题文字来提示，但是设计者和绘画者熟悉内容倒也平常，如果信仰者也熟悉壁画内容，那或许只有一种可能，就是设计者和绘画者是专门为功德主服务的，无须考虑所有可能进入洞窟的礼拜观瞻的人的需求，而功德主自然也对画面内容熟悉。[1] 换言之，功德主主导着设计者和绘画者的洞窟壁画绘制，这也意味着功德主本人对洞窟场景的熟识。就此而言，学界也曾从不同角度提出该窟就是西夏仁宗仁孝皇帝的功德窟，[2] 或为仁孝皇帝的后代为其修建的功德窟的说法。[3] 假若此说正确，结合这一时期的历史，晓通佛法并且有大量佛经译制、佛事主导经历的西夏某位皇帝或者相近地位的皇室人员作为该窟的功德主再合适不过。

三 西夏皇室盛行的礼忏仪式与南北壁图像的关联

礼忏是指礼拜诸佛菩萨，忏悔所造恶业，是佛教修行实践的重要内容之一，最早可见于南北朝时期关于斋忏活动的记载。[4] 西夏历代君主推崇佛教，大型佛教礼仪在皇室当中尤为盛行，从皇帝等重要人物亲自参与到佛事佛法活动中可见一斑。据史金波、聂鸿音二位先生的相关研究，[5] 自西夏惠宗秉常（1068—1086）御译《慈悲道场忏法》之后，在仁宗仁孝执政时期一些特殊的时间节点，如皇帝本人的本命年、皇太后曹氏周忌之辰等，皇

---

1 沙武田：《读图的厚背景和被表象误导的历史图像——重新认识敦煌西夏石窟艺术史之面貌及其内涵》，《丝绸之路研究集刊》第 7 辑，社会科学文献出版社，2020，第 306 页。

2 郭进跃、李宪亮主编：《西夏艺术荟萃·绘画书法卷》，阳光出版社，2017，第 151 页；岳键：《敦煌西夏石窟断代的新证据》，《西夏学》第 7 辑，第 237 页。文中写道："从 3 窟的规模内容看绝非地方官员的私家窟，而应是西夏皇室倾全国之力的扛鼎之作，亦是仁孝时期功业的总结，当为仁孝的功德窟，西夏天盛十七年公元（1165）有仁孝赴瓜州的记载，榆林 3 窟当建于此时。"郭静结合仁孝巡游河西的时间，以及西夏统治者对瓜州的重视程度、第 3 窟出现的身穿军戎的供养人像，也认为该窟营建于仁孝时期（见郭静《瓜州榆林窟第 3 窟世俗图像研究》，硕士学位论文，陕西师范大学，2019，第 35 页）。

3 Rob Linrothe, "Xia Renzong and the patronage of Tangut Buddhist art: The stupa and Lshnishavijaya Cult", *Journal of Sung-Yuan Studies*, No. 28, 1998, pp. 91-123.

4 （元）觉岸《释氏稽古略》卷 2 中对梁皇忏记载如下："梁帝初为雍州刺史时，夫人郗氏性酷妒。既亡，至是化为巨蟒入后宫，通梦于帝求拯拔。帝阅佛经为制《慈悲道场忏法》十卷，请僧忏礼。夫人化为天人，空中谢帝而去。其忏法行于世，曰《梁皇忏》。"见《大正藏》第 49 册，第 794 页。

5 参见史金波《西夏佛教史略》，宁夏人民出版社，1988；聂鸿音《西夏佛经序跋译注》，上海古籍出版社，2016。

室都要举行盛大的法会，法会当中一项重要的仪式活动就是"作忏悔"。在仁宗仙逝之后的周年、三年忌辰的法会上，太后罗氏也举行相应的仪式活动。《圣佛母般若波罗蜜多心经御制后序》《圣大乘三皈依经后序愿文》《观弥勒菩萨上生兜率天经施经发愿文》《仁王护国般若波罗蜜多经（卷尾）》《大方广佛华严经普贤行愿品发愿文》《应天四年施经发愿文》等汉文译经中均可见相关记载。[1]

除此之外，西夏文《现在贤劫千佛名经》上卷所插的单折页《帝后礼佛图》（图18）记录了西夏帝后举行的一次重大礼佛活动，根据图像可见头戴通天冠、身着交领宽袖大袍的西夏皇帝以及头戴凤冠着花长袍的皇后双手合十呈礼佛状，且有头光，皇帝、皇后服饰造型与榆林窟第3窟南北观经变"众"像相似，皇后旁边有一头戴冠帽身穿长袍人双手持供养物俗众朝帝后礼拜方向行去。

佛教的礼忏法是借由礼拜诸佛，同时忏悔罪过的一种仪式，礼忏通常包含礼拜、供养、赞叹、忏悔、劝请、随喜、回向、发愿等项目。[2] 礼忏文就是对礼忏仪式的流程、礼忏内容进行记载描述的文字。前文已述，西夏皇室礼忏活动盛行，且有相对固定的礼忏仪轨。如现藏于宁夏回族自治区考古研究所的《佛说三十五佛名礼忏文·仁宗施经发愿文》（N21.615［F037］）记录了仁宗仁孝所施礼忏的发愿文内容。[3]

三十五佛信仰是大乘佛教诸佛信仰中的一种重要形式，即称念常住十方一切世界的三十五佛名号，依三十五佛礼忏，得以除罪、建福、往生净土。[4] 从仁宗仁孝皇帝的这篇发愿文来看，西夏的三十五佛礼忏活动，具有明显的往生净土功能，充分反映了西夏佛教信仰中浓厚的净土信仰特色。[5]

俄藏黑水城出土№880《三十五佛忏悔要门》是三十五佛的礼忏仪轨，根据款题，为仁宗时期德慧所作或纂集。根据孙伯君先生的汉文译文，我们可以大概了解三十五佛礼忏的仪轨内容。

> 若善男子善女人，从无始以来直至今时，欲忏悔一切五无间罪障，……身于佛前依次列置曼陀罗及香花、灯明、饭食，所得种种供养。已，求修者复次于佛像前燃烧妙香，

---

[1] 以上译经影印件可见《俄藏黑水城文献》，上海古籍出版社，1996。参阅聂鸿音《西夏佛经序跋译注》，上海古籍出版社，2016。

[2] 杨明芬（释觉旻）：《唐代西方净土礼忏法研究——以敦煌莫高窟西方净土信仰为中心》，民族出版社，2007，第4页。

[3] 见韦兵《黑水城文献汉文普礼类型礼忏文研究》，《西夏学》第8辑，宁夏人民出版社，2011，第264—275页。

[4] 公维章：《西夏时期的三十五佛信仰》，《西夏学》第9辑，宁夏人民出版社，2013，第208页。

[5] 公维章：《西夏时期的三十五佛信仰》，《西夏学》第9辑，第214页。

敬礼三遍，……于自己面前曼陀罗、阿伽、格施华座、香花、灯明、饭食、衣服、璎珞、振铃、宝磨等随处依次施食。准备施食时，洒三白三甜净水，安立幢幡。准备已。两手合掌，如是发愿。

……

一遍或三遍诵时，复次求修者手内执香，引燃妙香，……自心中生光，单照须弥山东方，一并请以其光环绕持国天王，至于面前，随意供养。

……

守护东方持国大天王，手执琵琶降伏一切魔，无量乾达婆众皆围绕。

……

十方一切世界内，常尊有情类三界；……譬如金刚不坏身，如意摩尼宝珠如；如龙神通自在尊，利益有情来求教。……燃烧宝火如意珠，利益有情来求教。[1]

榆林窟第 3 窟南北壁观经变画面可辨识的"众"像图像中，手持供养的有十七身，其中南壁十五身，北壁二身（部分持供养物品像可见图 3—图 6），所持供养物多与文献吻合。还有一个值得注意的点，那就是南北壁的"众"像，从一进院落到二进院落，是从站像到跪像，且每组"众"像都是按照一定的方向，以一定的队形或走或跪，有较强的程式性和仪式性特点，与净土类礼忏仪式中的仪态要求相对应。

图 18　中国国家图书馆藏《现在贤劫千佛名经》帝后礼佛图局部
（采自陈育宁、汤晓芳《西夏艺术史》，上海三联书店，2010，第 165 页）

---

[1] 孙伯君：《黑水城出土三十五佛名礼忏经典综考》，载《吴天墀教授百年诞辰纪念文集 1913—2013》，四川人民出版社，2013，第 184—197 页。

四 南北壁图像与洞窟整体主题的关系

石窟壁画应放置在统一的建筑实体内解读，巫鸿先生主张应更多地从事"建筑和图像程序"的研究。[1] 榆林窟第3窟的图像配置内涵贾维维已做过深入研究，[2] 在此基础上，以新的角度结合前文论述，笔者以为仍有若干信息较为值得关注。

沙武田教授曾指出，敦煌石窟中东壁门上是石窟内位置较高且较为重要的部分，与西壁相对甚至还高于龛内或中心佛坛，此位置一般以尊像画为主，常常是各时代新题材或特殊题材出现的地方，且与石窟的中心思想关联紧密。[3] 榆林窟与莫高窟的东西方向虽然相对，但是其与洞窟的思想意涵亦紧密相连。榆林窟第3窟东壁绘八塔变，中央为"降魔成道"，上方是"涅槃"图，据贾维维分析，该幅图像不仅绘制了完整的八塔变中的八相，讲述释迦一生的故事，在下方还描绘了释迦牟尼成道之前的四个事件。[4] 虽然在东壁门上绘"涅槃图"的做法盛、中唐已有之，如莫高窟第120窟、第185窟，但像榆林第3窟情节如此丰富完整的，仅此一例，特殊图像必有特殊绘制的缘由以及欲表达的特殊含义。

八塔变位于东壁中央位置，贾维维推测这一题材到西夏时期在中原广泛流行、传播的原因与其增福延寿、净治恶趣的功能密切相关。[5] 上文提到罗太后在仁宗去世三周年曾举行大型法会，且印施的《大方广佛华严经普贤行愿品》卷末题记："（太后）散施八塔成道像净除业障功德共七万七千二百七十六帧。"[6]

黑水城出土《金刚座佛与佛塔》唐卡的八塔塔名所依据的《大乘本生心地观经》记载：

> 若造八塔而供养，现身福寿自延长。增长智慧钟所尊，世出世愿皆圆满。若人礼拜及心念，如是八塔不思议。二人获福等无差，速证无上菩提道。[7]

---

1. [美]巫鸿：《礼仪中的美术——巫鸿中国古代美术史文编》，郑岩、王睿编，郑岩等译，生活·读书·新知三联书店，2005，第418—430页。
2. 贾维维：《榆林窟第三窟壁画与文本研究》，第350—375页。
3. 沙武田：《吐蕃统治时期的敦煌石窟研究》，中国社会科学出版社，2013，第73页。
4. 贾维维：《榆林窟第三窟壁画与文本研究》，第62—75页。
5. 贾维维：《榆林窟第三窟壁画与文本研究》，第358页。
6. 《俄藏黑水城文献》第2册，上海古籍出版社，1996，第272—273页。
7. （唐）般若译：《大乘本生心地观经》，《大正藏》第159册，第296页。

《佛说八大灵塔名号经》亦记载：

> 如是八大灵塔，若有婆罗门及善男子善女子等，发大信心修建塔庙承事供养，是人得大利益、获大果报、具大称赞、名闻普通甚深广大，乃至诸苾刍亦应当学。复次诸苾刍，若有净信善男子善女子，能于此八大灵塔，向此生中至诚供养，是人命终速生天界。[1]

说明供奉八塔变图像或念诵八塔名号均有延寿增福、净治恶趣、往生净土的功能。另外，八塔变两侧的"千手观音像"和北壁西侧金刚界曼荼罗上方的"不空羂索观音五尊像"也具有上述功能，观音主要担当汉传弥陀类经典中阿弥陀佛的胁侍者和往生人的接引者。[2] 另外，八塔变主尊释迦牟尼与文殊、普贤相对应又形成了"华严三圣"体系。因此，可以认为榆林窟第3窟整个窟的主题就是表达净土往生与华严护国思想。

有意思的是，美国西北大学林瑞宾认为八塔变涅槃变中的具头光老者和南壁顶髻尊胜佛母曼荼罗塔基前出现的形象均是夏仁宗的真实写照，用来表彰仁孝的功德。[3] 郭静梳理仁孝时期的社会历史、宗教文化背景、瓜州重要的政治军事地位、河西地区观音信仰的流行以及西夏皇室由来已久的佛菩萨传统，也认为洞窟内的五十一面千手观音图像象征的同样是仁宗，将世俗世界和佛教世界的统治者合而为一，借以表达对功绩卓著的仁孝皇帝的崇敬，同时以菩萨的化身护佑家国。[4]

无论上述说法是否有道理，结合前文提到的唐代举行国忌法会的场景、西夏皇室的礼忏信仰、罗太后等人举办的印施法会、南北壁图像高度相似于同时期宋金寺院、种种不同于"正常"观经变的新样布局模式、规模宏大内容丰富而没有榜题说明的众多显密图像、榆林窟第3窟整体的图像配置以及洞窟内涵等。我们有理由推测得出结论：南北壁的图像场景乃是对由仁孝之后的皇室成员为给他祈福、追思，祈愿他往生净土、"共成佛道"的国忌法会的复现，借助观经变佛国净土的表象，再现当时寺院当中举行悼亡法会的实景。若此说可成立，台阶上穿着黄色长袍的"接引者"或许就是主持法会的西夏皇室成员，与前文《帝后礼佛图》中提到的身穿长袍引导帝后礼佛的角色一致，

---

[1] （宋）法贤译：《佛说八大灵塔名号经》，《大正藏》第32册，第1685页。

[2] 贾维维：《榆林窟第三窟壁画与文本研究》，第360页。

[3] Bob Linrothe, "Ushṇīshavijayā and the Tangut Cult of the Stupa at Yu-lin Cave 3", *National Palace Museum Bulletin*, Vol. XXXI, Number 4&5, 1996, pp.1-24; Elena A. Pakhoutova, *Reproducing the Sacred Place: the Eight Great Events of the Buddha's life and their Commemorative Stupas in the Medieval Art of Tibet （10th-13th century）*, University of Virginia, 2009, pp.157-191.

[4] 郭静：《瓜州榆林窟第3窟世俗图像研究》，第36页。

其在台阶上向下参拜头顶华盖的皇帝仁孝，带领一众皇室成员及文武大臣穿过"天宫门"，进入宝相庄严的西方净土世界。东壁门上完整的八塔变相则以佛象征仁孝的一生，歌颂他伟大功绩的同时，借"佛菩萨"传统信仰希冀先帝护佑家国安泰。

结　语

以哈里森为代表的西方剑桥学派认为仪式是一种再现或预现，是一种重演或预演……尤其重要的是，仪式总有一定的实际目的。[1] 这种预现或再现就如同洞窟壁画题材的绘制，通常都会是预先就设定好的特殊意图或者目的，不同画面彼此联系，并最终构成一个完整的洞窟空间设置。沙武田教授认为，对于那些遍窟皆为净土变的西夏重绘洞窟，要充分考虑洞窟实践的功能，至少在洞窟中行净土忏是可行的。[2] 基于此，通过榆林第3窟南北壁的两铺经变画合成的观无量寿经变的精巧布局，将南北两壁的其他四铺壁画即金刚界曼荼罗、摩利支天曼荼罗、恶趣清净曼荼罗和尊胜佛母曼荼罗，以及穹顶的金刚界曼荼罗壁画图像有机统一起来，通过把这些密教图像的消灾、延寿、往生善道等功能进行整合，以显教的一幅观无量寿经变贯通南北，组合成一个十分精妙的净土往生道场空间。那么，在这样一个精心设计的道场空间，通过观经变的"场所"来记录曾举行的一场盛大的集体礼忏礼佛仪式活动，其神圣性、庄严性不言而喻，也可让入窟观拜的信徒感受到整个空间浓厚的仪式氛围以及举行这次礼忏活动的重要性。如此，尝试性地将南北观经变中所呈现的图像信息拟构为一场西夏皇室在皇帝亲自参与下的集体礼佛礼忏仪式活动的复现，也就有了合理存在的可能性。诚然，本文核心观点有推理猜测的成分，但是在基于一定文献、图像和史实的基础上所作出的猜测定有其属实的诸多可能，真实与否，或许还需要更多的证据去还原、验证。

1　[英]简·艾伦·哈里森：《古代仪式与仪式》，刘宗迪译，生活·读书·新知三联书店，2008，第87页。
2　沙武田：《读图的厚背景和被表象误导的历史图像——重新认识敦煌西夏石窟艺术史之面貌及其内涵》，《丝绸之路研究集刊》第5辑，第311页。

一幅珍稀的明代武将宦迹图
——《祁将军功荣图记》相关问题初探

■ 徐 成（南开大学）

蔚州卫（今蔚县）祁氏自祁岳开始，其子祁勋、祁勉，孙祁谦、祁谋，曾孙祁光祖、祁继祖，玄孙祁煌、祁燧、祁焞，数代连续数世充任边将，是明代宣大地区的重要军事家族。纽约佳士得2019年3月19日中国书画拍卖专场中，出现了该家族的重要文物，也就是被标记为嘉靖朝《祁勉将军诏书》（Imperial Edicts Regarding General Qi Mian）的宦迹图。[1] 以往针对宦迹图的研究，在样本上多为文官宦迹图，在方向上多集中于美术史、服饰史等艺术史层面的探讨。[2] 此图作为目前稀见的明代武将宦迹图，可谓明代边方武人留存不多的形象材料，是明代边镇军事史生成的见证者和传承者，有其所处时代文明赋形的鲜明特征，[3] 对该图本身所含的历史信息、该图形成背后的历史背景进行探索，于明代边镇将门的生活实态、明代中后期军事史的研究或有裨益，是以本文将结合正史、方志、档案及实地调查的碑刻等材料，对该图进行初步的探索。不足之处敬祈方家指教。

---

[1] Fine Chinese Paintings New York 19 March 2019，New York：CHRISTIE'S，2019，pp.10-11. 本文所用图像，已合法购买佳士得及 Bridgeman Images 版权。

[2] 由于现存宦迹图基本为高阶文官所留，故学界以往成果多集中在这批文官宦迹图上，如针对《徐显卿宦迹图》，有杨丽丽《一位明代翰林官员的工作履历：〈徐显卿宦迹图〉图像简析》，《故宫博物院院刊》2005年第4期；朱鸿《〈徐显卿宦迹图〉研究》，《故宫博物院院刊》2011年第2期；易弘扬《〈徐显卿宦迹图〉大汉将军服饰考》，《文物鉴定与鉴赏》2020年第14期；等等。针对《丰山（丛兰）恩荣次第图》（原称《王琼事迹图册》），有李小波、宋上上《中国国家博物馆藏〈王琼事迹图册〉像主的再考察》，《中国国家博物馆馆刊》2020年第12期；针对《张瀚宦迹图》则有邵军、张驰《故宫博物院藏〈张瀚宦迹图卷〉初步研究》，《艺术设计研究》2016年第2期。还有探讨文官宦迹图与孔子圣迹图之间的关联者，如沈歆《明代宦迹图与孔子圣迹图》，《艺术工作》2019年第6期。关于武将的宦迹图，由于文献与实物的相对匮乏，几乎无从探究，遑论从图像探究其生成、流传以及背后的历史脉络。

[3] 形象材料具有历时性和具象性，其创造的过程及结果都参与并承载了历史演进的动态，值得大加研究。参刘中玉《历史研究中形象材料的使用问题》，《中国史研究动态》2018年第6期。

一　祁氏家族史迹简探

此图共十二幅（由诰命敕谕及图画构成，其中图画九幅，画幅皆有帖名榜题红纸），每幅 44.5×73.7 厘米，绢本设色，佳士得将其定名为 *Imperial Edicts Regarding General Qi Mian*，认定像主为祁勉，并按图幅右上侧帖名榜题，依次定序为诰命敕谕及《会试荣归》《考终遗训》《一门三捷》《孤忠捍御》《抚赏夷人》《新平之捷》《二场步射》《胡儿款塞》《膳房逐虏》。[1] 但像主认定、全图定名、图像顺序都是存在问题的，笔者认为当据史实对相关问题重新厘定。我们先看诰命敕谕：本图所载祁岳三代诰命一通，祁勋敕谕三通，祁勉敕谕一通，计五通。诰命敕谕作为封建王朝时代的罩恩丝纶，彰显着受主的宠命恩荣，置于卷首殆无疑义，可谓无须多言的政治正确。应注意的是图画的次第，而这需要以祁氏家族行迹为线索进行梳理，以便图幅次序鱼贯证出。

蔚州卫祁氏最早来自山后云州（大同），[2] 第一代祁小公，字存仁，洪武五年（1372）充军，籍大同守御千户所，[3] 七年（1374）调蔚州卫后所，永乐二年（1404）因年老，以子祁友才代；[4] 友才字大用，永乐四年（1406）扈驾干滩河（按即"斡难河"之误）有功，[5] 同年"以年深，并升小旗"，景泰元年在宣府南门外"与贼对敌，擒获达贼有功"，升实授总旗，天顺五年（1461）残疾，以其孙、能子祁升代袭；[6] 能字世贤，永乐二十一年（1423）"以勇敢挑葛峪堡守御，从守备朱谦出哨有功，授总旗"；升字景阳，[7] 替祖职"并总旗"，成化七年（1471）"遇例纳草冠带实授总旗"，该年在延绥铁炉庄等处斩首一颗，次年（1472）因此升实授百户，十年（1474）袁家墩斩首一颗升实授副千户，二十二年（1486）身故；升子岳，成化二十三年（1489）袭实授百户。[8] 自升子岳开始，祁家成员开始真正成为分守一方的将领，开始向世将之门迈进。

1　*Fine Chinese Paintings New York 19 March 2019*，New York：CHRISTIE'S，2019，pp.10-11.

2　《蔚州卫武职选簿》，《中国明朝档案总汇》第 70 册影印中国第一历史档案馆藏明代原档，广西师范大学出版社，2001，第 286 页。

3　《祁氏实行录》，载（清）王育榞修，李舜臣纂《（乾隆）蔚县志》卷二二《故家》，北京国家图书馆藏清乾隆四年（1739）刊本，第 4 页 a、b。

4　《蔚州卫武职选簿》，《中国明朝档案总汇》第 70 册影印中国第一历史档案馆藏明代原档，第 286 页。

5　《祁氏实行录》，载（清）王育榞修，李舜臣纂《（乾隆）蔚县志》卷二二《故家》，第 4 页 a。

6　《蔚州卫武职选簿》，《中国明朝档案总汇》第 70 册影印中国第一历史档案馆藏明代原档，第 286 页。

7　《祁氏实行录》，载（清）王育榞修，李舜臣纂《（乾隆）蔚县志》卷二二《故家》，第 4 页 b。

8　《蔚州卫武职选簿》，《中国明朝档案总汇》第 70 册影印中国第一历史档案馆藏明代原档，第 286 页。

岳字民望，弘治五年（1492）马站沟斩首一颗，次年（1493）升实授副千户；[1] 正德十四年（1519）以副千户南征有功，升指挥佥事守备顺圣川西城，嘉靖元年（1522）充宣府游击，"战新河、王保屯诸处皆捷"，九年（1530）升左参将分守宣府北路马营及独石，十年（1531）调中路葛峪堡，其"为将廉静，每战身先士卒，屡奏奇绩，以功名终"[2]。十一年（1532）由都勋代任。[3] 从长子勋是先袭副千户，再武举中式加升署挥佥的事实来看，祁岳很可能卒于勋中式的十四年（1535）之前。岳战功累累，嘉靖五年（1526）得赐诰封三代，自身得正三品散阶昭勇将军，妻孙氏封淑人；祖能、父升赠昭勇将军，祖母张氏赠淑人，母王氏封太淑人。此图卷首所置《奉天诰命》即言此事。[4]

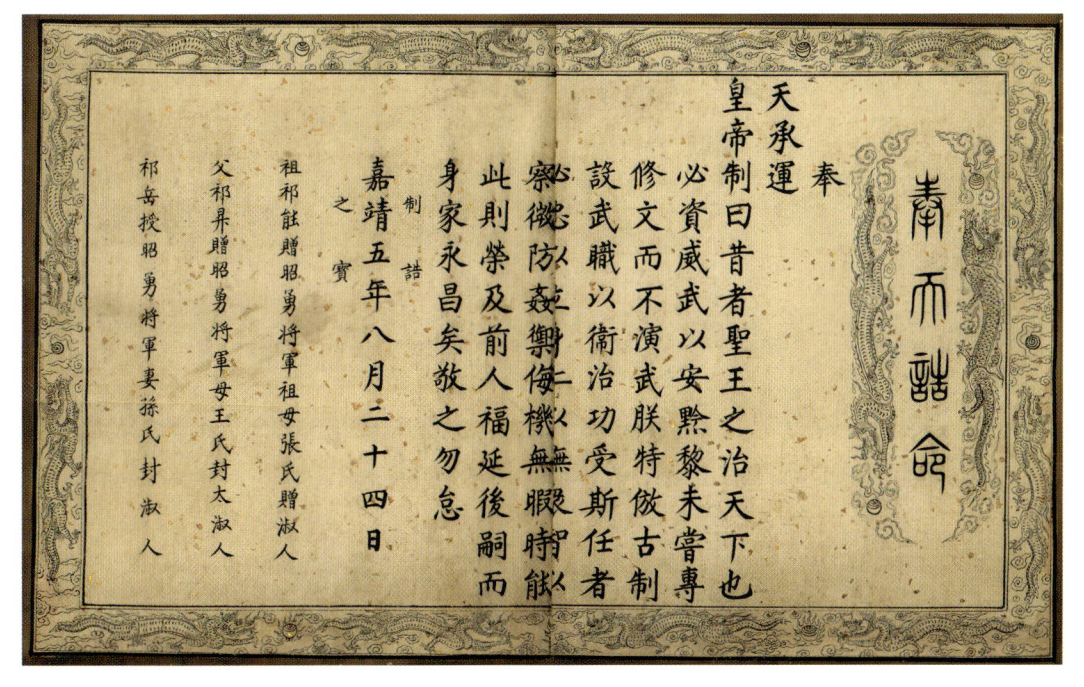

图1　祁岳诰命格式

1　《蔚州卫武职选簿》，《中国明朝档案总汇》第 70 册影印中国第一历史档案馆藏明代原档，第 286 页。

2　（清）庆之金修，杨笃纂：《（光绪）蔚州志》卷一五《传·集传》，北京国家图书馆藏光绪三年（1877）蔚州公署刻本，第 6 页 a、b。

3　（明）孙世芳修，栾尚约辑：《（嘉靖）宣府镇志》卷二八《职官表二》，成文出版社 1970 年影印嘉靖四十年（1651）刻本，第 326 页。

4　*Fine Chinese Paintings New York 19 March 2019*，New York：CHRISTIE'S，2019, p. 10.

祁岳的"子勋、勉并由武科显"[1]。勋字效忠，原袭副千户，中式武举会试，是以加升署指挥佥事，遇例实授；[2] 十九年（1540）以指挥佥事守备云州（在今赤城），期间参加土王沟之战，"虽罹重伤，无少挫"，督抚会荐疏云其"提兵不满三千，而督战益力；身中一十七矢，而神色自如"；二十二年（1543）授宣府游击，领新游兵，[3] 本年于宣府碾子冲斩首有功，擢指挥同知，寻推升署都指挥佥事，[4] 授左参将分守西路万全右卫诸处。[5] 二十五年（1546）七月，因龙门所云州堡失事，宣府北路参将董麒被罢，[6] 祁勋调任北路参将，次年（1547）还重修了龙门崖一带景观。[7] 但在此年纠查云州堡功罪，祁勋被巡按黄如桂劾奏当时"拥兵观望"，降一级；[8] 不久又因"虏寇滴水崖"，为总督翁万达劾其抵御不力而奏罢；[9] 二十九年（1550）任大同坐营，随仇鸾入援有功。[10] 其后行历，蔚州数版方志只言其"复历宣府中路参将"便语焉不详，此处可以用本图所录三通祁勋敕谕补壁：嘉靖三十年（1551）二月，经蓟辽总督何栋题奏，祁勋得任蓟镇曹家营参将，分守小台儿寨至白岭安寨计181里的防区；三十二年（1553）三月充游击将军，游剿策应大同迤西延绥地方；次年（1554）二月充宣府中路参将驻扎葛峪堡。[11] 但从三十三年（1554）二月李光启代任中路参将来看，[12] 祁勋在此职务上属于旋授旋罢，不到一个月。[13] 由其长子谦

---

1 （清）庆之鑫修，杨笃纂：《（光绪）蔚州志》卷一五《传·集传》，第6页a、b。

2 《蔚州卫武职选簿》，《中国明朝档案总汇》第70册影印中国第一历史档案馆藏明代原档，第286页。《祁氏实行录》载其中式嘉靖十四年（1535），可采；然言其应袭舍人中式，与《选簿》档案副千户中式冲突，笔者相对更采信档案一些。

3 《祁氏实行录》，载（清）王育榭修，李舜臣纂《（乾隆）蔚县志》卷二二《故家》，第5页a。

4 《蔚州卫武职选簿》，《中国明朝档案总汇》第70册影印中国第一历史档案馆藏明代原档，第286页。

5 《祁氏实行录》，载（清）王育榭修，李舜臣纂《（乾隆）蔚县志》卷二二《故家》，第5页a。

6 《明世宗实录》卷三一四，嘉靖二十五年八月壬寅条，台北"中研院"历史语言研究所，1962，第5875页。

7 《祁勋重修摩崖》："嘉靖二十六年八月吉日，钦差分守独石、马营等处左参将乙未武举都指挥蔚萝祁勋重修。"河北省赤城县云州龙门崖摩崖石刻。

8 《明世宗实录》卷三二二，嘉靖二十六年四月癸卯条，第5979页。

9 （明）翁万达：《翁万达集》文集卷七《早处将领以便防秋疏》，朱仲玉、吴奎信校点，上海古籍出版社，1992，第213—214页；《明世宗实录》卷三二六，嘉靖二十六年八月丁酉条，第6029页。

10 《明世宗实录》卷三六五，嘉靖二十九年九月癸丑条，第6533页。

11 *Fine Chinese Paintings New York 19 March 2019*，New York：CHRISTIE'S，2019，p.10.

12 （明）郭宗皋：《明故赠都督同知李公墓志铭》，载（清）李筠等纂修《（康熙）重修靖远卫志》卷五《艺文·志铭》，凤凰出版社2008年影印清刻本，第276—277页。

13 嘉靖四十年《宣府镇志》纂修者可能对此感到困惑，于是将祁勋的任职时间提早到三十二年到三十三年，但根据本图卷首祁勋的三通敕谕，三十二年时祁勋还是游击，三十三年二月才授中路参将。

嘉靖三十七年（1558）二月袭故职指挥佥事来看，祁勋当在此前不久病故。[1]

勉字效勤，军籍原系在兄长祁勋名下舍余，嘉靖十九年（1540）自备鞍马，跟从祁勋"随营杀贼"；次年（1541）在宣府万全新河口外孙家沟立功，升小旗，后升总旗；三十一年（1552）十月于新平堡边外野马川获功升试百户，纳级授副千户；三十二年（1553）由副千户中式武举，加升署指挥佥事，[2] 守备龙门所，累迁宣府游击；[3] 三十四年（1555）春，以署都指挥佥事，代替陷伏阵亡的李光启任宣府中路参将，分守葛峪堡诸处。[4] 本图所录最后一通祁勉敕谕即是在此背景下颁布。[5] 未几，因对"北虏"采取强硬攻击政策，数起争端，为监司所劾，被罢官候代。离职期间恰逢"虏又入寇"，勉曰："我固将去，然义不得避艰险，更是共此房戴天也。"率兵往战，以兵寡"被围困力屈而死"[6]，三十六年（1557）阵亡李家梁，钦依升其儿男三级封荫，因无男嗣，以勋次子谋袭其副千户世职。

谦字尚德，嘉靖二十二年（1543）随父征战，以应袭舍人身份在宣大二镇立功升小旗，[7] 三十四年（1555）武举中式，授葛峪堡守备；[8] 三十七年（1558）二月袭指挥佥事，次年（1559）渡口堡斩首有功升指挥同知；[9] 曾官游击将军，[10] 历升京营巡捕参将，隆庆五年（1571）病故，长子继祖袭职。[11] 谋字尚义，[12] 原系诸生，嘉靖三十八年（1559）二十七岁得承叔父祁勉阵亡荫，袭封副千户，[13] 嘉靖四十三年（1564）授老营堡守备，"本年内谍言兵且至，谋以众寡不敌，遂殁于阵"[14]，其侄（谦

---

1 《蔚州卫武职选簿》，《中国明朝档案总汇》第 70 册影印中国第一历史档案馆藏明代原档，第 286 页。
2 《蔚州卫武职选簿》，《中国明朝档案总汇》第 70 册影印中国第一历史档案馆藏明代原档，第 381 页。
3 《祁氏实行录》，载（清）王育榞修，李舜臣纂《（乾隆）蔚县志》卷二二《故家》，第 5 页 a。
4 （明）孙世芳修，栾尚约辑：《（嘉靖）宣府镇志》卷二八《职官表二》，第 327 页。
5 *Fine Chinese Paintings New York 19 March 2019*，New York：CHRISTIE'S，2019，p. 10.
6 （明）孙世芳修，栾尚约辑：《（嘉靖）宣府镇志》卷二六《征战考》，第 293 页。
7 《蔚州卫武职选簿》，《中国明朝档案总汇》第 70 册影印中国第一历史档案馆藏明代原档，第 286 页。
8 《祁氏实行录》，载（清）王育榞修，李舜臣纂《（乾隆）蔚县志》卷二二《故家》，第 5 页 a。
9 《蔚州卫武职选簿》，《中国明朝档案总汇》第 70 册影印中国第一历史档案馆藏明代原档，第 286 页。
10 《祁氏实行录》，载（清）王育榞修，李舜臣纂《（乾隆）蔚县志》卷二二《故家》，第 5 页 a。
11 《蔚州卫武职选簿》，《中国明朝档案总汇》第 70 册影印中国第一历史档案馆藏明代原档，第 286 页。
12 《祁氏实行录》，载（清）王育榞修，李舜臣纂《（乾隆）蔚县志》卷二二《故家》，第 7 页 a。
13 《蔚州卫武职选簿》，《中国明朝档案总汇》第 70 册影印中国第一历史档案馆藏明代原档，第 381 页。
14 《（乾隆）蔚县志》卷二〇《忠烈》，第 19 页 a。

次子）光祖袭职。[1] 总体而言，祁氏家族是一个发源于云州军户、起家于弘、正时代，勃兴于嘉、隆时期的宣大边镇典型的中层军官将门，其在万历时代乃至天、崇时代的登坛拜将，则在后文第三节详述。

二 图像的解析整理与定名

（一）《考终遗训》的像主

祁家在万历以前的简况暂胪述如上，我们接下来回归图像的本身，来做逐一的爬梳，相关问题边叙边议。先看《考终遗训》图，绘一乌纱红袍老者（父）端坐正堂，旁侍青袍、蓝袍青年（二子），庭院中有苍头数人，有持壶端盘者，有持麈者。按上考，非阵亡、且有二子者有祁岳、祁勋、祁谦三人，图前只有岳、勋、勉三父子的诰命敕谕，且祁勋次子谋已经继嗣祁勉户下承袭世职、谦次子光祖继嗣祁谋户下承袭世职（即宗法伦理上祁勋仅谦一子，祁谦仅继祖一子），因此可以排除勋、谦二人。所以基本可以推断本图是祁岳临终前嘱咐勋、勉兄弟的场景。图中二青年须发尚未如后图茂密，可知年纪尚轻。本图应置于诰命敕谕之后。

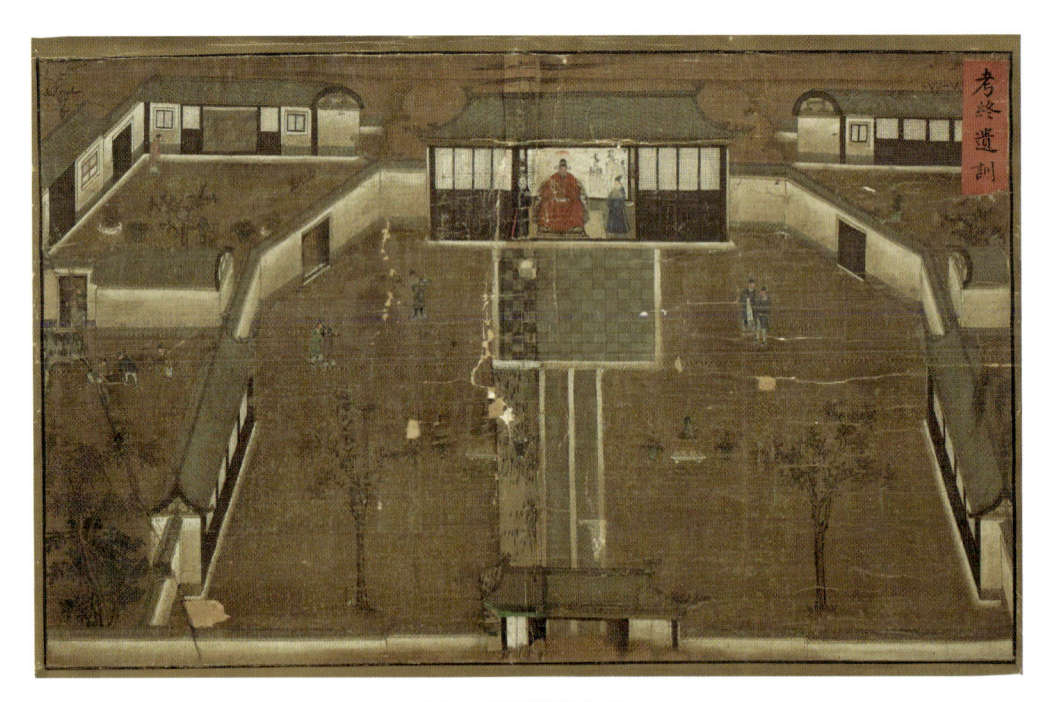

图2 《考终遗训》图

---

[1] 《蔚州卫武职选簿》，《中国明朝档案总汇》第70册影印中国第一历史档案馆藏明代原档，第286页。

图3 《二场步射》图

图4 《二场步射》图中三名严肃的主考

图5 《二场步射》图中张弓搭箭的考生

图6 《二场步射》图中计算箭数的考官与擂鼓助威的厮役

图7 《会试荣归》图

（二）明代武举情境图：《二场步射》《会试荣归》《一门三捷》

可以放到一起来考察的是《二场步射》《会试荣归》《一门三捷》。先看《二场步射》图，图像上方中央立青帐一顶，下坐乌纱绯袍考官三人，两旁侍立青、绿袍服官员数人及武士、仆役数人；考官面前站立考生五人，皆着窄袖戎衣、红缨直檐黑色大帽，手持弓箭欲射；图像中间靠下绘有一面红色箭鹄，上插红、白、青、黄、黑五色小旗，鹄旁绘有几支脱靶羽箭；鹄两侧数步处各立小青帐一顶，各坐一名绯袍官员并两员青衣吏役，盖计算箭数成绩的官员，又有红帽红袍敲鼓小厮二人；鹄附近围绕四名红笠青袍武士，其他着赤、绿颜色不一的窄袖戎衣武士也散布在场内巡绰；图像右上方有小青帐一顶，坐一名绯袍官员并两员青衣吏役及武士数人；右中、右下绘金鼓亭二座、悬帅字旗点将台一座；全场四周，围满了持械把守的黑笠青袍黄罩甲武士。

《会试荣归》图，像主黑笠青袍，在洪慈寺门前与九名官员作揖相别，九人皆着乌纱，其中两着红袍、三着青袍，剩下的各着粉、绿、浅紫、浅蓝，寺前又有红绿罩甲武士各鸣金鼓欢送。附近有仆役数人，有侍弄驮物马匹者，有候抬虎皮步辇者。会试在北京兵部，故洪慈寺亦在北京。此处也许是因地方僻静宽阔，常有武科考生在此备考，比如尚书杨博的四子、曾高中嘉靖甲子（1564）顺天武科乡试第一、隆庆戊辰（1568）武科会试第一的杨俊卿，因为嘉靖甲子（1564）兵部会试是其父杨博主考，俊卿为避嫌，便与麻城刘守有、姚江孙如津结伴居于北京洪慈寺，"昼角射，夜篝灯，披览韬钤者三年"，戊辰（1568）"登寺阁，顾见西垣下有赤光如日状"，是年"会试第一"[1]。可见洪慈寺从画像像主会试的嘉靖朝，到杨俊卿等人考试的隆庆时期，基本都是武科会试举子们的心仪备考地之一。翻查现存的诸版北京方志，明代北京之洪慈寺，在蓝靛厂附近，曾名嘉祥观，万历中方兴修，定名洪慈，今为广仁宫。[2] 对比可知，蓝靛厂洪慈寺应非武举们居留过的洪慈寺。所以，要么明代北京应该还有一处未见现存史籍记录的洪慈寺，要么当时洪慈寺的字音字形有同音混写状况，比如明代北京有同音之弘慈寺，在德胜门外，元为兴国寺，明正统中重修，清乾隆再修。[3] 两种情况都不宜排除，待未来有进一步的资料以期证明。

图 8 《会试荣归》图中相与欢送的场面

---

[1]《明故提督巡捕官校缉锦衣卫管卫事左军都督府同知赠右都督介庵杨公墓志铭》，载李百勤编《河东出土墓志录》，山西人民出版社，1994，第 66 页；（明）刘虞夔：《刘宫詹先生文集》卷一一《明故提督巡捕锦衣卫管卫事左军都督府都督同知赠右都督介庵杨公神道碑铭》，上海古籍出版社，2021，第 330 页。

[2]《敕赐护国洪慈宫碑记》，载《北京图书馆藏中国历代石刻拓本汇编》第 59 册，中州古籍出版社，1989，第 166—167 页。

[3]《重修弘慈禅寺左记》《重修弘慈禅寺右记》，皆北京石刻艺术博物馆藏碑，参见刘季人编《北京西城文物史迹（第 1 辑）》，北京燕山出版社，2011，第 42 页；（明）李贤等纂修《大明一统志》卷一《京师·顺天府·寺观》，方志远等点校，巴蜀书社，2017，第 30 页。

图9 《会试荣归》图中洪慈寺前金鼓喧天的场面

图10 《一门三捷》图

图 11　抬着喜报卷轴（报喜轴子）的小厮们

《一门三捷》图，绘三位青袍黑巾的中式者骑马至其故乡庭院墙外，巾上插满红花绿叶，昂首扬扬；前有导引队伍二十余人，红罩甲者敲鼓鸣锣、奏乐吹笛，青、蓝布衣者高举红、蓝、青旗帜，上书"贯手雄才惊四座""追风金马迓三元""衣冠继美家声显"等报喜的吉利文字，又有小厮四人抬着安放喜报卷轴的案几；后有青袍、红袍的乌纱官员骑马跟随。庭院正堂早已摆起香烛供桌，一派喜气洋洋。上文已考祁家相继武举中式者乃嘉靖十四年（1535）祁勋、三十二年（1553）

祁勉、三十四年（1555）祁谦，三人其实并非同时中式，之所以绘到一幅中，某种程度上也是模糊了时间和人物的界限，专注于表彰家门中三人中式的荣光，对历史事实做了艺术化的处理。也由此侧面可证，此图绝不早于嘉靖三十四年（1555）祁谦中式之前，因为在此之前，祁家无从知道自己一门三捷。但由后文梳理全部图像可知，图像的主角是祁勋、祁勉兄弟（祁勋的可能更大），因此《一门三捷》图中祁谦的绘入，可能属于一种"锦上添花"，该图的实际主角很可能还是勋、勉兄弟甚至是以祁勋为主。

图12　春风得意、马蹄飞疾的头戴鲜花的登第者（祁家父子叔侄三人）

图 13 举着"贯手雄才惊四座"旗帜的小厮　　图 14 举着"衣冠继美家声显"旗帜的小厮

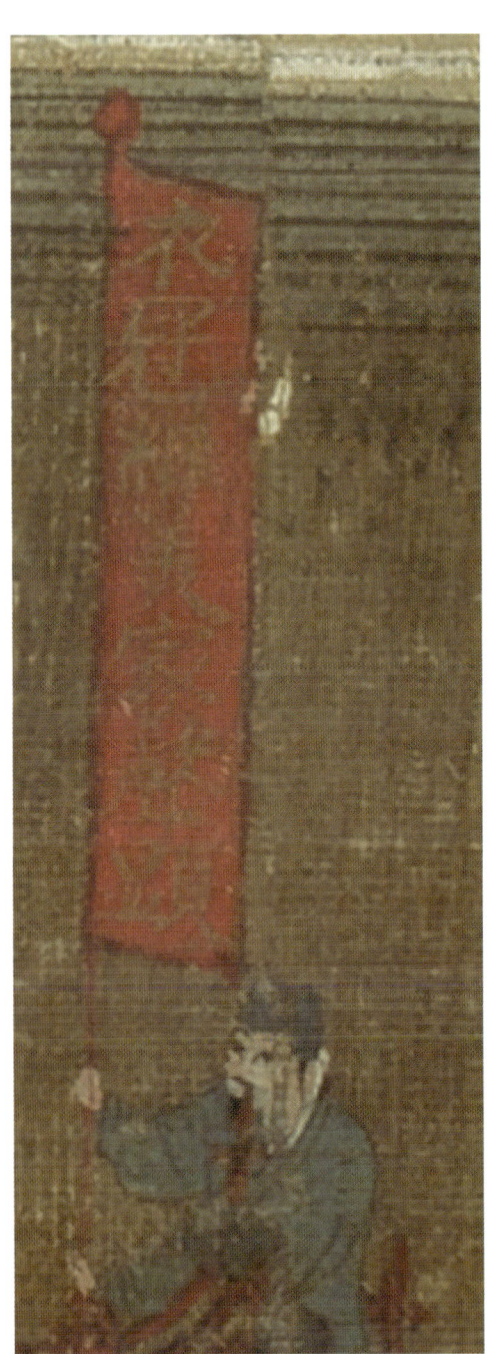

图 15　举着"追风金马辽三元"旗帜的小厮

明代武举的研究相对文科较少,且图像层面的史料更是匮乏,此图实为丹青妙证。明代的武举,始自英宗天顺八年(1464)甫设,初以荐举名义推行了一段时间,宪宗成化时期才有武举之名,孝宗弘治十四年(1501)推行,[1] 武宗时期发展逐步成熟:正德三年(1508)正月,兵部参酌文举会、殿二试例,议上《武

---

[1] 张祥明:《明代武举新论》,《齐鲁学刊》2011 年第 3 期;郭培贵:《明代武举的形成与确立》,《明史研究》第 15 辑,黄山书社,2017,第 78—92 页;曹循:《明代武举与武官选任新探》,《中国史研究》2021 年第 1 期。

举条格》，每遇文举乡试之年，"预行两京十三省，有能究极韬略、精通武艺、堪应武举者，具报所在官司，军卫送都司，有司送布政司，从抚按同三司考试，无三司者从抚按考试，两京亦送巡按考试，俱送兵部"，并于次年夏四月开科，初九日初场，"较其骑射，人发九矢，中三矢以上者合式"；十二日二场，"较其步射，亦发九矢，中一矢以上者为合式，俱于京营将台前较阅"，十五日三场，"试策二道、论一道，于文场试之。先期请命翰林院官二员为考试官，给事中并部属官四员为同考试官，监察御史二员为监试官，陛辞入院，试卷皆弥封、誊录、编号，上书马步中箭若干，送入内帘看详"，策论精通、弓马俱优者为上等；策论颇优，而弓马稍次者为中等；策论及弓马有一项不佳者，俱黜之。事毕张榜于兵部门外，次日引见并赐会武宴，各根据名次升官加级。此后渐为定制。[1] 而到祁家成员参与武举的嘉靖中后期，武举会试也在发生着与时俱进的变化，嘉靖二十九年七月，议定仍按旧例，以边方、腹里取士，边三腹二，初场马上四箭以上为中式，二场步下二箭以上为中式，三场试策二道、论一道，查其箭数多又韬略通晓者优取，箭数多而粗通文义者亦录为中式，即便文理优长但箭数少也不许录用，不必专重文字。[2] 体现出渐渐由重视文策向侧重武技的一个趋向，这可能也与嘉靖时期"虏患"渐繁，"南倭北虏"使得边防形势逐渐紧张的时局有所关联。

（三）战和之间：《膳房逐虏》《抚赏夷人》《胡儿款塞》《新平之捷》《孤忠捍御》

《膳房逐虏》《抚赏夷人》《胡儿款塞》《新平之捷》《孤忠捍御》，描绘了像主卫疆守边的战和行动。《膳房逐虏》图，绘一黑笠褐甲红衣的骑白马持铳武将，率领十余名黄甲蓝衣、弓箭刀矛精利的骑兵，由图像左侧的膳房堡出发，经过图像中央的新开口堡，追逐蒙古衣装的骑兵。双方交战场面十分生动：有持矛互刺者，有持刀互斩者，有拉弓对射者，还有从墩台上向下射箭的墩军，以及被明军护送回堡城的赶牛赶驴的平民。嘉靖前中期新开口堡、膳房堡皆属宣府西路所统，[3] 祁家曾任此地者，只有嘉靖二十三年（1544）至二十五年（1546）任西路参将的祁勋。[4] 对勘嘉靖朝《宣府镇志》可知，图中所绘战争，很有可能是二十三年

1　《明武宗实录》卷三四，正德三年正月庚申条，第 829 页。

2　《武举条格》，载《嘉靖四十四年乙丑科武举会试录》，收入屈万里《明代登科录汇编》第 16 册，（台北）学生书局 1969 年影印明嘉靖刻本，第 8457—8460 页。

3　（明）孙世芳修，栾尚约辑：《（嘉靖）宣府镇志》卷七《疆域考》，第 57 页。

4　（明）孙世芳修，栾尚约辑：《（嘉靖）宣府镇志》卷二八《职官表二》，第 326 页。

（1544）冬天俺答汗部下军队进攻膳房堡一战，此战祁勋与战锋营都指挥李彬迎战，战事激烈，彬勇战阵殁。[1] 事后祁、李的上峰，即宣府总兵官郄永被工科给事中何云雁要求逮京按罪，但最后也是降俸了事。[2]

《抚赏夷人》图，用自左下到右上的笔触视角，绘一座三进院落，一进院伫立苍头数人等候，二进院红衣数人大鸣金鼓欢迎，三进院内红袍乌纱官员安坐中堂，堂外左列武士数人，右列文官数人，堂前置三座高脚束足三弯腿木制香几，皆安放奖赏花红一方，上贴泥金字红纸曰"北路参将"。由上考，祁氏家族中，曾任"北路参将"者，是在嘉靖九年（1530）至十年（1531）任宣府北路参将的祁岳，及嘉靖二十五年（1546）八月至二十六年（1547）八月间任宣府北路参将的祁勋。那么这位宣府北路参将和他的抚赏对象是谁呢？

图16 《膳房逐虏》图

---

1 （明）孙世芳修，栾尚约辑：《（嘉靖）宣府镇志》卷二六《征战考》，第291页。

2 《明世宗实录》卷二九八，嘉靖二十四年四月戊申条，第5679页。

图 17 《膳房逐虏》图中护送边民驱赶牛羊回边内及与蒙古骑兵舞刀对战的明军

据特木勒从《皇明九边考》推算，宣府一带大概在嘉靖二十年（1541）前有朵颜别部进入汉人视野；后逐渐驻牧宣府北路龙门李家庄附近，二十二年（1543）、二十三年（1544）宣府总兵郄永两度袭击杀害了他们，希图冒功升职；二十五年北路参将董麒、游击吕阳蹈袭郄永故事，但偷袭失败。[1] 董麒罢职、祁勉接任就发生在这一背景下。对朵颜别部政策相对和缓的翁万达担任宣大总督后，因担心逼迫他们过狠，反倒使其"投并大虏"，慨叹诸人"是先既不肯抚，而今复不能御，无一可者，安用彼为"？认为不如"设法抚处，示以羁縻，使其为我藩篱"[2]。为此后来还将主动"捣巢"的郄永等人调离宣府。[3] 其后宣府正式之有"属夷"可以抚赏，乃在嘉靖三十一年（1552）以后，该年题准北路龙门所、东

---

[1] 特木勒：《夹缝中的抉择："朵颜别部"在明蒙之间的变迁》，《元史及民族与边疆研究集刊》第 26 辑，上海古籍出版社，2016，第 161—162 页。

[2] （明）翁万达：《翁万达集》文集卷七《声息疏》，第 211 页。

[3] 特木勒：《夹缝中的抉择："朵颜别部"在明蒙之间的变迁》，《元史及民族与边疆研究集刊》第 26 辑，第 163 页。

路永宁城抚赏夷人，每年六月十五日、十月三十日各一次，[1] 以后逐渐在抚赏数额、领取地点等方面发展成熟。[2] 此图所绘很有可能是祁勋在任职宣府北路参将期间抚赏朵颜别部的场景，虽然这一时段宣府北路的"抚夷"尚不规范，有时甚至会发生宣府之"夷""越宣镇以启蓟镇之赏"的情况。[3] 但此图的存在，也是朵颜别部早期接受宣府边将抚赏的图像明证，尽管此时可能尚未形成制度化。

图 18　祁勋带骑兵追赶敌军并放铳

---

[1]《大明会典》卷一三〇《兵部十三·镇戍五·各镇分例二·宣府·贡市》，哈佛大学汉和图书馆藏明内府刻本，第 2 页 b—第 3 页 a。

[2]（明）佚名：《宣府镇属夷考》，收入（清）顾炎武辑《皇明修文备史》，载《北京图书馆古籍珍本丛刊》第 8 册，书目文献出版社 2000 年影印清代抄本，第 504 页。

[3] 特木勒：《夹缝中的抉择："朵颜别部"在明蒙之间的变迁》，第 165 页。

图19 明军骑兵与蒙古骑兵拉弓对射

《胡儿款塞》图很有可能是与《抚赏夷人》图属于同一组,描绘在群岭、长城城墩环绕之间,一红袍黑帽武官端坐青色圆顶大帐,周围环立全副武装的军兵,有蒙古衣装男子数人在武官面前载歌载舞。长城以外,又有许多蒙古衣装的人士携带犬只,手持物品,欢快地跨过长城的市口,加入友好往来的行列。这幅图画所在地点,或可从图幅边角所绘两座城镇判断。图左上绘一小堡城,门额曰"牧马堡";图左下绘一稍大的城池,门额曰"龙门所"。牧马堡、龙门所城皆属于宣府北路所辖。[1] 这一图画的内容,可能也是祁勋在任北路参将期间与朵颜别部往来的场景。

---

[1] (明)孙世芳修,栾尚约辑:《(嘉靖)宣府镇志》卷七《疆域考》,第57页;(明)魏焕:《九边考》卷四《宣府镇》,于默颖点校,内蒙古大学出版社,2009,第252页。

图 20　瞭望的明军墩军

图 21　《抚赏夷人》图

图 22　标注北路参将泥金字样的奖赏花红

《新平之捷》图，绘新平堡长城边外，明军骑兵与蒙古骑兵交战的场景：双方各舞兵刃对战，有挥长枪、大砍刀者，有挽弓对射者；地面上躺有被割去首级的蒙古士兵，一名明军骑兵手持其首级、牵引其坐马赶回本阵；山坡之上有数人拱卫黑笠、蓝罩甲、红戎衣的武官一名，正在指挥观战。对勘祁家父子战功，当是嘉靖三十一年（1552）十月祁勉于新平堡边外野马川获功升职之事。[1] 新平堡及附近的平远、保平等堡皆属"极冲"，"孤悬口外，危如累卵"，"边外野马川、回回墓等处，酋首威敬恰儿、克脑、歹言倘不浪等部落驻牧。嘉、隆间零骑不时入犯"[2]，在嘉靖三十一年（1552）时，俺答汗所部军队多次自新平堡及附近一带入边抢掠，大同镇遭到了几乎"旬月之间，分番三犯"的冲击。[3] 十月的这场战役，可能就是三十一年（1552）十月二十九日，俺答部军队分别自大同镇曹家北山（在右卫附近）、石会梁（殆今天镇石圙囵）及秀才林、白羊岭、曹家西山、曹家注进入，双方交兵后明军共"斩获首级二十一颗，夺获达马夷器等件"的一场大战。[4]

《孤忠捍御》图，描绘了大白阳堡、小白阳堡、赵川堡、小村堡、华家营、黄土坡、李家营、李家堡、关子口等小城堡峙立于长城、山岭之间，每堡门前都有一名监甲军官率十数名黄甲蓝衣军士死守堡门，兵刃鲜明，旌旗展动，军士们盔插小红旗，各持弓箭、刀矛与毡袍髡发的敌兵作战。又有驱赶牛马、衣着似普通牧民的

---

[1] 《蔚州卫武职选簿》，《中国明朝档案总汇》第 70 册影印中国第一历史档案馆藏明代原档，第 381 页。

[2] （明）杨时宁等纂集：《宣大山西三镇图说·宣府镇》，薄音湖点校，内蒙古大学出版社，2015，第 120—121 页。后来因为此处实在险要，屡遭攻打，嘉靖四十五年添设了专门的新平堡参将。《明世宗实录》卷五九〇，嘉靖四十五年二月壬申条，第 8928 页。

[3] （明）苏祐：《縠原奏议》卷五《钦奉圣谕疏》，台北"国家图书馆"藏明刻本，第 12 页 b。

[4] 《縠原奏议》卷四《大举达贼入犯，官军堵截血战，斩获首级，夺获达马夷器，追逐出境等疏》，第 71 页 a—第 72 页 b。

人与明军或相追逐，或互相步战肉搏，或安坐堡外旷野。按，小村堡、华（桦）家营、李家营属大白阳堡，关子口、黄土坡、李家堡（屯）属赵川堡，以上大白阳堡等八堡与小白杨堡都隶属宣府中路，[1] 意即此图所绘地点实为宣府中路区域。祁家父子曾任职宣府中路的有嘉靖十年（1531）至十一年（1532）的祁岳、三十三年（1554）任职不满一月的祁勋、三十四年（1555）任职到三十六年（1557）候罢期间阵亡中路李家梁的祁勉。[2] 从任职时间上看，祁勉任职中路时间最长；而且祁勉的宦途功勋，也是以在宣府中路葛峪堡参将任上最大；他到任后，原本"残破"的"堡城"，得以"增陴浚隍，守御以固"，"其在葛峪尤有惠政，及死，堡人皆痛哭，树石志之"；[3] 继嗣的侄儿祁谋所获得阵亡恩荫，也是因为祁勉中路战功所致。《孤忠捍御》图很有可能是祁勉的专属，描绘其任职中路参将期间的作战场景。

图23 敲锣打鼓等待"夷人"的厮役们

---

1 （明）王崇献等修：《（正德）宣府镇志》卷二《城堡》，《南京图书馆藏稀见方志丛刊》第8册，国家图书馆出版社2012年影印南京图书馆藏正德刻本，第18页b—第19页a，其中"华家营"作"桦家营"；（明）孙世芳修，栾尚约辑：《（嘉靖）宣府镇志》卷一一《城堡考》，第93页，其中"李家堡"作"李家屯"。

2 李家堡在宣府镇城（清宣化县城）正东七十里，李家梁亦在城正东七十里，应该就是同一处地方，堡梁相依。（清）陈坦纂修：《（康熙）宣化县志》卷七《城堡志》，哈佛大学燕京图书馆藏康熙五十年（1711）初刻乾隆二年（1737）增刻本，第4页a、第5页a。

3 （清）庆之鑫修，杨笃纂：《（光绪）蔚州志》卷一五《传·集传》，第7页a。

图 24 《胡儿款塞》图

图 25 《胡儿款塞》图左下角的龙门所

图 26 《胡儿款塞》图左上角的牧马堡

图 27 高坐大帐抚赏"夷人"的祁勋

图 28　载歌载舞的蒙古男子

图 29　携犬背物跨过长城边口的蒙古人

图 30 《新平之捷》图

图 31 斩下蒙古军首级并用手提着赶回本阵的明军骑兵，战争的血腥残酷可见一斑

（四）全图的像主、顺序、分类与定名

经考证，图像的主要像主是祁勋、祁勉兄弟二人，而并不仅仅是祁勉。并且从这九幅图的像主占比来看，《膳房逐虏》《抚赏夷人》《胡儿款塞》都是祁勋的专属，《新平之捷》《孤忠捍御》是祁勉的专属，剩下的图像兄弟二人几乎都有份（听遗训、考武举）。再看卷前敕谕，祁勋独占三封，祁勉只有一封。加之祁家后人都出自祁勋（勋次子谋出嗣勉），没有理由绘图的像主没有祁勋而只有祁勉；况且祁勋的仕宦履历要远长于祁勉，有更多

丰富的宦迹可以描绘。从《一门三捷》图中加上祁谦,而且谕旨和全图的比重以祁勋最大这两点来看,此图的绘画,有较大的可能是作为祁勋嫡长男的祁谦所促成。

由上,可以大致确定全图顺序为:诰命敕谕及《考终遗训》《二场步射》《会试荣归》《一门三捷》《膳房逐虏》《抚赏夷人》《胡儿款塞》《新平之捷》《孤忠捍御》。其中《二场步射》《会试荣归》《一门三捷》属于一个模组,描绘祁家成员武举中式恩荣;《膳房逐虏》《抚赏夷人》《胡儿款塞》属于一个模组,描绘祁勋任职宣府西路参将、北路参将时期的战和行为;《新平之捷》《孤忠捍御》属于一个模组,描绘祁勉新平堡立功、宣府中路作战的场景。

图 32　拍马搦枪来刺落马敌军的明军骑兵,敌军有弓箭手趁机射箭

图 33　对阵厮杀的双方

图 34 《孤忠捍御》图

图 35 死守宣府中路小村堡的明军将士

其实此套图在光绪年间，已被续修《蔚州志》的方志编纂群体所注意，他们在撰写祁家集传时，参考了《祁将军功荣图记》，据此引述祁勉在赵川、膳房、新平、大白阳诸堡多所斩获。[1] 从这些地名可以看出，《（光绪）蔚州志》纂修者参考的《图记》，就是本文所考的佳士得拍卖的这套全图，对赵川、大白阳的引述，殆源自《孤忠捍御》图，新平源自《新平之捷》图，膳房源自《膳房逐虏》图，只不过方志纂修群体大概因卷前敕谕最晚一封是祁勉所受，故误以为全图像主只有祁勉，将膳房一图也算在了祁勉名下。《祁将军功荣图记》的名称，可能就是方志纂修者在借览祁家藏品时，所获知的全图正确名称。

三 《祁将军功荣图记》绘制、流传过程蠡测

佳士得将此图鉴定为御赐给祁家的宫廷绘画，[2] 这点或可商榷。首先明代鲜有宫廷赐画与百官臣僚的先例，极少数如明宣宗赐三朝元老大学士杨荣《春山图》《竹石图》《牧牛图》，可谓凤毛麟角。[3] 祁勋、祁勉兄弟，皆官至署都指挥佥事，其镇戍职务也不过分守一方的参将，比祁氏兄弟职级更高的还有都指挥佥事、都指挥同知、都指挥使乃至都督府衔；差遣更重的还有副总兵、总兵等，从级别上看，即便专门赐画，亦很难排到他们这一等级。此外旁证就是，明代宫廷绘画，自洪、永初创，宣、成、弘、正发展到高峰，嘉、隆以后渐衰，而且高峰期流行传自两宋的"院体"画风，渐衰期流行吴中、浙派的江南画风。[4] 而《祁将军功荣图记》之绘制，对比精美且有意蕴的御用画士笔墨，相形之下也略显淳朴粗陋。总体上，根据学界对蔚县壁画用色、线条的总结，结合笔者对蔚县及雁北、冀西北等古迹壁画的"经眼""目验"，《祁将军功荣图记》具有这一地区绘画的显著特色：比如多幅画面多好用蔚县乃至山西地区民间壁画中喜用的青蓝石绿色为底，人物多用工笔重彩，线条虽流畅但偏粗犷，形象规制而颜色大胆艳丽，脸部身形的刻画也粗糙奔放，服饰则爱用蔚县一带民间绘画中喜用的大红、浅蓝、黑、褐等鲜艳且色差大的颜色。[5] 可以说《祁将军功荣

---

1 （清）庆之鑫修，杨笃纂：《（光绪）蔚州志》卷一五《传·集传》，第 7 页 a。
2 *Fine Chinese Paintings New York 19 March 2019*，New York：CHRISTIE'S，2019，p. 10.
3 （明）杨荣：《杨文敏公集》附录《行实》，《明别集丛刊》第 1 辑 29 册，黄山书社 2013 年影印明刊本，第 621 页。
4 单国强、赵晶：《明代宫廷绘画史》，故宫出版社，2015，第 19—30、412—458 页。
5 学界关于蔚县一带壁画、民间绘画的画风与地域特色总结，可参考杨柳、郝建文、张吟《蔚县壁画研究》，《美术观察》2019 年第 2 期；蔚县博物馆编著《蔚州寺庙壁画》，科技出版社，2013。

《图记》的画风，与宫廷绘画主流不甚相侔。

而且据穆益勤、聂崇正等书画专家的鉴定经验，明代宫廷绘画的落款（除不许落款的御容），或写明身份（镇抚、千百户、指挥等），或写明当值场所（直文华殿、直武英殿等），或钤印记（如"金门画士"等），这些都是鉴定宫廷画的重要根源。[1] 本图无任何以上落款，作为宫廷绘画的证据略显不足。而且，本图反倒有几处北方民间绘画中常见的画工标记，如《会试荣归》图所绘洪慈寺外墙，涂写有"卅二号"墨记；《孤忠捍御》图所绘李家堡，涂写有"六十六号"墨记。两处墨记均是民间习用俗体字"号"而非"號"。这套图像，大概率是祁氏家族（很可能是祁谦等人）主动请民间画工绘制，绘图时的信息来源很可能是祁家人的转述。

图36 堡外步战肉搏的双方

---

1 穆益勤：《明代的宫廷绘画》，《文物》1981年第7期；聂崇正：《明清画谭》，故宫出版社，2013，第49—52页。

图 37　《会试荣归》图 "卅二号" 墨记 　　　　图 38　《孤忠捍御》图 "六十六号" 墨记

图 39　揭掉夷字半边结构的
　　　《抚赏夷人》图榜题

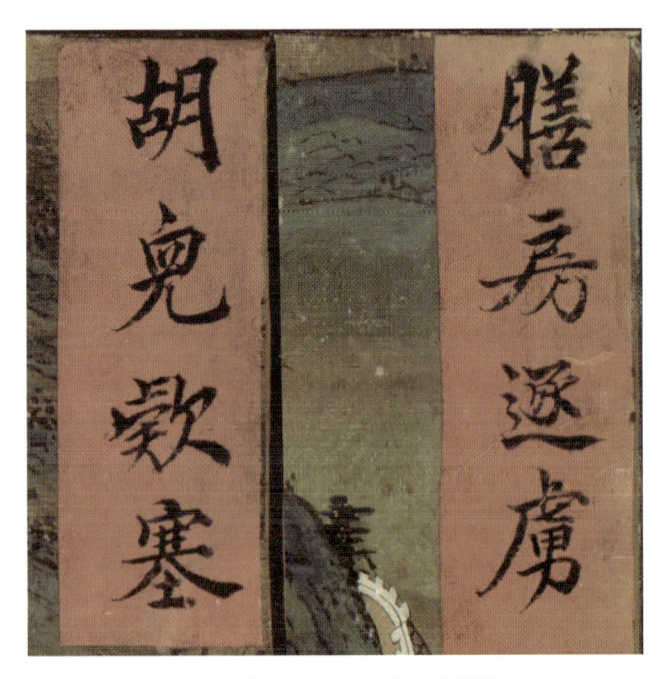

图 40　保存完好的胡、虏字样榜题

宦迹图的出现和发展与叙事图像的传统、通俗叙事图像流行等诸多因素有关。[1] 这种叙事图像的系统有利于着重表现出像主的平生奋斗、丰功伟业，结合明

1　沈歆：《明代宦迹图与孔子圣迹图》，《艺术工作》2019 年第 6 期。

中后期蓬勃发展的经济水平、逐渐宽松的文化环境以及日益兴盛的文化氛围，社会上兴起了绘制官员勋迹的热潮，这其中战勋、战迹成为重要的绘画题材，既有单独的战勋图，又有综合战勋、文勋等其他仕迹的宦迹图。但在绘画对象上，文武之间存在着明显的界限。据前人研究，为兼辖军政的文官所描绘的战争图数量，要远多于武将的战功图，而这与文官家族累世积蓄的较武官好一些的社会经济地位、文官广泛交游所留下记载的可能性增加、文官制作这类图像时来源多元的制作脉络，都有着密切关系。[1] 但武将宦迹图却因武官家族相对低落的文教、相对稀少的史料，只能留下雪泥鸿爪以供撷拾。《祁将军功荣图记》就是这一类的吉光片羽，它其实反映出武官家族的一种主观的能动，将家族先人功绩绘入丹青，流传后世，不仅能荣光先祖，更能启益后人，增加家族的凝聚力。尽管武官可能并未有文官那样丰富的文化资源可供利用，但这些图像的绘制与保存，体现着祁氏家族后人彰显家门功勋的一种文化自觉性。其流传的过程，也许还折射着祁氏家族由明入清以后弃武从文的历史脉络，试为一说。

祁家后裔在祁谦儿子继祖、光祖（继嗣祁谋户下）这一代开始超越父执，更加腾达，其保存祖泽的物质条件可能也更加完善。祁继祖字（号）广楼，隆庆六年（1572）年方二十便继承了亡父祁谦的指挥佥事世职，历任河曲参将、陕西副总兵，累官都督同知、陕西固原总兵，[2] 其以总兵"镇西陲十五年"，为官平易无为，一味"廉谨庸讷好相处"，居官理政衰弱不堪，被名臣熊廷弼讥为"木偶总兵"[3]，天启二年（1622）卒；[4] 祁光祖号兑楼，嘉靖戊午（1558）三月二十一日生，万历元年（1573）年甫十六便继承叔父祁谋的世职，因勉、谋两代战死，特恩升袭指挥同知。在宣府任羊房堡操守起家，历守备、游击管南路参将事、下西路柴沟堡参将、宣府副总兵等职，后调山西老营堡副总兵，府衔至署都督佥事，官至神枢营右副将，万历三十年

---

[1] 马雅贞：《刻画战勋：清朝帝国武功的文化建构》，社会科学文献出版社，2016，第31—33页。

[2] （清）庆之鑫修，杨笃纂：《（光绪）蔚州志》卷一五《传·集传》，第7页a。清代历版蔚县、蔚州方志乃至贵州等地的方志，多言蔚州祁继祖天启间为黔抚王三善调取，以游击身份参与进攻贵州土司安邦彦之事。按此事实误，此祁继祖非彼祁继祖。这个晚一些的祁继祖曾在万历末期担任固原东路庄浪游击，天启元年、二年、三年都参与了进攻贵州的战事；崇祯初以朱燮元负责此事，此祁继祖仍以游击身份任用，防守铜锣峡；累进参将，攻打綦江，参朱燮元《少师朱襄毅公督蜀疏草》卷二《报克重庆疏》，《四库存目丛书》史部第65册，齐鲁书社1996年影印中国科学院图书馆藏清康熙朱人龙等刻本，第37页b；同书卷三《报遵义建失阵疏》，第46页a。而核万历《固原州志》，蔚州祁继祖万历末期已经官至陕西固原总兵，按《选簿》天启二年就已去世。在王三善、朱燮元麾下参加贵州作战的祁继祖，与蔚县祁继祖无关，混淆的原因是因为同仕固原镇，且年代相近。

[3] （明）熊廷弼：《熊廷弼集》卷二〇《前经略书牍第三·答文受寰制府》，李红权点校，学苑出版社，2010，第1044页。

[4] 《蔚州卫武职选簿》，《中国明朝档案总汇》第70册影印中国第一历史档案馆藏明代原档，第286页。

（1602）病逝。[1] 继祖生子燧，字斗明，三十一岁时袭父职指挥佥事，比中三等，[2] 官宣府岔道守备；[3] 光祖生子五，有成者三，长子煌，字斗初，曾官昌镇黄花路参将、山西河保营参将等职，万历四十八年（1620）调任援辽，加衔副总兵，管锦州游击将军事，因病求归，天启三年（1623）病逝，终官辽东副将、散阶骠骑将军；[4] 光祖次子焯，以指挥千户从岳父、总兵马林镇开原，阵亡萨尔浒之战，林悼之曰："束发从戎，堪称将门之子；捐躯报国，无忝忠臣之风。"终官武德将军、开原千总，祀祠地方忠烈；[5] 光祖三子灿，字征休，以武生中崇祯武科乡试；[6] 燧子作霖，字甘泽，官宣府镇标都司；煌子僧保（生保、生宝），字守全，崇祯十二年出幼袭职，比中三等袭指挥佥事，官宣府右翼营守游击。[7]

明清鼎革之际，祁僧保因遭"国变，弃官归"，拒绝出仕新朝，祁家的武功之路开始转变：僧保子廷式，字子仪，少隶学官籍，为蔚州诸生，以孝义闻名乡里；从弟廷祥字长发，"居乡有义声，后以子时新官赠文林郎"。祁家仕清的最高履历者是廷祥子时新（字敬斋），其"由举人选巨鹿县教谕"[8]，被雍正帝及岁引见，"以直隶知县简用"，分派无极县，"居官慈祥，视民如子，每下乡见民间男妇衣服蓝缕、室庐敝坏、愁苦之状，辄与相对泣下，而赈恤慰劳之。有争讼，辄劝解之。老妪稚童，皆识其面，乐闻其言，忘其为官也。及调东明，士民攀留首数千人"[9]。任东明知县后，亲度形势，开濬八里沟，疏通贾鲁河，解决当地水患，"民称利焉"；"以卓异行取主事"[10]，调沙河知县

---

1 《明故神枢营右副将署都督佥事协守宣府山西副总兵兑楼祁公墓志铭》，蔚县博物馆藏碑。其号"兑楼"，蔚县诸版方志皆作"允楼"，当以墓志为正。

2 《蔚州卫武职选簿》，《中国明朝档案总汇》第 70 册影印中国第一历史档案馆藏明代原档，第 286 页。

3 （明）来临纂修：《（崇祯）蔚州志》卷三《将帅》，《日本藏中国罕见地方志丛刊续编》第 1 册，北京图书馆出版社 2003 年影印明崇祯刻本，第 470 页。

4 《大明骠骑将军辽东副总兵祁公墓志铭》，蔚县博物馆藏碑。

5 《（乾隆）蔚县志》卷一〇《忠义节孝》，第 8 页 a；（清）庆之金修，杨笃纂：《（光绪）蔚州志》卷一五《传·集传》，第 7 页 b。

6 《（乾隆）蔚县志》卷一八《贡举》引《祁氏实行录》残文，第 27 页 b。原版足本《祁氏实行录》已不存，散见于蔚县历版方志引文。

7 《祁氏实行录》，载（清）王育榞修，李舜臣纂《（乾隆）蔚县志》卷二二《故家》，第 5 页 b；《蔚州卫武职选簿》，《中国明朝档案总汇》第 70 册影印中国第一历史档案馆藏明代原档，第 267 页。

8 （清）庆之鑫修，杨笃纂：《（光绪）蔚州志》卷一五《传·集传》引《祁氏实行录》残文，第 20 页 b。

9 （清）黄可润纂修：《（乾隆）无极县志》卷六，国家图书馆藏清乾隆初修光绪增刻本，第 6 页 b。

10 （清）庆之鑫修，杨笃纂：《（光绪）蔚州志》卷一五《传·集传》引《祁氏实行录》残文，第 20 页 b。

后未三月引疾归，后虽赴部铨补，但未有下文。[1] 他"少负俊才，尝自以家世忠孝，奋志期绳前休"，故"服官殚心竭职，在无极尤多惠政，县人于其去立祠之"[2]。历经两三代人的读书科考经营，其已初步转换为地方文士家族。保存先祖遗泽的文化条件与精神需求，无疑将更加具备。但作为一种宣扬祖先在前代征服"胡人""虏贼"的纪功产物，在"胡""虏"出身的新朝，是否可以大张旗鼓、毫无忧虑地传承赞扬呢？

从图幅的细节来看，《抚赏夷人》图的帖名榜题红纸上的"夷"字，仅留下该字下半部分结构，整个"夷"字有人为涂盖揭损之痕迹，而其他带"胡""虏"字样的《胡儿款塞》《膳房逐虏》榜题却完好无损。我们可以试着推测两种可能性：第一种可能性是，祁家后人保存此图时，无意避讳这些字眼，"夷"字只是不小心偶然破损，这种可能性是存在的；第二种可能性是，祁家其实也懂得躲避时讳，但又不愿全部涂抹强改，以免玷污祖先事功，出现改而未全改的现象，这也有一定程度的概率存在。若是第二种可能，那么作为蔚州当地较为著名的前明旧将门，又出仕清廷，其遵循"时讳"，避讳清代的大忌，大抵也在情理当中。其实，不仅仅是蔚州祁氏，原来明廷九边一线的边镇卫所将门在经历易代之变后，大多选择了低调的生活：原本以武为生者，在编入绿营后，大多持续一两代便不能继续，典型案例如蔚州马氏家族、宣府镇城刘嗣俊家族及张圣化家族；弃武从文者，大多主动隐讳、减少公开涉及先祖的武功勋业，历经数代彬彬文教后，转化为能产出中下级文官的地方文士家族，典型案例即蔚州卫祁氏，以及宣府前卫黑氏。[3] 这也是明清鼎革的大时代下的一个缩影，揭示着前明边镇卫所军户家族在新朝政治约束下一种求得家族存续的能动性。

四　余论

《祁将军功荣图记》的流传痕迹，侧面可管窥清代看似追念前朝、实则文网深密的一面，这也使得官吏以至民间在涉及敏感话题时，往往主动"自我阉割"，就如《图记》中好似欲盖弥彰、改而未尽的夷狄字样，其实在清朝也曾被统治者下令"开禁"：雍正帝曾称"朕览本朝人刊写书籍凡遇胡虏夷狄等字，每作空白，又或改易形声，如以夷为彝、以虏为卤之类，殊不可解。揣其意，盖为本朝忌讳，避之以明其敬慎。不知此固背理犯义，不敬之甚者也。……夫满汉名色犹直省之各

---

[1] 乾隆七年七月二十二日《大学士兼管吏部尚书事张廷玉题为遵议直隶省沙河县知县祁时新告病暂时解任病痊赴部候补事责任者》，《内阁题本》，中国第一历史档案馆藏，档案检索号：02-01-03-03975-003。

[2] （清）庆之鑫修，杨笃纂：《（光绪）蔚州志》卷一五《传·集传》引《祁氏实行录》残文，第20页b。

[3] 徐成：《化边方为内地——清代宣府镇变革研究三题》，北京大学第十八届史学论坛，2022年4月16日。

有籍贯，并非中外之分别也。若昧于君臣之义，不体列圣抚育中外，廓然大公之盛心，犹泥满汉之形迹，于文艺纪载间删改夷虏诸字，以避忌讳。将以此为臣子之尊敬君父乎？不知即此一念已犯大不敬之罪矣。嗣后临文作字及刊刻书籍，如仍蹈前辙，将此等字样空白及更换者，照大不敬律治罪"[1]。但乾隆及以后屡兴不止的文狱大案、屡加禁毁的"不敬"书版，其实也难以增加一般文人乃至普通民众不会动辄得咎的信心。

追溯《祁将军功荣图记》的绘制，应与当时勋迹绘画的时代热潮不无关联。在明中后期文尊武卑的政治生态下，这一时代热潮的主导者，无疑是掌握更多文化资源、掌控更大舆论话语权的文官阶层。祁氏家族作为那个时代的边镇典型中高层武职世官家族，其在与文官交往的过程中，不可避免地受到这种风潮的熏沐，尽管这一图像可能是其敦请民间画手所绘，但他们主动去追求描绘功勋的这一动机，本身就蕴含了这种社会文化韵味。况且，这种绘制与保存的行为，对祁家而言不仅有慎终追远、不忘根本的宗法道德性意义，更有着证明家族荣耀、显示家族地位的社会性意义。在明代，文武之间的交往，也往往借助这种唱和诗文、观摩展示绘画等文艺性活动拉近关系，武将通过吟诗作画、谈兵论道，以及邀请文官为自己的文集、族谱作序，[2] 为先人作墓志，[3] 给书画题词，[4] 既可以获得儒将的印象，增进文化亲缘感，又间接使得文官为自己乃至家族、先人"背书"，增加"广告效应"，甚至还能由此建立一种文武间的庇佑关系。[5] 这种蒸蒸日上的亲近文化乃至于出现"武人好文"的现象，[6] 其中的制度性根源，往往值得进一步深思。

---

[1] 《清世宗实录》卷二〇，雍正十一年四月己卯条，中华书局，1985，第696—697页。

[2] 如榆林名将杜文焕刊刻自己的《太霞洞集》，并与喜好三教哲理的士人交密切往来，参见吕妙芬《杜文焕会宗三教》，《明代研究》2014年总第23期；再比如马栋家族敦请文坛巨擘、著名文臣李维桢作家传，详参徐成《蔚州卫马氏将门的文化实践——以李维桢〈马将军家传〉的撰著、刊刻与流传为中心》，未刊稿。

[3] 例子数不胜数，如抗倭名将麻贵之子敦请辽东经略杨镐撰写墓志，参见杨镐撰《明诰封特进光禄大夫麻公暨配夫人沈氏合葬墓志铭》，右玉县杀虎口博物馆藏碑。

[4] 如故宫博物院藏米芾的《珊瑚、复官二帖》，在明代属于善诗文书画的延绥名将萧如薰珍藏，萧如薰经常请自己相熟的文官督抚按道观摩古董，该帖上的明末殉节文臣焦源溥题跋就是萧如薰的观画活动举办时所题。（宋）米芾：《珊瑚、复官二帖》，故宫博物院藏。

[5] 秦博：《论明代文武臣僚间的权力庇佑——以俞大猷"谈兵"为中心》，《社会科学辑刊》2017年第4期。

[6] 可参见王鸿泰《文武交际：明代文士武人的势力消长、交往关系与知识流通》，2013年"中研院"明清研究国际学术研讨会，2013年12月5—6日；陈宝良《明代的文武关系及其演变——基于制度、社会及思想史层面的考察》，《安徽史学》2014年第2期；孙绪闻、李骥《明代文武关系的演变及对文武畸重的矫正》，《军事历史》2016年第4期；张金奎《从名将陈璘看晚明武官之政治生态》，《安徽史学》2017年第1期；秦博《论明代文武臣僚间的权力庇佑——以俞大猷"谈兵"为中心》，《社会科学辑刊》2017年第4期；尤学工、翟士航《明清"儒将"观念的演变与影响》，《文化关键词研究》2018年第3期。

附记

本文曾受孙师卫国教导，并于 2022 年 10 月 23 日在华东师范大学思勉人文高等研究院"技术时代，史学何为？"跨学科博士生学术论坛宣读，蒙黄阿明先生点评赐诲。写作过程及搜集资料中，得李新威老师大力慷慨协助，龚敏先生指教帮助良多，蔡霁安女士也提供了热心支持，谨表衷心感荷！又按，故宫藏《考试图》数件，《三场策论》《敕命游击》《六膺敕命》。疑亦为本图佚件，有条件待考。

五

跨文化研究

太蓬山《安禄山造像记》所见唐代入蜀粟特人新探

■ 陈 玮（陕西师范大学历史文化学院）

从南梁至唐，有大量的粟特人僧侣和佛教徒在蜀中活动，或弘扬佛法，或开龛造像，为传世佛教史籍与蜀中佛像造像记所记载。四川营山县太蓬山安禄山造像记，即为唐代入蜀粟特人佛教徒发愿凿刻。关于该造像记中的发愿人安禄山的身份，自北宋以来即引起众多争论，迄今仍无定论。[1] 笔者不揣浅陋，拟在参考前人论著的基础上，深入讨论该造像记中发愿人安禄山的身份及其信仰。造像记的录文见载于《明正德蓬州志》《同治营山县志》《太蓬山摩崖石刻题记》《营山县大蓬山安禄山石刻考释》《营山县太蓬山石窟内容总录》《营山县太蓬山石窟初步研究》《四川营山县太蓬山摩崖题刻调查简报》《嘉陵江流域石窟寺调查及研究》。[2] 在参考上述论著录文的基础上，经实地考察，重新标点录文并研究如下：

---

* 本成果得到陕西师范大学"长安与丝路文化传播"专项科研项目"新出石刻与唐代长安粟特人研究"（项目编号：YZJDB01）、陕西师范大学国际长安学研究院国际长安学研究专项长期项目"新出唐代关中粟特人石刻文献整理与研究"（项目编号：22AC05）资助。

[1] 冯汉镛认为石刻纪年岁次干支有误，又缺书朔日干支，应不是纪年中先天二年所刻，而是后人所刻，刻立者为马嵬之变后未殁逃入蜀中的杨贵妃，旨在为叛臣安禄山祈福。见其《营山县大蓬山安禄山石刻考释》，《文史杂志》1997年第3期。刘敏亦认为安禄山题龛非先天二年所刻，而是在会昌灭法后由对朝廷不满的僧侣刻立，或是唐末服膺僭主政治之人，以安禄山名义刻立，祈求王朝早日灭亡。见其《唐安禄山题龛的时代及成因问题窥豹》，《中华文化论坛》2005年第2期。段亚利从叛臣安禄山年龄、生平活动范围、政治背景、宗教信仰等方面论证题龛主人安禄山与唐叛将安禄山只是同姓名，且早于后者。见其《〈安禄山题龛〉中安禄山身份释疑》，《郑州航空工业管理学院学报》2012年第1期。

[2] 蓬安县地方志办公室整理：《明正德蓬州志》卷七《古迹》，中国文史出版社，2015，第150—151页。（清）翁道均修，熊毓藩等纂：《同治营山县志》卷二七《杂类九》，《中国地方志集成·四川府县志辑》第58册，上海书店1993年影印清刻本，第431页。刘敏：《太蓬山摩崖石刻题记》，《四川文物》1989年第1期。冯汉镛：《营山县大蓬山安禄山石刻考释》，《文史杂志》1997年第3期。蒋小春、伍洪建、邵磊：《营山县太蓬山石窟内容总录》，《敦煌研究》2010年第1期。蒋晓春、邵磊：《营山县太蓬山石窟初步研究》，《敦煌研究》2010年第4期。蒋晓春、邵磊、王兴堂、黄秋鸯、伍洪建：《四川营山县太蓬山摩崖题刻调查简报》，《华夏考古》2012年第4期。蒋晓春、符永利、罗洪彬、雷玉华：《嘉陵江流域石窟寺调查及研究》，科学出版社，2018，第106页。

大唐先天二年岁在辛丑七月朔十五日，弟子安禄山稽首和南，尽虚空遍法界常住一切诸佛。但弟子业缘五浊，受荫阎浮，恒为二竖相催，四蛇所逼，加以法王垂泽，梵帝流恩，伏闻大圣大慈能救众生之苦，真实不虚，遂发微心，于此蓬山敬造弥勒像龛一铺。合家心愿，上为□□帝主、人王、七代父母，下及法界苍生，普同供养。谨白。

一 造像记所见安禄山之身份

关于造像记中的安禄山，一种意见认为此人即唐代著名叛臣安禄山。北宋元祐三年（1088）夏，进士雍沿携家人前往太蓬山游玩后，作组诗《蓬山十三咏》，刻于太蓬山透明洞北洞口右侧佛龛上的石壁上。其中《安禄山弥勒像龛》诗云："全狼犬态固难防，犯上谁能不败亡。何事像龛题志处，谩将真恳佞空王。"[1] 太蓬山透明岩第29号龛外龛的左侧壁，《安禄山造像记》的右侧，刻有题名为清远居士所作的《刺安禄山》，诗云："妖胡作逆罪滔天，翠辇仓皇幸蜀川。千载业缘磨不尽，却来邀福向金仙。"[2]《舆地纪胜》云太蓬山"岩西曰禅窟，岩壁上有安禄山题记，云大唐先天二年岁在辛丑七月，安禄山敬造弥勒佛一龛，有清远居上题诗，其后曰：妖胡作逆罪滔天，翠辇仓皇幸蜀川。千载业缘磨不尽，却来邀福向金仙"[3]。据《舆地纪胜》作者王象之自序，《舆地纪胜》初稿完成于南宋嘉定十四年（1221）。另据《舆地纪胜》李埴序，《舆地纪胜》终稿完成于南宋宝庆三年（1227）。《舆地纪胜》既记有清远居士题诗，则清远居士亦为宋人。《万历营山县志》记清远居士为朱敏政。

关于造像记中的安禄山，另一种意见认为此人并非唐代著名叛臣安禄山，而是与安禄山同名同姓者。太蓬山透明洞洞内，第83号龛和第84号龛之间的石壁上刻有安广之《刺安禄山诗》。该诗题为南宋宝庆二年（1226）春作，诗云："李唐德裔授丕图，治乱兴衰可得无。三百坐休传庆祚，万年遗臭著妖胡。题名细考书时误，或者翻疑好事诬。安得并刀铲遗迹，从教一洗此山污。"[4] 可见安广之认为造像记中的安禄山应为误刻，或者是伪刻。

---

1 蒋晓春、邵磊、王兴堂、黄秋鹜、伍洪建：《四川营山县太蓬山摩崖题刻调查简报》，《华夏考古》2012年第4期。
2 同上注。
3 （宋）王象之：《舆地纪胜》卷一八八，中华书局影印本，1992，第4858页。
4 蒋晓春、邵磊、王兴堂、黄秋鹜、伍洪建：《四川营山县太蓬山摩崖题刻调查简报》，《华夏考古》2012年第4期。

图1 《安禄山造像记》石刻
（陈玮摄）

图2 雍沿《安禄山弥勒像龛》诗石刻
（陈玮摄）

图3 清远居士《刺安禄山》诗石刻
（陈玮摄）

图4 安广之《刺安禄山》诗石刻
（陈玮摄）

王象之也认为造像记中的安禄山并非唐代著名叛臣安禄山。《舆地纪胜》记王象之对太蓬山安禄山造像记的按语为："按先天二年即开元二年，是时禄山尚未显，详见碑记。"[1] 王象之在随后的《碑记》中谈道："安禄山题，在透明岩，大唐先天二年安禄山造弥勒佛一龛，祈求云。象之按《唐史·禄山传》，禄山死于至德二载，年五十余。而先天二年即开元元年，岁次癸丑。下及至德二载，岁在丁酉，已四十五年。以年月考之，禄山是时未及十岁，不应入蜀祈福，此可疑者一也。又《禄山传》载张守珪为幽州节度日，禄山以盗羊获罪当死，守珪壮而释之。《通鉴》开元二十年，张守珪始为幽州节度，而开元二十四年张守珪始执禄山赴京师，不应开元元年已曾入蜀。此可疑者二也。以相传之久，兼恐别有姓名偶同，姑两存之。"[2] 可见王象之认为按照出生年月，叛臣安禄山断无可能在童年时入蜀开凿佛龛。而开元二十四年（736）安禄山尚在幽州，也无可能在开元元年入蜀。

南宋绍定二年（1229）夏，名臣虞允文之后、时任蓬州知州的虞某委托蓬池县主簿朱时敏撰文辩证太蓬山安禄山造像记，又命营山县令何充刊刻于《安禄山造像记》右侧的石壁上。该《安禄山题龛辨》云："按《唐书》睿宗先天元年，明年改元延和，是年明皇受内禅，明年改元开元。开元二十九年，明年改元天宝。天宝十四年，范阳节度使安禄山反，明皇幸蜀。肃宗即位于灵武，改元至德。至德二载，禄山为其子庆绪、李猪儿杀之。禄山本营州柳城胡，姓康，母阿史德为觋，居突厥中，因祷于轧荦山而妊，故以轧荦山为名。轧荦山少孤，母改嫁虏将姓安延名偃者。既长，偃携以归国。又因唐山军安道买与偃相厚善，约两家子为兄弟，轧荦山遂冒安氏之姓，更名禄山。禄山冒姓更名系在长成之后，而大蓬所书安禄山姓名乃先天二年。《唐书》无先天二年，而此以先天二年书，或是朝廷改元，诏未下之时故。止以先天纪年，此未足以证其讹，惟安禄山则必是当时一编民。适然同此姓名耳。盖禄山入于肃宗至德二载，年五十余。今自至德二载逆数之至睿宗延和元年，凡四十六年，是时禄山仅十来岁，尚未冒姓更名。又自营山柳城至大蓬，地之相去如此其远，则大蓬所书禄山姓名非范阳反臣姓名信矣。俗人承讹不复考证不知，曾不足以为此山之荣，而反以污十二仙之清景。绍定二年夏至，太守雍国虞公委蓬池簿尉剑阳朱时敏辨证其事，命邑令广汉何充勒石其旁，以一洗大蓬千载之羞。"[3]

---

1 （宋）王象之：《舆地纪胜》卷一八八，第4859页。

2 （宋）王象之：《舆地纪胜》卷一八八，第4868页。

3 蒋晓春、邵磊、王兴堂、黄秋鸯、伍洪建：《四川营山县太蓬山摩崖题刻调查简报》，《华夏考古》2012年第4期。

图 5　朱时敏《安禄山题龛辨》石刻
(陈玮摄)

可见蓬州知州虞某和蓬池县主簿朱时敏均不认为《安禄山造像记》中的安禄山乃唐代著名叛臣安禄山。虞某特意让朱时敏撰写《安禄山题龛辨》辨明《安禄山造像记》中安禄山的身份。朱时敏认为叛臣安禄山本姓康，在成年后才改姓安，《安禄山造像记》刻于叛臣安禄山成年前，因此《安禄山造像记》中的安禄山应不是叛臣安禄山，而只是一百姓。另外叛臣安禄山为营州柳城人，营州柳城距太蓬山过于遥远，他必然不曾到达过太蓬山。朱时敏撰成《安禄山题龛辨》后，虞某又命营山县令何充刊刻于《安禄山

造像记》旁，以正视听。

安禄山为典型的粟特人名。蒲立本先生指出"他的名字叫做轧荦山（古语发音：*·at-låk-san）或者阿荦山（古语发音：*·â-låk ṣan）。这两种叫法显然与他的汉文名字禄山（古语发音：*luk-ṣan）有关。W. B. Henning（恒宁）教授十分友好地向我指出，这三种写法都是对于粟特语'roxšan-'（'rwxšn-''rwyšn-'，光、明亮的意思）的较好转写，这个字在伊朗语很著名，写作'Pωξάνη'，它是大夏国一位公主的名字，她后来成为亚历山大大帝的妻子。开头所附加的元音是中国人在转写以'r'字母开头的外文时较为常见的一个特征。这个字还有另一种写法，就是中古波斯语中的'rōšan'，它可以转译为'乌卢诜'"[1]。可见禄山即粟特语"roxšan-"（"rwxšn-""rwyšn-"）音译汉字，意为光明。禄山作为粟特人名，在敦煌吐鲁番文书中多有出现。吐鲁番文书64TAM35：47（a）《唐神龙三年（公元七〇七年）高昌县崇化乡点籍样》（一）记有户主康禄山。吐鲁番文书73TAM509：8/13（a）《唐开元二十年（公元七三二年）瓜州都督府给西州百姓游击将军石染典过所》记有从安西抵达瓜州的作人康禄山。吐鲁番文书66TAM61：17（b）《唐西州高昌县上安西都护府牒稿为录上讯问曹禄山诉李绍谨两造辩辞事》（一）记有胡人曹禄山。吐鲁番文书TAM509：8/12—1

1　[加]蒲立本：《安禄山叛乱的背景》，丁俊译，中西书局，2018，第16—17页。

（a），8/12—2（a）《唐开元十九年（公元七三一年）唐荣买婢市券》记有婢主兴胡米禄山。敦煌文书 P. 3418v《唐沙州诸乡欠枝夫人户名目》记有石禄山。敦煌文书 P. 4019piece2《纳草束历》记有石禄山磨。蔡鸿生先生指出：“从波斯语转入粟特语，从贵族流向民间，'禄山'作为一个吉祥的字眼，源远流长，难怪它在胡名中有那么高的复现率了。”[1]

在敦煌吐鲁番文书和佛教史传中，还出现了禄山的变异形式阿禄山这样的名字。敦煌文书《唐天宝十载敦煌县差科簿》记有石阿禄山。大谷文书 2368 号《西州高昌县佃人文书》记有天授二年（691）在西州出佃田地半亩的安阿禄山。《华严经传记》记有康阿禄山为"雍州万年县人"[2]，活动于调露二年（680）至永隆元年（680）的长安。蒲立本先生认为：“既然他姓康，而这个故事集又是由一位粟特僧人所写，我们不禁怀疑，这位康安禄山也是一位粟特人，而且从中我们也可以得知 Roxšan 这个名字的中文写法。”[3] 钟焓先生指出：“以目前我们尚能检索到的敦煌、吐鲁番两地所出的大致属这一时期的汉文文书为依据，可见 roxšan 一词作为粟特人名见于文书中时，其采用前面不加元音译法的'禄山'（ˇaluk-san）的形式多于加

上元音的'阿禄山'的译音形式。”[4] 另外吐鲁番文书 64TAM31：14《高昌曹莫门陁等名籍》记有商胡曹阿逻山，阿逻山应为阿禄山的异写。

从以上来看，禄山或阿禄山是一个非常常见的粟特人名，在安西、西州、敦煌、长安的粟特人中均有人使用。从 64TAM35：47（a）《唐神龙三年（公元七〇七年）高昌县崇化乡点籍样》（一）记有户主康禄山，吐鲁番文书 73TAM509：8/13（a）《唐开元二十年（公元七三二年）瓜州都督府给西州百姓游击将军石染典过所》记有作人康禄山可知，生活于不同时间段的同姓粟特人并不避讳使用同样的名字禄山。因此太蓬山《安禄山造像记》中的安禄山与叛臣安禄山同姓名也就不足为奇。

敦煌吐鲁番文书和佛教史传所见的以禄山或阿禄山为名的粟特人或为商人，或为作人，或为平民，叛臣安禄山最初担任的也是与商业密切关联的"诸蕃互市牙郎"[5]。太蓬山安禄山题记中的安禄山为粟特人无疑，但是在造像记中并未留下具体身份信息。从造像记中谈到"合家心愿"来看，安禄山是与家人一起发愿镌刻弥勒佛像，他应与家人一起长居于蓬州

---

[1] 蔡鸿生：《唐代九姓胡与突厥文化》，中华书局，1998，第 39 页。

[2] （唐）法藏：《华严经传记》卷五，《大正新修大藏经》第 51 册，佛陀教育基金会，1990，第 171 页。

[3] ［加］蒲立本：《安禄山叛乱的背景》，丁俊译，第 17 页。

[4] 钟焓：《安禄山等杂胡的内亚文化背景——兼论粟特人的"内亚化"问题》，《中国史研究》2005 年第 1 期。

[5] （唐）姚汝能：《安禄山事迹》卷上，曾贻芬点校，中华书局，2006，第 73 页。

营山县。从安禄山发愿镌刻弥勒佛像来看，其家应有一定财力，或为入蜀行商的商人，最终定居于蓬州营山县。

二 造像记所见粟特人在蜀中之交通

据学界研究，自南朝至唐，蜀地的成都、郫县、眉州等地都是粟特人的重要聚落，也有粟特人任官于彭州、邛州。[1] 关于在唐代成都活跃的粟特人，据出土墓志可再补充数人。如左羽林军大将军康太和祖父康锋曾任成都县尉。《康太和墓志》云："祖峰，武威郡碛和府果毅，以才调班，以文从政，莅蜀郡城都县尉。"[2]《唐故唐州湖阳县令谯郡曹公武威郡石夫人墓志铭》记曹晔祖曹任曾任"益州司马"[3]。

在成都西南方向的巂州，曾有粟特人任官于此。《唐米钦道墓志》记郡望敦煌的米钦道于开元年间"累迁正议大夫、巂州别驾、昆明军副使"[4]。《米彦威墓志》记米彦威为"□壮武将军□□卫巂」州都督府邛池〔府〕折冲」都尉"[5]。

南朝时期，粟特人大都由丝绸之路河南道，经吐谷浑进入蜀中。也有一些粟特人是经三峡进入蜀中，如释道仙、释明达。《续高僧传》记有来自粟特（Soγd）康国的释道仙在出家前为大商人，于南梁、北周之际往来于长江上游的蜀地和长江下游的吴地，财货装满两船，曾行商至梓州。《续高僧传》云："释道仙，一名僧仙，本康居国人。以游贾为业，梁周之际，往来吴、蜀、江、海上下，集积珠宝，故其所获货乃满两舡，时或计者，云直钱数十万贯。既璝宝填委，贪附弥深，唯恨不多，取验吞海。行贾达于梓州新城郡牛头山，值僧达禅师说法曰：'生死长久，无爱不离，自身尚尔，况复财物。'仙初闻之，欣勇内发，深思惟曰：吾在生多贪，志慕积聚。向闻正法，此说极乎。若失若离，要必当尔。不如沉宝江中，出家离著，索然无扰，岂不乐哉！即沉一舡深江之中，又欲更沉，众共止之，令修福业。仙曰：终为纷扰，劳苦自他。即又沈之，便辞妻子。"[6] 从释道仙拥有两艘装满财货的商船来看，释道仙绝非一

---

[1] 荣新江：《魏晋南北朝隋唐时期流寓南方的粟特人》，《中古中国与粟特文明》，生活·读书·新知三联书店，2014，第45—49、52页。姚崇新：《中古时期巴蜀地区的粟特人踪迹》，《中古艺术宗教与西域历史论稿》，商务印书馆，2011，第283—290页。陈玮：《唐五代成都外来文明研究》，杜文玉主编：《唐史论丛》第二十八辑，三秦出版社，2019，第183—187页。

[2] 陕西省考古研究院编：《陕西省考古研究院新入藏墓志》，上海古籍出版社，2019，第272页。

[3] 赵文成、赵君平主编：《秦晋豫新出墓志蒐佚续编》，国家图书馆出版社，2015，第844页。

[4] 郑炳林、马振颖：《新见〈唐米钦道墓志〉考释——敦煌相关金石整理研究之一》，《敦煌学辑刊》2018年第2期。

[5] 吴敏霞、党斌主编：《铜川碑刻》，三秦出版社，2019，第245页。

[6] （唐）道宣：《续高僧传》卷二六《释道仙传》，郭绍林点校，中华书局，2014，第1011页。

人入蜀，应有许多粟特人随释道仙行商至梓州。从释道仙"便辞妻子"出家又可知，释道仙在蜀地经商时携有妻室、子嗣同行。释道仙应是这支以两艘货船为核心的粟特商队的领袖。

出于粟特康国，俗姓康氏的释明达于南梁天监初年入蜀，曾在三峡地区劝降劫掠江路的蛮部。《续高僧传》云释明达"姓康氏，其先康居人也。……以梁天监初来自西戎，至于益部。时巴峡蛮夷鼓行抄掠，州郡征兵，克期诛讨。达愍其将苦，志存拯拔。独行诣贼，登其堡垒，慰喻招引"[1]。

进入唐代，有许多粟特人活跃于三峡地区，如安忠信曾任万州司马。《安文光妻康氏墓志》云："嗣子万州司马忠信。"[2] 地处三峡交通孔道的涪州有康姓贼帅，《唐王仙鹤墓志》云王仙鹤任涪州刺史时，"涪陵贼帅康朝等，聚徒甚众，作害已深。公下车驰檄，面缚请罪"[3]。康姓为粟特人常见姓氏，康朝似为康国粟特人后裔。康敬本"字延宗，康居人也。元封内迁，家张掖郡……以贞观年中，乡贡高国，射策高第，授文林郎，寻处忠州清水县尉，改授豳州三水县尉"[4]。康昭远曾任忠州刺史，唐玄宗曾作《送忠州太守康昭远等》。夔州甚至成了米姓粟特人的郡望。刻于天宝十四载（755）的《米氏墓志》题为："大唐故云安郡君夫人米氏墓志并序"，云："夫人米氏，云安郡人也。"[5]《旧唐书·地理志》云夔州"天宝元年，改为云安郡。至德元年，于云安置七州防御使。乾元元年，复为夔州"[6]。唐制"凡所封邑，必取得姓之地"[7]。米氏既被封云安郡夫人，夔州必是米姓之郡望。

太蓬山《安禄山造像记》所在的营山地处嘉陵江流域，嘉陵江流域也是入蜀粟特人的主要分布区域。前述释道仙自三峡入蜀，因经商抵达梓州，应是乘货船经过三峡后，再沿嘉陵江水系支流，上溯至梓州。释道仙在梓州牛头山闻听僧达禅师说法，决意沉舟出家。释明达在三峡招降蛮部后，"行汶"，前往汶山，再"行至梓州牛头山"[8]。他曾在梓州牛头山建塔造寺。

临近营山的阆州也有粟特人活动。东晋孝武帝太元九年（384），东晋梁州刺

---

1 （唐）道宣：《续高增传》卷三〇《释明达传》，郭经林点校，中华书局，2014，第1199页。

2 陕西历史博物馆编：《风引薤歌：陕西历史博物馆藏墓志萃编》，陕西师范大学出版社，2017，第105页。

3 吴钢主编：《全唐文补遗》（千唐志斋新藏专辑），三秦出版社，2006，第300页。

4 吴钢主编：《全唐文补遗》第二辑，三秦出版社，1995，第234页。

5 西安市文物保护考古研究院：《唐代辅君夫人米氏墓清理简报》，《文博》2015年第4期。

6 （后晋）刘昫等：《旧唐书》卷三九《地理志二》，中华书局编辑部点校，中华书局，1975，第1555页。

7 （唐）李涪：《刊误》卷下《封爵》，吴企明点校，中华书局，2012，第244页。

8 （唐）道宣：《续高僧传》卷三〇《释明达传》，郭绍林点校，第1200页。

史杨亮与前秦在蜀中征战时,"亮屯巴郡,秦益州刺史王广遣巴西太守康回等拒之"[1]。"秦康回兵数败,退还成都。"[2] 巴西郡治阆中县,而胡三省注《资治通鉴》康回条云:"《姓谱》:西胡自有康姓。"[3] 阆中石室观石窟 T13《何传裕、何传迪妆修记》刻于唐僖宗广明元年(880),记有参与妆修该道教石窟的阆州"衙前字将康太瑜"[4]。

进入唐代,粟特人大都由关中南下蜀中。如释神会"俗姓石。本西域人也。祖父徙居。因家于岐。遂为凤翔人矣。……年三十,方入蜀,谒无相大师"[5]。释神会应从凤翔经嘉陵江道入蜀,再行至成都。

太蓬山《安禄山造像记》中的安禄山如何来到蓬州?从关中至蓬州最快捷的道路是从关中先到南郑,再沿米仓道抵达蓬州。关于具体的路程,严耕望先生指出:"由兴元西南行四十里至鹄鸣驿,又六十九里至大巴岭。……逾巴岭,复经小巴山、米仓山及截贤岭,约百里。……又约百里至集州治所难江县(今南江)。又南偏西盖略沿难江(今南江)而行,约一百二十里至大牟县,又约六七十里至巴州治所化城县(今巴中)。盖曾置清水驿,在县南。又西南盖经恩阳县(今有恩阳河地名),约三四十里,宋世置驿。又西南一百二三十里至仪陇县(今县)。又东南六十里至蓬州治所大寅县,广德元年改名蓬池,滨临流江水。又南三十五里至朗池县(今营山北颇远),有歇马馆。"[6]

三 造像记所见在蜀粟特人之佛教信仰

造像记中的安禄山,其名禄山意为光明,具有浓厚的祆教特色。荣新江先生指出唐朝叛臣安禄山"自称为'光明之神'的化身,并亲自主持粟特聚落中群胡的祆教祭祀活动,使自己成为胡族百姓的宗教领袖。他利用宗教的力量来团辖境内外的粟特胡众,利用'光明之神'的身份来号召民众"[7]。叛臣安禄山不仅虔奉祆教,还尊礼佛教。他曾在房山云居寺供养石

---

[1] (宋)司马光编著,(元)胡三省音注:《资治通鉴》卷一〇五,晋孝武帝太元九年五月,标点资治通鉴小组点校,中华书局,1956,第3329页。

[2] (宋)司马光编著,(元)胡三省音注:《资治通鉴》卷一〇五,晋孝武帝太元九年六月,第3331页。

[3] (宋)司马光编著,(元)胡三省音注:《资治通鉴》卷一〇五,晋孝武帝太元九年五月,第3329页。

[4] 蒋晓春、符永利、罗洪彬、雷玉华:《嘉陵江流域石窟寺调查及研究》,科学出版社,2018,第251页。

[5] (宋)赞宁:《宋高僧传》卷九《唐成都府净众寺神会传》,范祥雍点校,中华书局,1987,第219页。

[6] 严耕望:《唐代交通图考》第四卷《山剑滇黔区》,上海古籍出版社,2007,第1010—1015页。

[7] 荣新江:《安禄山的种族、宗教信仰及其叛乱基础》,载氏著《中古中国与粟特文明》,生活·读书·新知三联书店,2014,第291页。

经，留下题名，又在幽州悯忠寺东南隅建有无垢净光宝塔。造像记中的安禄山，是否既为祆教徒，又为佛教徒？从安禄山在造像记中两次称自己为佛弟子，以及造像记记载安禄山向诸佛、弥勒虔诚祈祷来看，此安禄山应为纯粹的佛教徒。在当时已有许多世代信奉祆教的在华粟特人家族转信佛教。《元和姓纂》记李抱玉祖先"后魏安难陀至孙盘娑罗，代居凉州，为萨宝"[1]。《新唐书·宰相世系表》亦云李抱玉祖先"后魏有难陀孙婆罗，周、隋间，居凉州武威为萨宝"[2]。但李抱玉祖父安忠敬已转而侍佛。《安忠敬神道碑》云安忠敬"心净三业，躬勤八戒"[3]。这应是中原崇佛风气影响所致，与武威安氏家族自身的华化与士族化也密切相关。

从造像记来看，安禄山受到五浊、二竖、四蛇等困扰。五浊即阿含经中常提到的命浊、烦恼浊、众生浊、劫浊、见浊。命浊，指众生寿命短促。烦恼浊，指众生被烦恼扰乱。众生浊，指众生健康不佳，精神萎靡。劫浊，指充满天灾人祸。见浊，指邪见充斥。二竖即疾病。四蛇指地、水、火、风。《大般涅槃经》云："观身如箧，地水火风如四毒蛇，见毒、触毒、气毒、啮毒，一切众生遇是四毒，故丧其命。众生四大亦复如是，或见为恶，或触为恶，或气为恶，或啮为恶，以是因缘远离众善。"[4] 弥勒的理念是大慈，即以慈悲精神为世人排忧解难，消除痛苦，给予世人快乐、幸福。《弥勒菩萨所问本愿经》即云："弥勒菩萨求道本愿：使其作佛时，令我国中人民，无有诸垢瑕秽，于淫怒痴不大，殷勤奉行十善，我尔乃取无上正觉。"[5] 在听闻弥勒能拯救世人疾苦后，安禄山发愿于太蓬山开凿弥勒像龛，进行供养。

根据佛教经义，造像具有莫大功德。《法华文句记》云："又《造像功德经》有十一功德：一者世世眼目清洁，二者生处无恶，三者常生贵家，四者身如紫磨金色，五者丰饶珍玩，六者生贤善家，七者生得为王，八者作金轮王，九者生梵天寿命一劫，十者不堕恶道，十一者后生还能敬重三宝。"[6] 早在南朝，定居蜀中的粟特人就积极敬造佛像。川博1号背屏式造像，正面主体为一佛四菩萨五尊像，四弟子像，背面雕佛教故事、说发图、供养人和铭文。铭文云："梁普通四年三/月八日弟子康胜/发心敬造释迦/文石像一躯愿/现在眷属常安稳/舍身受形常见/佛闻法

---

1 （唐）林宝撰：《元和姓纂》卷四，岑仲勉校记，中华书局，1994，第500页。

2 （宋）欧阳修、（宋）宋祁：《新唐书》卷七五下，中华书局，1975，第3446页。

3 （唐）张说：《张说集校注》卷一六，熊飞校注，中华书局，2013，第788页。

4 （北凉）昙无谶译：《大般涅槃经》卷二一，《大正新修大藏经》第12册，第744页。

5 （西晋）竺法护译：《弥勒菩萨所问本愿经》，《大正新修大藏经》第12册，第189页。

6 （唐）湛然：《法华文句记》卷五，《大正新修大藏经》第34册，第246页。

及七世父/母合一切有形之/类普同此愿/早得成佛广/度一切。"1 造像背面所刻男女供养人，左右对列，排为两排。其中左侧一列为一侍女导引的男供养人。侍女身后六身供养人排成一行，均戴高冠，着交领广袖大衣，穿云头大履，拱手而立。康胜或为排列第一位的男供养人。

重庆合川龙多山石窟西 K19 龛窟内"右侧供养人身材魁梧，头部裹巾，身着交领大衣，脚传毡靴，不似中原地区打扮，而带有明显的北方少数民族特色"2。从这种写实风格来看，供养人极有可能是粟特人。

安禄山、康胜和重庆合川龙多山石窟西 K19 龛窟的供养人均为在家信道的佛教清信士。天宝末年从剑南前往贺兰山的粟特商人曹瓌也是清信士。曹瓌在成都时曾听法于无相禅师。他在贺兰山礼拜无住禅师时，指出无住禅师外貌形似无相禅师，又向无住禅师谈到无相禅师："说无忆无念莫忘（妄）。弟子当日之时，受缘讫，辞，金和上问瓌：何处去？瓌答云：父母在堂，欲归觐省。金和上语瓌：不忆不念，总放却，朗朗荡荡。看有汝父母否？瓌当日之时，闻已未识，今呈和上。"3

从南梁至唐，在蜀中的粟特僧人也比较活跃。前述释道仙在出家前，于梓州牛头山闻听僧达禅师说法，后"投灌口山竹林寺而出家焉"4。他在竹林寺时，受到南梁益州刺史、始兴王萧憺礼敬，后随萧憺出蜀至荆州，驻于青溪山。释道仙在青溪山居住二十八年后，又返回蜀中，受到隋蜀王杨秀尊崇，被邀请驻于成都静众寺，"举郭恭敬，号为仙闍梨焉"5。释明达和释道仙同样来自粟特康国，不同的是释明达自幼在本国即已出家。释明达从康国入蜀后，在梓州牛头山建塔造寺，以佛法化行百姓，受到百姓崇敬。《续高僧传》云："故达化行，楚、蜀德服，如风之偃仆也。故使三蜀泯流，或执炉请供者，或散花布衣者。或捨俗归忏者，或剪落从法者，日积岁计，又不可纪。"6 释明达在梓州牛头山时，也与南梁益州刺史、始兴王萧憺交游，并于南梁天监十五年（516）随萧憺至荆州。

净众保唐禅大师无相禅师驻成都净众寺时，门下有许多粟特僧人。《宋高僧传》记释神会"俗姓石，本西域人也。祖父徙居，因家于岐，遂为凤翔人矣。……年三十，方入蜀，谒无相大师，

1　四川博物院、成都文物考古研究所、四川大学博物馆编著：《四川出土南朝佛教造像》，中华书局，2013，第 81 页。

2　蒋晓春、符永利、罗洪彬、雷玉华：《嘉陵江流域石窟寺调查及研究》，科学出版社，2018，第 195 页。

3　（唐）佚名：《历代法宝记》，《大正新修大藏经》第 51 册，第 185 页。

4　（唐）道宣：《续高僧传》卷第二六《隋蜀部灌口山竹林寺释道仙传》，郭绍林点校，第 1011 页。

5　（唐）道宣：《续高僧传》卷第二六《隋蜀部灌口山竹林寺释道仙传》，郭绍林点校，第 1013 页。

6　（唐）道宣：《续高僧传》卷三〇《梁蜀部沙门释明达传》，郭绍林点校，第 1200 页。

利根顿悟，冥契心印"[1]。释神会祖父为粟特石国人，入唐后定居凤翔。西川节度使韦皋曾随释神会研习禅法，在释神会坐化后，为其立碑，并撰书碑文。《宋高僧传》云："时南康王韦公皋最归心于会，及卒，哀咽追仰，盖粗入会之门，得其禅要。为立碑，自撰文并书，禅宗荣之。"[2] 无相传人无住，初到成都净众寺时为安乾师引荐与无相禅师，《历代法宝记》云无住"初到之时，逢安乾师引见，金和尚见，非常欢喜。金和上遣安乾师作主人，安置在钟楼下院住"[3]。安乾师疑为粟特安国人。据《历代法宝记》，神会在荆州时曾被一从成都远道而来的印度僧人问法。《历代法宝记》云："会和上在荆府时，有西国人迦叶贤者、安树提等廿余人，向和尚说法处问……却问：贤者等从何处来？迦叶答：从剑南来。问：识金禅师否？迦叶答：尽是金和上弟子。"[4] 与迦叶贤者一起来到荆州的安树提疑为粟特安国人，和迦叶贤者同为无相禅师弟子。

结　语

综上所述，太蓬山《安禄山造像记》中的安禄山与叛臣安禄山同名同姓，但并非同一人。一方面两人生活时间不同，另一方面两人行居踪迹不同。禄山作为粟特语的汉译形式，长期为入华粟特人所使用，以禄山为名的粟特人在安西、西州、敦煌、长安均有出现，而且出现了神龙元年西州康禄山、开元二十年安西康禄山这样不同时间、不同地点的粟特人，却同名同姓的情况。因此太蓬山《安禄山造像记》中的安禄山与叛臣安禄山姓名相同，对于入华粟特人而言是比较普遍、常见之事。

自南梁至唐，有许多粟特人由于商业、宗教、仕宦来到蜀地，分布于成都、郫县、邛州、彭州、嶲州、梓州、阆州、万州、涪州、忠州。在南梁时，粟特商人、佛教僧侣大都沿丝绸之路河南道，经吐谷浑入蜀，在成都等蜀地中心城市定居，又利用长江水系和嘉陵江水系在三峡、梓州开展活动。进入唐代，粟特商人、佛教僧侣、仕唐官员大都从关内道出发，沿金牛道、米仓道入蜀。太蓬山《安禄山造像记》中的安禄山与其家属长期居住于蓬州营山县，或为从关内道入蜀行商的粟特商人。蜀地自南梁至唐，活跃着众多粟特僧人和粟特清信士。在这些粟特清信士中，不乏商人。许多粟特清信士都积极造像，祈求福佑，加之蜀地自南朝以来即盛行弥勒信仰，安禄山便在太蓬山敬造弥勒像龛。

1　（宋）赞宁：《宋高僧传》卷九《唐成都府净众寺神会传》，范祥雍点校，第 209 页。
2　（宋）赞宁：《宋高僧传》卷九《唐成都府净众寺神会传》，范祥雍点校，第 210 页。
3　（唐）佚名：《历代法宝记》，《大正新修大藏经》第 51 册，第 185 页。
4　（唐）佚名：《历代法宝记》，《大正新修大藏经》第 51 册，第 185 页。

青海都兰出土狩战图像织锦源流考
——兼谈虞弘墓"人狮搏斗图"的文化归属

■ 付承章（内蒙古大学历史与旅游文化学院）

1982—1985年，青海省文物考古研究所在海西州都兰县热水乡血渭草场发掘了一处吐蕃墓群，出土了大量的丝绸文物，其中以二号陪葬墓内发现的一件"红地云珠吉昌太阳神锦"（以下简称"都兰织锦"）尤为令人瞩目。青海省文物考古研究所许新国对居中的太阳神形象进行了较为详细的考证，[1] 似无过多争议。但对于侧面与之配套的"狩战图"，学界的讨论却稍显不足。就文化属性而论，将狩战图同波斯文化相关联似乎成为当下的主流观点之一。考虑到这类题材的传播范围之广，我们有必要对其源流问题再作辨析，以期进一步认识都兰织锦所反映出的文化交流现象。

本文所要探讨的这件织锦，从组织结构上来说属于平纹经锦，为红地黄花两种色彩。全幅图案由卷云联珠圈构成簇四骨架，经向骨架之间以兽面衔接，纬向连接处则以小花作纽，中间的圆圈内为太阳神，正端坐于由四匹翼马牵引的马车之上。侧面的圆圈内图像一致，呈左右对称式分布，画面已被分割成两半，共有四组，自上而下分别表现出骑驼射虎、骑马射鹿、徒步斗狮（？）、武士互搏的形象。圆圈内外有一些鸟、兽、卷云、圆点纹夹杂其中，还可见"吉""昌"等汉字。就侧面圈内所呈现的主要内容来看，前三组以"捕杀"为特征，可称为"狩猎图"，最后一组是以"搏斗"为特征，故本文将其统称为"狩战图"（图1）。

狩猎图是狩战图所表现的主要内容，这种题材在古代世界各地都很流行，但从纹样布局及装饰题材的相似性上考虑，我们很容易将都兰织锦同日本法隆寺收藏之"四骑狮子狩猎纹锦"（图2）联

---

[1] 许新国：《青海都兰吐蕃墓出土太阳神图案织锦考》，《中国藏学》1997年第3期。

系在一起。这件织锦中联珠纹中央的人物头戴日月王冠,身骑带翼天马,正拉弓射杀狮子,使人联想到萨珊帝王。由于锦上织出"吉"和"山"的汉字,有学者认为这是中国仿制的萨珊锦,可能用于外销。[1]

图 1 都兰吐蕃墓葬出土狩战图像织锦
[采自赵丰主编《纺织品考古新发现》,艺纱堂/服饰出版(香港),2002,第76—77页]

---

1 齐东方:《安伽、史君、虞弘的石刻图像研究》,载氏著《碰撞与交融——考古发现与外来文化》,科学出版社,2021,第29—30页。

图 2　日本法隆寺藏狩猎纹锦
（采自深井晋司《ペルシア古美術研究・ガラス器・金属器》，第169页）

都兰织锦上的狩猎图是否与波斯萨珊文化有关？答案应该是肯定的。与常见的骑马猎者不同，都兰织锦上刻画的猎者之一是以骆驼为坐骑，且属于双峰驼。这种骆驼于中亚、中国艺术中多有体现。但据笔者所知，骑驼狩猎的场景似乎最早出现在萨珊艺术之中，如美国大都会艺术博物馆收藏的一件狩猎纹鎏金银盘（图3-1），[1] 银盘上的猎者头戴王冠，正在射杀四散逃窜的羚羊，猎者

1　Prudence Harper and Pieter Meyers, *Silver Vessels of the Sasanian Period*, Vol. 1, Royal Imagery, New York: The Metropolitan Museum of Art, 1981, pp. 198-199.

身后还坐着一名女性。经研究，该内容与波斯史诗《列王纪》中所描写的萨珊国王巴赫拉姆五世（Bahram V，420—438）带阿札达（Azada）狩猎的故事有关。[1] 马尔沙克（Б. И. Маршак）指出，骑驼狩猎是阿拉伯人的独特传统，这一点与骑马或徒步狩猎的萨珊人明显不同，而巴赫拉姆五世恰好曾在阿拉伯人中间生活过，因此他才能够保持阿拉伯人的狩猎习惯。[2]

此外，类似的骑驼狩猎形象还在俄罗斯艾尔米塔什博物馆收藏的两件鎏金银盘上有所体现（图3-2、图3-3）。[3] 尽管这两件器皿上的人物冠式和巴赫拉姆五世毫无关联，但其受到波斯史诗中王室故事的影响却是显而易见的，鉴于二者均制作于8—9世纪，我们可将之归入"后萨珊"银器的范畴。相较而言，都兰织锦上的骑驼射虎形象虽然与上述例证又有差异，但仍可被视为萨珊文化影响下的产物。

所谓"后萨珊"（Post-Sasanian）银器，是指萨珊王朝灭亡后，伊朗本土及边区的银器制作仍承袭萨珊朝风格，主要集中在8—9世纪，即从萨珊向伊斯兰过渡的初期。[4] 但承袭并不意味着全盘的吸收，而更多的是有选择地接受工匠认为最具吸引力的内容，将萨珊和非萨珊特征进行一定程度的改造与融合。实际上，这种"扬弃"现象早在萨珊帝国尚未倾覆之时就已在伊朗东部至中亚等地颇为盛行。因此，英国学者格雷（Basil Gray）主张用"次萨珊"（Sub-Sasanian）的概念代替"后萨珊"，即一方面强调萨珊类型在中亚的深远影响，[5] 另一方面着眼于多元文化在当地的碰撞与交融。[6]

以1983年宁夏固原北周李贤墓出土的一件鎏金银壶为例，由整体形制，尤其是把手的上端位置低于肩部这一细部特征判断，这件银壶毫无疑问是受到了萨珊的影响。但从底座下缘的联珠纹、人物所戴出檐圆帽以及部分人物的动作等方面考虑，它同萨珊器物的差异又十分明显。因

1　Prudence Oliver Harper, *The Royal Hunter: Art of the Sasanian Empire*, The Asia Society, 1978, p. 49. 即《列王纪》所载"巴赫拉姆和琴女在猎场"一节。参见［波斯］菲尔多西《列王纪全集（六）》，宋丕方译，商务印书馆，2017，第391—394页。

2　James C. Y. Watt et al., *CHINA: Dawn of a Golden Age, 200-750AD*, New York: The Metropolitan Museum of Art, 2004, p. 278.

3　［日］深井晋司：《ペルシア古美術研究・ガラス器・金属器》，吉川弘文館，1968，第185页。

4　Basil Gray, "Post-Sasanian Metalwork", *Bulletin of the Asia Institute*, New Series 5 (1991): 59.

5　同上注。

6　例如，阿扎佩对数件6—8世纪的中亚花剌子模银碗进行了解读，指出了其同萨珊银器的区别。此后，马尔沙克在1971年出版的《粟特银器》一书中，第一次将中亚粟特银器从"东伊朗组"金银器中分离出来。见Guitty Azarpay, "Nine Inscribed Choresmian Bowls", *Artibus Asiae*, 31 (1969): 185-203；Б. И. Маршак, *Согдийское серебро*, Москва, 1971.

此，有学者考证其为一件中亚嚈哒制品。[1] 受上述研究启发，我们自然不能仅凭骑驼狩猎就将狩战图的文化属性归于萨珊。

若结合与之同时出现的骑马射鹿、徒步斗狮形象加以考察，都兰织锦上的狩猎图还可分为骑射与步斗两种形式，这在传世数量较多的萨珊狩猎纹银盘中亦屡有体现，格拉巴尔（Oleg Grabar）将之归为以下三类。

（1）骑猎图。即国王骑于马背之上，正回身攻击后面的一只动物，画面下方另有一只已经死去的同类动物（图4-1）。

1. 大都会艺术博物馆藏鎏金银盘　　2. 艾尔米塔什博物馆藏鎏金银盘　　3. 艾尔米塔什博物馆藏鎏金银盘

图3　骑驼狩猎纹银盘

（1. Prudence Harper and Pieter Meyers, *Silver Vessels of the Sasanian Period*, Vol. 1, Royal Imagery, p. 239；2、3. И. А. Орбели, К. В. Тревер, *Сасанидский металл. Художественные изделия из золота, серебра и бронзы*, М.-Л.：Academia, 1935, 11, 12 табл）

1. 格鲁吉亚阿布哈兹州博物馆藏鎏金银盘　　2. 艾尔米塔什博物馆藏鎏金银盘　　3. 克里夫兰艺术博物馆藏鎏金银盘

图4　萨珊狩猎纹银盘

（Prudence Harper and Pieter Meyers, *Silver Vessels of the Sasanian Period*, Vol. 1, Royal Imagery, pp. 210, 225, 215）

1　孙机：《固原北魏漆棺画》，载氏著《中国圣火——中国古文物与东西文化交流中的若干问题》，辽宁教育出版社，1996，第132—133页。

（2）步斗图。即国王徒步与一头野兽搏斗（图4-2）。

（3）骑射图。即国王骑乘一匹飞奔的马，正持弓射向一只动物，其他动物（或死或活）则被用来填充画面的剩余空间（图4-3）。[1]

这样的分类方式虽不足以全面概括萨珊狩猎纹银盘的特征，但至少可以说明一点，即都兰织锦与萨珊银盘在狩猎图的具体表现上确有相似。只是二者之间的关联尚须进一步论证，萨珊狩猎图虽然在人物面向、动物数量等方面各有差异，但"程式化倾向"却是一成不变的。所谓"程式化倾向"，孙机先生在《七鸵纹银盘与飞廉纹银盘》一文中曾指出："萨珊银盘工艺精细，纹饰端庄遒劲，但程式化的倾向很严重，构图有时僵硬刻板，缺乏从容洒脱的气质。比如常见的帝王狩猎纹银盘，盘上之人和马的姿势前后经过多少代始终无多大改动，连盘上那些动物的样子也不够灵活。"[2] 而在笔者看来，萨珊狩猎图的"程式化倾向"不仅仅体现在姿势上，还更多反映在以下两个方面。

首先是在人物的表现上，猎者在狩猎纹银盘中所占据的比例较大或位置醒目，且无一不戴有独具特色的头饰。这些猎者以头戴王冠的国王形象居多，根据王樾先生对上海博物馆馆藏历代萨珊银币的研究，萨珊王冠的形制自上而下可以分为四个组成部分：第一部分是王冠顶部的球状物，简称冠球。第二部分是王冠的主体，即中部的帽冠部分。第三部分是王冠后部飞扬的飘带。第四部分是王冠底部的帽箍，有2—3圈，多装饰以联珠。[3] 就目前的研究情况来看，萨珊钱币上的每一位国王均可凭其所戴王冠的独特形制确定具体身份。[4] 萨珊银盘上的猎者形象不局限于国王，身份也存在诸多不确定性，但基本可以通过对头饰的分析来明确其皇族地位。[5]

其次是在动物的表现上，萨珊狩猎纹银盘中的动物种类虽不乏狮、豹、熊等猛兽，但一般呈现出或死或伤，或四散奔逃，或被制服的状态，并没有对猎者构成真正的威胁。波斯艺术中的狩猎场景源自当地流行的史诗传统，即国王作为英雄的化身，需要通过和动物搏斗的方式去获得其所代表的神灵特性——力量、无敌与成功。[6]

1　Marco Aimone, *The Wyvern Collection: Byzantine and Sasanian Silver, Enamels and Works of Art*, London: Thames & Hudson, 2020, p. 180.

2　孙机：《七鸵纹银盘与飞廉纹银盘》，载氏著《中国圣火——中国古文物与东西文化交流中的若干问题》，第161页。

3　王樾：《萨珊银币上的王冠》，《上海博物馆集刊》2002年第12期。

4　Robert Göbl, *Sasanian Numismatics*, Braunschweig: KLINKHARDT & BIERMANN, 1971, p. 7.

5　可参见哈珀对大同北魏封和突墓出土鎏金银盘的分析。见Prudence O. Harper, "An Iranian Silver Vessel from the Tomb of Feng Hetu", *Bulletin of the Asia Institute*, New Series 4 (1990): 51-59.

6　Vladimir Lukonin and Anatoly Ivanov, *The Lost Treasure Persian Art*, New York: Parkstone International, 2012, p. 132.

鉴于国王取得最终胜利是唯一的结果，因而在萨珊狩猎图中，激烈的动态化过程往往会被省略，取而代之的是狩猎完成的瞬间。[1]

无论是从对人物还是动物的表现上看，皇权的至高无上显然是萨珊狩猎图所要传递的重要寓意，故夏鼐先生曾将狩猎纹银盘归入"皇家银盘"之范畴，属于萨珊朝政治、文化中心区各地所产的最主要的银器。[2] 实际上，"皇家银盘"能够成为萨珊银器的大宗并非偶然，王室作坊本就由国家所控制，以便于在题材的选择和器物的制作上维持一定的标准。例如，按照表现内容的不同，"皇家银盘"上的纹样可分为半身人物像、狩猎和授衔仪式三类，[3] 其寓意均在于宣扬国家实力或等级观念。因此，为了彰显国家尤其是王室的力量与权威，狩猎图自然会通过程式化处理的方式成为萨珊朝的一种文化标志。

根据研究者的描述，都兰织锦中的猎者或戴"圆形小帽"，或戴"花形头饰"，[4] 其形制显然与萨珊头饰毫无关联，可见他们是不能同萨珊皇族混为一谈的。而从动物所表现出的特征来看，"骑驼射虎图"中的老虎前爪抬起，正奋力扑向马背上的猎者，人兽之间呈现出一种旗鼓相当的态势，这种难分胜负的局面在萨珊艺术中也似乎并无对应。由此看来，都兰织锦上的狩战图固然受到了萨珊文化的一些影响，但其文化属性应和萨珊无关。

二

2007年，许新国先生发表《都兰出土织锦——"人兽搏斗"图像及其文化属性》一文，他认为都兰织锦上的狩战图同太原隋虞弘墓发现的搏斗图一样，属波斯文化系统。[5] 诚然，虞弘墓石椁上有骑驼斗狮的类似形象，但二者之间的关联可能不止于此。都兰织锦的年代被断为北朝晚期至隋这一阶段，时吐谷浑仍雄踞青海地区。而根据虞弘墓志的记载：墓主"公讳弘，字莫潘，鱼国尉纥驎城人也。……年十三，任莫贺弗，衔命波斯、吐谷浑"[6]。这说明虞弘本人于同一时期也曾出使吐谷浑，在当地的所见所闻自然

---

1. Boris Marschak, *Silberschätze des Orients. Metallkunst des 3.–13, Jahrhunderts und ihre Kuntinuität*, Leipzig: VEB E. A. Seemann Verlag, 1986, p. 255.
2. 夏鼐：《北魏封和突墓出土萨珊银盘考》，《文物》1983年第8期。
3. Prudence Harper and Pieter Meyers, *Silver Vessels of the Sasanian Period*, Vol. 1, Royal Imagery, pp. 24–122.
4. 许新国：《都兰出土织锦——"人兽搏斗"图像及其文化属性》，《青海社会科学》2007年第2期。
5. 同上注。
6. 山西省考古研究所等：《太原隋虞弘墓》，文物出版社，2005，第89—90页。

会给他留下深刻的印象。因此，对虞弘墓相关图像的考证，或许能够让我们进一步明确都兰狩战图的文化属性。

虞弘墓石椁中共有 4 幅人狮搏斗图，其中两幅为人物骑驼斗狮（图 5-1、图 5-2），一幅为人物骑象斗狮（图 5-3），都是独立的大幅画面。作为发掘者之一的张庆捷先生认为这是"仿波斯风格的图像"[1]；齐东方先生同样指出了这类图像和波斯文化的直接关系。值得注意的是，后者虽然强调了"搏斗"与"狩猎"的区别，但也将虞弘墓石椁上的搏斗场面和萨珊狩猎纹银盘相联系，[2] 我们似可作出这样的推论：虞弘墓"人狮搏斗图"多少脱胎于萨珊狩猎图。

1. 第三幅局部　　2. 第四幅局部　　3. 第六幅局部

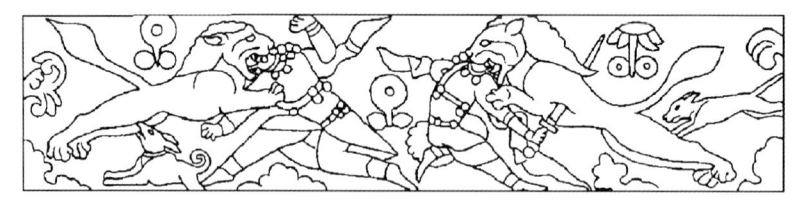

4. 第五幅局部

图 5　虞弘墓石椁图像

(采自山西省考古研究所等《太原隋虞弘墓》，第 101、102、106、110 页)

---

[1] 张庆捷：《虞弘墓石堂图像整理散记》，载氏著《民族汇聚与文明互动——北朝社会的考古学观察》，商务印书馆，2010，第 496 页。

[2] 齐东方：《虞弘墓人兽搏斗图像及其文化属性》，《文物》2006 年第 8 期。

图6 片治肯特出土粟特壁画（局部）
(艾尔米塔什博物馆藏)

如前所述，在波斯史诗中，国王需要通过与动物搏斗的方式去获得其所拥有的关键特质，而这一文化传统往往是以皇家狩猎图的形式予以表现。可见在萨珊艺术中，人兽搏斗本就属于狩猎的一部分。尤其在猎取猛兽时，与之发生搏斗显然在所难免。正因如此，在诸多被冠以"狩猎纹银盘"的萨珊银器中，搏斗的场面并不鲜见。

根据墓志记载，虞弘十三岁时曾出使波斯，他对波斯文化必然是熟稔于心的。虞弘墓图像中的波斯文化因素已为学者所强调，[1] 当无过多争议。不过若据此将人狮搏斗图的性质也完全归于波斯萨珊则稍显牵强，原因在于其不符合萨珊狩猎图的"程式化倾向"。首先，搏斗图中的人物

---

1 张庆捷：《太原隋代虞弘墓图像中的波斯文化因素》，载氏著《民族汇聚与文明互动——北朝社会的考古学观察》，第455—480页。

形象不一定均为萨珊皇族。以椁壁第四幅为例，驼背上的人物留着长发，且披于背后，与突厥人的形象特征完全吻合。又以椁壁第三幅为例，驼背上的人物留短发而头后有髻，未蓄须，更接近粟特人的形象。根据发掘者的研究统计，虞弘墓石椁图像中的男性人物有粟特人、波斯人和突厥人三种，这三种人中以粟特人的数量最多，故"鱼国的地望和文化背景也应该与粟特有关"[1]。

几幅搏斗图都不约而同地表现出了狮子凶猛的一面。它们或袭击坐骑，或直扑人物，营造和渲染出一种惊心动魄的场面与氛围。也就是说，虞弘墓中的人狮搏斗场面凸显的主要是一种剧烈且胜负难分的动态化过程，这一点似不见于波斯艺术，反倒更接近粟特艺术。例如，在入华粟特人安伽和史君的墓葬中都发现了类似的图像，齐东方先生对此早已指出："（安伽、史君墓）凡是人与狮子共同出现，便是激烈的搏斗。这不是偶然的巧合，应该是刻意的表现。"[2] 虞弘在北周时期曾担任"检校萨宝府"[3] 一职，其墓中图像带有粟特文化色彩自不足奇。

更为惨烈的场面出现在椁壁第五幅下方。人的头部已被狮子吞进，而其中一人手中的剑刺入了狮子胸膛（图5-4）。这种场景在波斯艺术中根本不见，反倒使人联想起中亚片治肯特（Panjikent）粟特壁画上的鲁斯塔姆（Rustam）勇斗恶龙图（图6）。可以看到，鲁斯塔姆的头部已被恶龙咬住，坐骑拉赫什（Rakhsh）的腿部也被缠绕，正处于巨大的危险之中。鲁斯塔姆是波斯史诗中的著名英雄，其在粟特壁画上的出现恰恰证明，粟特文化虽深受波斯文化的影响，但这种影响对于粟特人来说更多是加入了自身理解之后的创新。

图像的细节有时也会对判断文化归属起到作用。虞弘墓石椁图像中多次出现过弯弓射箭的形象，但具体到弓箭部，都是只表现弓，不雕绘箭，即使弓弦已被拉紧，弦如满月，使人感到箭在弦上，实际上，都是有弓无箭。据笔者所见，萨珊狩猎图中的猎者从未展现出这一特征，有些猎物甚至还同时有中箭的情况，总体反映的是一种强弱分明的状态，这同样是为了宣扬萨珊王室的英勇无敌。例如，《列王纪》中曾对酷爱狩猎的巴赫拉姆五世有如下描述：

> 他一催座下马，冲上前去。
> 策马奔驰之际挽弓把利箭射出，

1　山西省考古研究所等：《太原隋虞弘墓》，第121、149页。

2　齐东方：《安伽、史君、虞弘的石刻图像研究》，载氏著《碰撞与交融——考古发现与外来文化》，第25页。

3　"萨保"又作萨甫、萨簿、萨宝，音译自粟特文的 s'rtp'w，由"队商首领"发展为"聚落首领"之意。无论是在北朝、隋唐实际担任萨保或萨保府官职的个人本身，抑或唐人墓志中所记载的曾任萨保的其曾祖、祖、父，基本上都是来自昭武九姓的粟特人。参见荣新江《萨保与萨薄：佛教石窟壁画中的粟特商队首领》，载氏著《中古中国与粟特文明》，生活·读书·新知三联书店，2014，第186页。

这箭不偏不倚正中野驴臀部。

……

随从左右和护驾的兵将，

对国王箭术发出由衷的赞扬。

……[1]

相比之下，有弓无箭的表现形式却能够在粟特艺术中找到对应，如日本 Miho 美术馆所藏北齐石棺床 12 幅图像中，只有一幅狩猎图，有四人骑马从左向右追逐猎物，每人左手平举一弓，都是有弓无箭，表现的应是嚈哒人狩猎的场面。西安北周安伽墓右侧屏风上也有这样的特征，表现的则是粟特人与突厥人一起狩猎的场面（图7）。[2] 可见在粟特狩猎图中，北方游牧民族的气息是十分浓厚的。需要指出的是，狩猎是北方游牧民族的拿手好戏，但无论是在嚈哒还是突厥狩猎图中都很难见到有弓无箭的特征。或许诚如荣新江先生所言，属于绿洲城邦国家的粟特人应当是从其北方游牧主人那里学来的狩猎技艺，[3] 并在艺术创作中加以独特呈现。

图7　安伽墓狩猎图（局部）
（采自荣新江《中古中国与粟特文明》，第327页）

图8　瓦拉赫沙出土粟特壁画（局部）
（艾尔米塔什博物馆藏）

1　［波斯］菲尔多西：《列王纪全集（六）》，宋丕方译，第551页。
2　荣新江：《Miho 美术馆粟特石棺屏风的图像及其组合》，载氏著《中古中国与粟特文明》，第352页。
3　荣新江：《四海为家——粟特首领墓葬所见粟特人的多元文化》，载氏著《中古中国与粟特文明》，第304页。

虞弘墓石椁中的人狮搏斗画面多占据醒目的位置。姜伯勤先生将它们归入一组，认为其主题当指尘世之人通过善思、善行、善言进入上界，并表达了对众天神和天国的崇拜与礼敬。[1] 实际上，搏斗题材在粟特艺术中的出现绝非偶然。中亚瓦拉赫沙（Varakhsha）粟特壁画上就有神灵骑象斗虎的场面（图8）。俄罗斯库拉基什（Kulagysch）所出粟特鎏金银盘上则刻画了两个正在互相搏斗的武士（图9）。这些例证充分证明：虞弘墓"人狮搏斗图"应属粟特文化系统。

图 9 库拉基什出土粟特银盘

（Boris Marschak, *Silberschätze des Orients. Metallkunst des 3.–13. Jahrhunderts und ihre Kuntinuität*, Abb. Nr. 198）

库拉基什银盘上的搏斗场景同样惨烈，两个相对而立的武士虽均已受伤，但仍手持兵器相互拼杀，已经破碎的兵器在两人中间纷纷落下。这样的场景不见于虞弘墓石椁，反倒与都兰织锦中的武士互搏形象如出一辙。根据马尔沙克对银盘纹样的解读，互相搏斗的结果往往是：真正的英雄取得最终的胜利，而光荣地死去也可作为英雄的完美结局。不同于只强调唯一结果的萨珊狩猎图，对粟特工匠来说，表现出尚未结束的搏斗动作似乎要比结果更加重要。在粟特艺术中，搏斗题材通常用以彰显一种骄傲的决心。[2] 经观察，都兰织锦上刻画的两名武士显然胜负未分，考虑到与之互为组合的狩猎图亦有对这一动态化过程的表现，且同虞弘墓"人狮搏斗图"一脉相承，我们有理由将都兰狩战图的文化属性归于粟特。

三

以往学者在探讨这件都兰织锦的相关问题时，多强调其集多元文化于一体的特殊意义。例如，太阳神形象源自古希腊罗马驾车的太阳神赫利俄斯（Helios），传入西亚、中亚地区为日神密特拉（Mithra）。[3] 穆格山粟特文结婚契约中也提到

---

[1] 姜伯勤：《隋检校萨宝虞弘墓石椁画像石图像程序试探》，载氏著《中国祆教艺术史研究》，生活·读书·新知三联书店，2004，第127—135页。

[2] Boris Marschak, *Silberschätze des Orients. Metallkunst des 3.–13. Jahrhunderts und ihre Kuntinuität*, pp. 283–287.

[3] 仝涛：《青藏高原丝绸之路的考古学研究（上）》，文物出版社，2021，第218页。

了密特拉，[1] 说明粟特人对此神是相当熟悉的。结合上文对狩战图的分析，我们是否可以将该织锦看作一件"粟特锦"呢？这倒未必。从组织结构上讲，平纹经锦在中国具有悠久的传统，在春秋战国时期已经相当成熟，属于典型的东方织锦。[2] 而从表现内容上看，密特拉的形象也发生了很多改变，融入了很多中国因素，如头戴菩萨冠饰，交脚的坐姿，以及汉字"吉""昌"等（图10），都表明这是中国制作的、具有中国特色的产品。

排列方式也是纺织品研究不可忽视的重要方面。都兰织锦上所表现的主题纹样均环绕以卷云联珠圈。就已有的知识，在萨珊波斯，联珠圈纹锦织造最早，也最风行，其他地区联珠圈纹锦的生产都同萨珊有直接或间接的联系。[3] 但在这件织锦上，联珠圈已经不是萨珊锦典型的单层，而是双层。并且，外圈采用了中国风格的卷云。姜伯勤先生曾认为，吐鲁番文书中的"波斯锦"可以有广义和狭义二义。狭义的波斯锦是指原产波斯的织锦。广义的波斯锦指萨珊式织锦，其产地可以是粟特或中国西北或其他地方。[4] 从都兰织锦所展现的特征来看，这显然是一件为了适应向外输出的需要而在汉地生产的萨珊式织锦，但其所受的外来影响应直接来自中亚，以经商和制作见长的粟特人，自然会令往来的货物及其承载的文化内容上带有自家的印记。因此，这种生产当与在长安、洛阳、凉州、巴蜀等地经营国际丝绸贸易的粟特人有关。

据许新国先生研究，平纹经锦的织造技术、一圈内数对纹样的排列以及卷云纹的应用均常见于北朝时期，故这件织锦的年代应在北朝晚期，至迟在隋，约相当于6世纪末。[5] 他同时指出，从南北朝到隋乃至唐初，在全国范围内能提供织锦作为贸易商品的，只有成都地区，故属于这个时期的标本只能是蜀锦。[6] 笔者赞同这样的判断，需要补充的是，都兰织锦上有经"佛像化"处理的太阳神形象，很有可能与作为当时重要佛教中心的益州（成都）密切相关。也就是说，该织锦应是经"青海道"流入都兰地区的。

---

1 姜伯勤：《论敦煌祆寺与神主》，载氏著《敦煌吐鲁番文书与丝绸之路》，文物出版社，1994，第250页。

2 许新国、赵丰：《都兰出土丝织品初探》，《中国历史博物馆馆刊》1991年第15—16期。

3 尚刚：《吸收与改造——6至8世纪的中国联珠圈纹织物》，载赵丰、齐东方主编《锦上胡风——丝绸之路纺织品上的西方影响（4—8世纪）》，上海古籍出版社，2011，第21页。

4 姜伯勤：《敦煌吐鲁番文献所见的"波斯锦"》，载氏著《敦煌吐鲁番文书与丝绸之路》，第77页。

5 许新国：《青海都兰吐蕃墓出土太阳神图案织锦考》，《中国藏学》1997年第3期。

6 许新国：《吐蕃墓出土蜀锦与青海丝绸之路》，载四川大学中国藏学研究所主编《藏学学刊》第3辑"吐蕃与丝绸之路研究专辑"，四川大学出版社，2007，第110页。

图 10 都兰吐蕃墓葬出土织锦（局部）
(采自赵丰主编《纺织品考古新发现》，第 76 页)

"青海道"又称"吐谷浑道""河南道"等，是指传统"丝绸之路"经青海通西域的一条线路，以伏俟城和都兰为枢纽。这条道路的南端可沿四川省西北部的岷江上游地区抵达成都，汉晋六朝至隋唐时期一直是由四川经过青海通向西域的主要道路之一。[1] 学界所列举的文献材料中还涉及这一时期不少通过益州北上，沿"青海路"抵达丝绸之路西段进入西域，或由"青海道"先抵益州，再顺江而下抵达南朝首都建康的佛教法僧侣、商队与商人、官方使节等不同身份人士的有关事迹。[2]

《隋书·何妥传》云："何妥字栖凤，西城（域）人也。父细胡，通商入蜀，遂家郫县，事梁武陵王纪，主知金帛，因致巨富，号为西州大贾。"[3] 从姓氏及名字推知，何家当为粟特昭武九姓中的何国人，而何妥之父何细胡则是主持巴蜀地区丝绸贸易的与皇家勾结的巨商。考虑到当

---

[1] 霍巍：《粟特人与青海道》，《四川大学学报》（哲学社会科学版）2005 年第 2 期。

[2] 对这一问题的研究代表学者主要有松田寿男、松畴男、夏鼐、冯汉镛、周伟洲、严耕望、山名伸生、王育民、薄小莹、罗新、姚崇新、陈良伟、霍巍等。具体概述可参见霍巍《文物考古所见古代青海与丝绸之路》，《民族历史研究》2017 年第 1 期。

[3] （唐）魏徵：《隋书》卷七五《何妥传》，中华书局点校本，1973，第 1709 页。

时活跃在巴蜀地区的粟特人不在少数，且蜀地丝绸是这一地区粟特商人所经营的大宗贸易，[1] 本文认为，粟特商人既有可能将蜀锦经"青海道"销往西域，也有可能直接卖给控制"青海道"的吐谷浑人。都兰织锦上的太阳神形象带有明显的佛教文化色彩，某种程度上亦是为了迎合吐谷浑国内对佛教的重视。[2]

图 11　故宫博物院藏《步辇图》（局部）
（采自王旭东、[美]汤姆·普利兹克主编《丝绸之路上的文化交流：吐蕃时期艺术珍品》，中国藏学出版社，2020，第74页）

自5世纪"青海道"兴盛伊始，一直到公元663年吐蕃最终兼并吐谷浑前，吐谷浑所据之青海地区事实上已成为中西交通的中心之一。在这一时间段内，吐谷浑人一直保持着同粟特人的商贸往来，也因此积攒了大量珍宝，[3] 当中自然包含蜀锦。唐阎立本绘贞观十五年（641）吐蕃大相禄东赞前往长安迎文成公主入藏，禄东赞着红地联珠立鸟纹长袍（图11），有学者认为这是典型的萨珊风格的胡锦，与粟特锦风格相似，[4] 但锦袍上的橙色却是西方所没有的典型的中国色彩，可见其更有可能是从巴蜀地区流入吐谷浑境内，并被进献给了吐蕃。敦煌发现的《吐蕃历史文书》（藏文）传记部分也记："其后赞普（松赞干布）亲自出巡，在北道，既未发一兵抵御，亦未发一兵进击，迫使唐人及吐谷浑人，岁输贡赋。由此，首次将吐谷浑人收归辖下。"[5] 可为一证。

都兰热水墓群的时代已进入吐蕃时期，但本文所探讨织锦的年代显早于这一时期，说明其同样有可能是先流入吐谷浑人之手，后为吐蕃人所得。值得一提

---

[1] 对相关材料的梳理及研究可参见姚崇新《中古时期巴蜀地区的粟特人踪迹》，载氏著《中古艺术宗教与西域历史论稿》，商务印书馆，2011，第279—299页。

[2] 据研究，益州发达的佛教文化对已信仰佛教的吐谷浑人产生了深远影响。参见姚崇新《吐谷浑佛教论考》，载氏著《中古艺术宗教与西域历史论稿》，第258—276页。

[3] 对这一时期叶谷浑人与粟特人之商贸关系的阐述可参见拙文《青海都兰热水墓群2018血渭一号墓出土鏨指金杯考——兼谈吐谷浑与粟特的商贸关系》，《故宫博物院院刊》2024年第1期拟刊。

[4] 姜伯勤：《敦煌文书所见的"胡锦"、"番锦"和"毛锦"》，载氏著《敦煌吐鲁番文书与丝绸之路》，第209页。

[5] 王尧、陈践译注：《敦煌本吐蕃历史文书》，民族出版社，1980，第146页。转引自周伟洲《吐谷浑史》，商务印书馆，2021，第81—82页。

是，这种集胡汉风格于一体的织锦曾在都兰、吐鲁番等地大量出现，它们之所以能够广受欢迎，粟特商人的频繁活动固然重要，但粟特工匠的作用亦不可忽视，其中尤以何妥之侄何稠居功至伟。《隋书·何稠传》载："何稠字桂林，国子祭酒妥之兄子也。父通，善斫玉。稠性绝巧，有智思，用意精微。年十余岁，遇江陵陷，随妥入长安。仕周御饰下士。及高祖为丞相，召补参军，兼掌细作署。开皇初，授都督，累迁御府监，历太府丞。稠博览古图，多识旧物。波斯尝献金绵锦袍，组织殊丽，上命稠为之。稠锦既成，逾所献者，上甚悦。"[1] 由此可知，何稠在当时的皇家工场主持了波斯锦的技术引进工作，但这种工作并非是单纯的效仿，对兼通波斯、粟特及汉文化的何稠而言，博采众长之后的创新或许才是"逾所献者"的关键。经研究，何稠仿制成功的波斯锦类型又引发了更大规模的仿制之风，[2] 受此影响的粟特工匠必不在少数。鉴于何稠家族定居的郫县可能存在粟特聚落，他们在促进西域与蜀汉、长江流域商业贸易的同时，也把粟特文化和技艺带到了中国南方。[3] 故这件织锦不排除是先由蜀地的粟特工匠所制，后经"青海道"辗转流入都兰地区。

作为丝绸之路的代表性物品，都兰织锦上所表现出的粟特、萨珊、汉文化要素既是丝绸之路文化交流的集中体现，更是探索其背后人群活动的关键因素。以往，人们侧重于通过织锦本身来辨析不同系统织锦的区别，但就装饰题材而言，还应重视纺织品同其他质地文物之间的对比。因此，本文以虞弘墓石椁上的人狮搏斗图作为切入点，或许能够为明确相关织物的文化属性提供一点思路。由此观之，粟特人不仅在丝绸贸易中起到了重要的中介作用，而且为中古时期装饰风格的进一步多样化做出了不可磨灭的贡献。

1　（唐）魏徵：《隋书》卷六八《何稠传》，第1596页。

2　赵丰：《唐系翼马纬锦与何稠仿制波斯锦》，《文物》2010年第3期。

3　荣新江：《魏晋南北朝隋唐时期流寓南方的粟特人》，载氏著《中古中国与粟特文明》，第49页。

六

文本研究

程颐、朱熹与王夫之解易的异同性辨析
——以"用拯马壮"为例

■ 刘永霞（中国社会科学院古代史研究所）

作为儒家"六经之首"的《易经》，在数千年的传承过程中，形成了众多的研究派别。《四库全书总目·经部·易类》根据易学史的源流与变迁，提出了"两派六宗"的观点，[1] "两派"即义理派与象数派。"义理派"擅长阐发"卦爻辞"的哲学义理，而"象数派"则侧重于对"术数"与"卦象"的发挥。当然，这两派的界限并非绝对。

在易学史上，一般认为先秦时期是两派的形成与奠基阶段，如廖名春先生等学界前辈大致将其归纳为"占筮易说"与"义理易说"[2]，在这一阶段的战国时期，由于孔子易学思想日益传播，于是迎来了义理派的第一个繁荣阶段；到了两汉时期，虽然两派都有传承与发展，但象数派成为主流；而魏晋隋唐时期的王弼引老庄入易，"王弼扫象"风靡一时，从而扭转了两汉风气，使玄学义理派得到了兴旺发展；宋元明清时期，义理派虽然部分地继承了王弼的路数，但以程朱等人为代表的宋儒用儒学重新诠释了《易经》，使义理派焕发了新颜。当然这一时期以刘牧、周敦颐、邵雍等人为代表的象数派也在蓬勃发展。明清时期，汉易与宋易都得到了大力继承与繁荣发展，呈现出了新的特点。明末以王船山、李光地、来知德等人为代表的易学家，又大大推进了两派的发展。传承了千年的义理派与象数派，在不同的历史阶段彼此消长、相互激荡，使如今的易学仍然呈现出多元化的面貌。当然，哪一派的消长都与当时大的历史背景是分不开的。

而对于义理派宋易，尤其是关于程朱与王船山的研究，向来都是易学史上的主流议题，学界前辈与同人已经取得了非常丰硕与高水准的成绩。就本文研究的大背

---

[1]（清）永瑢等撰，（清）纪昀等纂：《四库全书总目·经部·易类》第1册，广西师范大学出版社，2019，第2页。
[2] 廖名春等：《周易研究史》，湖南出版社，1991，第11页。

景，即易学思想通史与断代史方面来说，比较早的重要论著有廖名春等先生的《周易研究史》，中国台湾高怀民先生的《先秦易学史》《两汉易学史》与《宋元明易学史》，近出的有林忠军先生等的《明代易学史》《清代易学史》，姜海军先生的《宋代易学思想史研究》，王鑫先生的《日本近世研究》，等等。就近期的相关论文而言，成果就更多了，如唐琳发表在《江汉论坛》2019 年第 2 期上的《朱熹〈周易本义〉的学术思想特色》，对朱熹的解易偏向于调和两派而且很重视卜筮的特点进行了研究；祁博闲发表在《周易研究》2022 年第 2 期上的《〈周易程氏传〉"时"论的人道关切》，则对程颐解易特点的一个重要方面进行了概括。诸如此类，不胜枚举。还有就是近年来对于"船山易"的研究，在中国哲学专业的硕博士论文中也是比较热门的，比如 2017 年武汉大学姜含琪的博士论文《王夫之易学诠释思想研究》、2018 年湘潭大学徐龙的硕士论文《王船山〈周易内传〉解易方法研究》等等，都对王船山的解易思想与方法进行了具有一定深度的探讨，由此也反映了学界对"船山易"的重视程度。

　　本文探讨的是儒家义理派在象爻辞释义方面的一个细节问题。儒家义理派秉承了孔子的《易传》思想，认为"《易》与天地准，故能弥纶天地之道"[1]，即《易经》阐述的是涵盖万物的"天地之道"，其内容是有关天道、人事与物情变化的综合体系。《易经》有六十四卦，每个卦都由六爻构成，《易传》曰："圣人设卦观象，系辞焉而明吉凶。"[2] 意思是先有卦象，而后文王与周公才可附上系辞以达义。那么，"卦"其实就是指卦象，是《易经》的"主体"。而爻所体现的是《易经》变化之道，是卦之"用"，正如《易传》所说："象者，言乎象者也；爻者，言乎变者也。"[3] 象辞，又称为卦辞，是对卦象的解释，而爻辞则是对六爻的释义。

　　儒家义理派认为卦爻辞体现的是儒家的微言大义，是"帝王经世、君子穷理以尽性之道"[4]。这是儒家义理派所推崇的《易经》主旨。但尽管如此，义理派内部对卦爻辞的理解也不尽相同。本文所要探讨的是义理派中的一个重要派别，即义理派宋易及其代表人物程颐、朱熹与王夫之解易的异同性。这三位不同历史时期的易学家，其解易风格各有千秋，下面以爻辞"用拯马壮"为例加以辨析。爻辞"用拯马壮"在"地火明夷卦"与"风水涣卦"都有出现，但这两个卦的喻意却

---

[1] （魏）王弼：《周易注》，中华书局，2011，第 343—344 页。

[2] （魏）王弼：《周易注》，第 341 页。

[3] （魏）王弼：《周易注》，第 342 页。

[4] （清）王夫之：《船山全书》第 1 册，岳麓书社，2011，第 506 页。

差别很大，下面就此问题，逐一展开论述。

一 "用拯马壮"与"地火明夷卦"

既然每个卦都有六爻，那么，爻是如何生成的呢？《易传》曰："数以生画，画积而象成，象成而德著，德立而义起，义可喻而以辞达之。"[1] 数是指揲蓍法起卦所用之"数"，由数而得爻画，由六爻而形成卦象，有了卦象才可彰显义理，而义理得用文辞来表达。可见，从爻、象的生成来看，是先有爻，而后才有卦象。而解易是从卦爻辞入手，遵循"由辞明义""由义明体""由体达用"的逻辑顺序，因而说"数往者顺，知来者逆，是故《易》，逆数也"[2]。"逆数"是指与爻、象的生成次序相反。

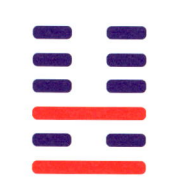

图1 明夷卦卦象图

因此，要了解"地火明夷卦"的六二爻爻辞"用拯马壮"的含义，就必须从"地火明夷卦"的卦象入手。下面我们来分析一下义理派宋易的代表人物程颐、朱熹与王夫之对此的解释。

基于义理派"由体达用"，即由卦到爻的解易思维，我们应该首先来阐明"地火明夷卦"的喻意。

"明夷：利艰贞。"这是"地火明夷卦"的"象辞"，即"卦辞"，意指一个卦的整体含义。宋儒程颐和朱熹做了如下的解释：

> 明夷：利艰贞。
> 君子当明夷之时，利在知艰难而不失其贞正也。[3]
> 夷，伤也。为卦下离上坤，日入地中，明而见伤之象，故为明夷。[4]

程颐指出"地火明夷卦"意喻君子在艰难之时仍能持身守正的一个局面。朱熹秉承了这一观点，而王夫之对于"夷，伤也"这一句持有不同见解，他写道：

> "夷"，伤也。离为大明，岂有能伤之者哉？唯时处乎地下，为积阴幽暗之所掩，光辉不得及物，则其志伤矣。君子之所谓伤者，非伤其身之

---

[1] （清）王夫之：《船山全书》第1册，第505页。
[2] （魏）王弼等注，（唐）孔颖达正义：《周易正义》，北京大学出版社，1999，第326—327页。
[3] （宋）程颐：《周易程氏传》，中华书局，2011，第201页。
[4] （宋）朱熹：《周易本义》，中华书局，2009，第142页。

谓；德不施于物，则视民之伤如己之伤也。文王当纣之时，盖如此。[1]

王夫之认为君子之"伤"主要是指不得志、不能施恩予人。《象传》里出现了文王与商纣王之事，王夫之认为这象征着文王恭奉纣王为主的那个黑暗时代。

可知，"地火明夷卦"喻意一个君子艰难守正的黑暗时局。这是卦的喻象。而卦由六爻构成，其中的任何一爻都不能与其他爻割裂。因而，所谓了解一爻含义，其实就是指弄清此爻与其他爻的关系。爻与爻之间的互动、摩荡才能形成变化，从而产生功用。而就一爻而论一爻则没有任何意义，所谓"一阴一阳之谓道"，独阳与独阴都不能存在，于爻而言也是同理。

因此，为了阐明六二爻"用拯马壮"的含义，我们还必须弄清六二爻与其他爻之间的关系。下面从初九爻开始逐一分析。

> 初九：明夷于飞，垂其翼。君子于行，三日不食。有攸往，主人有言。
>
> 明体而居明夷之初，见伤之始也。九，阳明上升者也，故取飞象。昏暗在上，伤阳之明，使不得上进，是于飞而伤其翼也。[2]

飞而垂翼，见伤之象。[3]

对于此爻，程颐这样解释：君子就像因受伤而影响飞行的鸟儿一样，由于侍奉暗主而受困。为了拔幽脱困，君子最终克服了重重困难而投奔了新主。朱熹秉承了这一说法，而王夫之则在继承朱观点的基础上，又提出了一些新的看法，他写道：

> 初九为太公之象也。二阳为明所丽，周公自当九三，太公当初九，以夹辅清明之运也。初去三阴也远，疏远在外，故宜避地远去。"飞"，去之速也。"垂其翼"，困穷之象。"君子于行"，言其怀君子之道，往之海滨也。"三日不食"，穷已至矣。"有攸往"，往而丽乎六二，以昭明德，归周之象也。[4]

与程朱相比，这里体现了王夫之"以爻喻人（事）"的解易特点，即直接将一爻喻作一事或一人。这就大大降低了爻辞理解的难度。在这里，王夫之将初九爻比作姜太公，九三爻为周公，爻辞体现了此二爻与六二爻之间的辅佐关系。因此，六二爻则无疑是周文王了。

1　（清）王夫之：《船山全书》第1册，第306页。
2　（宋）程颐：《周易程氏传》，第202页。
3　（宋）朱熹：《周易本义》，第142页。
4　（清）王夫之：《船山全书》第1册，第307—308页。

六二：明夷，夷于左股，用拯马壮，吉。

六二以至明之才，得中正而体顺，顺时自处，处之至善也。……夷于左股，谓伤害其行而不甚切也。虽然，亦必自免有道。拯用壮健之马，则获免之速而吉也。[1]

《涣》初爻同。伤而未切，救之速则免矣。故其象占如此。[2]

程颐认为此爻意指处位中正的君子。他摆脱不了暗世之伤，如若用"壮健之马"来拯救，在还没有伤到要害的情况下，则可免祸。朱熹沿袭了这种解释，而王夫之在这一点上与程朱二人有较大的区别，他指出：

此象文王之事也。伤于左股，不能大行也。言左股者，手足尚右，伤其左，尚未大伤，象文王羑里之得释。马行地，坤象也。"马壮"，阴盛，象纣之盈恶也。"拯"马之"壮"，救殷民以冀全殷祀。终以受命于天而吉。

即此爻喻意文王之事。"马壮"象征阴盛，是对商纣王淫威甚大的比喻。因而，这个时候，周文王不可能推翻商朝而君临天下。当然，周文王也不会坐视天下苦于暴政而不理，只是力量有限而已。

可以看出，王夫之的解释比较独到。程颐理解的"用拯马壮"，是"用壮马拯"的含义，即用壮马将君子从危难中拯救出来。他们的主要分歧表现在对"马壮"的理解上。程颐将"马壮"解释为"壮马"，即将"壮"当作"马"的定语来理解。而纵观《易经》的行文特点，则根本没有出现过定语后置的现象。比如"天风姤卦"的初六爻爻辞为"羸豕孚蹢躅"，"羸豕"即羸弱的猪，这里并没有用"豕羸"的定语后置表达方式。诸如此类，不胜枚举。由此可知，"马壮"与"壮马"的含义区别很大，在"马壮"里，"壮"是状语，而在"壮马"里，壮则是定语，与"羸豕"里的"羸"字的语法相同。

以上体现了他们在理解六二爻上的差异。而六二爻与其他爻之间具有紧密的互动关系，因此，下面我们接着来分析其他爻的含义。

九三：明夷于南狩，得其大首，不可疾贞。

九三，至明居下而为下之上，至暗在上而处穷极之地，正相敌应，将以明去暗者也。斯义也，其汤、武之

---

[1]（宋）程颐：《周易程氏传》，第203页。

[2]（宋）朱熹：《周易本义》，第142页。

事乎！[1]

以刚居刚，又在明体之上，而屈于至暗之下，正与上六暗主为应，故有向明除害，得其首恶之象。[2]

此象周公相武王伐纣之事。"南狩"，以明治暗。"得其大首"，象诛纣。[3]

对于此爻的解释，程朱王三人并无二致。此爻喻意发生了大革命或改朝换代之事。因而，程颐说此爻象征"汤、武之事"。

综上所述，"地火明夷卦"的下卦象征"光明"，而若光明在黑暗之下，那上下卦合起来就喻意着人类社会中的乱世。在此乱世，下卦三爻都想扶危济世，只不过因爻位不同、官阶不同，他们发挥的作用也不尽相同而已。

以上对下卦三爻及其关系有了初步了解，接下来，我们再来分析一下它们与上卦三爻的关联。

六四：入于左腹，获明夷之心，于出门庭。

六四以阴居阴，而在阴柔之体，处近君之位，是阴邪小人居高位，以柔邪顺于君者也。[4]

此爻之义未详。盖离体为至明之德，坤体为至暗之地。下三爻明在暗外，故随其远近高下而处之不同。六四以柔正居暗地而尚浅，故犹可以得意于远去。[5]

此象商容之事。左腹者，心居左而主谋，预闻其佐周之谋也。"明夷之心"，乃殷民被伤而望周之心。[6]

对于此爻的解释，程颐与朱王不尽相同。程颐认为此爻喻意奸臣，而王夫之则相反，他认为此爻代表着如商容一样的忠臣。朱熹以至诚的态度承认他不能准确把握此爻，但是却比较倾向于喻意良臣的观点。而他们的最大不同主要表现在对"明夷之心"的理解上，程颐认为"明夷之心"即奸臣所获的君子之心，而王夫之则认为"明夷之心"就是殷民被伤后的望周之心。经过比较，可知程颐的解释侧重于对上卦爻与爻之间关系的分析，而朱王在此基础上，还补充了下卦三爻对六四爻的影响意义。这种区别在一定程度上体现了义理派宋易的传承与发展。

---

[1] （宋）程颐：《周易程氏传》，第204页。
[2] （宋）朱熹：《周易本义》，第143页。
[3] （清）王夫之：《船山全书》第1册，第309页。
[4] （宋）程颐：《周易程氏传》，第205页。
[5] （宋）朱熹：《周易本义》，第143页。
[6] （清）王夫之：《船山全书》第1册，第309页。

六五：箕子之明夷，利贞。

五为君位，乃常也。然易之取义，变动随时。上六处坤之上而明夷之极，阴暗伤明之极者也。[1]

居至暗之地，近至暗之君，而能正其志，箕子之象也，贞之至也。[2]

上为暗主，而五近之，相比于同昏之廷，不显其明以自晦，故为箕子之象。[3]

他们都认为此爻喻意殷商的宗臣箕子。他由于身份的原因不能离开故国，所以才选择了一种异常的处世方式。

可以看出，上卦的三爻，越是接近上六爻，处境就越艰难。

上六：不明，晦，初登于天，后入于地。

上卦居卦之终，为明夷之主，又为明夷之极。上，至高之地。明在至高，本当远照，明既夷伤，故不明而反昏晦也。[4]

以阴居坤之极，不明其德以至于晦，始则处高位以伤人之明，终必至于自伤而坠厥命，故其象如此。[5]

此则纣之象也。"不明晦"者，君昏而天下皆为之暗也。"初登于天"，谓先王之克配上帝。"后入于地"，殷后王之丧师也。[6]

对于此爻，三人的解释基本一致。"初登于天"，指其先祖的大德与伟业；"后入于地"，指末代君主的失道与昏庸。此爻喻意一个即将灭亡的王朝，因而爻辞有劝诫之意。

综合上下卦来看，由于上九爻喻意暗世暴君，因而对其他爻的影响都非同寻常。当然，相较之下，与它相近之爻受的影响则更大。

以上阐述了"地火明夷卦"的卦爻辞含义及其六爻关系。卦象以光明在黑暗之下为喻，表明在此之际，只有即将成为天下新主的六二爻才能给暗世带来光明。这是爻辞"用拯马壮"的时局背景，必然不能忽略。在这样的时局中，对天下新主与王朝旧君臣之间的错综复杂关系，即六爻关系，我们也必须一一缕清。只有弄清了卦象喻意与六爻关系，才可能比较全面地把握"用拯马壮"的含义。

综上所述，程朱都认为"用拯马壮"是指用壮马拯救君子，而王船山则认为其

---

[1] （宋）程颐：《周易程氏传》，第205—206页。

[2] （宋）朱熹：《周易本义》，第144页。

[3] （清）王夫之：《船山全书》第1册，第310页。

[4] （宋）程颐：《周易程氏传》，第206页。

[5] （宋）朱熹：《周易本义》，第144页。

[6] （清）王夫之：《船山全书》第1册，第311页。

喻意君子拯救身处水深火热中的人们，他们的分歧显而易见。这种分歧的根源何在？我们可以通过将他们三者的观点与易学史上其他的一些易学家的看法进行比较来追根溯源。

唐代李鼎祚的《周易集解》里保存了不少汉易注，其中这样解释"用拯马壮"：

> 《九家易》曰：九三坎体，坎为马也。二应与五，三与五同功，二以中和应天，应天合众，欲生上三，以壮于五，故曰"用拯马壮，吉"[1]。

这是象数派的观点。其中的"九三坎体"就体现了象数派的"互体说"理论，即六二爻、九三爻与六四爻又形成一个坎卦。意即六二爻想要做君主而拯救其他阴爻，故阴爻都顺从它。喻坎为马的说法出自《易传·说卦》。可见，在程朱王三人中，王船山的观点与此比较接近。但王船山并未采用"互体说"，并未以互卦形成的坎卦喻"马"。他以上卦坤卦喻"马"，此说出自《易传·象辞》。

汉之后，魏晋王弼的玄学义理派对后世易学的影响很大，据皮锡瑞的《经学通论》所载："王弼《易注》，孔疏以为'独冠古今'、程子谓'学《易》先看王弼'。"[2] 王弼甚至被称为孔子之后"义理学派的创始者"[3]，他这样解释"用拯马壮"：

> 以柔居中，用夷其明，进不殊类，退不近难，不见疑惮，顺以则也，故可用拯马而壮吉也。[4]

对于这句话，唐代的孔颖达这样解释："犹得处位，……然后徐徐用马，以自拯济而获其壮吉也。"[5] 意即用马拯救困局中的君子。之后，在北宋，与程颐齐名的张载是如何理解的呢？他认为"居中履顺，难不能及，故曰'用拯马壮吉'"[6]。可见，程朱张都沿袭了王弼的观点。那么，同为义理派宋易重要人物的南宋理学家杨万里是怎么解读的呢？据《诚斋易传》所载："初九、九二，乾马用壮之助也。助之者壮，处之者顺，所以吉。"[7] 即初九爻与九三爻作为壮马，帮助六二爻脱离困境。杨万里从下卦三爻

---

1 （唐）李鼎祚：《周易集解》，中华书局，2016，第224页。
2 （清）皮锡瑞：《经学通论》，中华书局，2018，第34页。
3 廖名春等：《周易研究史》，第159页。
4 （魏）王弼：《周易注》，第195页。
5 （魏）王弼注，（唐）孔颖达疏：《周易正义》，第157页。
6 （宋）张载：《张载集》，中华书局，2012，第134页。
7 （宋）杨万里：《诚斋易传》，九州出版社，2019，第125页。

的关系来理解"用拯马壮",喻乾为马出自《易传·说卦》。这又是自成一家的说法,但在文意上接近程朱的观点。

可知,以上所举宋儒的观点比较接近。那么,除了王船山之外,其他明代易学家对此又持何议呢?"此爻变乾为健,为良马,马健,壮之象也。"[1] 即用健壮之马拯救自己出困境。这是明代来知德的解释。来知德属于象数派,他主要用"错综说"来解卦。什么是"错综说"呢?"错"指一个卦里阴阳爻的互变;"综"即将一个卦倒置则会形成另一个卦。明夷卦的六二爻可以"错"变为阳爻,那么下卦就变成了乾卦,因而说"此爻变乾为健"。可见,来知德虽归属象数派,但他对"用拯马壮"的文意理解与程朱相同,不同的只是方法而已。之后,清代汉易的重要人物惠栋对此爻的释义也无甚新意。清代兴起了以考据见长的朴学易,但也出现了不少综合两家的易学家,比如受业于黄宗羲的查慎行,他虽然以朱熹为宗,但解卦时又吸收了象数派的很多方法,如"中爻互震坎,皆有马象。拯伤非力弱者所能,必'马壮'而后吉"[2]。此说沿袭了程朱的"用壮马拯危"之义,所不同的是他引入了"互体说"来论证。

以上是易学史上的诸多名家对"用拯马壮"的释义。而"用拯马壮"在《易经》爻辞里出现了两次,那么,另一处,即"风水涣卦"的"用拯马壮"又有什么含义呢?它与"地火明夷卦"里的"用拯马壮"又有何区别呢?

二 "用拯马壮"与"风水涣卦"

图 2 涣卦卦象图

与上同理,我们按照义理派宋易"由体达用"的解易思维,在解读"用拯马壮"之前,首先了解一下程朱王三人对"风水涣卦"的释义。

> 涣:亨。王假有庙,利涉大川,利贞。
>
> 为卦,巽上坎下。风行于水上,水遇风则涣散,所以为涣也。[3]
>
> 涣,离散也。人之离散,由乎中;人心离,则散矣。治乎散,亦本于中;能收合人心,则散可聚也。故

---

[1] (明)来知德:《周易集注》,中华书局,2019,第416页。

[2] (清)查慎行:《周易玩辞集解》,中华书局,2020,第267页。

[3] (宋)程颐:《周易程氏传》,第334页。

卦之义，皆主于中。利贞，合涣散之道在乎正固也。[1]

涣，散也。为卦下坎上巽，风行水上，离披解散之象，故为涣。其变则本自"渐卦"。[2]

以上是程朱的解释。他们都认为"涣"是散的意思。程颐认为"风水涣卦"取法于风行水上的自然景象，水遇风则散。但他的解释重在人心的离合方面，而且还特别强调了重聚的重要性。朱熹的释义虽然与程颐大同小异，但在"风水涣卦"的来源问题上，他提出了"卦变说"理论，认为此卦由"风山渐卦"变化而来。

对于此卦，程朱二人的侧重点不同。程颐强调此卦离散后的聚合之意，侧重的是卦的儒家义理；而朱熹则重在阐发体现六爻关系的"卦变说"。其后的王夫之在继承二人观点的同时，又提出了一些不同的看法，他写道：

"涣"，水散貌。……卦自否变者，涣散其否也。乾下之阳，下而居二；坤中之阴，上而居四。阳为主于内，则阴不得怙党以相亢；阴顺承于外，则阳受其入而不骄。……否塞之情改，而上下通，嘉会而亨矣，故六爻皆吉。[3]

对于此卦的喻意，他与程朱持相同观点。但在"卦变说"上，他与朱熹的见解有不小的差异。他认为"卦变说"的基础是"地天泰卦"与"天地否卦"。因而，此卦是由"天地否"变化而来。而"散"是为了打破否卦上下不通的僵局，所以他用"解散朋党、天下为公"八个字来概括此卦含义。

以上是程朱王对"风水涣卦"的解释。而爻辞的含义，必然不能逾越卦的意喻界限。那么，出现在初六爻爻辞里的"用拯马壮"该作何解呢？下面，我们来依次看看此卦的六爻释义。

初六：用拯马壮，吉。

六居卦之初，涣之始也。始涣而拯之，又得马壮，所以吉也。六爻独初不云涣者，离散之势，辨之宜早，方始而拯之，则不至于涣也，为教深矣。马，人之所托也。托于壮马，故能拯涣。马谓二也。二有刚中之才，初阴柔顺，两皆无应，无应则亲比相求。初之柔顺，而托于刚中之才，以拯其涣，如得壮马以致远，必有济矣，故吉也。涣拯于始，为力则易，

---

[1] （宋）程颐：《周易程氏传》，第334—335页。

[2] （宋）朱熹：《周易本义》，第204页。

[3] （清）王夫之：《船山全书》第1册，第466页。

时之顺也。[1]

居卦之初，涣之始也。始涣而拯之，为力既易，又有壮马，其吉可知。初六非有既涣之才，但能顺乎九二，故其象占如此。[2]

"马"，行地者，故坤之象焉。纯阴在下，马之壮也。马壮，则有奔驰蹄啮之伤。二来主阴而制之，初承二而奉之为主，以制马而使之驯，以免于咎。拯之者，二也；利用其拯者，初也，而吉在初矣。[3]

从上可知，对于"用拯马壮"，程朱做出了与在"地火明夷卦"里几近相同的解释。程朱认为"用拯马壮"就是"用壮马拯"。而由于是涣卦，因而是用壮马来拯救涣散之势。而且，他们还强调了涣散之后的重聚意义。但王夫之却认为"马壮"指阴盛，喻意朋党之盛；而"拯"是涣散朋党的意思，并无再聚之意。之所以有这种区别，归根结底还是由于对涣卦的理解不同所致。

以上是程朱王对初六爻的不同释义。所谓独木不成林，拯救与涣散，都是指一种关系。而"用拯马壮"表达的就是初六爻与其相近之爻九二爻的关系。接下来，我们再来看看九二爻的含义。

九二：涣奔其机，悔亡。

诸爻皆云涣，谓涣之时也。在涣离之时，而处险中，其有悔可知。若能奔就所安，则得悔亡也。[4]

机，音几。九而居二，宜有悔也。然当涣之时，来而不穷，能亡其悔者也。[5]

出疆外适曰"奔"。"机"，旧音丌者，伐木而留其本也。在险中而可以止奔，于义尤合。阳舍上位，越三二来二，以散阴之党，若将不及，曰"奔"。[6]

对于九二爻的理解，程朱的观点基本一致，而王夫之则略有不同。王夫之认为九二爻是从"天地否卦"的上卦下"奔"而来，其目的是解散"天地否卦"的下卦三阴之党。

可见，九二爻的下"奔"是为了解散朋党，并非只是为了接受初六爻的归顺。

六三：涣其躬，无悔。

1　（宋）程颐：《周易程氏传》，第336页。
2　（宋）朱熹：《周易本义》，第205页。
3　（清）王夫之：《船山全书》第1册，第469页。
4　（宋）程颐：《周易程氏传》，第336页。
5　（宋）朱熹：《周易本义》，第205页。
6　（清）王夫之：《船山全书》第1册，第469页。

三在涣时，独有应与，无涣散之悔也。然以阴柔之质，不中正之才，上居无位之地，岂能拯时之涣而及人也？止于其身，可以无悔而已。[1]

阴柔而不中正，有私于己之象也。然居得阳位，志在济时，能散其私以得"无悔"，故其占如此。[2]

阴阳以类聚，则合而成体。三与初同类，而二来居间以散之，阴之体不纯成矣，非徒二之能散之也。三为进爻而位刚，本欲上行而应乎刚，是能公尔忘私者，虽不当位，而遂其就阳之素心，固无咎矣。[3]

对于此爻，朱王的观点比较接近，认为自愿解散私党即是此爻得以"无悔"的原因，六三爻在下卦里起着配合九二爻的作用。而程颐则认为因上九爻处于无位之地，而六三爻又力弱，所以六三爻不会得到上九爻的帮助。通过比较，可知朱王对六爻之间的感应关系分析得更加细微。

六四：涣其群，元吉。涣有丘，匪夷所思。

四，巽顺而正，居大臣之位；五，刚中而正，居君位。君臣合力，刚柔相济，以拯天下之涣者也。[4]

居阴得正，上承九五，当济涣之任者也。下无应与，为能散其朋党之象，占者如是，则大善而吉。又言能散其小群以成大群，使所散者聚而若丘，则非常人思虑之所及也。[5]

阴之自二而往四，既以散阴凝不解之群，抑以散阳亢不交之群；群散而不同，本然之吉，无所待也。[6]

对于六四爻，程朱王三人的释义出入不大。朱王都肯定了六四爻奉公去私的喻意。九五爻是六四爻所依附的"丘"，而"匪夷所思"是指六四爻牺牲小我而成就大我的超凡精神，非其同类的思虑所能及。

九五：涣汗其大号，涣王居，无咎。

五与四君臣合德，以刚中正巽顺之道，治涣得其道矣。唯在浃洽于人心，则顺从也。[7]

阳刚中正，以居尊位。当涣之

---

[1] （宋）程颐：《周易程氏传》，第337页。
[2] （宋）朱熹：《周易本义》，第206页。
[3] （清）王夫之：《船山全书》第1册，第470页。
[4] （宋）程颐：《周易程氏传》，第337页。
[5] （宋）朱熹：《周易本义》，第206页。
[6] （清）王夫之：《船山全书》第1册，第470—471页。
[7] （宋）程颐：《周易程氏传》，第338页。

时，能散其号令，与其居积，则可以济涣而"无咎"矣。[1]

"汗"者，阳出而散阴者也。"号"，命令也。五，刚中得天位，而与巽为体，下同于四。四为巽主，申命以告下者。[2]

程朱王均认为九五爻为君主之位。此爻喻意君主任用六四爻传播王令。六四爻属于巽卦，巽卦在自然界中象征着风行天下，因而有传播政令的喻意。

上九：涣其血，去逖出，无咎。

涣之时，以能合为功，独九涣之极，有系而临险，故以能出涣远害为善也。[3]

上九以阳居涣极，能出乎涣，故其象占如此。[4]

"血"者，战争之事。"逖"，远也。阴凝于下，阳亢于上，否则必争，而上当之，未免于伤。[5]

程朱王都认为此爻喻意战争之事，因为解散朋党往往会引起纷争。但基于对"风水涣卦"的不同理解，程颐总是强调涣散之后的重聚，因而认为上九爻也有聚合之义。而王夫之则一贯秉持此卦"解散私党"的喻意，故而否认了上九爻的重聚含义。

王夫之观点的新颖之处就在于，他以"卦变说"为基础，认为此卦的"涣散"不仅是指解散下卦的私党，而且也指消解上卦的朋党。因为不仅阴聚可成党，阳聚也可形成朋党，阳亢与阴盛一样，都不是常态。只有涣散，才能最终打破上下不通、各自为政的局面。

综上所述，就爻辞"用拯马壮"的解读而言，不仅要重视"风水涣卦"的整体喻意，而且还不能忽视六爻之间的互动关系，只有兼顾二者，才有可能理解得比较全面。

在涣卦，程朱王三人对"用拯马壮"的理解仍然存在差异，程朱认为其喻意用壮马拯救初六爻。而王船山则坚持"马壮"即阴盛的说法，故而，"用拯马壮"指用阳爻九二爻来抑制众阴爻。

以上是程朱王三人的观点。为了寻找三人差异性的深层原因，下面我们将几位汉易、宋易的重要人物对"用拯马壮"的解读进行一番比较研究：

虞翻曰：坎为马，初失正，动体

---

1 （宋）朱熹：《周易本义》，第206页。
2 （清）王夫之：《船山全书》第1册，第471页。
3 （宋）程颐：《周易程氏传》，第338页。
4 （宋）朱熹：《周易本义》，第207页。
5 （清）王夫之：《船山全书》第1册，第472页。

大壮，得位，故"拯马壮，吉"[1]。

（王弼注）观难而行，不与险争。[2]

（孔颖达疏）初六处散之初，乖散未甚，可用马以自拯救。[3]

（张载注）处险之下，故必用拯。[4]

（杨万里注）初六今从何？从圣明之君乎？……"六"，顺也。"初"，蚤也。九二，乾爻，乾为马。[5]

（来知德注）九二刚中，有能济之具者，初能顺之，……是犹拯急难而得马壮也。[6]

可见，这几位都持有"拯救初六爻出险"的观点，与程朱的看法基本一致。但虞翻与来知德用的是象数派的方法，而其他易学家则主要采用了说理达义的方式。当然，两派之间没有绝对的界限，虞翻引"坎为马"就出自《易传·说卦》。两派之间往往会互相借鉴与互相促进。而相较之下，唯有王船山的观点与众不同。他在继承前儒的基础上独树一帜，钱穆先生对王船山的学术评价甚高，他说："而船山之博大精深，其思路之邃密，论点之警策，则又掩诸家而上之。其用意之广，不仅仅于社会人事，而广推之于自然之大化，举凡心物、人天，种种现象，皆欲格通归纳，冶之一炉，良与横渠《正蒙》之学风为近。"[7] 这大概也是王船山能够自成一家的原因吧。

三　结论：程朱王解易的异同性

程朱王三人作为义理派宋易的重要代表，都对《易经》爻辞"用拯马壮"的含义提出了自己的阐释，我们在此做一总结。

六二：明夷，夷于左股，用拯马壮，吉。[8]

1　（唐）李鼎祚：《周易集解》，第359页。
2　（魏）王弼：《周易注》，第312页。
3　（魏）王弼注，（唐）孔颖达疏：《周易正义》，第238页。
4　（宋）张载：《张载集》，第168页。
5　（宋）杨万里：《诚斋易传》，第204—205页。
6　（明）来知德：《周易集注》，第571页。
7　钱穆：《中国近三百年学术史》，商务印书馆，1997，第128页。
8　（魏）王弼等注，（唐）孔颖达正义：《周易正义》，第156页。

初六：用拯马壮，吉。[1]

对于"地火明夷卦"的"用拯马壮"，程朱的理解相同。二人都认为"用拯马壮"喻意用壮马拯救处于危局中的君子。对此，王夫之持有不同见解，他认为"马壮"喻意阴盛，即强大的暴君权力，而"用拯马壮"意指力量较弱的天下新主的济世之志。

而对于"风水涣卦"的"用拯马壮"，程朱都认为其具有"君子用壮马拯救否塞之局"的喻意。而王夫之仍然持与"地火明夷卦"里的解释相同的观点，他认为"马壮"仍然指阴盛，喻意为朋党。所以，"用拯马壮"喻意解散朋党，这句爻辞体现的正是此卦初六爻与九二爻之间的配合关系。

由上可见，即使在义理派宋易内部，对于爻辞的解读也不尽相同。究其原因，主要有以下三个方面：其一，对卦爻喻意的理解不同。程朱王三人的解易各有风格，程朱倾向于直抒爻辞的儒家大义，而王夫之则擅长从卦爻的微妙关系入手来阐明义理。其二，程朱的释义来源于玄学义理派王弼的易注，而王船山则比较擅长博采众家之长。其三，我们还可以从程颐与王船山生活的不同历史背景加以考量。程颐一生处于北宋的繁荣时期，这便让他更能专注于君子自强不息的自修之道。而王船山则赶上了明王朝的灭亡，国破家亡的悲痛可能让他更关心君子对于危局的拯救。这一点也是他们之间的重要差别之一，不应忽略。

总之，程朱王三人都是他们那个时代的著名儒学家，他们都用儒家的义理来解释《易经》。他们认为《易经》的卦爻辞体现了儒家的微言大义，在这个方面，他们并无不同。但就解易的一些细节而言，比如对于某些爻辞的理解，他们之间就出现了一些明显的区别。可以说，南宋朱熹的解读是在北宋程颐的基础上小有改进，而明末的王夫之则在程朱观点的基础上又提出了一些创见。所谓见微知著，义理派宋易的传承与发展，由此可见一斑。

---

[1]（魏）王弼等注，（唐）孔颖达正义：《周易正义》，第238页。

元《故总管张公墓志铭》长卷考释

■ 张 斌（南开大学历史学院暨宋元史研究中心）

《故总管张公墓志铭》（以下简称《张公墓志铭》）是由方回（1227—1307）撰文、赵孟頫（1254—1322）书写并篆额的长卷。该卷纵 32.7 厘米，横 259 厘米，现藏故宫博物院。卷后有明人祝允明（1460—1526）、清成亲王永瑆（1752—1823）跋语。清朝嘉庆、道光年间，《张公墓志铭》屡为名公钜卿临摹、著录。[1] 及至当代，1998 年，故宫博物院将《张公墓志铭》编入"历代碑帖墨迹选"，影印刊行。[2] 2002 年，《中国书法全集》第 43 册收录了这幅书法作品的图版。[3] 近年来，又有两种《赵孟頫书画全集》整理出版，《张公墓志铭》皆名列其中。[4]《张公墓志铭》文献、艺术与史料价值兼备，具有独特的研究意义。

《张公墓志铭》长期以来得到研析"赵体"以及书法史学者的关注，[5] 而其蕴含的历史信息，仅见武波教授略有提及，[6] 远未引起学界足够的重视。笔者不揣浅陋，对《张公墓志铭》及其相关问题进行考释研究，祈请方家指正。

---

1 成亲王永瑆诒晋斋收有帖本（原石今藏北京石刻艺术博物馆），钱泳（1759—1844）曾为英和（1771—1840）摹勒《松雪斋法书》，《张公墓志铭》即位列首卷。吴荣光（1773—1843）所撰《辛丑销夏记》对《张公墓志铭》本帖、跋语和部分印鉴进行了详细辑录。参见（清）钱泳《写经楼金石目·松雪斋法书六卷》，中国国家图书馆藏钱氏述祖堂抄本，原本不分页；（清）吴荣光《辛丑销夏记》卷三《元赵文敏书张总管墓志铭卷》，陈飒飒校点，上海古籍出版社，2015，第 137—141 页。

2 故宫博物院《历代碑帖墨迹选》编辑组：《元赵孟頫楷书张总管墓志铭》，紫禁城出版社，1998。

3 刘正成主编：《中国书法全集》第 43 册《赵孟頫一》，荣宝斋出版社，2002，第 156—158 页。

4 故宫博物院编：《赵孟頫书画全集》，故宫出版社、安徽美术出版社，2017；任道斌主编：《赵孟頫书画全集》，浙江摄影出版社，2017。

5 如王连起《赵孟頫及其书法艺术简论》，《故宫博物院院刊》1994 年第 2 期；后收入氏著《赵孟頫书画论稿》，故宫出版社，2017，第 4—53 页。朱仁夫《中国古代书法史》，贵州教育出版社，2017，第 309—315 页。

6 武波：《〈全元文〉补遗八篇：赵孟頫（附赵雍）书法遗文》，《古籍整理研究学刊》2015 年第 3 期。

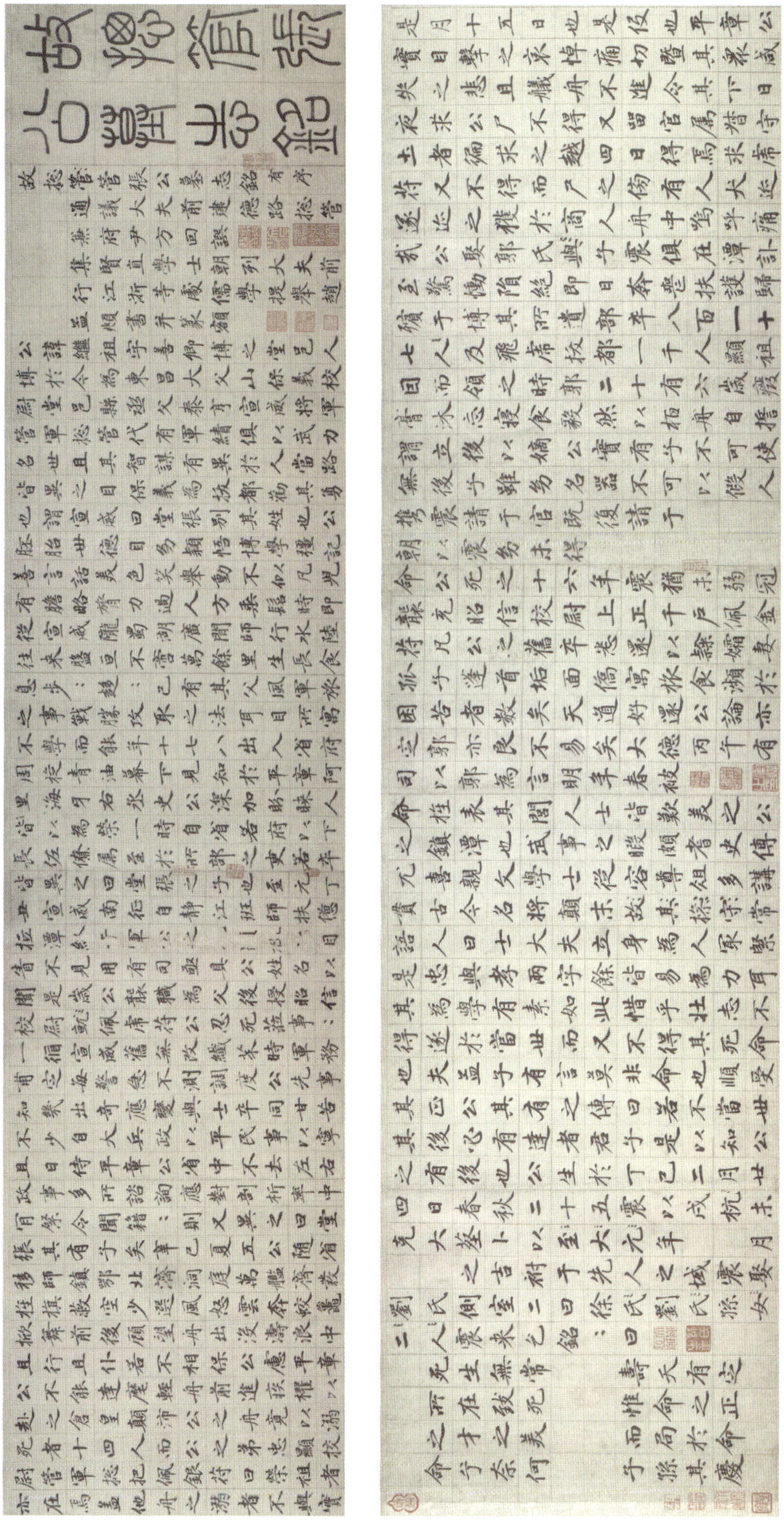

图 1 （元）赵孟頫《故总管张公墓志铭》（局部）
（现藏故宫博物院。图片采自故宫博物院官网，https://en.dpm.org.cn/dyx.html? path=/filegenerator/cest/files/image/8831/2011/2826/img0008.xml）

一　墓志录文与整理

从物质载体的角度来说,《张公墓志铭》和已经"刻之于石"的墓志铭不同,应归为"书之于纸"的卷轴一类。《张公墓志铭》每列十二字格,尺幅宽阔,形制规整。书写篇幅稍长的碑志,又是照录他人成稿,难免会出现衍漏、舛误。书者发现问题之后,只能从旁点去。这些被点去的字句,部分确属错讹,但也有一些是赵孟頫无心透露出的信息。此外,由于年代久远,极少数词句较难辨认,只能结合其他文献资料进行还原。为了便于后续讨论,本文将被点去的文字与缺失后补的词句,分别用圆、方括号标示。

故总管(管)张公墓志铭有序
　　通议大夫、前建德路总管兼府尹方回撰
集贤直学士、朝列大夫、前行江浙等处儒学提举赵孟頫书并篆额

公讳继祖,字善卿,博之堂邑人。博于今为东昌。大父山,保义校尉、堂邑县丞。父泰亨,宣威将军、管军总管。代有军绩,俱以武力名世,且其智谋有异于人。当路皆异之,目保义为"拔都",劝其勇也;谓宣威曰"堂张",别其姓也。

公胚胎世德,自幼颖悟,博学强记,善言话,美色笑,举动不似凡儿。有胆略,膂力过人。方垂髫时,即从宣威陇蜀、湖广间,师行水陆,往来盘亘,不啻万余里。生长食息,步步趋趋,已有其父风。军旅之事,战胜攻取之法,耳目所寓,不学而能。年十七八,出入省府,周旋青油幕下,见知于平章阿里海牙。右丞史公深加盼睐,人(皆)以为荣。一时自省若府以下长佐僚属,至于所部之吏若卒,皆异之,曰:"堂张之子也。"至元丁丑,宣威南征,自静江班师,扶舁抵潭,终于军。公之[兄显]祖[以]目眚不见用,有司丞具公姓名以闻。是岁,公袭职为父后,授昭信校尉,(就)佩虎符。公忍死莅事,事一循宣威旧,无改纤芥。时军务甫定,每警急,不测调度。公先事知几,出奇应变,与士卒同甘苦,不少自大,兵政以平,民事以宁。且日侍平章公省中,不去左右,政事多所谘询,应对剖析,率中肯綮。令闻籍籍,则又异之,曰:"堂张其有子矣!"

辛巳夏五,公随省移师镇鄂,北济洞庭,万舰齐发,旌旗蔽空。少选,风怒云奔,蛟鼍掀舞,前后顾望,身出没涛浪中,且行且仆,若不相保。公虑平章公不能达,麾轻舟前进,疾櫂以赴之,仓皇颠沛,公之舟竟以溺死者十四人。而公之弟忠显校尉、管军总把、佩银符曰荣祖者亦在焉。盖他舟之溺者不与,实是月十五日也。是役也,平章公实目击之,哀悼痛切,暨其众咸哭之悲。且敛身不

进，令其下日夜求公尸，不得，又留官属督守土者徧求之。越四日，得焉。求虎符又不得，而尸之傍有人犬迹，遂迹之，获于商人舟中。呜呼痛哉！

公娶郭氏，（与）子震，俱在潭。讣至，惊恸陨绝，即日奔丧，扶护归殡于博。其所遗部卒八百一十七（人）及飞虎拔都一千人，显祖因而领之。时郭二十有六岁，废膏沐，忘寝食，毅然以柏舟自誓，谓"立后以嫡，公实有子，不可使无后。于虽幼，名器不可以假人。"携震请于官，既复请于朝，以震幼，未得命。

公死之十六年，震犹未弱冠，袭充昭信校尉、上正千户，佩金符。凡公之旧卒，悉还以隶。孀妻孤子，蓬首垢面，侨寓旅食，濒于困苦者数矣。天道好还，公论亦定，郭亦良不易矣。大德丙午，有司以郭为言。明年春，被命旌表，其间人士皆叹美之。

公之镇潭也，武事之暇，颇著史传，尤喜亲文学士，从容尊俎，多讲贯古今名将颠末。（故其操守）常语人曰："士大夫立身为人，最紧是忠与孝两字，余皆易为力耳。"其为学有素如此。惜乎壮志不得遂于当世，而又不得其死命也。夫《孟子》有言："莫非命也，顺受其正。"公其有之。《传》曰："若不当世，其后必有达者。"君子是以知公之有后也。

公生于丁巳二月廿四日，春秋二十五。震以戌（杭）未克大葬，卜以（至大元）年月之吉，祔于先人之域。震娶刘氏，侧室二，曰徐（氏）、刘（氏），孙（女二人）。震来乞铭。

铭曰：死生无常，寿夭有定。所在致死，惟命之正。之才之美，而局于命。命兮奈何，子孙其庆。

《张公墓志铭》中有一处需要校勘的文字，原作"公之□□祖□目眚不见用"，漫漶不清。所幸清人吴荣光所著《辛丑销夏记》提供了参考录文，即"公之兄显祖以目眚不见用"[1]。《元史·张泰亨传》记载张泰亨有显祖、继祖二子，显祖为兄，继祖为弟；[2]《张公墓志铭》后文同样也提到"显祖因而领之"，均能与《辛丑销夏记》录文相对应，故从其说。

《张公墓志铭》的撰者方回，是宋末元初的文学家、诗评家。志文中最后提到的时间为"大德丙午（1306）"之"明年"，即元成宗大德十一年（1307）。方回亦卒于该年。查《方回年谱》，大德十

---

[1] （清）吴荣光撰，陈飒飒校点：《辛丑销夏记》卷三《元赵文敏书张总管墓志铭卷》，第138页。

[2] （明）宋濂等：《元史》卷一六六《张泰亨传》，中华书局，1976，第3901页。

年之下未列方回诗文。[1] 这也就意味着,《张公墓志铭》极有可能是现存方回最后完成的作品。此后,赵孟頫手书《张公墓志铭》时,不经意间点出了"(至大元)年"的书写年份。从署款"前行江浙等处儒学提举"可以判断,至大元年(1308)的赵孟頫正处于告病辞官、赋闲在家的阶段。[2] 墓志文本、卷轴载体以及撰者、书者的生平经历,颇多相互印证之处。

二 墓志所见元代武散官之等级与承袭

志主张继祖(1257—1281)在《元史》中的记载极为简略,但其父张泰亨、其子张震皆有传。《张公墓志铭》不仅对《元史·张泰亨传》多有补正,更为考察元代军官阶序、承袭提供了生动翔实的案例。

先从张泰亨的父辈张山谈起。张山,《张泰亨传》称其为"管军百户",《张公墓志铭》作"保义校尉、堂邑县丞"。张山从军的年代在大蒙古国时期,当时军、民官与散官系统均未定制。墓志和传文所载官职都属追记。以元人的角度来看,百户从六、正七、从七品皆有,保义校尉为正八品,县丞一般也是正八品。[3] 总而言之,张山不过是一名普通的底层军官。

张泰亨袭父职之后,逐步由百户升任千户,再到元帅府镇抚、省都镇抚。至元十一年(1274),元廷开始向军官授予武散官。[4] 张泰亨先后获授武略将军(从五下阶)、明威将军(正四下阶)。据《元史》本传记载,"十三年(1276),赐虎符,进阶武德",次年金疮发作而卒。[5] 然而,《元史》"进阶武德"的说法不确。元代武德将军为正五品,[6] 由正四品的"明威"到正五品的"武德",显然不是"进阶"。《张公墓志铭》多处提到张泰亨最终的散官阶为宣威将军。元代正四品武散官阶分为三等,即广威将军(上阶)、宣威将军(中阶)、明威将军(下阶)。[7] 明威将军为正四品下阶,因此,张泰亨从

---

[1] 毛飞明:《方回年谱与诗选》,杭州大学出版社,1993,第130—131页。

[2] 参见赵华《赵孟頫闲居考》,四川人民出版社,2020,第130—147页。

[3] 陈高华、张帆、刘晓、党宝海点校:《元典章》卷七《吏部·官制一·资品》,中华书局、天津古籍出版社,2011,第189—190页;陈高华、张帆、刘晓、党宝海点校:《元典章》卷七《吏部·官制一·职品·内外文武职品》,第208—218页;(明)宋濂等:《元史》卷九一《百官志七》,第2322页。

[4] (明)宋濂等:《元史》卷八《世祖纪六》,第177页。

[5] (明)宋濂等:《元史》卷一六六《张泰亨传》,第3901页。

[6] (明)宋濂等:《元史》卷九一《百官志七》,第2322页。

[7] 刘迎胜:《〈元典章·吏部·官制·资品〉考》,载刘迎胜主编《元史及民族与边疆研究集刊》(第二十五辑),上海古籍出版社,2013,第12—13页。

明威将军进阶宣威将军自无疑义。《元史》"进阶武德"当为"进阶宣威"之误。

元代正四品武官的升迁方式也是值得加以探讨的话题。有学者指出,"目前在传记、文集中无法找到宣威升广威的例子",[1] 但明威升一阶为宣威的案例不少,明威升两阶为广威的例子也有很多。如《元史·齐秉节传》:"（至元）十七年,授明威将军……二十五年,升广威将军、枣阳万户府副万户";[2] 再如王恽《秋涧集》卷五八《大元故广威将军屯田万户聂公（祯）神道碑铭》:"（至元）十七年,从张侯（引者注:指张弘范）入觐,进拜明威将军、亳军副万户,仍赐锦袍一袭,旌宿劳也,俾镇建康,寻移维扬……二十五年,改任广威将军、大都屯田万户";等等。[3] 据齐秉节、聂祯等人履历,晋升两阶的时间均长达八年。即便将碑传材料省略升迁步骤的可能性考虑在内,仍值得注意的是:张泰亨与这些案例一道,共同反映出元代武散官至正四品,不仅逐级升迁的一般规律被打破,[4] 而且此后的进阶、晋级远较先前更难。相当数量的元代军官止于正四品的广威、宣威、明威。这表明从三品、正四品之间是元代武散官高、中品级的一个分水岭。

至元十四年（1277）,身居正四品的宣威将军张泰亨离世。第一顺位继承人应该是长子张显祖。然而,张显祖似乎患有眼疾,失去了承袭父职的机会。参照此前至元四年（1267）颁行的《品官荫叙体例》:"诸用荫者,立嫡长子。若嫡长子有笃废疾,立嫡长子之子（曾玄同）。如无,立嫡长同母弟。"[5] 尽管军官和民官、荫叙与承袭之间存在差别,但继承者不应有严重疾病或身体缺陷应当是相通的。张显祖的身体状况未被有司认可,他可能也没有子嗣,故由张继祖接任父职。

《张公墓志铭》记载,张继祖"袭职为父后,授昭信校尉"。所谓"袭职",承袭的是张泰亨的职事官,而非散官。张继祖获授的昭信校尉,元制为正六品,比正四品的宣威将军要低四等。元代军官的袭替,分为职事官和散官两部分。职事官基本上是本等承袭,[6] 散官则在多数情况

---

[1] 李鸣飞:《金元散官制度研究》,兰州大学出版社,2012,第181页。

[2] （明）宋濂等:《元史》卷一六五《齐秉节传》,第3880页。

[3] （元）王恽:《秋涧先生大全集》卷五八《大元故广威将军屯田万户聂公（祯）神道碑铭》,台北新文丰出版公司,1985,第174页上栏。

[4] 李鸣飞:《金元散官制度研究》,第185—190页。

[5] 方龄贵校注:《通制条格校注》卷六《选举·荫补》,中华书局,2001,第265页；陈高华、张帆、刘晓、党宝海点校:《元典章》卷七《吏部·官制一·承荫·品官荫叙体例》,第252—253页。

[6] 至元二十五年（1288）以前,就职事官而言,军官阵亡本等承袭,年老、病死降等承袭。至元二十年之后,皆为本等承袭。参见陈高华、张帆、刘晓、党宝海点校《元典章》卷八《吏部·官制二·承袭·军官承袭例四款》,第264—266页。

下表现为降等承袭。[1] 至于散官实降几等，则需要结合具体案例分析。同样在至元十四年，郑鼎终官镇国上将军（从二下阶）、湖北道宣慰使，死于战场。当年八月，其子郑制宜袭职平阳太原府万户，官信武将军（从四上阶）。[2] 从二到从四，正好相差四等，与张继祖承袭降等的情况相合。但也有一些与降四等承袭不同的记载：仍是至元十四年，重喜以昭勇大将军（正三中阶）、婺州路总管府达鲁花赤卒于位，"子庆孙袭职，初授宣武将军（从四下阶）、管军总管"[3]；次年，张荣实病逝，史传载其散官为镇国上将军（从二下阶），其子张玉以怀远大将军（从三下阶）袭职。[4] 综上可知，元廷对武散官降等承袭似无定制，也没能形成统一的标准。[5]

五年之后的至元十八年（1281），继祖、荣祖行军亡溺于洞庭湖。此前"目瞽"的长兄张显祖，管领"其所遗部卒八百一十七（人）及飞虎拔都一千人"。我们有理由推测，上一次落选的继承者，趁机获取了此前本该属于他的职务和军队。从遗孀郭氏指舟立誓，及其"蓬首垢面，侨寓旅食，濒于困苦者数矣"的经历可以窥见，实情似乎不像《元史》所说的"子震幼，以兄显祖代之"那般简单。不过，《张公墓志铭》也隐匿了一个细节。至元二十四年（1287），张显祖参与了元征交趾的战争，殒命身殁。[6] 直到元贞二年（1296），张震始得继承其父昭信校尉的官阶。此间十年，张继祖旧部的具体归属尚不明确。张震最终得以袭职，既有伯父战死的偶然因素，也得益于母亲郭氏的不懈争取。

张震的案例从侧面反映出元代军官承袭的标准趋于规范、严格。元世祖时规定，军官子弟须年满十八岁才得承袭。成宗朝普遍出现了虚报年龄的现象，故而将

---

[1] 所谓"本等"与"降等"，指的是继承者所袭职事官、散阶与被继承者终任官、阶之间品级等差。

[2] （明）李侃、胡谧纂修：《（成化）山西通志》卷一五《元中书右丞谥忠毅郑公（鼎）神道碑》，《四库全书存目丛书·史部》第174册，齐鲁书社，1996，第591页上栏。刘晓：《元镇守武昌"平阳太原万户府"考——以万户郑氏为中心》，载四川大学历史文化学院编《吴天墀教授百年诞辰纪念文集（1913—2013）》，四川人民出版社，2013，第529—540页。

[3] （明）宋濂等：《元史》卷一二三《塔不已儿传》，第3034—3035页；卷一三三《重喜传》，第3230页。

[4] （明）宋濂等：《元史》卷一六六《张荣实传》，第3904—3905页。

[5] 即便在镇戍体系确立之后，元代军官袭替时的散官降等也没有规律可循。以前人研究最为翔实的沿海万户府的承袭为例：金吾卫上将军（正二中阶）、达鲁花赤哈剌䚟，子忽都不花以明威将军（正四中阶）袭职；镇国上将军（从二下阶）、万户宁玉，子宁居仁以明威将军（正四中阶）袭职；昭毅大将军（正三下阶）、副万户石抹良辅，子石抹继祖以武德将军（正五下阶）袭职。达鲁花赤、副万户承袭皆为降四等，而万户仅降三等。参见刘晓《元浙东道"沿海万户府"考——兼及"宿州万户府"与"蕲县万户府"》，载姚大力、刘迎胜主编《清华元史》（第三辑），商务印书馆，2015，第97—158页。

[6] （明）宋濂等：《元史》卷一六六《张泰亨传》，第3901页。

委付的年龄延后到了二十岁。[1] 这也正是《张公墓志铭》强调"震犹未弱冠"的原因。到了至大四年（1311），《通制条格·选举·军官袭替》提到："又应继之人，患病残疾，不堪承袭，止凭医工看验，亦不问本人如何病证，委的不堪职役词因；纵有取问保勘明白者，其军前官司，却将紧关词因节略不明，以致疑惑。"[2] 元廷此时开始关注军官患病、残疾的判定流程，及其背后所涉及的军官承袭问题。

三　元代博州张氏相关史事钩沉

《张公墓志铭》与《元史·张泰亨传》都记载了博州张氏家族主要成员的仕宦经历。传文不过300字左右，墓志则有约1100字的篇幅。本节以张继祖为主要线索，并结合传文与其他资料，辑考博州张氏在元代亲历的若干军政大事。

张继祖生于元宪宗七年（1257），《元史》在记载其父张泰亨袭职之后，紧接着说"从攻宋钓鱼山及樊城，征女儿阿塔有功"。屠寄认为这句话叙事存在倒误，并且考订张泰亨攻樊城也在丁巳年（1257）。因此，《蒙兀儿史记》将《张泰亨传》改写为"蒙格汗（引者按：蒙哥汗）时，从宗王塔察儿围樊城。又从驾入蜀，攻合州"。屠寄对此还有一段按语：

> 中统以前，围樊城者唯塔察儿，事在岁丁巳。钓鱼山之役，在后二年己未（1259）。旧传叙事倒置。女儿阿塔似即交趾之女儿关，关在山顶。蒙兀语"山顶"曰"阿塔"。其子继祖，至元二十四年从镇南王征交趾，曾经是阙。泰亨卒于十四年，其平日军行，从未入交趾，旧传殊误。[3]

依照屠寄的观点，攻钓鱼山、樊城皆发生在忽必烈即位前。然而，此种诠释似有曲解史料之嫌。《元史》本传按时间顺序排列攻钓鱼山、攻樊城、征女儿阿塔三事。诚然，塔察儿曾在宪宗七年（1257）"率诸军南征，围樊城"[4]，但其统领的军队皆为东道诸王部众与五投下军。[5] 张泰亨跟随塔察儿包围樊城的可能性微乎其微。退一步讲，宪宗七年的蒙宋樊城之战，实在说不上"有功"。《史集》便详

---

[1] 陈高华、张帆、刘晓、党宝海点校：《元典章》卷八《吏部·官制二·承袭·军官年二十岁承袭》，第266—267页。

[2] 方龄贵校注：《通制条格校注》卷六《选举·军官袭替》，第277页。

[3] 屠寄：《蒙兀儿史记》卷九二《阿里海牙等传》，上海古籍出版社、上海书店，2012，第600页上栏。

[4] （明）宋濂等：《元史》卷三《宪宗纪》，第50页。

[5] ［波斯］拉施特主编，余大钧、周建奇译：《史集》（第二卷），商务印书馆，2014，第273—275页。

细记载了蒙哥对主将塔察儿的严厉批评与斥责。[1]"从攻樊城"的具体时间,当在"攻宋钓鱼山"之后,即《张泰亨传》记载的至元十年(1273)。

至于"女儿阿塔"的含义难以确考。屠寄将"女儿"与安南的"女儿关"联系起来,可备一说。但在元代蒙古语中,"山顶"并不读成"阿塔"[2]。元代另有怯薛执事"阿塔赤",意为管理骟马之人。[3] 阿塔即骟马,与此处语境不协。笔者推测,《张泰亨传》提到的"阿塔"(ata),可能在译写时脱落了词末的-r,应作 atar,意为"荒地"[4]。张泰亨离世较早,参与至元二十四年女儿关之战的应该是其子张显祖,而非屠寄所说的张继祖。综合前述分析,"从攻宋钓鱼山及樊城,征女儿阿塔有功"一句——尽管出现了事迹误植的情况——应当是《元史》在正式介绍张泰亨的仕宦经历之前,对其平生主要功业的概述。[5]

忽必烈即位当年(1260),下令筹建武卫军。张泰亨以"从攻钓鱼山"之功,于中统二年(1261)担任武卫军把总,并佩银符。关于武卫军之设置,《元史·兵志二》有详细记载:

> 世祖中统元年四月,谕随路管军万户,有旧从万户三哥西征军人,悉遣至京师充防城军:忙古觯军三百一十九人,严万户军一千三百四十五人,济南路军一百四十人,脱赤剌军一百四十九人,乣查剌军一百四十五人,马总管军一百四十四人。[6]

这段材料多被用来说明武卫军早期的人员构成,仍有进一步讨论的空间。[7] 第一,《兵志二》可与《世祖纪一》同年同月"征诸道兵六千五百人赴京师宿卫"的纪事相印证。[8] 如果进行简单的计算,

---

[1] 日本学者杉山正明认为,塔察儿军团在襄樊战场的退却,对蒙哥攻宋的整体军事部署,乃至大蒙古国的政局产生了重大影响。参见杉山正明《忽必烈与东方三王家》,魏常海、张希清译,载刘俊文主编《日本中青年学者论中国史(宋元明清卷)》,上海古籍出版社,1995,第233—297页。

[2] 参见乌兰校勘《元朝秘史(校勘本)》,第195、196、240节,中华书局,2012,第236、237、316页。

[3] (明)宋濂等:《元史》卷八〇《舆服志三》,第1999页。

[4] 内蒙古大学蒙古学研究院、蒙古语文研究所编:《蒙汉词典》,内蒙古大学出版社,1999,第68页。

[5] 此种叙述风格与《元朝名臣事略》相近。《元朝名臣事略》对《元史》列传的其他影响,参见韩儒林《影印元刊本〈元朝名臣事略〉序》,《穹庐集:元史及西北民族史研究》,上海人民出版社,1982,第210—211页;萧启庆《苏天爵和他的元朝名臣事略》,《元代史新探》,台北新文丰出版公司,1994,第309—311页。

[6] (明)宋濂等:《元史》卷九九《兵志二》,第2530页。

[7] 史卫民:《忽必烈与武卫军》,《北方文物》1982年第2期。拙文完稿后,又注意到对这一问题的新近研究,参见罗玮《扈从蒙哥汗征蜀之华北汉将校考——兼论元朝侍卫亲军组建之起源》,《中国社会科学院大学学报》2023年第7期。罗文在讨论张泰亨事迹时,并未注意到《故总管张公墓志铭》的相关记载。

[8] (明)宋濂等:《元史》卷四《世祖纪一》,第65页。

《兵志》提到的士兵总数为2242人，仅占《世祖纪》6500人的1/3左右。剩下的四千余人当为"万户三哥"即史天泽（1202—1275）所辖的本部军马。由此可以看出，真定史氏在武卫军组建初期具有举足轻重的作用。与史氏结为姻亲的李伯祐，[1] 也成为第一任武卫军都指挥使。[2] 蒙哥征蜀时，张泰亨应为史天泽的部下。[3] 博州张氏与真定史氏的渊源或始于此。

第二，"西征军人"充任首批武卫军。这也是讨论武卫军组建时需要关注的一个方面。"西征"指蒙哥进攻南宋四川之战。"西征军人"充当忽必烈的卫军，既有长期扈从大汗的经验，更具备较强的实战能力。中统年间，忽必烈亲征阿里不哥、平定李璮之乱，武卫军发挥了重要的作用。张泰亨以及在《元史》中同样有传的李进，都是由"西征军人"中的基层军官选入武卫系统的代表。上中层军官同样如此，如参与过四川战役的刘复亨，任武卫军副都指挥使；[4] 薛军胜，任武卫军炮手元帅；[5] 王仲仁，任武卫军千户；[6] 等等。

李璮之乱平定后，张泰亨再度投入宋蒙川蜀、京湖战场前线，并在襄樊之战立功。《张公墓志铭》记载，张继祖从幼年开始，一直跟随张泰亨行军，"往来盘亘，不啻万余里"，积累了丰富的作战经验。到了十七八岁，张继祖"出入省府，周旋青油幕下，见知于平章阿里海牙"，"右丞史公深加盼睐，人（皆）以为荣"。"右丞史公"指史天泽之子史格，长期担任湖广行中书省右丞。此时张泰亨、张继祖父子隶属阿里海牙军团。阿里海牙军团攻克潭州，随后南下占领静江。[7] 史格负责留守静江，[8] 阿里海牙则率军返回潭州。张泰亨正是病故在由静江至潭州的途中。

---

1 （元）姚燧撰，查洪德编辑点校：《牧庵集》卷一九《侍卫亲军都指挥使李公（伯祐）神道碑》，人民文学出版社，2011，第305—308页。

2 据《元史·世祖纪一》，中统二年八月，李伯祐已为武卫军都指挥使；九月，始见李伯祐、董文炳并任武卫军都指挥使的记载。（明）宋濂等：《元史》卷四《世祖纪一》，第73—74页。

3 张泰亨中统前后的经历，与李进极为相似，可资参照："戊午（1258），宪宗西征，丞相史天泽时为河南经略大使，选诸道兵之骁勇者从，遂命进为总把……世祖即位，入为侍卫亲军。中统二年，宣授总把，赐银符。三年，从征李璮有功。"参见（明）宋濂等《元史》卷一五四《李进传》，第3638—3639页。

4 （明）宋濂等：《元史》卷一五二《刘通传》，第3594—3595页。

5 （明）宋濂等：《元史》卷四《世祖纪一》，第82页；卷一五一《薛塔剌海传》，第3563—3564页。

6 （元）胡祗遹撰，魏崇武、周思成校点：《胡祗遹集》卷一七《大元故明威将军同签书东川行枢密院事王公（仲仁）神道碑铭》，吉林文史出版社，2008，第366—367页。

7 （明）宋濂等：《元史》卷一二八《阿里海牙传》，第3126—3128页；（元）苏天爵编，张金铣校点：《元文类》卷五九《湖广行省左丞相神道碑》，安徽大学出版社，2020，第1195—1196页。

8 （元）苏天爵编，张金铣校点：《元文类》卷六二《平章政事史公（格）神道碑》，第1250—1252页。

志主张继祖的身亡，同样发生在行军途中。至元十八年（1281）二月，元廷下诏"移潭州省治鄂州"[1]。湖广行省的治所自潭州迁往鄂州，有元一代由此形成定局。[2] 同年五月，张继祖"随省移师镇鄂，北济洞庭"，时间与史文相合。张继祖死后，遗孀郭氏、幼子张震皆在潭州，而其部众屯驻鄂州，故悉数为其兄张显祖所统领。显祖所辖部众，除了张继祖的本管人马，还有"飞虎拔都一千人"。这里的"飞虎拔都"，可能指收编自南宋的湖南飞虎军。黄宽重曾指出，广西抗蒙（1257—1259）是飞虎军见之于史籍的最后记载。[3] 实际情况并非如此。《元史·月里麻思传》提到，传主月里麻思自辛丑年（1241）"使宋议和"，被囚于"长沙飞虎寨三十六年而死"[4]，即至元十三年（1276）长沙飞虎寨仍存。据《张公墓志铭》，阿里海牙在经略湖广时，很可能将前宋的飞虎军拆分、拨付给若干个行军千户管领。至元二十四年（1287），元廷起兵远征交趾的军队从鄂州出发，[5] 张显祖亦厕身其中。

《张公墓志铭》记载，成宗元贞二年，张震得以承袭父职，并于至大元年（1308）前后戍守杭州。延祐二年（1315）至五年（1318），张震从昭信校尉（正六下阶），先后进阶武略将军（从五下阶）、武德将军（正五下阶）、武节将军（正五上阶），官至颍州万户府副万户。[6] 天历二年（1329），张震去世，其子张珽袭职；[7] 此后，张珽之弟张珍袭职。元人王逢《梧溪集》卷三《张武略（有序）》云：

> 侯讳珍，字元谅，堂邑人。以荫受武略将军、颍州翼万户，镇杭。至正十二年（1352）冬，徽寇陷常。侯引兵伏横林，侦得其状，连败之，乘胜深入，常悉平。明年（1353）春，移戍娄江，海漕罢警。夏六月，江阴悷民江、年二人作耗，太尉纳麟檄侯讨之。……秋八月，浙东元帅野先合侯进屯胡村。贼纵火迫胡村，各分地出战。贼蔑以当侯，溃去，辄勒兵助野。时野与俾将郑溥贤死矣，侯连发弩镞，复大败之以返。失二部

1　（明）宋濂等：《元史》卷一一《世祖纪八》，第 230 页。

2　李治安：《元代行省制度》，中华书局，2011，第 236—238 页。

3　黄宽重：《南宋地方武力——地方军与民间自卫武力的探讨》，国家图书馆出版社，2009，第 99—106 页。

4　（明）宋濂等：《元史》卷一二三《月里麻思传》，第 3037 页。

5　[越] 黎崱撰，武尚清点校：《安南志略》卷四《征讨运饷》，中华书局，2000，第 90 页；卷一九《叙事》，第 436 页。至元二十四年、二十五年元征交趾的具体过程，参见 [日] 山本达郎著，毕世鸿、瞿亮、李秋艳译，毕世鸿校《安南史研究Ⅰ：元明两朝的安南征略》，商务印书馆，2020，第 170—199 页。

6　关于颍州万户府的基本情况，参见刘晓《元镇守杭州"四万户"新考》，《浙江学刊》2014 年第 4 期。

7　（明）宋濂等：《元史》卷一六六《张泰亨传》，第 3901—3902 页。

将,侯奋激曰:"将陷而独全,耻。"急追之,冒围以入。江中三矢,年被创甚。其党度擒江,年将鱼肉其类,因并力来抗。侯矢尽马蹶,精锐伤者过半,乃拔所佩刀,蹂杀数百人以死。[1]

清末及民初所修的《光绪武阳志余》《新元史》《蒙兀儿史记》,皆从《梧溪集》作"颍州翼万户",当为"颍州翼副万户"之误。颍州翼由行唐邸氏家族世袭万户,[2] 邸元谦、邸祺、邸忠大致与张震、张珽、张珍同时。张珍"以荫受武略将军",其间散官阶的变动,由于缺乏资料记载,只能暂付阙如。张珍在镇压元末红巾之乱时,兵败战死,以身殉国。元代颍州副万户博州张氏这一支的承袭,到这里也就基本结束了。

结　论

《张公墓志铭》汇聚文献、艺术、史料价值于一身。《张公墓志铭》不见于方回《桐江集》《桐江续集》和今人纂集的《全元文》,是一篇颇为珍贵的佚文。墓志文本借由赵孟頫的书迹才得以保存。

《张公墓志铭》笔法刚柔并济、张弛有法,是赵孟頫书法向晚期风格过渡的代表性作品之一。

《张公墓志铭》生动地反映了元代前中期军官承袭的运作过程,部分记载甚至可补正史之阙误。将张泰亨到张震的三次袭职,与先后颁行的一系列法令进行比照,不难发现,元朝对军官袭职年龄、疾病核验等承袭细则渐趋完善。然而,军官袭替时如何授予散阶,似乎没能形成统一标准。元代武阶最常见的形式是降等承袭,这是对武职本等承袭的有益调节。元代军官出现"高职低阶",也是非常普遍的现象。因此,散阶之升降,对元代军官群体具有特殊的意义。

博州张氏作为元代中层军官的典型代表,先后数代出入中央卫军与地方镇戍军系统,亲历了蒙宋战争、平定李璮、远征安南、镇压红巾等诸多战事,为我们展现出一个几乎与元朝相始终的军官家族的荣辱浮沉。

附记

感谢求芝蓉老师惠示资料。本文在撰写过程中,承蒙刘晓教授、马晓林教授悉心指导,谨致谢忱!

1　(元)王逢,李军点校:《梧溪集》卷三《张武略(有序)》,北京师范大学出版社,2016,第170页。查其所据底本《知不足斋丛书》本,作"颍川翼万户",显误。引文据元至正明洪武间刻、景泰七年陈敏政重修本改为"颍州翼万户"。

2　刘晓:《元镇守杭州"四万户"新考》,《浙江学刊》2014年第4期。

明代龙亭考

■ 陈时龙（中国社会科学院古代史研究所、徽学研究中心）

在明代，龙亭代表皇帝，代表君权，是在举行各种礼仪时于行进中安放诏书、册宝等代表皇帝物件的设备。龙亭所在，在某种意义上代表君主驾临。对着龙亭叩头，相当于对着皇帝叩头，晚明的内阁大学士孙承宗有诗云："遥向龙亭叩帝阍。"[1] 士人欲殉国，若能对着龙亭而死，就会更充分地彰显忠的意义。《关学编》载："蔡启允，字绍元，天水人。……逆闯入关，兵薄秦陇，乃衣冠趋学校龙亭，九叩恸哭，欲以身殉。"[2] 由于龙亭象征皇帝，故而面对龙亭之时，即使外藩的君主，小不可不敬。明朝的使臣奉使外国，诏敕会置于龙亭之中，随船而往。例如，萧崇业（1571年进士）奉使琉球，此前琉球中山王"迎诏，立龙亭，不拜"，而萧崇业"让之，使拜"[3]。

龙亭为皇帝之虚位。然虽是虚位，象征意义却很强烈，在礼仪上须给予足够的尊重。弘治元年（1488）六月戊申，吏科给事中林廷玉在疏中说："龙亭所在，虽君之虚位，亦宜敬谨。"[4] 凡遇节贺之际，地方各衙门围绕龙亭举行各类庆祝性的礼仪，并且要特别强调肃穆、庄严的气氛。薛瑄在湖广时有《沅州贺正旦归院赋此》诗云："兵甲森罗严虎队，旌旗缭绕簇龙亭。"[5] 龙亭所在，官吏亦不得轻狂。万历年间大臣陈有年记载，其兄陈有勋（1510—1586）隆庆末任濮州判官时事说："贡鲜奄径濮，先声横甚。伯兄纠役城外，视篚受役，无它赢。奄恚噪而入，骑而负伪敕者、赤挺而导者、舁黄篚

---

[1] （明）孙承宗：《高阳集》卷五《七言律诗·赐貂纪事用台翁叶相公韵（其二）》，《四库禁毁书丛刊》集部第164册，北京出版社，1997，第93页。

[2] （清）王心敬：《关学续编》卷一《二曲李先生》，载陈俊民、徐兴海点校《关学编》，中华书局，1987，第90页。

[3] （明）黄洪宪：《碧山学士集》卷五《明中宪大夫南京都察院右佥都御史萧公神道碑》，《四库禁毁书丛刊》集部第30册，第201页。

[4] 《明孝宗实录》卷一五，弘治元年六月戊申，"中研院"历史语言研究所校印本，1962，第374页。

[5] （明）薛瑄：《薛文清公文集》卷八《沅州贺正旦归院赋此》，载《薛瑄全集》，山西人民出版社，1990，第489页。

者恟恟也。伯兄为设亭、案，鸣金鼓，召师生里胥以须，谬若迎敕然。俄奄攘臂进。令一生呼曰：'龙亭在上，宦官直行御道，大不敬。'又令一生前请启敕。奄窘。"[1] 面对宦官的恃势横行，陈有勋利用作为皇帝虚位的龙亭，对太监能起到一定的弹压作用。从法律层面上来说，冲撞龙亭也是比照"直行御道"的法律来处置的。《大明律》卷一三《兵律一》有"直行御道"条，规定"凡午门外御道至御桥……文武百官军民人等无故于上直行，及辄度御桥者，杖八十，若于宫殿中直行御道者，杖一百。"《明律统宗》补遗说："在外衙门龙亭已设，仪仗已陈，有犯者，亦准直行御道律科。"[2] 这也正是再猖獗的官员面对龙亭也必须收敛的理由。即便有罪之人带枷，见龙亭亦须行礼致敬。余杭人欧春为乡里豪强，被重挞二十，枷于县门，而欧春故为倨慢，县丞赵金出入，"荷枷端坐不起"，至长至日，"迎龙亭出县，春亦端坐不起"。于是，赵金"捽春，庭挞之"，且骂道："若眇赵丞，乃敢眇皇帝耶？"[3] 在龙亭之前，任何不端的行为都会成为被指控的证据。例如，王以宁在纠劾官员时提到，广东琼州府安定县知县吴应扬"性气褊躁，举动乖张，有谓其对龙亭踢打皂役者"[4]，而"遇庆贺进表，容令皂隶乐工交错龙亭前后"也成为南京礼部尚书霍韬在嘉靖十六年被弹劾的不职之过。[5]

在文献记载中，龙亭似乎既可以是抬行的用以置放皇帝诏敕的木制的亭，也可以指建以安放皇帝御制物件的建筑。例如，乾隆《琼州府志》记载在明代曾在府城建有龙亭："龙亭一座，外朝房十间，午门三间，官厅二间……内朝房十间。"[6] 但绝大多数情形下，龙亭是指用以放置并抬行皇帝诏敕及钦赐物件的亭式工具。龙亭中除了搁放诏敕之外，还可以放置皇帝御赐之物。《皇明典礼志》载："洪武二年九月，定宴蕃使礼。蕃使朝毕，礼部奉旨赐宴于会同馆……是日，礼部官陈龙亭于午门外，光禄寺官请旨，取

---

[1] （明）陈有年：《陈恭介公文集》卷八《伯兄署正公暨嫂张硕人行状》，《续修四库全书》集部第1353册，上海古籍出版社，2002，第30页。

[2] 黄彰健：《明代律例汇编》下册，"中研院"历史语言研究所，1983，第619页。

[3] （明）田汝成：《田叔禾小集》卷二《唁余杭县县丞赵君序》，《四库全书存目丛书》集部第88册，齐鲁书社，1997，第434页。

[4] （明）王以宁：《王以宁奏疏》卷五《纠劾有司备察疏》，《四库禁毁书丛刊》史部第69册，第276页。

[5] （明）徐学聚：《国朝典汇》卷四二《吏部十·论劾》，《四库全书存目丛书》史部第265册，齐鲁书社，1996，第224页。

[6] （乾隆）《琼州府志》卷二上《公署》，《故宫珍本丛刊》第189册《海南府州县志》第1册，海南出版社，2001，第15页上。

御酒，置龙亭，仪仗、鼓乐前导至馆。"[1] 可见，皇帝赐宴蕃使于会同馆时，御酒随诏旨一并置于龙亭之中。这也恰如前面说到的，"钦赐物件"与诏敕一样，会置于龙亭。论功行赏时，赐物会跟诰命一类的文书并置于龙亭，所谓"以诰命礼物置于龙亭，用仪仗、鼓乐各送还本第"[2]。此外，像册、宝等皇帝册封之物，在行礼时都是放置在龙亭之中，以示郑重。

因为迎接诏敕所必用，龙亭对于各地文武衙门而言为必备之物。龙亭平时的放置，讲究的则有龙亭库，甚至称銮驾库。例如，据称江西建昌府正德年间"龙亭有库"[3]，即有龙亭库之建筑。嘉靖《潮州府志》记载广东揭阳县有龙亭库，系"知县王凤重修"[4]。既是重修，则揭阳县在此前已有龙亭库。温州府丁嘉靖年间有仪仗库而无龙亭库，但至万历年间就有了龙亭库，而温州乐清县亦有龙亭库之设置。[5] 然而，在各级衙署的布局中，龙亭库非但不是必需的，而且所在位置也并不统一。明代地方志记载，南昌府的龙亭库在"忠臣庙左"，南昌府丰城县的龙亭库在县堂之东。[6] 瑞州府龙亭库"一间，正厅右"，而瑞州府新昌县的龙亭库在"后堂左"[7]。江西袁州府龙亭库在"正厅后西"，袁州府分宜县的龙亭库在"正厅左"，萍乡县、万载县亦均有龙亭库，位置不明。[8] 上虞县的县衙之西，为"龙亭架阁库"[9]。在福建延平府，府治正中为集思堂，集思堂后为高明堂，而龙亭库则在高明堂的东南。[10] 福建盐运司的龙亭库

---

1 （明）郭正域：《皇明典礼志》卷三《宴蕃使》，《四库全书存目丛书》史部第 270 册，齐鲁书社，1997，第 549 页。

2 （明）王世贞：《弇山堂别集》卷六八《命将上·论功行赏仪》，中华书局，1985，第 1276 页。

3 （明）夏良胜纂修：（正德）《建昌府志》卷六《公署》，《天一阁藏明代方志选刊》第 34 册，上海古籍书店，1964，第 1 页下。

4 （明）郭春震：（嘉靖）《潮州府志》卷二《建置志》，《日本藏中国罕见地方志丛刊》，书目文献出版社，1991，第 194 页。

5 （嘉靖）《温州府志》卷三《仓库》，《天一阁藏明代方志选刊》第 17 册，上海古籍书店，1964，第 12 页下；（明）汤日昭修，王光蕴纂：（万历）《温州府志》卷三《建置志·公署》，《稀见中国地方志汇刊》第 18 册，中国书店，1992，第 74、75 页。

6 （明）范涞修，章潢纂：（万历）《新修南昌府志》卷四《署宇》，《日本藏稀见中国地方志丛刊》第 5 册，书目文献出版社，1992，第 83、84 页。

7 （明）熊相：（正德）《瑞州府志》卷四《公署》，《天一阁藏明代方志选刊续编》第 42 册，第 2 页上、6 页下。

8 （明）严嵩：（正德）《袁州府志》卷四《公署》，《天一阁藏明代方志选刊续编》第 37 册，上海古籍书店，1963，第 1 页下、3 页下、4 页下、5 页下。

9 （明）李培：《水西全集》卷七《修上虞县志节略志序·建置志·廨署》，《四库未收书辑刊》第 6 辑第 24 册，北京出版社，2000，第 151 页。

10 （明）郑庆云：（嘉靖）《延平府志》卷一一《公署志》，《天一阁藏明代方志选刊续编》第 29 册，第 3 页下。

则在"正堂左"[1]。万历三十九年雷州府推官欧阳保利用理刑外馆重修的龙亭库在"府治正南"[2]。从以上衙署中龙亭库的位置来看,龙亭库并没有固定位置。有些地方政府的龙亭放置的建筑不叫龙亭库,而称銮驾库。例如,南直隶宁国府于府衙仪门外东"为銮驾库,置龙亭仪仗于此"[3]。但是,更多的衙门则是相对随意地择地将龙亭安放在某些库内。例如,嘉靖十一年,普安知州萧来凤在《重修州治记》中说:"嘉靖壬辰,春予自蜀绵州改守普安,顾瞻衙廨,绳枢草舍,预备仓几圮,龙亭、仪仗委置神庙,日就敝。予甚怅焉。"可见,在修缮之前,龙亭是安放在神庙之中。重修之后的普安州衙,没有设专门的龙亭库,但有专门的仪仗库,[4] 应是新的安放龙亭和仪仗之所。淮安钞关的龙亭是被"供奉"在元天宫之内的。《续纂淮关统志》卷一二《古迹·寺观附》载:"元天宫,板闸镇后西街。明隆庆庚午年榷使殷登瀛重建,国朝康熙二十七年前监督奈马代捐俸修葺。供奉龙亭,每逢令节朔望及一切朝贺之期,诣宫行礼,定为章程,至今无异。"[5] 只是不知道淮安钞关这种令节朔望诣元天宫龙亭前行礼的做法,是从明代隆庆年间开始的,还是清初康熙年间开始的。明代雷州府初亦无龙亭库,龙亭储放在"府堂北角小屋",至万历四十年署府推官欧阳保改理刑公馆为龙亭库,"建厅五间,旁楼三间,门三座,新添牌坊二,左额龙亭库,右扁凤仗局"[6]。亭既以龙名,则仪仗以凤名,以示尊贵。欧阳保为新修龙亭库写了一长篇记文:

> 语曰"天威不违颜咫尺",昭敬也。敬主乎中,见乎外,虔乎始,厚乎终。外无俨若之文,中者可知;终缺肃将之度,始事亦虚。此卑职有慨于雷郡龙亭库而思改建之也。盖天下郡国,分符锡采,远之千里,又远之万里,岁时圣寿,势不能同丹陛之臣,亲觐龙颜,必假龙亭以对越,是龙亭即龙颜也,千万里亦咫尺也。内外始终,仪象位置,可一任苟且粗略耶?雷自开郡来,有龙亭之设,独安贮于府堂东北角小屋内,前有幕厅,

---

1 (明) 周昌晋:《盐政全书》卷上《盐署》,《续修四库全书》史部第839册,上海古籍出版社,2000,第354页。

2 (明) 欧阳保:(万历)《雷州府志》卷八《建置志》,载《日本藏罕见中国地方志选刊》,书目文献出版社,1991,第238页。

3 (明) 黎晨修,李默纂:(嘉靖)《宁国府志》卷四《次舍纪》,《天一阁藏明代方志选刊》第23册,上海古籍书店,1962,第1页下。

4 (明) 高廷愉:(嘉靖)《普安州志》卷一《舆地志·公署》,柴其斌点校,贵州人民出版社,2017,第191页。

5 (明) 马麟修,(清) 杜琳、李如枚等续修:《续纂淮关统志》卷一二《古迹》,荀德麟等点校,方志出版社,2006,第372页。

6 (明) 欧阳保:(万历)《雷州府志》卷八《建置志》,第218页。

栏蔽出入，迎导必经吏舍促隘之所而后达。此其屋与地两极猥亵。且方其奉设郡堂，笙镛奏而爝火明，诸冠绅趋锵舞蹈，肃肃雍雍，何隆重也！及礼竣，而出之仪门，笙镛息响，爝火寂寥，冠裳杂沓，二三役人由东脚门舁入，盘旋吏舍，厝于小屋，转盼间肃怠异状，始终殊仪，不视龙亭若儿戏乎？则不敬莫大乎是。职筮仕雷理，随班拜祝，心窃怼然，而非其任也。壬子夏，得摄郡符，慨然图改建之，而以屋与地必得高明广大之为贵。于是本厅旧有外馆一所，地当府地正南，堂奥轩广。本厅近构新衙，付三县鬻为公廨，乃三县不有也，此馆为剩宅，遂一意用改龙亭库所。爰命海康县主簿董其事，计木石砖瓦等费，则以职摄郡纸赎任之，毫不借资公帑。搬作夫役，海康张令以各社岁派给工之夫，命之赴工趋事。不二月，遂底成绩，堂仍旧架，而绘彩更新。中建宝座，以贮龙亭，前设楄门，以蔽风日。左室一间隔作芒神祠，以芒神旧无栖宇，委掷散漫，殊失重农之礼，今附藏于此，以有余者补雷阳之缺。右室一间，隔贮仪仗等物，不致弃毁。东西各除道一条，以备出入。东巷口建坊一，额曰龙亭库，西巷口建坊一，额曰凤仗局。坊后各建二门，以司启闭。两偏各设圈门，以相拥卫。前有池塘一口，右有水楼三间，阶墀轩爽，气象宏舒，奉龙亭于此中，静洁窅旭，巍然焕然。自是时逢令节，则鼓吹冠裳，迎导而出，及回銮至止，护从而入，位置扃镛，无少懈弛。向者仪门寂寞之态、小屋曲径之猥，回视天壤矣。合雷大小官僚，内外尊崇，始终寅恪。雷虽僻在万里外，依然不违颜咫尺也，宁不与辇毂丹陛之臣同一敬恭哉？然不独祝釐尔也，坐府堂而南瞻之，时时圣明之在对焉，吏此者触目，增勿欺之念。合阛阓而辐辏之，井井众星之拱向焉，产此者顾名起好义之忱，作大忠而启大顺，又在爝火趋锵外矣。夫岂仅仅气象之改观乎！职始也怼然不安，乃今而后而畅然大快已。[1]

记中欧阳保大谈之前龙亭安置场所的亵慢，以及新建龙亭库之后能彰显出来的"大威咫尺"，即任何时候大小官吏都感受到皇帝就在身边，时刻保持一种庄敬之心。然而，龙亭的式样如何，则从来未见人提起。隆庆四年，新淦县知县李乐在县中增建龙亭库。[2] 隆庆六年（1572）十二月，新淦县学训导姚翼为知县李乐所作的龙亭库题壁，留下比较详细的龙亭与龙亭库的记载。姚翼《恭题龙亭库壁》说：

---

[1] （明）欧阳保：（万历）《雷州府志》卷八《建置志》，第218—219页。

[2] （明）管大勋修，刘松纂：（隆庆）《临江府志》卷四《建置》，《天一阁藏明代方志选刊》第35册，上海古籍书店，1962，第3页下。

图1 《御世仁风》中的"龙亭"

本朝令甲,在外文武诸司遇万寿、元旦、冬至及太子千秋令节,则陈御座于中堂,陈卤簿仪卫于两阶陛,幄中设亭,亭绕龙文,饰以黄金,其中大书阙字,以象天子临见群臣之座，习称为龙亭。长官率其僚属吏民望拜庭下，升而祝，降而嵩呼，仪节视中朝无二。直竣事之後，令甲不著奉安之所，以故诸司往往杂诸器物置之居积之库，而库又率在堂两傍，失居尊之体。间有别建以崇之者，盖亦鲜矣。隆庆己巳，乌程李乐来令新淦，行礼之余，喟然叹曰："君父之尊，犹天也，乃以其虚位置之堂侧，而眇眇臣子顾抗然居中以听邑事，仲尼过位之训，少而诵之，今安在哉？邑之缺典，莫斯为甚。"乃相隙地建屋三楹，其前为门，缭以周垣，扁曰龙亭库，专为奉安龙亭之所，而幄帐、卤簿从焉，视中朝所称銮驾库者，虽大小制殊，殆髣髴其意矣。……库创于乐筮仕之年十一月，成于次年之春正月，其旁并收邑之图籍，以杜侵毁，亦式负版之余意也。[1]

姚翼的题壁文，一则继续肯定了龙亭作为"象天子临见群臣之座"的"虚位"的作用；二则对龙亭的式样作了一定详细的描述，包括"亭绕龙文"，"饰以黄金"和"其中大书阙字"，即环亭绕有龙文、以黄金装饰和大书阙字。但是，仅有这些描述还是让我们难以认知龙亭的形象。所幸明人版画作品中留下了相关的式样。明崇祯初年司礼监秉笔太监金忠，字敏恕，号迂拙子，北直隶顺天府固安县人，生前喜编印教化类书籍，传世的有《御世仁风》《瑞世良英》。在其万历四十八年（1620）所刻辅助皇帝治国的帝学用书《御世仁风》之中，有一幅《汉文帝颁诏》的版画图片。图片榜题引《君鉴》："汉文帝三年春，谓群臣曰：'农，天下之本也。黄金珠玉，饥不可食，寒不可衣。间岁不登，农民忧也。'令郡国务劝农桑，益种树，可得衣食。吏发民，若取庸采黄金珠玉者，坐赃为盗。颁诏行焉。"配图即颁诏的形状，而且是"垂诏"的形式，三名官员在城楼之上，手持一个龙头状的物件，由物件下垂一绳，绳的末端系一细长的盒子；城楼之下，两名官员准备伸手接诏；在两名官员之外，另外有两名官员以及八名抬着一个亭子的人、四名举着仪仗的人在等候（参见图1）。[2]

这个描述"垂诏"的图像，当然未必是汉代颁诏的真实情形，实际上是明代"颁诏"的真实描绘。《明世宗实录》记载，嘉靖二十四年（1545）六月，礼部尚书费寀等奏上庙制更新奉安神主、礼成文武百官称贺及颁诏仪，其中的颁诏式规定，在承天门宣读诏书毕后，"礼部官捧诏，授锦衣卫官，置彩舆中，以彩索系于龙竿颁降，礼部官捧诏，置于龙亭内，鼓乐迎至礼部，授使者颁行天下"[3]。《明熹

---

[1] （明）李乐：《见闻杂记》卷七第七条，上海古籍出版社，1986，第20页上—21页下。

[2] （明）金忠：《御世仁风》卷二，文物出版社，2019，第54页。

[3] 《明世宗实录》卷三〇〇，嘉靖二十四年六月辛丑，第5705页。

宗实录》卷七七载:"癸卯,皇极殿成,礼部进颁诏仪注。……礼毕,礼部堂上官捧诏书授锦衣卫官,跪受,以彩索系云盘於龙竿降下。礼部官捧诏书,置龙亭内,迎至礼部,颁行天下。"[1]《明书》卷五七《志六·开读诏敕仪》中也说:"锦衣官诏置于云匣,以彩绳系龙竿颁降,礼部官接入龙亭,鼓乐迎入礼部,授使者颁行天下。"[2] 从以上史料看,明朝中后期颁诏一般是在承天门门楼之上以彩索降下。然而,这种制度不是明初就有的,而是始于嘉靖六年(1527)。《明史·礼志》记载:

> 洪武二十六年定颁诏仪。设宝案于殿东,设宣读案于承天门上,西南向。百官朝服,班承天门外。公侯班午门外,东西向。皇帝皮弁服,升殿如仪。礼部官捧诏书诣案前,用宝讫,置云盖中。校尉擎云盖,由殿东门出。大乐作,自东陛降,由奉天门至金水桥南午门外。乐作,公侯前导,迎至承天门上,文武官四拜,乐止。众官跪,宣读官宣讫。礼部官捧置云盖中,乐作,四拜,乐止。舞蹈山呼。又四拜。礼毕,驾兴,礼部官分授使者,百官退。嘉靖六年续定,鸿胪官设诏案,锦衣卫设云盖于奉天殿内东,别设云盘于承天门上,设彩舆于午门外,鸿胪官设宣读案于承天门上。帝冕服升座如朝仪。翰林院官捧诏书从,至御座前东立。百官入班,四拜,出至承天门外。翰林院官捧诏书,授礼部官,捧至云盘案上。校尉擎云盖,俱从殿左门出,至午门外。捧诏置彩舆内,迎至承天门上。宣读赞拜,俱如上仪。礼部官捧诏书,授锦衣卫官,置云匣中,以彩索系之龙竿颁降。礼部官捧置龙亭内,鼓乐迎至礼部,授使者颁行。[3]

嘉靖新增定的颁诏仪,较之洪武初定增加了在承天门开读的仪制,而开读之后的"垂诏而下",似亦颇具古意。清人汪由敦《颁诏仪注议》中说:"臣等谨查前代颁诏之制,《唐书》及《宋史》礼志载,……少府监立鸡竿于楼东南隅,楼上以朱丝绳贯木鹤,仙人乘之,奉制书,循绳而下至地,以画台承鹤。有司取制书,宣敕。……据此,唐有鸡竿之饰,宋有木鹤之制,而登楼宣读宋明皆同。"[4] 所不同的是,明人以"龙竿""云匣"取代了唐宋的"鸡竿"和"木鹤"。《御世仁风》版画对汉文帝颁诏的想象,是借鉴了明代颁诏的现实模式。可见,版画中龙头状之物,即明人所说的"龙竿"。绳索即实录中所

---

[1]《明熹宗实录》卷七七,天启六年十月癸卯,第3700—3702页。
[2] (清)傅维麟:《明书》卷五七《志六》,《四库全书存目丛书》史部第38册,第537—538页。
[3] (清)张廷玉:《明史》卷五六《礼十·颁诏仪》,中华书局,1974,第1415—1416页。
[4] (清)汪由敦:《松泉集》卷四《颁诏仪注议》,黄山书社,2016,第633—634页。

说的彩索，而诏敕或者就放置在细长的云匣之中。至于版画中八人抬着的亭子，无疑就是当时的"龙亭"。从明代的版画来看，龙亭除底座之外，为一两层重檐的亭子，檐尖与顶端还有一些装饰物。

唐颜游秦迁廉州刺史时刘黑闒初平人多以强暴寡
袒风未安拉秦櫊恤境内敬䕶大行邑里歌之曰廉州
颜有道性行同葐老爱人如赤子不殺非時草帝賜璽
書勞勉之
太平御覽

图 2　《瑞世良英》中的"龙亭"（一）

明孫賁舉役龍川邾縣地僻民稀素號難治賦至央疑囚輕稅歛重農勸學寬嚴得宜敎載增墾田米數百石秦鐲稅五百石時黃蕭爲亂椹禦城邑招集流亡上下得其大體事聞帝賜旌美

名賢錄

图 3　《瑞世良英》中的"龙亭"（二）

然而，在明朝自中央以地方，凡迎诏敕皆须有龙亭。地方龙亭的设置有可能不会像京城的龙亭那样讲究。金忠《瑞世良英》中的版画则揭示了地方迎接诏敕时龙亭的形象。《瑞世良英》的版画中榜题说:"唐颜游秦迁廉州刺史。时刘黑闼初平,人多以强暴寡,礼风未安。游秦抚恤境内,敬让大行,邑里歌之,曰廉州颜有道,性行同庄老,爱人如赤子,不杀非时草。帝晚玺书劳逸之。"图画中自然是颜游秦迎玺书的场面。所不同的是,除了鼓吹之外,图像中有两个龙亭。每一个龙亭的装置都比较简单,似是以极简单的装置加以彩饰而设置的。[1] 这表明,在地方上,可能并不是每一个龙亭都像李乐在新淦县那样环以龙并且饰以黄金的。而且,与承天门等候的龙亭相比,地方的龙亭也不设两层,而是简单的一层设置。因为比较简单,抬龙亭的人也由之前的八人变为前后各一人(参见图2)。《瑞世良英》所载迎诏敕图不仅一处,卷一另有孙赋迎敕图,榜题云:"明孙赋,举授龙川知县,地僻民稀,素号难治。赋至,决疑囚,轻税敛,重农劝学,宽严得宜。数载,增垦田米数百石,奏蠲税石百石。时黄萧为乱,捍御城邑,招集流亡,上下得其大体。事闻,帝赐旌美。"画中同样出现两人抬的龙亭,而诏使骑马随龙亭行,仪仗鼓吹皆备。(参见图3)

从此看到,明代龙亭有一定的规制,必以亭为形,但其繁复程度却视政府的层级或财力而异。有时龙亭为了更显隆重,还会围上一层黄幄。例如,嘉靖间明廷在接受安南莫登庸之请罪时,仪式即在镇南关举行,"乃于台上恭设龙亭,覆以黄幄,中立令旗、令牌,前置香案,两广三司、副、参、监、统衙门并赍执旗牌官分班列侍,传令开关"[2]。龙亭的配套设置大概也是可繁可简。重视的地方官会为龙亭配备仪仗。马麟《续纂淮关统志》卷九载:"龙亭旧无仪仗,主事杜学大创为黄幄、扇盖,诸服御具备。"[3] 杜学大,字道伯,四川蓬州人,万历二十六年(1598)出任榷税淮关的户部主事,他为淮安钞关的龙亭加上了黄幄和扇盖。由于龙亭会有一些繁复的装饰,又常被称为"采[彩]亭"。《续纂淮关统志》卷一《仪注·接诏敕仪注》说:"诏敕系外省衙门委官赍送,有从南来者,有从北来者,并用采亭……凡诏钦赐物件,并照此。"[4] 这里的采亭,应该即龙亭。但是,即便有繁复之异,龙亭作为君主虚位的地位并不会受此影响。

---

1 (明)金忠:《瑞世良英》卷二,文物出版社,2019,第20页。
2 (明)黄光昇:《昭代典则》卷二八"世宗肃皇帝嘉靖十九年十二月"条,上海古籍出版社,2008,第1192页。
3 (明)马麟修,(清)杜琳、李如枚等续修:《续纂淮关统志》卷九《公署》,第295页。
4 (明)马麟修,(清)杜琳、李如枚等续修:《续纂淮关统志》卷一《纶音》,第41—42页。

"八十四大成就者"壁画遗存研究

赵淑君（中央民族大学）　李怡然（北京师范大学）

引　言

"八十四大成就者"是修习佛教密宗铮铮佼佼的人物，其图像在藏传佛教美术中具有极其重要的地位，相关遗存就传承时间而言可谓延绵不断——自12世纪始，经历了元明清之后，依然传承于当代新绘的纳塘寺壁画中；就传播地域而言可谓俯拾皆是——见于西藏、新疆、内蒙古、甘肃、北京、浙江等地。20世纪以来"八十四大成就者"图像引起了国内外学者的广泛关注，前人在相关领域中已经取得了一定的成就，但目前仍有很多问题语焉不详。其一，"大成就者"图像传播到西藏后为何数量总是变化不一？其二，"大成就者"图像的产生、传播与流变之整体态势有何规律？其三，"大成就者"壁画分布有何特点？笔者以个案为例对"八十四大成就者"图像遗存的梳理与研究，或能为以上问题延展出新的讨论空间。

一　"八十四大成就者"的文本来源

国内有关"大成就者"的研究大多围绕佛经文献记载、身份界定、文学原型追溯、个案人物名称、身份识别等方面展开。学者张宁的研究总结了国内外对"八十四大成就者"的文献研究状况，为本文提供了文献追踪的基础线索。陈玉珍、陈爱峰2014年发表在《敦煌研究》上的《大桃儿沟第9窟八十四大成就者图像考释》和2020年他们与日本作者松井太发表在同一期刊上的《大桃儿沟第9窟八十四大成就者图像补考》两文，以考古研究的方式严谨详细地记录了新疆吐鲁番地区大桃儿沟的"大成就者"图像，为本文"大成就者"判定与图像识别提供了图像与文本参考。国外关于本研究的专门著作多限于对《成就八十四师史》金刚道歌的记录和翻译，或者对"八十四大成就者"文献的哲学思想分析。詹姆斯·罗宾逊（James B. Robinson）译著

《佛陀的狮子：八十四成就者的生平》（Buddha's Lions: The Lives of the Eighty-four a Siddhas），是藏文文本《成就八十四师史》的英译本。该著作是针对"八十四大成就者"藏文翻译的代表性研究译著。凯斯·道曼（Keith Dowman）著《大手印大师：佛教八十四成就者的歌曲和历史》（Songs and Histories of the Eighty-Four Buddhist Siddhas）翻译并讨论了藏文版《成就八十四师证藏金刚歌》。该英文专著用西方人的哲学视角理解"大成就者"的行为和思想。

"八十四大成就者"的集体概念形成于8—12世纪的古印度。这一概念不是一蹴而就的，而是在数百年的累积中陆续涌现出的杰出密教修行者，被后人合称为"八十四大成就者"。例如，龙树（བསྟོད་སྒྲུབ་པ་དཔལ་མགོན་འཕགས་པ་ཀླུ་སྒྲུབ།）活跃于公元2—3世纪，在《成就八十四师史》文本中排名第十六位，属于年代较早的"大成就者"。龙树作为大乘佛教的著名论师，既是汉传佛教的"八宗共祖"，又是藏传佛教的"六严二圣"之一，其威名代代流传。可见，"八十四大成就者"是经过历史沉淀，收录了12世纪前后对后世影响深远的藏传佛教密宗祖师。他们来自社会各个阶层，不严守戒律、不忌惮权贵，以世俗的眼光看"八十四大成就者"的所作所为甚至可谓疯癫、怪诞。然而，在离经叛道的背后是有破有立的新主张，是破除陈腐的教条后对心灵的救赎。例如，吃鱼肠之人——鲁易巴（དངྒྱོ་བརྒྱ་བའི་དབང་ཕྱུག་ཀླུ་ཨི་པ་ཞེས་ཆེན་པོ།），因捡食鱼肠而得名。常人认为鱼肠极其肮脏，而鲁易巴正是用捡食鱼肠这样的行为来涤清被世俗染污的心灵，打破肮脏与干净的界限，排除分别心，最终获得圆满成就。

8—12世纪的古印度正值孟加拉和比哈尔地区处于帕拉王朝统治的时期。帕拉王朝的统治者推崇佛教，在其统治期间成就了佛教在印度最后的辉煌。11世纪以降，穆斯林武力扩张到东印度，镇压佛教，涤荡佛寺。"帕拉之后，佛教在印度遭到毁灭性打击，印度佛教美术的发展戛然而止。"[1] 显然这一时期佛教在印度丧失了公开宣传和发展的空间。佛教走向密教化的原因是复杂和多方面的，其中不排除一个因素是：一部分佛教徒迫于战乱，或主动或被动地选择在家修行或隐居修行。密教吸收了婆罗门教和民间宗教的一些特点，组织方式秘密而松散，重视上师口传心授，传承观想与仪轨。然而战争进一步迫使印度佛教僧侣谋求新的安全居所，大量僧侣进入青藏高原。印度密教修行者的被迫流动，客观上加速了印度密教经典向西藏地区的传译，并催生了更多藏传佛教美术作品。12世纪后，藏传佛教文化的中心由印度转向西藏，雪域高原成为新的佛教文化输出地与高僧大德的汇聚地。其中就包括著名的阿底峡尊者（Atisa，982—

---

[1] 张雅静：《清宫梵宗楼文殊像考》，《故宫博物院院刊》2019年第6期。

1054）。阿底峡尊者由阿里王室迎请入藏，诸多印度密教仪轨经典由他之手得以传入西藏地区。明代藏传佛教觉囊派的高僧多罗那他（1575—1634）所著《七系付法传》中记载了印度"大成就者"的生平与其法脉传承，内含早期文本中对印度佛教历史信息的记录。[1]

活跃于11世纪后半叶与12世纪初的超戒寺[2]大班智达——无畏生护（Abhayākara Gupta，1064—1125年前后）为"大成就者"文本的记录与传播做出了贡献。首先，著名的古籍文献——《成就法鬘》中所记年代最晚的一位成就者即是无畏生护。《成就法鬘》集录了三百余篇印度密宗成就法修行仪轨，涉及的作者既是精通密法修行的"大成就者"，又是成就法的记录者与传承人。"此经典目前可见的最早写本断代在1165年，现藏剑桥大学图书馆。"[3] 后世有观点认为《成就法鬘》就是由文中所录年代最晚的"成就者"无畏生护所编。该文献是否由无畏生护所编，目前尚无定论，但该文本收录了无畏生护所记的成就法。这至少说明：无畏生护所记的成就法在12世纪具有一定的代表性。其文本有梵文和藏文译本流传后世。其次，直接记录"大成就者"传记的文献于同一时代一并形成。由无畏生护口述"大成就者"的传记故事集结成册，诞生了《成就八十四师史》。"常见的文本《成就八十四师史》是由十二世纪印度班智达无畏施（即无畏生护，笔者注）口述，弥药僧人如愿慧记录。"[4]

在宋代中原地区也有相关文献被学者发现，吕澂先生同定出《金璎珞要门》即是收录于《丹珠尔》的《金刚歌吟唱觉受要门明点金鬘》。"《成就法鬘》亦在12世纪传入汉地。1914年法国汉学家马伯乐（H. Maspero，1883—1945）在浙江鄞县普安寺内发现了一份贝叶写本《成就法鬘》，据传是由僧人宝藏于宋嘉祐二年（1057）从印度请回。该本共收三部成就法，分别对应巴达恰利亚汇编的《成就法鬘》中的217号（金刚亥母）、252—253号（胜乐金刚）成就法。"[5] 显然普安寺内的贝叶写本早于前文所提及的断代为1165年之《成就法鬘》。可见：成就法流传与盛行的时期不只在12世纪；成就法传播的地域也不只在印度与我国雪域高原，还传入浙江等地。编撰《成就法鬘》的作者是在前人的基础上又新录入了后世的

---

[1] 陆辰叶：《多罗那他〈七系付法传〉与大手印传承》，《西北民族论丛》2019年第2期。

[2] 位于今印度比哈尔邦帕格尔布尔地区的安提查克村比哈尔，由波罗王朝第二代国王达摩波罗所建，8—10世纪是古印度密教中心。

[3] 王传播：《梵像东来：印度密教图像志在汉藏地区的传播与实践》，《美术观察》2022年第9期。

[4] 张宁：《从〈成就八十四师史〉看古印度"八十四大成就者"》，《中国藏学》2018年第1期。

[5] 王传播：《梵像东来：印度密教图像志在汉藏地区的传播与实践》，《美术观察》2022年第9期。

成就法。普安寺贝叶写本所抄内容出现较早，后被收入了 1165 年的《成就法鬘》，最终汇编成一部 300 多篇密教成就法的文献集。

另一条较为清晰的线索留在藏文大藏经中。12 世纪后藏传佛教体系渐次成熟，表现在佛教文本方面：经由布顿·仁钦珠（bu ston rin chen grub，1290—1364）编撰了藏文大藏经目录，后世的《甘珠尔》和《丹珠尔》由此成形。藏文大藏经分为《甘珠尔》佛语部和《丹珠尔》注疏部。《甘珠尔》和《丹珠尔》所收录的经典，全部是印度佛教经典的翻译文本，是印度佛教文化的集大成者。前弘期关于成就密法的零星著述编入《丹珠尔》部。"在藏文《丹珠尔》部只收录早期即藏传佛教前弘期时的零星著述，分四部编订。"[1] "八十四大成就者"的相关教法和传记故事就散见于藏文大藏经的《丹珠尔》部。"北京版《大藏经》编号 5091 记 84 位，德格版《大藏经》编号 2453 记 381 位。"[2] 两个版本所记"大成就者"数量不一，德格版《大藏经》重复录入了很多"大成就者"。以上材料说明"大成就者"题材的佛教经义在 12 世纪的中原地区和西藏、西夏等地盛极一时。随后，随着藏文大藏经的发展始终伴随着后人的不断修订在历史长河中发展着。以上这一切文本的积累为"八十四大成就者"图像在全中国范围内各个时期的传播与演变做好了准备。

二 "八十四大成就者"壁画遗存（个案为例）

"八十四大成就者"藏文文本形成之后，其集体图像于同一时期大量出现。

（一）拉达克（Ladakh）阿尔奇寺（Alchi Gompa）文殊立像腰布彩绘

13 世纪初拉达克地区（Ladakh）的阿尔奇寺（Alchi Gompa）三层堂东壁塑有四臂文殊立像，其腰布上彩绘有"八十四大成就者"的集体图像（如图 1）。从图像所处的位置上讲，这一组"八十四大成就者"的集体图像应该被称为"雕塑彩绘壁画"。现将其归入壁画遗存类别中讨论，是基于其独立的图像意义层面考虑——该图像更偏重于壁画艺术形式。一般意义的彩绘常采用抽象图案或花鸟等装饰纹样，起到美化雕塑的功用。它们依附于雕塑，其本身不具备独立的图像意义。然而，文殊立像腰布上的彩绘图案，塑造出了一组具有独立意义的"八十四大成就者"集体群像。该图像本身所承载的对"大成就者"的图像叙事功

---

[1] 侃本：《汉藏佛经翻译比较研究》，中国藏学出版社，2008，第 128 页。
[2] 张宁：《从〈成就八十四师史〉看古印度"八十四大成就者"》，《中国藏学》2018 年第 1 期。

能独立于美化文殊雕塑的功能而存在。因此，将其归于雕塑壁画类别内讨论。

《世界佛教美术图说大辞典》中所记："根据殿内现存题记推测，该殿约于 1200 年由僧人楚臣沃（rshul khrims'od）所建。高三层，整栋通高和第一层面阔均约 11.4 公尺。"[1] 文殊立像的下身彩绘腰布（如图 1）。该腰布长度过膝，构图细密，蓝底上绘有朱红或深红色小方格，形成对比色块，小方格有白边，并组成菱形区域，菱形区域呈对角线形式排列。腰布用菱形划分出 85 个区域，每个区域绘有一尊"大成就者"，加上中间一尊，腰布所绘"大成就者"共计 86 尊。阿尔齐寺属于克什米尔风格的典型代表。每位大成就者下方均有一块橙色区域，笔者认为：在早期此处或有题记，现已不存。另有一尊最大的成就者绘于股间下摆处。股间下摆处所绘之坐像应为那洛巴尊者。此殿共有三尊立像，除了东壁的文殊，西壁是观音、中间是弥勒立像。弥勒足侧题记，三尊立像：观音、文殊和弥勒分别代表着"身、语、意"密教的三要义。也就是说文殊以及其腰布上绘塑的"大成就者"代表密教要义三业之"语"业。这是古代雕塑壁画中出现较早的"八十四大成就者"集体图像。

图 1 阿尔齐寺文殊立像腰布彩绘
（右图局部线描稿由笔者手绘）

---

[1] 如常主编：《世界佛教美术图说大辞典》，佛光山宗委会，2013，第 553 页。

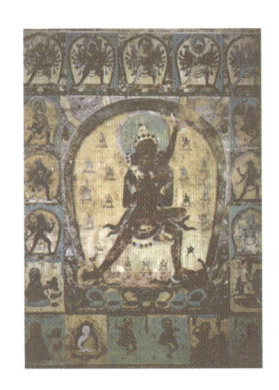

图 2　敦煌莫高窟 465 窟壁画
(右图局部线描稿由笔者手绘)

(二) 敦煌莫高窟 465 窟壁画

　　敦煌莫高窟 465 窟四壁主尊双身像的下方凹形区域绘有"大成就者"(如图 2)。谢继胜先生对敦煌莫高窟 465 窟的壁画双身像进行辨识，同时还识别了 12 位"大成就者"名称，并标明位置。"敦煌莫高窟 465 窟壁画出现了完整的 84 位大成就者像，其中西壁、南壁和北壁共 9 铺壁画的下方凹形区域各绘 8 位大成就者，东壁主室窟门南北两侧顶行各绘 6 位大成就者，正好就是 84 位大成就者。"[1] 根据谢继胜先生的考证，敦煌莫高窟 465 窟是西夏时期的作品。这一判断对"八十四大成就者"敦煌早期样式的确定有极大帮助。敦煌的早期样式：主尊位于画面中心，配色以金色和绿色为主，头光和背光呈马蹄形，旁边配有棋盘格式的边框。对于整体构图而言，"大成就者像"相当于主尊的人形边框图案，既起到服务于主尊的装饰作用，又具有自己独立的图像意义。敦煌 465 窟中的"大成就者"绘画风格糅合了藏式波罗样式与汉式敦煌样式，简洁粗放又具有可识别性。

　　值得注意的是：第一，"大成就者"像位于棋盘格的下方凹形区域，普遍具足头光，象征非凡成就；大多数形象无背光，但有挂起的小帷帐，营造出一个独立的修行空间。为什么"大成就者"出现在"凹"形区域呢？试着大胆地想象一下，把整个 465 窟看成一个立体曼荼罗的话，"大成就者"所在位置在中心坛的外围。将这个立体曼荼罗压缩成平面后，其剖面图将形成一个大的莲花状图形。"凹"形区域恰恰可以组成一个莲花的花瓣，"大成就者"图像所在的区域位于整体曼荼罗的最边缘地带。第二，"大成就者"像后均有挂起的小帷帐，营造出一个独立修行的空间。在《成就八十四师

---

[1] 谢继胜：《敦煌莫高窟第 465 窟壁画双身图像辨识》，《敦煌研究》2001 年第 3 期。

史》中有几位"大成就者"是在尸林中苦修的。他们分别是：在《成就八十四师史》中排名第 7 的康卡瑞巴（བདུན་པ་སློབ་དཔོན་རྣལ་འབྱོར་དབང་ཕྱུག་ཀ་ཉ་ལི་པ།）即失去恋人的鳏夫、排名第 21 的夏利巴（ཉེར་གཅིག་པ་གྲུབ་ཆེན་ཤྲཱི་པ།）即胡狼瑜伽士、排名第 26 的阿佑吉（ཉེར་དྲུག་པ་གྲུབ་པའི་སློབ་དཔོན་ཨ་ཙོ་གི་པ།）即遭人排斥的懒汉。这与印度传统的"尸陀林崇拜"[1] 有关。在"大成就者"的手持物与法相庄严中有的直接取自尸林。例如，嘎巴拉碗、尸灰、尸骨、人骨饰品等。密教修行者认为：在尸林里苦修更容易认识生命的无常，涤清世俗的染污，破除对欲望的执念，可以获得终极解脱。这个小帷帐应该与尸林有关，具体而言可能是裹尸布之类的密教庄严。目前所见材料中，以"小帷帐"作为背景的"大成就者"图像尚属少见，这一意象的解读或能推进今后对"大成就者"图像更深层次的认识与理解。

图 3　新疆吐鲁番大桃儿沟 9 号窟壁画[2]

（右图局部线稿由笔者手绘）

1　沈卫荣、侯浩然：《疯癫的圣僧：毗瓦巴、密勒日巴与印藏佛教的大成道者传统》，《中国文化》2022 年第 2 期。

2　原为吐鲁番大桃儿沟第 9 窟壁画，现藏于德国柏林亚洲艺术博物馆。

（三）新疆吐鲁番大桃儿沟第 9 窟壁画

佛教艺术在中亚和我国新疆一带留下不少的遗迹，公元 10—13 世纪，近 300 年的历史中，高昌地区（今吐鲁番一带）一时间凿窟建塔、修葺佛寺，信仰佛教之风盛行。大小桃儿沟便是这一时期的藏传佛教石窟。所绘题材有藏传佛教上师和"八十四大成就者"（如图 3）。大桃儿沟石窟开凿于蒙元统治下的高昌政权时期，是一处藏传佛教石窟。它位于新疆维吾尔自治区吐鲁番市火焰山南沟口 400 米处的大桃儿沟西侧。大桃儿沟现存 10 个石窟，其中 9 号窟绘有完整的"八十四大成就者"图像。9 号窟为长方形纵券顶，顶部和四壁残留一些壁画，色彩基本清晰。左右侧壁绘有"八十四大成就者"。德国探险家格伦威德尔先后两次调查了大桃儿沟和小桃儿沟的石窟，对"八十四大成就者"留有记录。在格伦威德尔 1902 年的考察中记述：曾经每个侧壁是四排。然而，现侧壁上方两排已经脱落，仅残存下方两排。有几幅已经被盗割走，现藏于德国柏林亚洲艺术博物馆。壁画每排 11 幅，共 88 幅。现存壁画损坏严重，"大成就者"图像面部被人为毁坏的居多。每幅长 36 厘米、宽 33 厘米，中间间隔以红白底色，上下两排图像间隔以莲花图案，下部留有红色边框，其宽度为 5 厘米。

大桃儿沟石窟的开凿与蒙元统治者的支持有关。"八十四大成就者"与萨迦派高僧有密切的关系。流传后世的相关回鹘文文献有《甚深道上师瑜伽》，藏文原作"Lam zab-mo bla-ma'iml-boyor"，后被译为回鹘文。其作者是萨迦班智达（Sa-Skya Pandita，1182—1251）。元朝建立后，藏传佛教萨迦派萨迦班智达的侄儿八思巴被封为国师、帝师。萨迦派祖师毗鲁巴正是"八十四大成就者"之一。蒙元宫廷的回鹘大喇嘛桑哥、阿邻帖木儿、跃里帖木儿等参与全国佛教事务。甚至有的回鹘人直接师从八思巴修习密法。蒙元统治下的高昌政权所修大桃儿沟的第九窟"八十四大成就者"保留了当时的时代信息。即"八十四大成就者"在元代的佛教艺术母题中独立出来，单独形成一个新的主题。

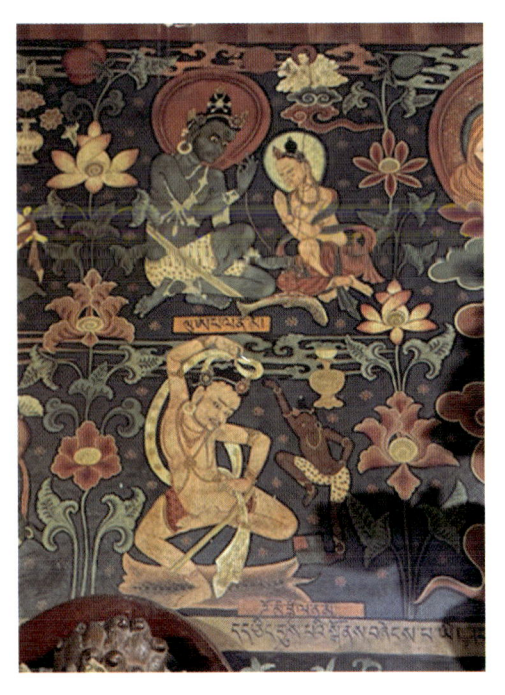

图 4　白居寺二层道果殿壁画
（笔者拍摄）

（四）江孜白居寺二层道果殿壁画

目前学界公认的"大成就者"集体图像最具代表性的作品是江孜白居寺措钦大殿二层道果殿壁画（如图4）。江孜白居寺由15世纪江孜法王热丹贡桑帕巴（Rab-brtan kun-bzang-vphags，1389—1442）和一世班禅克主杰共同修建，历时7年建成。"大成就者"壁画绘于二楼西配殿——道果殿，位于金刚界殿楼上。壁画内容绘有"八思巴与忽必烈会面"和88位"大成就者"图像。根据熊文彬先生的研究，该殿壁画内容与"萨迦派道果法系统和萨迦世系有关"[1]。所谓"道果殿"，正是由萨迦派"道果法"而得名。学界认为该壁画是由江孜本地画师绘制，受萨迦派推崇的尼泊尔样式影响，造型上还按照印度的度量经形式进行，但人物形象上吸收了尼泊尔和中国中原地区的表现手法。作品色彩对比夸张，人物线条流畅，融合了尼泊尔和中国西藏、中原等绘画技法，发展出了藏族本土特有的民族特征与内在气质。

（五）内蒙古美岱召大雄宝殿天顶木板画

美岱召大雄宝殿的天顶木板画中绘有"八十四大成就者"（如图5）。从材料分类上讲，天顶木板画不算壁画范畴。但是从装饰作用而言，天顶木板画对建筑内部起到与壁画相同的作用，因此本文将天顶木板画也划入讨论的范围。

1578年索南嘉措（1543—1588）与俺答汗（1508—1582）在青海会晤。此后，格鲁派藏传佛教快速向蒙古社会传播。美岱召"是由当时土默特部领主阿拉坦汗（即俺答汗）主持兴建的一座较典型的喇嘛庙"[2]。大雄宝殿天顶布满藻井图案，后佛殿天顶四周绘有佛、菩萨等尊像。此外，靠近东壁的天顶木板画绘有八十四尊"大成就者"像。所绘"大成就者"造型奇特，动作夸张。画面由多块木板拼接而成，单个小画面原尺寸长为0.70米，宽为0.50米。美岱召的"大成就者天顶木板画"传承了西藏壁画的"单元符号化特征"，构图接近于佛经插图样式，凝重庄严。形象多置于绿底色中，"大成就者"皆有红色身光，尊像之间用身光相隔，身光背后映衬蓝底，绿、红、蓝三色穿插，呈现出纯度高、对比强、平面装饰化的蒙古族审美偏好。部分木板画已被损毁。现美岱召大雄宝殿天顶上已看不到"大成就者"像了。所幸保留有王磊义（原内蒙古包头市博物馆研究员）的临摹作品。

---

1 熊文斌：《中世纪藏传佛教艺术：白居寺壁画艺术研究》，中国藏学出版社，1996，第50页。

2 程旭光、刘毅彬：《美岱召召庙建筑、壁画艺术考察报告》，《内蒙古师大学报》（哲学社会科学版）1983年第3期。

图 5　内蒙古美岱召大雄宝殿天顶木板画
(线稿由笔者手绘)

（六）纳塘寺大殿东壁现代壁画

纳塘寺位于日喀则西郊，距市区约 20 千米。纳塘寺由董敦·罗追扎巴（1106—1166）[1] 创建于公元 1153 年。该寺对后世影响深远的是：第一次藏文《大藏经》的结集是在纳塘寺完成。后因历史原因寺庙被毁，纳塘古板所剩无几。现代重修纳塘寺，2021 年画家平措扎西绘制了完整的"八十四大成就者"壁画（如图 6）。壁画位于大殿二楼东壁，人物没有边框，分上、中、下三排，均标有藏文题记。构图将"八十四大成就者"安排于淡绿色的自然环境里，中间穿插有植物、动物、云气、山峦。"大成就者"衣着、手持物、坐垫等都严格按照《成就八十四师史》传记绘制，几乎不用看题记就可辨识身份。纳塘寺现代壁画传承了西藏勉塘

---

[1] 董敦·罗追扎巴（1106—1166），藏传佛教噶当派高僧，生于西藏夏阁河之加喀则邬芒村，在纳塘地区讲经传教达 12 年，并于 1153 年创建纳塘寺，此后住持该寺 14 年，以专门弘传律戒和噶当派教法而著名。

画派的绘画技法，同时吸收了中原民间艺术的工艺，兼收并蓄地显示出世俗的真实亲切感与多元文化交融的综合特征。

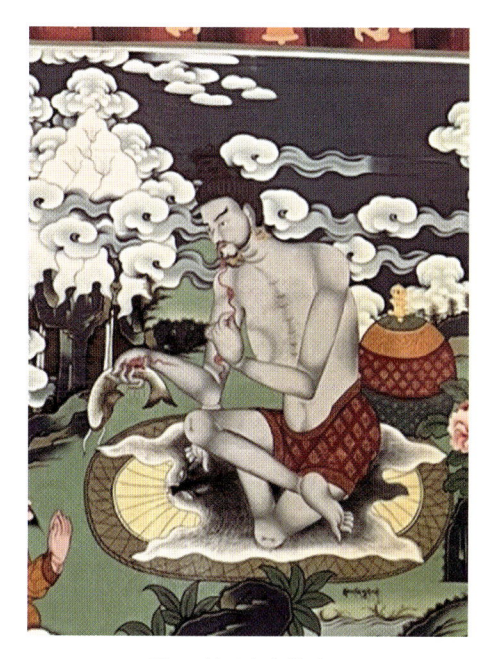

图 6 纳塘寺当代壁画

三 "大成就者"的偶像崇拜

内蒙古美岱召大雄宝殿天顶木板画的遗存，说明16世纪在蒙古土默特部俺答汗迎请索南嘉措，并赠"达赖喇嘛"称号之后，藏传佛教更深更广地被整个蒙古社会所接受和信仰。以"八十四大成就者"图像为代表的祖师崇拜与传承已经大幅度地向蒙古高原传播扩展，并以固定数量的程式进入美术作品中。值得注意的一点是，"八十四大成就者"的空间位置由离人视平线不太远的墙壁，挪到天顶木板上，与十八罗汉并排出现。这意味着，

随着历史的远去，"大成就者"已经从早期雪域僧人眼中有温度的密教上师慢慢演变为佛教经典中遥远的精神偶像。"八十四大成就者"母题在 13—15 世纪佛教壁画中的位置由边缘挪移到中心，逐步成为部分地区佛教文化宣传的主体内容。这一历史现象的现实意义重大，要点有三：首先，佛教在地化过程中存在着人文主义转向，当地佛教传播者企图以一种较"般若智慧"更为亲近的"伟人形象"通达潜在观者的信仰世界；其次，意味着藏传佛教已经不再满足于探索教义之深微，在传播过程中逐步走向更专精、更明晰的个体朝圣之路。"八十四大成就者"不同于难以考究实体的神佛与菩萨，而是一个个曾经行走于世间的高僧。其传记中蕴含着84种成佛的不二法门之外显形式。在对"八十四大成就者"图像的规范化进程中，佛教艺术创作者不断聚焦到每一位远古高僧。这使得一个具象分化出的佛门世界被深入考证、描摹，这并不意味着佛门众人不再关注宏观的佛教世界观，而从反面可以证明佛教哲学已经深入到佛教美术的下游流传地的社会层面。当地佛教智慧的传播者希望：观者了解到的佛教世界观正以漫溢的姿态广延至特定主题——"成就者"的微观之处。最后，"八十四大成就者"进入佛教壁画主体内容，在宗教功能以外还有审美价值。在"八十四大成就者"作为壁画图像出现之时，造型者不仅是熟稔佛经公案的修佛者，更是艺术家，因为他在创作过程中进行图像定格，这意味着造型者对于特定高僧的传

记故事进行再现的艺术表达过程。不同于经典佛像之沉静庄严，"八十四大成就者"因夸张的造型，成为所在寺庙壁画的复调。创造者将其造型定格在其传记故事的"佛""人"之际，又因在聚焦过程中，当地创作者糅合了当地文化特色，用色浓烈、线条大胆，逐渐融合出全新的佛教艺术主题。因此每一幅"成就者"壁画都获得了无限张力，吸引着无数观者的审美体验。从服务主尊的装饰性图像转化为中心母题的过程，也是佛性下放至可知世界的过程。般若智慧不再是不可触及的秘密，因为蕴含在"八十四大成就者"母题中，而变得更加亲切。

四 "八十四大成就者"数量变化现象

关于用"84"这个数来命名"大成就者"的讨论，学者张宁认为"许多中世纪的遗迹，其中不乏与数字84相关者，但似乎实际数量常不足84。或许印度背景下的'84'不仅有重要的宗教意义，同时也是统治管理的组织原则，这个数字已经脱离字面意义而作为一种吉祥和权威的象征而存在。"[1] 然而，壁画遗存所呈现出的蛛丝马迹却给出了新的思路。在壁画里，较早的图像如拉达克地区的阿尔齐寺，还有敦煌莫高窟465窟。或依附在文殊菩萨的衣裙上，如阿尔齐寺；或装饰于双身主尊像的凹形边缘，如莫高窟465窟，这两处图像均属于"八十四大成就者"群体概念出现后的早期壁画遗存。"八十四大成就者"的集体概念虽已成形，数量也以84尊居多，形式趋于稳定。但是还没有形成独立的创作母题，依然处在服务于其他主尊的配角地位。

"八十四大成就者"集体概念在12世纪的《成就八十四师史》文本中出现之后渐渐以84位的数量固定了下来。但在此之前"大成就者"的数量极不稳定。

关于"大成就者"的数量，在图像中也给出了启示。通过对各地"大成就者"壁画遗存的整体梳理，可以联通图像本体价值的逻辑链。为什么要用"84"这个数来命名"大成就者"呢？这个问题的答案恰恰隐藏在图像传播的历史中。事实上，在《成就八十四师史》文本出现之前，曾经出现过早于12世纪壁画的"大成就者"图像，但是"大成就者"数量不多，一般以6—8尊居多，并以小组合形式出现。这种小组合的艺术形式不仅仅限于壁画，也有唐卡、同心莲花座雕像、立体曼荼罗等其他艺术形式。这样的"大成就者"往往以背景或花纹的样式出现，起到服务于其他主尊造像的作用。历史呈现的整体图像遗存说明，各种形式的艺术品或以各派的传承祖师为主题进行艺术创作。如出土于黑水城的"金刚亥母唐卡"中边缘绘有8尊"大成就者"。或

---

[1] 张宁：《从〈成就八十四师史〉看古印度"八十四大成就者"》，《中国藏学》2018年第1期。

以同修一类传承密法为主题进行艺术创作，如现藏于美国纽约鲁宾艺术馆11世纪的"喜金刚曼荼罗"，其外围雕刻有8尊"大成就者"。12世纪前"大成就者"独立母题尚不流行，"大成就者"形象多依附于别的主尊形象进入佛教美术领域。

13—15世纪"大成就者"形象从壁画的边缘走向中心，从配角走向主角，慢慢出现了程式化的倾向。新疆吐鲁番大桃儿沟第9窟壁画中"大成就者"图像不再是装饰，单独绘制于边框内，以独立的母题出现。15世纪江孜白居寺的二层道果殿壁画，用花草、祥云隔开分层表现，上下两排单独绘制"大成就者"肖像。这一时期"八十四大成就者"母题成熟，整面墙壁大气铺陈，用以专门表现"大成就者"，并且每位尊像均有藏文题记。

结　语

佛教密宗传入西藏后与当地苯教和民间信仰相互碰撞与融合，形成了诸多宗派，例如：宁玛派、噶举派、噶当派、萨迦派等。各宗派奉"八十四大成就者"为祖师，美术形象转化为寺庙壁画或木板画、唐卡、佛经插图、立体曼荼罗、雕塑等多种艺术形式。回顾对密宗"八十四大成就者"学习、吸收与改造的历史：早期依附于其他主题的装饰造型与不稳定的数量组合为特征；12世纪藏文文本记录为图像的生成准备好了文本依据；12世纪末到13世纪初，"大成就者"数量开始稳定，但依然处于从属地位；13世纪中后期到15世纪，"大成就者"母题成形，图像在壁画中的地位由之前的配角演变为主角。16世纪之后，该母题已被规范为统一制式。直到现代，纳塘寺历经代代翻修，却依然绘制有"大成就者"壁画。在"八十四大成就者"母题不断规范化的过程中，佛教经典与当地文化特色相互融合，在其造型制式的创造、调整中，佛教哲学获得了进入多样民族文化不断生发的"人文主义"新窗口。

表1				"八十四大成就者"壁画一览		
号	地区	地点	年代	内容提要	来源	注
1	拉达克	阿尔奇寺	12世纪末13世纪初	文殊立像腰布绘86位大成就者，其中以那洛巴最为突出	《世界佛教美术图说大辞典》，第558、599页	克什米尔风格
2	西藏	江孜：白居寺	15世纪	独立壁画母题	田野调查一手资料	江孜风格
3		日喀则：纳塘寺	21世纪	大雄宝殿东壁，与罗汉像相邻。当代艺术家绘	田野调查一手资料	勉塘风格

续表

号	地区	地点	年代	内容提要	来源	注
4	新疆	吐鲁番大桃儿沟	13世纪	独立壁画母题	德国柏林亚洲艺术博物馆藏	单个绘制，矮胖形象
5	甘肃	敦煌莫高窟465窟	11—13世纪	84位分组居于壁画主尊下方"凹"形区域	谢继胜：《敦煌莫高窟第465窟壁画双身图像辨识》	双身像边缘装饰
6	内蒙古	美岱召	16世纪	天顶木板画	田野调查一手资料	祖师像

《形象史学》征稿启事

  《形象史学》是由中国社会科学院古代史研究所文化史研究室和中国史学会传统文化专业委员会主办、面向海内外征稿的中文集刊，自 2021 年起每年出版四辑。凡属中国古代文化史研究范畴的专题文章，只要内容充实，文字洗练，并有一定的深度和广度，均在收辑之列。尤其欢迎利用各类形象材料深入研究中华文明起源和文化传承发展的内在机制与演进路径的专题文章，以及围绕中国古代文化史学科建构与方法探讨的理论文章。具体说明如下。

  一、本刊常设栏目有理论前沿、文化传承研究、器物研究、图像研究、汉画研究、服饰研究、跨文化研究、文本研究等，主要登载专题研究文章，字数以 2 万字以内为宜。对于反映文化史研究前沿动态与热点问题的综述、书评、随笔，以及相关领域国外学者的最新研究成果（须提供中文译本），亦适量选用。

  二、来稿文责自负。章节层次应清晰明了，序号一致，建议采用汉字数字、阿拉伯数字。举例如下。

  第一级：一　二　三；

  第二级：（一）（二）（三）；

  第三级：1. 2. 3. ；

  第四级：（1）（2）（3）。

  三、中国历代纪年（1912 年以前）在文中首次出现时，须标出公元纪年。涉及其他国家的非公元纪年，亦须标出公元纪年。如清朝康熙六年（1667），越南阮朝明命元年（1820）。

  四、来稿请采用脚注，如确实必要，可少量采用夹注。引用文献资料，古籍须注明朝代、作者、书名、卷数、篇名、版本；现当代出版的论著、图录等，须注明作者（或译者、整理者）、书名、出版地点和出版者、出版年、页码等；同一种文献被再次征引时，只须注出作者、书名、卷数、篇名、页码即可；期刊论文则须注明作者、论文名、刊物名称、卷期等。如为连续不间断引用，下一条可注为"同上注"。外文文献标注方法以目前通行的外文书籍及刊物的引用规范为准。具体格式举例如下。

  （1）（清）张金吾编：《金文最》卷一一，光绪十七年江苏书局刻本，第 18 页。

  （2）（元）苏天爵辑：《元朝名臣事略》卷一三《廉访使杨文宪公》，姚景安点校，中华书局，1996，第 257—258 页。

  （3）（清）杨钟羲：《雪桥诗话续集》卷五（上册），辽沈书社，1991 年影印本，第 461 页下栏。

（4）（唐）李隆基注，（宋）邢昺疏：《孝经注疏》，载李学勤主编《十二经注疏》，北京大学出版社，1999，第3页。

（5）金冲及：《二十世纪中国史纲（简本）》上册，社会科学文献出版社，2012，第295页。

（6）苗体君、窦春芳：《秦始皇、朱元璋的长相知多少——谈中学〈中国历史〉教科书中的图片选用》，《文史天地》2006年第4期。

（7）林甘泉：《论中国古代民本思想及其历史价值》，《光明日报》2003年10月28日。

（8）[英] G. E. 哈威：《缅甸史》，姚楠译，商务印书馆，1957，第51页。

（9）Marc Aurel Stein，*Serindia* London：Oxford Press，1911，p. 5.

（10）Cahill, Suzanne, "Taoism at the Song Court：The Heavenly Text Affair of 1008", *Bulletin of Sung-Yuan Studies*，1980（16），pp. 23-44.

五、（1）请提供简化字（请参照国家语言文字工作委员会1986年重新发布的《简化字总表》）word电子版。如有图片，需插入正文对应位置。（2）同时提供全文pdf电子版。（3）另附注明序号、名称、出处的高清图片电子版（图片大小应在3M以上），并确保无版权争议。（如为打印稿，须同时提供电子版）。（4）随文单附作者简介（包括姓名、单位、职称、研究方向）、生活照（电子版）、联系方式、通信地址、邮编。

六、如获得省部级及以上项目基金资助，可在首页页下注明。格式如：本成果得到××××项目（项目编号：××××）资助。项目资助标注不能超过两项。

七、邮箱投稿请以"文章名称"命名邮件名称和附件名称。请用文章全名命名，副标题可省略。

八、请作者严格按照本刊格式规范投稿，本刊将优先拜读符合规范的稿件。

九、来稿一律采用匿名评审，自收稿之日起三个月内，将通过电话或电子邮件告知审稿结果。稿件正式刊印后，将赠送样刊两本，抽印本若干。

十、本刊已入编知网，作者文章一经录用刊发即会被知网收录，作者同意刊发，即被视为认可著作权转让（本刊已授权出版方处理相关事宜）。

十一、本刊地址：北京市朝阳区国家体育场北路1号院中国历史研究院行成楼220房间，邮编：100101。联系电话：010-87420859（周一、周二办公）。电子邮箱：xxshx2011@yeah. net。